TORRES NEGRAS

TORRES NEGRAS

DEUTSCHE BANK, DONALD TRUMP E UM RASTRO ÉPICO DE DESTRUIÇÃO

DAVID ENRICH
EDITOR FAINANCEIRO DO *NEW YORK TIMES*

ALTA CULT
EDITORA

Rio de Janeiro, 2021

Torres Negras
Copyright © 2021 da Starlin Alta Editora e Consultoria Eireli. ISBN: 978-65-552-0239-7

Translated from original Dark Towers. Copyright © 2020 by David Enrich. ISBN 978-0-06-287883-0. This translation is published and sold by permission of Custom House, an imprint of William Morrow, the owner of all rights to publish and sell the same. PORTUGUESE language edition published by Starlin Alta Editora e Consultoria Eireli, Copyright © 2021 by Starlin Alta Editora e Consultoria Eireli.

Todos os direitos estão reservados e protegidos por Lei. Nenhuma parte deste livro, sem autorização prévia por escrito da editora, poderá ser reproduzida ou transmitida. A violação dos Direitos Autorais é crime estabelecido na Lei nº 9.610/98 e com punição de acordo com o artigo 184 do Código Penal.

A editora não se responsabiliza pelo conteúdo da obra, formulada exclusivamente pelo(s) autor(es).

Marcas Registradas: Todos os termos mencionados e reconhecidos como Marca Registrada e/ou Comercial são de responsabilidade de seus proprietários. A editora informa não estar associada a nenhum produto e/ou fornecedor apresentado no livro.

Impresso no Brasil — 1ª Edição, 2021 — Edição revisada conforme o Acordo Ortográfico da Língua Portuguesa de 2009.

Produção Editorial	**Produtor Editorial**	**Coordenação de Eventos**	**Editor de Aquisição**
Editora Alta Books	Illysabelle Trajano	Viviane Paiva	José Rugeri
	Thiê Alves	eventos@altabooks.com.br	j.rugeri@altabooks.com.br
Gerência Editorial			
Anderson Vieira	**Assistente Editorial**	**Assistente Comercial**	**Equipe de Marketing**
	Rodrigo Ramos	Filipe Amorim	Livia Carvalho
Gerência Comercial		vendas.corporativas@altabooks.com.br	Gabriela Carvalho
Daniele Fonseca			marketing@altabooks.com.br

Equipe Editorial	**Equipe de Design**	**Equipe Comercial**	
Ian Verçosa	Larissa Lima	Daiana Costa	
Luana Goulart	Marcelli Ferreira	Daniel Leal	
Raquel Porto	Paulo Gomes	Kaique Luiz	
Maria de Lourdes Borges		Tairone Oliveira	
Thales Silva		Vanessa Leite	

Tradução	**Copidesque**	**Revisão Gramatical**	**Diagramação**
Matheus Araújo	Vivian Sbravatti	Fernanda Lutfi	Luisa Maria Gomes
		Rafael Fontes	

Publique seu livro com a Alta Books. Para mais informações envie um e-mail para **autoria@altabooks.com.br**

Obra disponível para venda corporativa e/ou personalizada. Para mais informações, fale com **projetos@altabooks.com.br**

Erratas e arquivos de apoio: No site da editora relatamos, com a devida correção, qualquer erro encontrado em nossos livros, bem como disponibilizamos arquivos de apoio se aplicáveis à obra em questão.

Acesse o site **www.altabooks.com.br** e procure pelo título do livro desejado para ter acesso às erratas, aos arquivos de apoio e/ou a outros conteúdos aplicáveis à obra.

Suporte Técnico: A obra é comercializada na forma em que está, sem direito a suporte técnico ou orientação pessoal/exclusiva ao leitor.

A editora não se responsabiliza pela manutenção, atualização e idioma dos sites referidos pelos autores nesta obra.

Ouvidoria: ouvidoria@altabooks.com.br

Dados Internacionais de Catalogação na Publicação (CIP) de acordo com ISBD

E59t   Enrich, David

Torres Negras: Deutsche Bank, Donald Trump e um Rastro Épico de Destruição / David Enrich ; traduzido por Matheus Araújo. - Rio de Janeiro : Alta Books, 2021.
416 p. ; 16cm x 23cm.

Inclui bibliografia e índice.
ISBN: 978-65-552-0239-7

1. Ciências políticas. 2. Deutsche Bank. 3. Donald Trump. 4. Estados Unidos. I. Araújo, Matheus. II. Título.

2021-10   CDD 320
                CDU 32

Elaborado por Vagner Rodolfo da Silva - CRB-8/9410

Rua Viúva Cláudio, 291 — Bairro Industrial do Jacaré
CEP: 20.970-031 — Rio de Janeiro (RJ)
Tels.: (21) 3278-8069 / 3278-8419
www.altabooks.com.br — altabooks@altabooks.com.br
www.facebook.com/altabooks — www.instagram.com/altabooks

MAIS DE DAVID ENRICH

*The Spider Network: The Wild Story of a Math Genius,
A Gang of Backstabbing Bankers, and One of the Greatest Scams
in Financial History*

*Para todos que lutaram contra problemas ligados à saúde mental —
e para aqueles que os ajudaram.*

*Em memória de Letty e Henry, cujas vidas me inspiram, e
Madelyn, cuja filha me inspira.*

SUMÁRIO

NOTA DO AUTOR		XI
AGRADECIMENTOS		XIII
PRÓLOGO		1

PARTE I

CAPÍTULO 1:	**UM EMPREENDIMENTO CRIMINOSO**	13
CAPÍTULO 2:	**EDSON E BILL**	27
CAPÍTULO 3:	**A GRANDE MIGRAÇÃO DE WALL STREET**	43
CAPÍTULO 4:	**FORÇAS SOMBRIAS**	53
CAPÍTULO 5:	**PROJETO ÁGUIA-PESCADORA**	65
CAPÍTULO 6:	**BANQUEIROS DE TRUMP**	71
CAPÍTULO 7:	**CORRENTEZA**	83
CAPÍTULO 8:	**O ÚLTIMO DIA**	89
CAPÍTULO 9:	**ACKERMANN**	99
CAPÍTULO 10:	**O PRÊMIO MAR-A-LAGO**	113
CAPÍTULO 11:	***DER INDER***	123
CAPÍTULO 12:	**BOMBEIRO**	133
CAPÍTULO 13:	**"ESSE CARA É PERIGOSO"**	143
CAPÍTULO 14:	**O OSCILAR DO PÊNDULO**	147

CAPÍTULO 15:	**VELHO SEM NOÇÃO**	159
CAPÍTULO 16:	**ROSEMARY VRABLIC**	167
CAPÍTULO 17:	**ASCENDENTE DE ANSHU**	179
CAPÍTULO 18:	**LIXÃO**	187
CAPÍTULO 19:	**5.777 PEDIDOS DE INFORMAÇÃO**	193
CAPÍTULO 20:	**ESTRESSE**	205

PARTE II

CAPÍTULO 21:	**VALENTIN**	215
CAPÍTULO 22:	**VIDA EXTINTA**	223
CAPÍTULO 23:	**TUDO DE CABEÇA PARA BAIXO**	225
CAPÍTULO 24:	**SEM MOTIVOS PARA SE PREOCUPAR**	233
CAPÍTULO 25:	**POBRE E BRILHANTE BILL**	243
CAPÍTULO 26:	**OS NORTE-COREANOS**	253
CAPÍTULO 27:	**SEM CONFIANÇA**	259
CAPÍTULO 28:	**TRUMP ENDEAVOR 12 LLC**	269
CAPÍTULO 29:	**O DANO QUE CAUSEI**	279
CAPÍTULO 30:	**SUSPEITO**	287
CAPÍTULO 31:	**SIENA**	297
CAPÍTULO 32:	**ROSEMARY É A CHEFE**	303
CAPÍTULO 33:	**NÃO PRONUNCIE A PALAVRA "TRUMP"**	311
CAPÍTULO 34:	**ESPIONAGEM**	321
CAPÍTULO 35:	**UMA NOTA DO PRESIDENTE**	331
EPÍLOGO		345
POSFÁCIO:	**O CASO FOI APRESENTADO**	355
REFERÊNCIAS		367
ÍNDICE		391

NOTA DO AUTOR

Este livro se baseia principalmente em entrevistas por mim conduzidas e em materiais que recebi de quase 200 pessoas: funcionários antigos e atuais do Deutsche Bank, desde executivos do mais alto escalão e membros do conselho até o pessoal mais abaixo na hierarquia; familiares, amigos, advogados e rivais; consultores e funcionários terceirizados que trabalharam no banco; legisladores, promotores e outros oficiais do governo, antigos e atuais; e outros com conhecimento direto dos eventos descritos neste livro. Algumas dessas pessoas compartilharam e-mails, cartas, fotos, documentos bancários, gravações de áudio e vídeo, bem como outros materiais de fonte primária. A maioria concordou em ajudar desde que eu não identificasse as minhas fontes. Quando confrontado com relatos conflitantes de incidentes específicos, usei as descrições que me pareceram mais plausíveis, baseando-me em fatores como a credibilidade das diferentes fontes. Em alguns casos, incluí relatos contrários nas notas de rodapé.

Também me baseei em décadas de jornalismo e pesquisas acadêmicas — além de documentos judiciais, documentos do governo, arquivos bancários e gravações e transcrições de conversas — sobre o Deutsche Bank, a indústria bancária e os personagens do livro. Essas fontes são detalhadas ao final da obra.

AGRADECIMENTOS

Este livro não existiria se não fosse pela extensiva cooperação das minhas fontes. Algumas assumiram riscos profissionais ou pessoais para falar comigo, enquanto outras desenterraram memórias dolorosas. Eu sou grato pela ajuda e paciência delas.

Agradeço a ninguém mais que Val Broeksmit. Ao longo dos últimos cinco anos, ou mais, nós passamos o que deve ter sido centenas de horas conversando ao telefone, encontrando-nos pessoalmente e trocando mensagens de texto. Isso nem sempre foi fácil para nós. Val, ansioso para que suas histórias e as histórias do seu pai fossem contadas, lidou com repetidos atrasos e teve que se defender dos ataques de muitos jornalistas após o estabelecimento deste projeto, no começo de 2018. Esse foi o relacionamento mais intenso que já tive com uma fonte e certamente aprendi muita coisa sobre Val — e também sobre mim. Obrigado, Val, por sua paciência e confiança.

Sou imensamente grato ao *New York Times*. Alguns meses após chegar do *Wall Street Journal*, em setembro de 2017, eu disse às minhas chefes, Rebecca Blumenstein, Ellen Pollock e Adrienne Carter, que planejava escrever este livro no meu tempo livre. Elas não ficaram muito animadas, prevendo (com precisão, no fim das contas) que isso me distrairia durante o meu trabalho diurno. Sou grato pela paciência e bom humor de vocês (até mesmo você, Adrienne!). Ellen, Adrienne, Randy Pennell e Nick Summers me ajudaram a transformar os meus factoides e minhas reflexões sobre o Deutsche Bank em artigos do *Times*. Todos eles — bem como Mohammed Hadi e Ashwin Seshagiri — muitas vezes fizeram o meu trabalho por mim. Dean Baquet e Matt Purdy forneceram uma inspiração relativamente constante. Agradeço, também, ao Joe Kahn e ao David McCraw.

Alguns dos meus colegas do *Times* contribuíram generosamente relatando, pesquisando ou me introduzindo a novas fontes. Entre eles estão: Sue Craig, Emily Flitter, Ben Protess, Jessica Silver-Greenberg, Jesse Drucker, William Rashbaum, Kitty Bennett, Jo Becker, Matina Steuis-Gridneff e Susan Beachy. Natalie Kitroeff e Emily Flitter leram rascunhos do manuscrito e o conselho delas foi muito importante (obrigado também ao William Cohan).

Também estou em dívida com alguns dos meus ex-colegas do *Wall Street Journal*. Jenny Strasburg foi quem inicialmente me fez desenterrar as circunstâncias da morte de Bill Broeksmit e ela me inspirou (e irritou) constantemente com sua profunda pesquisa e obstinação pura. Bruce Orwall, o chefe do departamento quando eu estava em Londres, encorajou nossas paixões pelo Deutsche Bank e talvez seja o maior editor e mentor no jornalismo atualmente. Kirsten Grind e Keach Hagey foram as primeiras a apoiar este livro, impulsionando a minha confiança em momentos oportunos.

O meu agente, Dan Mandel, abraçou imediatamente o projeto e foi um defensor constante do começo ao fim. Na Custom House e HarperCollins, Geoff Shandler ofereceu sua sabedoria, me fez ir mais além e melhorou cada página deste livro, editando meticulosamente cada linha. A sua assistente, Molly Gendell, manteve as coisas nos trilhos. Maureen Cole, responsável pela publicidade, sabiamente me pediu para evitar uma superexposição precoce no rádio e na TV. Kyran Cassidy me forneceu conselhos jurídicos importantíssimos. Agradeço também Nancy Inglis, Ryan Shepherd, Liate Stehlik, Ben Steinberg, Rachel Weinick, Andrea Molitor, Fritz Metsch, Ploy Siripant e Ed Faulkner.

E, finalmente, a minha família.

Os meus pais, Peggy e Peter, forneceram-me motivação e incentivo — além de apoio emocional durante as noites sem dormir nas quais eu me preocupava, entre outras coisas, com a possibilidade de que nunca conseguiria terminar este projeto. Do outro lado do mundo, Liza e Jay foram a fonte de um entusiasmo contagiante. Nick e Jords fizeram perguntas difíceis que me forçaram a pensar melhor sobre a forma como estava contando certos elementos da minha história.

Henry e Jasper não ajudaram no livro, mas eles me trazem alegria pura (na maior parte do tempo!) e este projeto me afastou deles durante muitas noites e fins de semana. Obrigado, Kristina Monteleone, por atuar como uma mãe substituta.

E isso me leva até Kirsten. Este livro não poderia ter acontecido sem ela. Ela embarcou na ideia na mesma noite em que contei para ela sobre este livro — mesmo possivelmente sabendo que isso daria um trabalhão para nossa família. Enquanto eu me mantinha obcecado pelo Deutsche Bank; enquanto eu me via imerso com minhas fontes; enquanto eu agonizava após cada rascunho; enquanto fugia das minhas responsabilidades como pai; ela manteve nossas vidas no lugar. Ela lidou com os meus altos e baixos. Ela me deu conselhos inteligentes. Ah, ela também leu quatro versões desse manuscrito!

Obrigado, Kirsten. Eu amo você.

TORRES
NEGRAS

PRÓLOGO

Era um pouco antes de uma hora da tarde quando um norte-americano esguio emergiu da estação de metrô e se deparou com uma garoa, o tipo de clima sombrio que ocorre durante o mês de janeiro e concedeu a Londres a reputação de ser um lugar deprimente durante seus longos meses invernais. O homem olhou ao redor da praça Sloane. Normalmente, mesmo durante essa estação melancólica, o quarteirão era bonito e lotado de pessoas fazendo compras. Nesse domingo, no começo de 2014, o lugar estava desolado.

Val Broeksmit não se sentia bem. Ele acordou grogue graças ao jam session com muitas drogas que ele e sua banda fizeram na noite anterior. Então, no metrô lotado a caminho de Chelsea, foi atingido por uma onda de energia negativa, como se um espírito maligno tivesse esbarrado nele. Acendeu um cigarro e arrastou-se na direção da Saatchi Gallery, de cabeça baixa em uma tentativa inútil de se manter seco. Ele havia marcado uma refeição com os seus pais na lanchonete da galeria. A última vez que os viu tinha sido há um mês, em dezembro de 2013, antes de eles embarcarem rumo ao Caribe e, em seguida, seguirem para suas férias em Omã. Val havia acabado de completar 38 anos. Embora fosse um músico talentoso, com 34 álbuns levando seu nome (nenhum, infelizmente, havia alcançado o topo das paradas), ele se sustentava graças à generosidade de seu pai, Bill, que passou muitos anos atuando como um executivo sênior no Deutsche Bank, uma das maiores instituições financeiras do mundo.

Alto e magricela — os seus amigos às vezes falavam que ele se assemelhava a um pedinte —, Val estava determinado a não receber um sermão da sua mãe nesse domingo por parecer desleixado. Ele vestia uma calça, um blazer azul e uma boina preta de lã.

Exatamente às 13h, Val chegou até a parede de tijolos em arcos que serpenteavam a Saatchi Gallery. Na sua família, ele era conhecido por nunca chegar no horário combinado, mas lá estava ele — e os seus pais, obsessivamente pontuais, não estavam à vista. "Onde estão vocês?", dizia a mensagem de texto que enviou para sua mãe. Ela não respondeu.

Val vagou pela rua exclusiva para pedestres, examinando uma fileira de boutiques e lojas caras. Ele se deparou com a livraria Taschen, especializada em livros de luxo sobre arte e cultura. Nos últimos dois anos, Val vinha colecionando primeiras edições raras — quanto mais velho e famoso o autor, melhor. Estava tão imerso no seu hobby que já havia feito trabalho voluntário em uma organização que recolhia livros indesejados em liquidações de garagem e os distribuía para crianças necessitadas. Val vasculhava as pilhas, buscando por raridades escondidas, e as desviava para sua pequena biblioteca.

A livraria estava quase vazia. Val procurou pelas prateleiras até que alguma coisa chamou sua atenção: um volume enorme com uma capa prateada cintilante no valor de £650 (cerca de US$1.000 ou R$4.215). Tratava-se de uma edição limitada das icônicas fotos dos Beatles de Harry Benson, incluindo a foto da briga de travesseiros em um quarto de hotel em Paris. O livro possuía a assinatura do fotógrafo e as páginas eram tão luxuosamente metálicas que Val podia enxergar o próprio reflexo nelas. Começou a sonhar acordado sobre convencer seus pais a comprar o produto, como um presente de aniversário atrasado.

O iPhone de Val tocou, interrompendo o seu devaneio. A chamada era de um número bloqueado. Val atendeu a ligação. Uma mulher com um forte sotaque — tinha certeza de que se tratava de Belle, a governanta de seus pais — estava do outro lado da linha.

"Emergência! Emergência!", ela gritou. "O seu pai! O seu pai!"

PRÓLOGO

Val perguntou sobre o que ela estava falando, mas não conseguiu obter uma resposta coerente. A única coisa que ele conseguia pensar era que precisava ir até o apartamento dos seus pais, que ficava a cerca de um quilômetro e meio de distância, no elegante bairro de Kensington. Val soltou o livro dos Beatles, correu para fora e acenou para um táxi. "Evelyn Gardens, número 21", instruiu ao motorista.

A corrida de dez minutos parecia não ter fim. O táxi parecia rastejar nas ruas engarrafas de Londres, passando por casas imponentes, quadras de apartamentos de tijolos, restaurantes sofisticados e mercearias de produtos orgânicos. Os moradores locais apressavam-se pelas calçadas molhadas pela chuva, quase acompanhando o ritmo do táxi. Val imaginou os possíveis cenários que encontraria ao chegar. Teria o seu pai se machucado? Talvez tenha ocorrido uma grande discussão familiar ou, quem sabe, ele simplesmente não conseguia usar o computador e precisava do seu filho e sua experiência tecnológica.

O táxi parou em Evelyn Gardens, uma rua larga e calma que, em vez de possuir um canteiro central, permitia que os carros estacionassem no meio, bem como nas laterais. Agora, além das BMWs, Audis e dos veículos ciclomotores, uma ambulância estava estacionada no meio-fio. Val pagou o taxista e atravessou a rua correndo.

Os seus pais moravam em um apartamento no terceiro andar de um edifício de tijolos vermelhos com ornamentos brancos. Sua pesada porta preta, geralmente aberta apenas pelo interfone, encontrava-se entreaberta. Val subiu dois lances de escadas a galope. A porta do apartamento dos seus pais estava escancarada.

No meio do corredor, Bill Broeksmit estava deitado de costas, seus olhos fechados. Um colar cervical inclinava sua cabeça para trás em um ângulo nada natural. Da sua boca, projetava-se um tubo de plástico de paramédico. A mãe de Val se encolhia em posição fetal sobre o piso de madeira escura, com a cabeça apoiada em um travesseiro próximo do rosto de seu marido. Ela chorava. Ajoelhada ao seu lado estava Belle, acariciando seus cabelos.

"Que porra é essa?" Val gritou.

"Ele se matou", sua mãe falou com dificuldade. "Ele se enforcou com a coleira da Daisy."

Dois anos depois, em janeiro de 2016, Jacques Brand chegou na sede norte-americana do Deutsche Bank em Wall Street, na Lower Manhattan. Ex-consultor e banqueiro de investimentos de longa data no Lehman Brothers, Brand era o CEO dos negócios norte-americanos do Deutsche e a sua missão era incutir um pouco de disciplina, ética e controle em uma aparelhagem na qual a imprudência, o caos e a ganância há muito haviam se tornado princípios organizacionais. Se existe algo que Brand aprendeu nos seus anos no Lehman foi que não faz sentido gerar muita receita se não compreender e controlar os riscos que você está tomando. Isso não estava acontecendo no Deutsche. Assim, pouco antes de assumir em 2012, ele recrutou Bill Broeksmit para o conselho que supervisionava as operações norte-americanas. Brand (todo mundo o chamava de Jack) imaginava que a melhor forma de garantir a limpeza dos negócios era incluir a si mesmo e outras pessoas que compartilhavam das suas prioridades, assim como Bill, em atividades rotineiras que anteriormente haviam sido deixadas aos caprichos dos executivos de nível inferior, que possuíam poderosos incentivos financeiros — também conhecidos como bônus anuais — para priorizar o lucro em curto prazo em vez da estabilidade em longo prazo.

O processo de desembaraçar os nós e os emaranhados do banco era um trabalho árduo, por vezes chegando a durar 100 horas semanais, e nem sempre bem-sucedido e, no começo de 2016, Brand — nativo de Gana, triatleta e pai de 3 filhos —, com seus cabelos grisalhos e um sorriso cheio de dentes, estava nos estágios iniciais da negociação de sua saída do Deutsche. Ele acreditava que, durante os quase quatro anos no trabalho, ele havia conquistado uma sólida noção do que estava acontecendo, tanto as coisas boas quanto as ruins, dentro do seu reino. Ele se acostumou a ficar chocado com o que descobria, até que gradualmente cada problema passava a ser rebaixado de chocante para surpreendente e, enfim, para apenas mais um dia no Deutsche. Parecia uma avalanche perpétua, mas a essa altura ele imaginava já ter visto e lidado com tudo desse banco maluco.

E então, um dia, ele atravessou o cavernoso saguão de mármore do 60 Wall Street, pegou o elevador até as suítes executivas e percebeu que não, na verdade ele ainda não tinha visto de tudo.

Durante uma reunião com alguns colegas naquela manhã, alguém mencionou que uma divisão do banco em Nova York planejava realizar um grande empréstimo para Donald Trump. A proposta de empréstimo veio do grupo de "private banking" do Deutsche, que servia os mais ricos dos ricos. O empréstimo[1] era para pagar pela reforma de um resort de golfe — Turnberry — na Escócia, de que Trump era o proprietário. Na época, entretanto, Trump era candidato a presidente e era difícil evitar a suspeita de que o empréstimo requisitado poderia ter relação com o fato de que ele estava gastando muito do seu próprio dinheiro com a campanha.

Brand ficou atordoado. De alguma forma, ele não havia percebido que Trump — o magnata imobiliário, empresário de reality show, demagogo racista e, naquele momento, principal candidato à indicação presidencial republicana — era um dos clientes mais importantes da sua empresa. Na verdade, durante quase duas décadas, o Deutsche havia sido o único banco tradicional consistentemente disposto a fazer negócios com Trump. O banco havia financiado a criação de arranha-céus, campos de golfe e hotéis luxuosos. O banco havia distribuído muito mais que US$2 bilhões em empréstimos para Trump e suas empresas. Nesse momento específico de 2016, ele devia ao banco cerca de US$350 milhões, fazendo do Deutsche seu maior credor. E isso mesmo depois de duas divisões do banco, em diferentes ocasiões, jurarem nunca mais negociar com Donald, graças ao seu irritante hábito de enrolar seus credores, não apenas o Deutsche mas também bancos como Citigroup e JPMorgan Chase. O Deutsche Bank havia se tornado a principal força responsável por tirar Trump de múltiplas falências, por comprar e reformar propriedades importantes, por relançá-lo como um empresário de sucesso e por torná-lo um candidato viável para a presidência.

Brand não pôde acreditar que o pessoal da sua divisão de gerenciamento de patrimônio achou uma boa ideia distribuir *mais* dezenas de milhões para Trump, especialmente agora, no meio dessa briga violenta da sua campanha presidencial. Pela primeira vez em um bom tempo, ele se viu verdadeiramente horrorizado. "Por que estamos fazendo negócios com ele?", perguntou-se Brand colericamente. Ele parou e pensou sobre o assunto em questão — se o Deutsche continuaria ou não a trilhar esse caminho. "A resposta é não", vociferou aos seus colegas.

Nos últimos anos, o relacionamento do Deutsche com Trump havia sido gerenciado por uma banqueira chamada Rosemary Vrablic. Servir Trump e sua família — incluindo o clã Kushner — havia se tornado parte central do seu trabalho e ela certamente não deixaria a oportunidade de conseguir um empréstimo para o seu valioso cliente escapar. Vrablic, mulher esbelta e elegante, com seus curtos cabelos grisalhos, estava acostumada a sempre conseguir o que queria. Ela era bem-sucedida, gerando dezenas de milhões de dólares em receitas para o banco anualmente. Até recentemente, ela se reportava diretamente para os executivos de alto escalão dos Estados Unidos, pulando um nível inteiro de gerentes. Vrablic também possuía um forte relacionamento com o co-CEO do banco, Anshu Jain, que a acompanhava nas visitas dos clientes mais ricos e famosos, incluindo Trump. Nas ocasiões anteriores, quando executivos rivais tentaram impedir os seus empréstimos para Trump, avisando que ele era um parasita e que outras divisões do banco impuseram proibições de trabalhar com ele, Vrablic contava com seus superiores para descartar as oposições, não importando quão válidas fossem, como sendo inveja profissional. E assim eles as descartavam.

Em 2016, porém, quando Vrablic tentou conceder mais um empréstimo para Trump, ela estava mais isolada. O seu chefe de longa data, o responsável por contratá-la, havia saído recentemente. Jain também havia saído, forçado a renunciar há alguns meses. Vrablic recorreu da decisão de Jack Brand para um comitê interno que avaliava propostas de transações que ofereciam riscos em potencial para a reputação do banco. O júri, que consistia em executivos do Deutsche, gerentes de risco e advogados dos Estados Unidos, realizava encontros quinzenalmente. Dada a importância de Trump, essa era uma situação especial e, por essa razão, uma reunião de emergência foi realizada no vigésimo andar do arranha-céu de Wall Street do Deutsche Bank, na esquina da Bolsa de Valores de Nova York. Após escutarem um breve resumo da proposta, o comitê votou, por unanimidade, na rejeição do empréstimo. "Era uma afronta a todos os nossos sentidos", recorda um executivo envolvido na deliberação.

Esse deveria ter sido o fim do assunto, mas Vrablic e seus colegas levaram a decisão do comitê para Frankfurt, onde se encontrava a matriz do banco. Christian Sewing, que trabalhou toda sua vida no Deutsche e recentemente havia assumido a responsabilidade pelo negócio de gerenciamento de patrimônio e private banking, ouviu a proposta e também a recusou. Sewing já sabia que Trump era um cliente importante do banco, mas a combinação do terrível histórico comercial de Trump e o fato de que ele era um candidato sério à presidência dos Estados Unidos significava que era hora de cortar relações ou, pelo menos, reduzi-las. Sewing disse não, um comitê maior responsável por monitorar todos os riscos do banco também vetou e, em março de 2016, o empréstimo morreu antes que pudesse nascer.

Após décadas de escolhas convenientes e fáceis com o único propósito de maximizar os lucros imediatos, o Deutsche precisava internalizar uma lição dolorosa: sua duradoura incapacidade de dizer não — para os clientes, acionistas, comerciantes e gerentes movidos a testosterona — era potencialmente letal. Essa era uma das razões pela qual o Deutsche estava à beira da ruína financeira, com um contingente considerável do mundo financeiro se preparando (e, em alguns casos, aguardando esperançosamente) para a queda. Finalmente, os principais executivos do banco optaram por rejeitar uma oportunidade de negócio em curto prazo visando a saúde em longo prazo da instituição.

Já era tarde demais.

Nas suas primeiras 12 décadas, o Deutsche Bank havia sido pouco mais que um prestamista para empresas alemãs e de outros locais da Europa e, de forma mais ampla, um financiador de projetos de infraestrutura e desenvolvimento. Entretanto, essas atividades não eram muito lucrativas e, começando no final dos anos 1980, esse orgulhoso ícone nacional foi seduzido pelo canto da sereia das riquezas de Wall Street. Uma equipe de norte-americanos — liderada por um vendedor carismático chamado Edson Mitchell e o seu braço direito e melhor amigo, Bill Broeksmit — chegaram para dar ao Deutsche uma reforma dramática. Pouco tempo depois, o banco estava competindo com exigentes bancos de investimento norte-americanos, negociando ações e bonds e vendendo produtos financeiros complexos de todas as formas e tamanhos. O inglês substituiu o alemão como idioma oficial do Deutsche. O foco do poder mudou de Frankfurt e Berlim para Londres e Nova York. Para desgosto dos industrialistas, banqueiros, líderes sindicais e políticos alemães que há muito davam as ordens, os banqueiros e comerciantes de investimento norte-americanos cada vez mais dominavam o alto escalão do banco. O comércio de alto risco tornou-se um fim em si mesmo, em vez de um meio de servir os clientes.

Essa nova estratégia funcionou bem — até dar errado. Os banqueiros e comerciantes de investimento do Deutsche quebravam recordes ano após ano e logo a divisão de Wall Street era responsável pela maior parte da receita e dos lucros do Deutsche Bank. Os executivos e os bancários enriqueceram, bem como os acionistas.

Essa ascensão, entretanto, foi alimentada por ganância, desleixo, arrogância e criminalidade e, quando chegou a hora do acerto de contas, ele foi brutal. A assunção de riscos do Deutsche — produto de anos de má administração visando ganhar dinheiro a todo custo — estava fora de controle. Decisões financeiras dolorosas foram proteladas. Os sistemas de computadores não se comunicavam, assim como os seus executivos alemães e norte-americanos. Os gerentes eram incentivados a se esquivar de suas responsabilidades. Diferentes filiais competiam entre si pelos negócios. O Deutsche exibia um chocante desinteresse pela reputação dos seus clientes, mesmo para os padrões amorais de Wall Street. O banco logo se veria cercado de escândalos relacionados à lavagem de dinheiro, evasão fiscal, manipulação de taxa de juros, manipulação dos preços de metais preciosos e dos mercados de moedas, suborno de funcionários estrangeiros, fraude de contabilidade, violação de sanções internacionais, roubo de clientes e roubo dos governos alemão, britânico e norte-americano (e a lista não para por aí). Uma linha reta conectava a cultura corporativa que permitia esses crimes à cultura corporativa que permitiu ao banco se tornar o principal facilitador financeiro de Donald Trump. Na época da sua posse presidencial, a própria sobrevivência do Deutsche Bank era duvidosa.

Essa é a história da ascensão e queda do Deutsche Bank. A história sobre os homens que transformaram um estagnado prestamista alemão no que foi, durante um tempo, o maior banco do mundo, mas que também montaram o palco para a catástrofe que se seguiu. É a história de um homem honesto e bem-intencionado que tentou salvar o banco, mas foi incapaz de salvar a si mesmo, e o seu filho, que embarcou em uma jornada para entender a morte do pai. Também é uma história sobre as consequências — as mortes, empresas arruinadas, economias quebradas e o quadragésimo quinto presidente dos Estados Unidos — que o Deutsche Bank trouxe ao mundo.

PARTE I

CAPÍTULO 1

UM EMPREENDIMENTO CRIMINOSO

No dia 8 de setembro de 1883, um trem particular de 4 vagões chegou em Gold Creek, Montana. Ele carregava centenas de dignitários norte-americanos e europeus — membros do Congresso, diplomatas, juízes de alto escalão e até Ulysses S. Grant. Saindo de Chicago, o Northern Pacific Special havia feito no caminho algumas paradas de modo que os passageiros pudessem admirar as cachoeiras, as vistas naturais e o presidente Chester A. Arthur, que cumprimentara os viajantes em Minneapolis. Na poeirenta Gold Creek — antigo posto de mineração que cada vez mais se tornava uma cidade fantasma — um contingente de índios Crow realizava danças de guerra para homens com seus chapéus-coco e mulheres com seus vestidos cheios de babados. Um pavilhão recém-construído, decorado com picaretas de mineração de ouro e pequenos ramos de vegetação, tinha assentos para mil espectadores.

Henry Villard — magro, calvo e dono de um bigode castanho bem cuidado — encontrava-se de pé diante da multidão trajando um casaco, um chapéu e uma gravata, todos na cor preta, pronto para o seu momento como o centro das atenções. Trinta anos antes, Villard — que na época usava o seu nome de batismo, Heinrich Hilgard — emigrara para os Estados Unidos: um jovem alemão com seus 18 anos e sem nenhum dinheiro no bolso e que, ainda por cima, não falava nada de inglês. Ele trabalhou em campos de trigo, em um depósito de madeira, em um trem movido a lenha e como bartender antes de encontrar um emprego em um jornal de língua alemã. Esse foi o trampolim para uma carreira jornalística na qual ele mais tarde cobriria Abraham Lincoln, a Guerra Civil e, no processo, se tornaria um respeitado jornalista sindicalizado. Após a guerra, com sua posição social estabelecida, Villard casou-se com a filha do grande abolicionista e progressista William Lloyd Garrison, mas tudo isso não foi suficiente para Villard: ele desejava fama e fortuna. E a maior fama e fortuna que alguém poderia conseguir no final do século XIX estava nas ferrovias.

Carismático e encantador, Villard[1] exalava uma confiança contagiante. Assim como outros grandes animadores, ele também tinha uma tendência ao exagero e um desejo por fama — sem mencionar os seus pontos cegos quando se tratava de avaliar riscos, controlar o próprio dinheiro e concentrar-se em detalhes. Apoiando-se na sua herança nacional e prometendo riquezas, ele convenceu instituições alemãs a confiar-lhe milhões de dólares para investir nas ferrovias norte-americanas. Usando o dinheiro dos outros, ele se remodelou como um emergente barão industrial. Logo alcançou a fama e fortuna — seus investimentos iniciais nas ferrovias deram um ótimo retorno — e comprou uma mansão que se estendia por uma quadra inteira da Madison Avenue, na cidade de Nova York, cujo interior era decorado em um grandioso estilo renascentista e um piso de mogno incrustado com madrepérolas.* Ficava a cerca de meio quilômetro de distância da futura Trump Tower, onde outro homem rico, em busca de provar a si mesmo para o mundo, viveria com semelhante extravagância.

---

* Atualmente, a mansão de Villard é preservada como a ala histórica do New York Palace Hotel.

Em setembro de 1883, Villard, agora com 45 anos, viajou para o sudoeste de Montana com o objetivo de marcar a conclusão da ferrovia Northern Pacific Railway, um segmento fundamental da ferrovia transcontinental de sua empresa. Sempre com seu jeito exibicionista de ser, ele havia providenciado para que alguns fotógrafos registrassem o momento em que balançaria um grande martelo para acertar a última cavilha cerimonial, em seguida montando em uma reluzente locomotiva preta enfeitada com bandeiras norte-americanas, como um grande caçador diante da sua presa recém-conquistada. A audiência — que incluía um banqueiro alemão chamado Georg von Siemens — aplaudiu.

Porém, enquanto Villard celebrava para a multidão e as câmeras em Gold Creek, sua empresa excessivamente grande se desfazia financeiramente, esmagada por uma quantidade maciça e insustentável de dívidas[2]. Nas semanas seguintes à cerimônia da última cavilha, a Northern Pacific não honrou os empréstimos. Credores apreenderam a mansão da Madison Avenue de Villard. Um grupo de bancos aceitou resgatar sua querida ferrovia, sob a condição de que ele se demitisse da empresa. Villard afastou-se, mas negou a aceitar a culpa pelo desastre, insistindo ser vítima da má sorte e de forças econômicas fora de seu controle. Essa justificativa pouco confortava os credores que perderam o seu dinheiro.

Georg von Siemens estava entre esses perdedores. O seu jovem banco ajudou a vender US$20 milhões em bonds que financiaram a expansão vertiginosa da Northern Pacific. Esses bonds agora valiam apenas alguns centavos de dólar. Em um banco normal, a falha do cliente em honrar um compromisso tipicamente significava o fim do relacionamento, ou, pelo menos, o começo de uma postura muito mais conservadora. O banco de Siemens, entretanto, não era normal e logo seria responsável por pavimentar o caminho para a volta de Villard.

Treze anos antes, em abril de 1870, o pequeno banco de Siemens havia aberto para negócios em Berlim, sancionado pelo "mais alto decreto" da Sua Majestade o Rei da Prússia. Os seus escritórios ficavam a uma pequena distância de caminhada da bolsa de valores de Berlim, na Französische Straße, dentro de um edifício em ruínas, cuja única entrada era uma escada traiçoeira. Ele escolheu um nome quase genérico para sua nova empresa: Deutsche Bank.[3]

Um grupo de empresários alemães fundou o banco junto com Siemens para facilitar o comércio internacional, especialmente entre a Alemanha e outras empresas europeias — e, mais importante, para libertar as empresas alemãs em busca de crescimento internacional do financiamento dos dominantes bancos britânicos. O Deutsche Bank não fornecia serviços bancários para indivíduos, tendo como único foco as indústrias em rápido crescimento. A missão do Deutsche Bank era decididamente imperial. O banco considerava sua função ajudar a comunidade empresarial da Alemanha — e a própria Alemanha — a ir mais longe, alcançando e estabelecendo novas posições. Em dois anos, o banco possuía postos avançados na China e no Japão. Nos anos 1880, ele estava realizando empréstimos para empresas alemãs na América do Sul e nos Estados Unidos, além de financiar as ferrovias russas do Czar. Em seguida surgiram os projetos nos Bálcãs e no Oriente Médio, incluindo uma ferrovia de Istambul até Bagdá.

Siemens foi o primeiro diretor do banco.[4] Homem corpulento e adepto dos charutos (além de ser primo do dono da gigante empresa de eletricidade de mesmo nome), ele não sabia muito sobre a indústria bancária. "Ainda assim, tento parecer muito erudito, dou de ombros de vez em quando, sorrio de orelha a orelha — esse é o meu sorriso sarcástico — e secretamente, quando chego em casa, recorro à minha enciclopédia ou ao meu dicionário", confidenciou ele para um membro da família. Siemens era barulhento e cheio de energia criativa, detalhes não eram o seu forte. Essas limitações não eram ignoradas pelos seus colegas. "As transações nas quais meu brilhante colega embarcou se baseavam no que eram, até certo ponto, fundações artificiais", escreveu nas suas memórias Hermann Wallich, cujo emprego no banco era manter no controle a impulsividade de Siemens. O público, entretanto, não fazia ideia "e o meu colega era saudado como um gênio",[5] conta Wallich.

No ano seguinte à queda da Northern Pacific, Villard retornou à Alemanha para se recompor. Lá, ele conheceu Siemens. Os dois se uniram graças às suas visões compartilhadas sobre políticas progressistas, sobre um futuro eletrificado e sobre um vindouro século norte-americano. Siemens, durante sua viagem até Gold Creek, havia se apaixonado por aquele país jovem, heterogêneo e faminto. Agora, ele estava morrendo de vontade de fazer mais negócios nos Estados Unidos com seu banco. Anos após Villard ter queimado dinheiro do banco, Siemens uma vez mais depositou sua fé — e o dinheiro do Deutsche — no aspirante a magnata.

Em 1886, Villard retornou a Nova York com o mandato de analisar investimentos para o Deutsche Bank. Ele rapidamente aproveitou as oportunidades: o Deutsche vendeu, no total, mais de US$60 milhões de títulos financeiros de ferrovias para investidores alemães, desempenhando um papel importante como financiador do desenvolvimento da rede ferroviária norte-americana. Logo ele convenceu o Deutsche Bank a emprestar-lhe milhões para investir na sua antiga ferrovia e assim estabelecer-se, uma vez mais, como seu líder. Mais de um século depois, sua bisneta escreveu em uma biografia: "Armado até os dentes com capital alemão, Henry Villard pôde retornar às guerras ferroviárias."[6] Rapidamente, os jornais norte-americanos passaram a chamá-lo de "Rei das Ferrovias" e um "gênio das operações financeiras".

Villard pode ter sido um visionário, mas não era um gênio financeiro. Ele era descuidado e isso se tornava mais claro cada vez que retornava até Berlim para pleitear por empréstimos adicionais de milhões de dólares. Apesar dos sinais de que a Northern Pacific estava novamente com dificuldades financeiras, o banco Deutsche continuou a financiar Villard. Às vezes, Siemens até encorajava Villard a gastar o dinheiro do banco mais rapidamente. Ao que parece, Siemens raramente pedia por garantias para proteger o banco e seus investidores.

"É difícil entender por que o Deutsche Bank deu uma margem de manobra tão grande a Villard",[7] escreveu um biógrafo do banco em 2008, empregando um considerável eufemismo.

Parcialmente graças à generosidade do Deutsche Bank, nos anos 1890 a Northern Pacific era enorme: milhares de quilômetros de trilhos, dezenas de milhões de acres de terra. Essa expansão, entretanto, foi financiada por centenas de milhões de dólares em dívidas. Pela segunda vez em uma década, a ferrovia de Villard havia crescido perigosamente. Em 1893, os juros dessas dívidas já estavam em quase US$11 milhões ao ano, além dos quase US$25 milhões em despesas operacionais anuais da empresa. Em contrapartida, a receita anual da ferrovia era, em média, US$10 milhões. Além disso, não bastasse esse registro fiscal irreconciliavelmente desigual, uma grande crise financeira surgiu sobre os Estados Unidos e Europa, fazendo a Northern Pacific afundar bem rápido. Em 1893, Villard viajou duas vezes até a Alemanha para implorar por mais dinheiro e, em ambas as vezes, o banco abriu mão de milhões de dólares — agora relutantemente.[8] Não foi o suficiente. Naquele mês de agosto, um Villard derrotado, atingido pela gota, calvo, grisalho e ainda sem demonstrar arrependimento, enviou um telegrama cheio de autopiedade ao Deutsche para informar aos seus patrocinadores que a Northern Pacific estava falida.[9] Novamente voltou a culpar circunstâncias fora do seu controle. O Deutsche enfrentou uma perda de milhões de dólares — na época, um golpe doloroso — e muitos dos seus clientes furiosos, para os quais o banco havia vendido bonds da Northern Pacific, sofreram golpes desastrosos.

Um século mais tarde, em 1995, um historiador alemão escreveu: "Essa foi a primeira vez (mas não a última) na qual o tapete do banco foi puxado diante dos seus olhos por um homem que usava de grande carisma e inteligente publicidade para convencer investidores e mobilizar repetidamente novas fontes de crédito, mas cujos negócios repousavam sobre fundações completamente frágeis."[10]

Embora a experiência com Villard tenha sido ruim, ela não foi catastrófica. O Deutsche continuou crescendo, impulsionado pela rápida industrialização da Alemanha, da Europa e do mundo.[11] Em 1903, a sua sede em Berlim ocupava uma quadra inteira da cidade. Uma década mais tarde, beneficiando-se parcialmente da aquisição de concorrentes domésticos, tornou-se o 6º maior banco do mundo, com quase 10 mil funcionários. Um conjunto de estátuas na sua sede ilustrava os seus sonhos globais: cinco homens, cada um vindo de um continente diferente, cada um cinzelado com estereótipos.[12] O norte-americano era um cowboy com uma pistola na mão e uma locomotiva na outra. As figuras africana e australiana eram guerreiros de pele escura, portando armas e vestindo tangas. O europeu era um cavaleiro de aparência nobre. (O asiático, com um rabo de cavalo, apenas parecia confuso.)

Quando Hitler subiu ao poder em 1933, o banco foi transformado em uma fonte de financiamento da máquina militar nazista. Décadas mais tarde, historiadores contratados pelo banco explicaram suas ações como um resultado inevitável de se operar sob um regime fascista. Eles observaram, de forma precisa, que a maioria das grandes empresas alemãs apoiaram os nazistas, afastando a gerência do banco dos comportamentos criminosos de alguns credores locais que mais tarde foram adquiridos pelo Deutsche. "Ele era, na pior das hipóteses, um oportunista e, na melhor, um homem de caráter que precisou praticar sua profissão dentro de um sistema humano",[13] escreveu um acadêmico sobre o líder do banco na época, Hermann Abs. Essa afirmação ignora um fato básico: o Deutsche Bank e os seus executivos estavam envolvidos no genocídio. A Segunda Guerra Mundial e o Holocausto teriam ocorrido sem o banco, mas a participação dele permitiu que os nazistas aprimorassem a eficiência implacável das suas campanhas militares e da sua missão de eliminar os judeus da Europa. E isso não foi um acidente. O Deutsche estava envolvido devido a decisões tomadas pelos líderes por razões de conveniência, talvez até ideologia.

Com a ascensão de Hitler, os membros judeus do conselho do banco foram forçados à renúncia. As demissões foram sugeridas pelo banco central da Alemanha e, embora alguns executivos do Deutsche estivessem preocupados em criar um mau precedente, eles foram ignorados pelos colegas que estavam inclinados a continuar nas boas graças dos nazistas.[14] Na reunião anual dos funcionários do banco realizada em 1933, bandeiras nazistas foram penduradas nas paredes e no pódio, além de a reunião ter começado com um desfile dos membros da empresa que faziam parte da SS. O Deutsche logo começou a pressionar seus clientes para remover os judeus dos seus quadros de diretores. Em 1938, o banco havia conduzido centenas de "arianizações" — prática de assumir o controle de negócios ou recursos judeus e entregá-los aos arianos.[15] Nos anos 1940, os relatórios anuais do banco eram adornados com suásticas em vez de alguma logo corporativa.[16]

Enquanto a Alemanha dominava a Europa, o Deutsche adquiria bancos locais dos países conquistados e concluía o processo de arianização com os clientes desses bancos. O Deutsche vendeu mais de 720kg de ouro roubado pelos nazistas[17] das vítimas do Holocausto — parte desse ouro extraída dos dentes de judeus e então derretida — e os recursos proporcionaram ao regime de Hitler um dinheiro desesperadamente necessário para comprar armas e materiais brutos. O Deutsche financiou a construção do campo de extermínio de Auschwitz[18] e de uma nova fábrica ao redor, que funcionava por meio do uso de trabalho escravo de Auschwitz e fabricava Zyklon B, o químico utilizado nas câmaras de gás de Auschwitz. Os empréstimos de Auschwitz eram avaliados cuidadosamente pelos gerentes do banco, que recebiam atualizações regulares sobre o progresso da construção do campo.

Não existem provas de que Hermann Abs sabia exatamente o que acontecia dentro do campo de extermínio financiado pelo seu banco. Ele não era membro do partido nazista, entretanto, é inconcebível que ele estivesse completamente no escuro. Além da sua função no Deutsche, ele também estava no conselho da I. G. Farben, a empresa química que estava construindo uma fábrica perto de Auschwitz. Na melhor das hipóteses, não há registros de Abs levantando questionamentos ou preocupado com a possibilidade de seu banco ser cúmplice de assassinatos em massa.[19]

A sincronia do Deutsche com a agressão militar alemã era tanta que o banco ganhou uma breve participação no filme de 1942, *Casablanca*. Em uma cena no Rick's Café, um alemão, mais tarde identificado como representante do Deutsche Bank, tenta entrar na sala de apostas. O segurança recusa a entrada dele, assim como Rick Blaine, interpretado por Humphrey Bogart. "O seu dinheiro é ótimo para o bar", disse ele.

"O quê? Você sabe quem eu sou?" reclamou o banqueiro.

"Eu sei," respondeu Rick tranquilamente. "Você tem sorte por poder ir até o bar."

Após a rendição da Alemanha em 1945, Berlim foi dividida entre os Aliados. As ruínas da sede do banco ficaram dentro do quadrante britânico. Esse acontecimento provou ser vantajoso. A Alemanha ainda devia à Inglaterra reparações pela Primeira Guerra Mundial. Se os britânicos ainda possuíam alguma esperança de recuperar o dinheiro, então um forte banco alemão seria necessário para ressuscitar a economia do país. Hermann Abs fugiu de Berlim na traseira de um caminhão de carga na véspera da invasão Aliada e agora era procurado como um criminoso de guerra. Quando, mais tarde, ele foi julgado à revelia e condenado a uma década de trabalho forçado, os britânicos auxiliaram-no. Abs acabou trabalhando em um luxuoso campo de prisioneiros durante alguns meses e, em seguida, foi solto.

O exército norte-americano não foi tão gentil assim. Concluiu-se em um relatório que o Deutsche Bank havia sido, "no campo econômico, um participante na execução das políticas criminosas do regime nazista". O relatório recomendava que o banco fosse "liquidado" e que os principais executivos fossem impedidos de ocupar posições de poder conforme a Alemanha era reconstruída.

Os Estados Unidos não conseguiram o que desejavam. Como parte de um acordo com a Grã-Bretanha, o Deutsche foi dividido em dez instituições regionais, proibidas de operar sob o nome Deutsche Bank.[20] Isso, entretanto, foi apenas uma descentralização, não uma demolição. A estrutura legal do banco permaneceu, na maior parte, intacta, sem nenhuma restrição de interação entre as dez instituições. Sem surpresa alguma, não demorou para que os defensores do banco — incluindo Abs — começassem uma campanha visando a ressuscitação do Deutsche, de forma que ele pudesse servir como um motor para a recuperação econômica europeia e pudesse afastar a ameaça comunista. De forma lenta, porém segura, os dez bancos ostensivamente independentes fundiram-se novamente. Em 1956, eles publicaram um relatório anual com o nome guarda-chuva Deutsche Bank Group. Pouco depois disso, os dez bancos se uniram legalmente, operando em um prédio de alvenaria com três andares em Frankfurt. O nome *Deutsche Bank* era exibido no topo do prédio com letras garrafais. Os diretores do banco elegeram de forma unânime Abs — o criminoso de guerra condenado — para liderá-los.[21]

O que se seguiu foi uma era extraordinária de crescimento e reconstrução na qual a Alemanha Ocidental e o seu maior banco (além de outras grandes corporações) rapidamente voltaram a alcançar sua proeminência internacional.

No final dos anos 1950, o Deutsche mais uma vez criou asas internacionalmente, fazendo negócios na África do Sul, México, Hong Kong e Egito. Ele emprestou dinheiro para empresas em toda a Europa Ocidental — e até mesmo na URSS, onde liderava um grupo de bancos que financiavam um gasoduto para o governo comunista (ironicamente, o banco ajudava o país ao mesmo tempo em que recuperava sua aceitação internacional parcialmente por causa da necessidade de afastar os comunistas). Abs, um mestre das minúcias financeiras, era viciado em trabalho, chegando a sobreviver meses apenas com quatro horas de sono diárias. Com grande parte do Ocidente focado na ameaça comunista, a sua mancha como criminoso de guerra desapareceu. Em 1957, Abs e sua esposa foram convidados para atender à segunda posse presidencial de Dwight D. Einsenhower.[22]

Na época do centenário do Deutsche, em 1970, o banco tinha mais de mil filiais na Alemanha e dezenas de postos avançados pelo mundo. Era um dos maiores bancos da Europa, conquista extraordinária para o principal prestamista de um país derrotado nas guerras mundiais. Em 1984, o banco se mudou para dois reluzentes prédios espelhados de 150 metros que se destacavam na linha do horizonte de Frankfurt. Os residentes da cidade apelidaram os arranha-céus de Débito e Crédito.

Apesar de sua expansão internacional, o banco era completamente alemão. A empresa tinha participações em algumas das maiores empresas do país: a fabricante de carros Daimler-Benz, a seguradora Allianz e a companhia aérea Lufthansa. Os seus diretores estavam nos conselhos de outras grandes empresas alemãs. Esse era um banco que organizava retiros corporativos e convidava, para entretenimento, atrizes alemãs para recitar poesia alemã.[23] Isso, entretanto, estava prestes a acabar. Em 1987, um homem chamado Alfred Herrhausen assumiu como o principal executivo, determinado a arrastar o Deutsche Bank ao que ele via como a promessa da era capitalista moderna.

Herrhausen crescera em uma maltratada parte industrial da Alemanha e frequentou uma escola que os nazistas montaram para crianças bem-dotadas.[24] O seu objetivo era, um dia, tornar-se filósofo ou professor. Quando foi incapaz de entrar em um programa de filosofia da universidade, decidiu estudar economia. Nos anos 1960, ele trabalhou no departamento financeiro de uma empresa alemã de serviços públicos. Ingressou no Deutsche em 1970 e, com o tempo, se tornou responsável por muitos dos negócios internacionais antes de se tornar o executivo de mais alto nível da empresa.

Ele acreditava que, se a Alemanha voltasse completamente ao cenário internacional, ela precisaria de um banco com ambições globais — não apenas geograficamente, mas também quanto aos produtos e serviços que oferecia para a corporação moderna. Com a queda das barreiras comerciais e as telecomunicações fazendo do mundo um lugar menor, esse era o momento de atacar. Herrhausen comprou bancos na Espanha, Portugal, Itália e nos Países Baixos, além de acelerar o empréstimo na União Soviética, transformando sua instituição no único credor pancontinental da Europa. Ele também adquiriu bancos na Ásia. "Conforme o mundo se torna nosso mercado, precisamos estar presentes no mundo",[25] disse para um entrevistador em março de 1989.

Herrhausen se assemelhava a um estadista e frequentemente agia como um, também. Ele tinha um nariz longo e pontudo, os seus finos cabelos castanhos eram curtos, divididos à esquerda e no rosto não havia nenhum traço de costeletas. A sua pele era bronzeada e tão bem barbeada que parecia brilhar. Ele foi um dos líderes na voz alemã pela integração econômica da Europa e um defensor do perdão das dívidas dos países de terceiro mundo. Tornou-se também confidente de Mikhail Gorbachev, além de ser um convidado na casa de Henry Kissinger, em Connecticut.[26]

Empoleirado no trigésimo andar de um dos arranha-céus do Deutsche, Herrhausen, com seus 59 anos, olhava de cima para o resto da capital financeira da Alemanha. Em novembro de 1989, uma semana após a queda do Muro de Berlim parecer ter corroborado boa parte de sua ideologia liberal de livre mercado, um importante jornal alemão, *Der Spiegel*, irrompeu: "Até agora, quase ninguém dominou a cena econômica da forma que o executivo-chefe do Deutsche Bank, Alfred Herrhausen, tem feito atualmente. O banqueiro é todo poderoso."[27]

Herrhausen, então, fez uma jogada para ganhar ainda mais poder. Em 1984, o Deutsche havia comprado uma participação de 5% em um respeitável banco de investimentos britânico, Morgan Grenfell. Essa foi uma oportunidade para mergulhar no negócio dos bancos de investimento em Londres, onde a desregulamentação de Margaret Thatcher sobre a indústria financeira — também conhecida como Big Bang — provocou um boom de proporções épicas. No outono de 1989, entretanto, uma empresa francesa fez um lance hostil para comprar a Morgan Grenfell. Herrhausen decidiu impedir os franceses e comprou a Morgan de uma vez só, uma aquisição que lançaria a empresa alemã no cenário global como nunca. Em uma segunda-feira, dia 27 de novembro de 1989, ele voou até Londres para divulgar a compra da Morgan Grenfell por

US$1,5 bilhão. "Nós estamos tentando nos fortalecer para nos tornarmos um verdadeiro banco europeu",[28] disse ele aos repórteres. Foi a maior aquisição de um banco de investimentos já vista. O Deutsche Bank havia se tornado um verdadeiro colosso, lançando sua sombra sobre grande parte do planeta.

Quatro dias depois, em uma manhã fria de sexta-feira, uma escolta de três sedãs Mercedes-Benz prateados parou na frente da casa de Herrhausen, no subúrbio de Bad Homburg, para levá-lo em uma viagem de 20 quilômetros até Frankfurt.[29] O Deutsche levava segurança a sério e a sua casa, por trás de uma parede de estuque branco, estava sob proteção 24 horas por dia. Às 8h30m da manhã, o banqueiro entrou no carro do meio, que possuía vidros à prova de balas e painéis laterais blindados. Tanto na sua frente quanto atrás estavam veículos cheios de seguranças. O comboio cruzou as ruas arborizadas do subúrbio e, como de costume, seguiu uma rota diferente daquela que havia sido realizada no dia anterior.

Uma bicicleta estava estacionada no meio-fio. Dentro de uma bolsa pendurada nela, havia uma bomba caseira: quase 20kg de explosivos, estilhaços e uma grande placa de cobre. Um feixe infravermelho, montado por terroristas disfarçados de trabalhadores, cruzava a rua.

Às 8h34m, o comboio alcançou o feixe e a bomba foi detonada. Os estilhaços e a placa de cobre foram lançados na rua, acertando em cheio a traseira do carro de Herrhausen, onde ele estava sentado. O impacto arremessou o carro vários metros no ar, quebrando as janelas e destruindo as portas, mala e capô. O projétil de cobre decepou as pernas de Herrhausen, que sangrou até a morte no assento traseiro antes que os bombeiros ou a ambulância pudessem chegar no local.

O assassinato chocou a Alemanha, que estava em clima comemorativo após a queda do Muro de Berlim. O chanceler Kohl, visitando uma feira de comércio em Düsseldorf, chorou. "Isso é uma ameaça à nossa democracia", disse o futuro ministro das finanças, Wolfgang Schäuble, ao parlamento alemão. Cerca de 10 mil líderes empresariais e governamentais ao redor do mundo compareceram ao funeral de Herrhausen. O local do bombardeio se tornou um santuário, com flores e velas acesas.

O assassinato foi trabalho da Fração do Exército Vermelho, um grupo de terroristas marxistas. Eles divulgaram um comunicado explicando o ataque: o Deutsche Bank "havia lançado sua rede em toda a Europa Ocidental e se encontra no topo da estrutura capitalista fascista, contra a qual todos devemos nos posicionar"[30].

Se o plano do ataque foi acabar com o Deutsche Bank, então ele foi um completo fracasso. Com um ritmo ainda mais acelerado, o banco logo ficaria maior, mais ambicioso e muito mais agressivo.

CAPÍTULO 2

EDSON E BILL

Em algum dia, no futuro, Edson Mitchell mudaria Wall Street. Por enquanto, ele estava preso em uma granja de ovos.

Na década de 1970, a extensa fazenda DeCoster, no Maine, era a casa de mais de 2,8 milhões de galinhas. O lugar fedia, parcialmente graças a todas as aves e em parte às fumaças emitidas pelos caminhões que transportavam os ovos por todo o país. Como se o cheiro já não fosse ruim o suficiente, o dono e operador da fazenda, Jack DeCoster, possuía um histórico de maltratar seus funcionários — muitos deles imigrantes vietnamitas — e de escarnecer das regras de segurança no ambiente de trabalho. Quando Edson começou a trabalhar por lá, em 1975, DeCoster estava prestes a receber o título de "empresário mais infame do Maine",[1] uma designação que se consolidaria anos mais tarde, quando seus ovos infestados de salmonela envenenaram milhares de norte-americanos, resultando na prisão dele e de seu filho.

Mitchell, que havia recentemente concluído sua graduação em economia pela Colby College, trabalhava no departamento de contabilidade da fazenda.[2] Ele não gostava do cheiro, nem sequer da sensação de trabalhar para um homem ruim. Ainda assim, não sabia o que fazer da sua vida. Ele fora criado em uma cidadezinha do Maine, onde seu pai trabalhava como zelador. Havia um longo período entre um trabalho e outro e esses períodos eram terríveis para o jovem Edson — que era capaz de sentir a ansiedade que assolava seus pais, sem saber quanto tempo poderiam sobreviver sem receber pagamento. Ele estava determinado a não seguir o mesmo caminho de insegurança financeira e já possuía uma pequena família para sustentar. Ele e sua namorada do Ensino Médio, Suzan, casaram-se durante o segundo ano em que estavam na Colby e, morando em um trailer fora do campus, os dois tiveram um bebê. Outro estaria a caminho em breve.

Finalmente chegou o dia em que Mitchell não aguentava mais trabalhar em meio às galinhas. Ele se demitiu e matriculou-se em uma escola de negócios em Dartmouth. Foi uma aposta arriscada, mas ele se considerava um apostador nato e transbordava confiança e impulsividade.

Os alunos do curso de pós-graduação da Tuck School of Business, em Dartmouth, eram inclinados a trabalhos na área de finanças, e o melhor lugar para conseguir um emprego — o destino que virtualmente garantiria a você uma pequena fortuna em pouco tempo — era Wall Street. Cargos em empresas como Goldman Sachs e Morgan Stanley eram os verdadeiros prêmios, mas na década de 1980 até os bancos mais sucateados e inferiores estavam rolando em dinheiro. Edson não chegou lá. Em vez disso, tornou-se um banqueiro comercial — responsável por realizar empréstimos para empresas — no escritório de Chicago do Bank of America. Seus clientes incluíam empresas como Beatrice Foods, uma grande empresa química e de processamento de alimentos. Era um trabalho honesto, mas Mitchell logo se desencantou. Ele ansiava por algo além de uma vida respeitável — ele queria ser extraordinário.

Logo apareceu uma oportunidade no banco Merrill Lynch, conhecido pelo seu "Rebanho Trovejante" de corretores de ações, tão numerosos que rotineiramente moviam mercados. O Merrill tinha a ambição de se tornar um banco completo de Wall Street, de ganhar o respeito associado a ser um jogador nas grandes ligas da indústria bancária. Isso significava que a empresa precisava ir além de simplesmente assessorar empresas familiares sobre quais ações comprar em troca de comissões minúsculas. O banco precisava entrar no negócio mais lucrativo, porém muito mais arriscado, de comprar e vender bonds e outros títulos financeiros.

Mitchell foi contratado como vice-presidente dos escritórios de Chicago do Merrill Lynch para ajudar com a negociação de bonds. Dentro de um ano, ele foi promovido a posição de liderança que fez com que se mudasse para Nova York, onde se encontrava a sede do Merrill. Ele e Suzan, felizes de saírem de Chicago, mudaram-se para um opulento subúrbio de Nova Jersey.

Ruivo, baixinho e atlético, Mitchell era altamente competitivo e imbuído de uma energia frenética que o fazia parecer um furacão humano. Ele também era um vendedor implacável e carismático, o tipo de pessoa capaz de convencer um vegetariano a pedir um bife com sua pura persuasão otimista. Rapidamente ele conquistou a sede do Merrill Lynch.

Mitchell teve uma grande ideia: o Merrill deveria mergulhar no novo negócio de derivativos. Os derivativos são produtos cujo valor deriva de alguma outra coisa. Se você for um fabricante de sorvete, por exemplo, pode comprar derivativos cujo valor aumenta conforme o preço do leite. Dessa forma, à medida que os preços crescentes dos laticínios reduzem o lucro dos sorvetes, o lucro que você obtém com os derivativos cobre essa diferença.

Na sua forma mais simples, os derivativos estiveram por aí durante séculos, com os seus valores subindo ou diminuindo junto com os preços reais ou esperados de commodities como bulbos de tulipas, petróleo ou barrigas de porco. Entretanto, nos anos 1980, esses produtos passaram por uma revolução, mudando de estruturas simples — rastreando o preço de laticínios, por exemplo — para estruturas complexas que rastreiam, por exemplo, o preço de um tipo específico de leite em Vermont em certos meses e que ganharia ou perderia valor com base no desempenho de outro laticínio, em outro estado, durante outro período. Em teoria, qualquer coisa pode ser vinculada — leite com peças de carro, pedidos de chips de silício com o preço da manteiga de amendoim — desde que você encontre partes interessadas em apostar em ambos os lados.

Conforme a comoditização da indústria bancária aumentava, especializar-se em derivativos era uma forma de se destacar — um canto do setor que ainda não havia sido dominado por nenhum poder estabelecido. O palpite de Mitchell era de que os derivativos eram o futuro — e se a sua empresa se movesse rapidamente e de forma decidida, o Merrill teria uma rara oportunidade de invadir o mercado e ultrapassar algumas das maiores casas de negociação de títulos de Wall Street, empresas como a poderosa Salomon Brothers. "Comecei a perceber que esse era um instrumento capaz de invadir todos os aspectos do que fazíamos como um intermediário financeiro,"[3] explicou ele mais de uma década depois, ao entrar no Derivatives Hall of Fame (patrocinado, de maneira apropriada, por Arthur Andersen).

Esse era o destino do Merrill, argumentou ele com seus superiores, e por isso eles deveriam ajudá-lo a cumprir esse destino. Eles abraçaram a aposta e logo Edson Mitchell começou a maratona de contratações. Para ajudar a liderar esse avanço, ele procurou outro jovem que trabalhava como um banqueiro em Chicago. O seu nome era Bill Broeksmit.

Jack Broeksmit se formou em Yale e serviu como tenente na Marinha durante a Segunda Guerra Mundial.[4] Após a guerra casou-se com Jane, uma bibliotecária e artista amadora. Tiveram seis filhos. William Shaw Broeksmit, nascido no dia 5 de novembro de 1955, era o quarto filho do casal. No ano seguinte ao nascimento de Bill, Jack foi apontado para o ministério da Igreja Unida de Cristo e, durante a década seguinte, foi ministro da Primeira Igreja Congregacional em Galva, Illinois, a cerca de 240km a oeste de Chicago. Os sermões do reverendo

Jack eram cheios de fábulas sobre a importância de compreender o próximo. O principal, pregava ele, era tentar ver as coisas da perspectiva do outro. Evitar os julgamentos. Perguntar. Reconhecer e tentar deixar de lado seus preconceitos. Os congregantes iam ao encontro do reverendo Jack após os sermões ou o detinham nas ruas de Galva para pedir conselhos. Mais tarde, Bill contaria às pessoas que seu pai instilou nele a noção de que, em longo prazo, fazer a coisa certa pelas pessoas compensa.

Os Broeksmits não eram pobres, mas definitivamente também não eram ricos. "Havia um certo nível de educação, mas não tínhamos dinheiro",[5] disse Bob, o filho caçula. Bill era magro e seu cabelo castanho escuro era tão grosso que penteá-lo tornava-se um desafio. Suas sobrancelhas grossas projetavam sombras sobre seus olhos castanhos. Ele se destacava em matemática e tinha um arteiro traço de empreendedorismo. Ele tinha uma rota de entrega de jornais e contratava os seus dois irmãos mais novos para embalar e entregar os jornais de domingo. Bill pagava a eles menos do que recebia e ficava com a diferença e, em certo momento, usou os recursos para comprar um aparelho de televisão que seu pai não estava disposto a pagar. A carreira profissional de Bill estava em andamento.

Ele recebeu uma bolsa de estudos na Claremont Men's College, uma pequena faculdade de artes liberais exclusiva para homens localizada no subúrbio de Los Angeles.[*] O estudo financeiro o fascinou. Ele tagarelava sobre os mercados com seus colegas de quarto e, mesmo quando ainda era estudante universitário, possuía uma aptidão e um desejo por instrumentos financeiros complexos. Era dono de uma compreensão intuitiva sobre o relacionamento entre coisas como taxas de juros e ações — como o aumento das taxas pode fazer as ações de uma determinada empresa perderem valor. Bill, que tinha facilidade para escrever e gostava dessa atividade, financiava suas ocasionais apostas no mercado produzindo textos acadêmicos para alguns dos seus colegas de turma mais abastados.

---

[*] A faculdade aceitou sua primeira turma feminina em 1976, no último ano letivo de Bill, e foi renomeada para Claremont McKenna College. Vinte e cinco anos depois, eu concluí minha graduação na CMC.

Após a graduação, Bill se mudou para Chicago. Durante o dia, ele era um trabalhador quieto e introspectivo. Quando a esposa de um colega morreu, Bill enviou um cartão de condolências, algo que nunca passaria pela cabeça do grupo de recém-graduados. "Eu perguntei a ele o porquê e ele me disse que é o que se faz, é a coisa certa a fazer", disse sua namorada na época, Liz Miles. "Comparado ao resto de nós, Bill era autossuficiente e responsável."

Entretanto, os seus demônios costumavam sair à noite — bebidas, drogas pesadas, prostitutas. Bill era o cara que, quando os outros estavam prontos para voltar para casa durante a madrugada, tentava convencer todos a permanecerem para mais uma rodada. "Ele simplesmente não sabia quando parar", relembra Jon Schink, um de seus melhores amigos. Seus amigos sempre perceberam que algo o atormentava — embora nunca tenham conseguido dizer *o quê*. "Bill era incrivelmente brilhante, mas profundamente perturbado", recorda Tom Marks, que foi colega de quarto de Bill em uma casa de pedras alugada em Chicago. "Ele fazia coisas durante a noite que contrastavam e muito com o seu comportamento diurno."

Certa vez, no começo dos anos 1980, Broeksmit foi até Las Vegas com Schink. Após uma noite de bebedeiras e apostas, os dois homens caminharam pela rua mais deserta a caminho do hotel. Duas prostitutas se aproximaram de Bill e começaram a acariciá-lo. Conforme eles se afastavam, Bill percebeu que o flerte tinha sido, na verdade, um ardil: uma das mulheres havia roubado um maço de notas de cem do seu bolso. Ele gritou para elas, as perseguiu e então investiu contra a ladra. Eles rolaram pela calçada suja, brigando, até que uma dupla de policiais surgiu para separá-los e devolver o dinheiro de Bill.

Bill conseguiu um MBA na Northwestern University e em seguida um emprego no Continental Illinois, um dos maiores e mais crescentes bancos do país. Ele buscou dominar os derivativos, mexendo nas estruturas desses novos produtos e criando novos usos ao unir diferentes tipos de derivativos. Seus colegas o chamavam de inovador financeiro — e essa reputação logo se espalhou.

Mais tarde, "derivativos" se tornaria uma palavra proibida — causando estragos na indústria financeira e na economia em geral — mas, quando Broeksmit entrou no Continental Illinois, ele e seus pares viam nos derivativos uma forma poderosa de aprimorar a operação das empresas. Os negócios poderiam se isolar dos riscos de maneiras nunca antes pensadas. Isso permitiria às empresas aumentar a produção de produtos por um preço menor, repassando essa economia aos consumidores ao mesmo tempo que sua margem de lucro fosse mantida. Aqui estava uma rara invenção financeira — junto dos caixas eletrônicos, cartões de crédito e hipotecas de 30 anos — que foi verdadeiramente útil para uma grande quantidade de pessoas e instituições.

Wall Street, é claro, planejava algo bem diferente para os derivativos do que sua missão original de ajudar as empresas de sorvete a se protegerem dos crescentes preços dos laticínios. Os derivativos não seriam mais usados majoritariamente como mecanismos de defesa das empresas; agora eles seriam veículos para que bancos e outros participassem de especulação financeira — assim como uma bola girando na roleta. Isso estava para se tornar um setor extremamente lucrativo, e em grande parte não regulamentado, do sistema financeiro global. E isso também significava que as pessoas com experiência em derivativos — quanto mais complexo, melhor — repentinamente se tornaram cobiçadas.

Em maio de 1984, o Continental Illinois foi dominado por um maremoto de maus empréstimos imobiliários. Na época, foi o maior banco que já havia falido nos Estados Unidos, um recorde que ele manteria durante quase 25 anos.

Broeksmit, com menos de 30 anos, quase não escapou do navio naufragado. Edson Mitchell bateu em sua porta justamente quando o banco estava recebendo uma quantidade fatal de água e, no começo de 1984, aceitou o emprego como um dos tenentes de Mitchell, encarregado de liderar o Merrill no admirável mundo novo dos derivativos. Bill e sua jovem esposa — uma ucraniana divorciada que se chamava Alla — mudaram-se para Short Hills, um subúrbio em Nova Jersey cheio de casas palacianas. Os Broeksmits não podiam pagar por uma casa dessas — ainda. Os dois se mudaram, portanto, para uma pequena casa em estilo colonial que ficava a uma rápida caminhada de distância da estação de trem que levaria Broeksmit até Manhattan todas as manhãs para trabalhar ao lado de Mitchell.

O Merrill Lynch era mais limpo que a fazenda DeCoster, mas por pouco. O lugar era a personificação do Id descontrolado de Wall Street no meio da década do go-go: cocaína nos banheiros e strippers no pregão.[6]

Na época, a lista de derivativos disponível para os clientes do Merrill era limitada. Bill e Edson expandiram o menu. Bill começou a pensar em novos tipos de um derivativo popular conhecido como *swap*, produzido para ajudar as instituições a se protegerem de mudanças em coisas como taxas de juros. Ele combinou diferentes tipos de swaps em instrumentos mutantes com nomes como *swap de taxa de juros exigíveis, swap de curva de rendimento* e *swaptions*.

Essas foram boas notícias para os clientes e ótimas notícias para o Merrill. Toda vez que vendia um swap aos seus clientes, o banco recolhia uma quantia em taxas. Além disso, Broeksmit desenvolveu novas formas inteligentes de o Merrill *se proteger* com o uso de derivativos ao comprar recursos dos seus clientes. Uma vez que os derivativos reduziam os riscos enfrentados pelo Merrill em várias transações, a empresa agora tinha uma maior capacidade para realizar essas transações — o que significava uma receita maior para o banco.

Todos esses novos tipos de derivativos deixaram os clientes corporativos mais dispostos a fazer dívidas. Afinal, se eles pudessem se proteger contra taxas de juros voláteis, isso efetivamente reduziria o custo dos empréstimos. A Fannie Mae, empresa controlada pelo governo que era também a maior financiadora de hipotecas nos Estados Unidos, era apenas um exemplo. Uma vez que grande parte dos negócios da Fannie Mae girava ao redor de taxas de juros — ela estava comprando grandes quantidades de hipotecas com muitos tipos diferentes de taxas de juros e condições de reembolso —, a empresa tinha um grande apetite por produtos sofisticados capazes de isolá-la de mudanças futuras nos juros.

Broeksmit inventou uma solução complexa para Fannie e o Merrill se tornou o banco de referência da empresa. Logo, dezenas de grandes empresas migraram para o Merrill, não apenas pelos swaps, mas também para lidar com a venda dos seus bonds. Bilhões de dólares em novos negócios começaram a entrar no banco. O Merrill Lynch, repentinamente, se tornou um grande nome na indústria. Mitchell recebeu a maior parte do crédito — e rapidamente estava se tornando uma das maiores estrelas em ascensão de Wall Street —, mas tudo isso só aconteceu, em grande parte, graças a Broeksmit.

Décadas mais tarde, veteranos de cabelos grisalhos voltaram novamente seus olhares para as mudanças que transformaram a indústria bancária e apontaram dois catalisadores. O primeiro foi a tecnologia e a internet, que aceleraram os negócios e aumentaram sua eficiência. O segundo foi o mercado de swaps. Broeksmit foi amplamente responsável por transformar esse último em algo semelhante a um organismo vivo em sua complexidade. "Graças a pessoas como Bill, mas principalmente a ele, o negócio de derivativos se tornou de uso popular tanto para investidores quanto para corporações, instituições financeiras e agências governamentais", explica um antigo colega que alcançaria o topo de Wall Street.

O objetivo de Edson era posicionar o banco na encruzilhada de tantas transações diferentes que ele conseguiria toneladas de dinheiro ao recolher pequenos valores de cada. Para isso, o banco precisava conquistar enormes posições em múltiplos e vastos mercados — um empreendimento arriscado. Edson e Bill descreveram essa posição especial no meio de todo esse fluxo como "águas brancas"[7] — o lugar onde o dinheiro se movia tão rapidamente que transformava tudo em espuma. De acordo com a visão deles, o vórtice dessa água branca eram os derivativos — e o Merrill estaria bem ali, flutuando em águas turbulentas, sugando os lucros.

Mitchell ocupava um escritório no canto do sétimo andar do prédio mais ao norte do complexo World Financial Center, com uma bela vista do Porto de Nova York e do Rio Hudson. O escritório de Broeksmit tinha apenas metade desse tamanho, mas ficava a poucos passos de distância da sala de Mitchell. Os colegas perceberam que o tapete do corredor entre os dois escritórios estava desgastado — mostrando o quanto eles e outros colegas andavam de lá para cá.

A parceria funcionou e, no processo, os dois tornaram-se amigos. Eles tinham em comum suas grandes famílias: Bill, um de seis filhos; Edson, com seus cinco filhos. Eles também compartilhavam suas raízes rurais: Bill de uma pequena cidade em Illinois e Edson do Maine. Eles se uniram diante do fato de que nenhum dos dois eram privilegiados, ambos eram forasteiros.

Edson e Bill conversavam sobre tudo: seus colegas, suas estratégias, seus clientes, seus futuros. Mitchell nem sempre concordava com Broeksmit, mas sempre buscava seus conselhos, e Bill sentia-se confortável em oferecer sua sincera opinião. Eles se complementavam, com os excessos de um complementando as faltas do outro. Mitchell transbordava de inquietação, era incapaz de ficar parado. Alguns colegas o chamavam de Eddie Rápido, porque você raramente tinha tempo de explicar algo detalhadamente para ele. Enquanto aguardava pelo elevador, ele apertava o botão repetidamente — e, depois que o elevador abria as portas, ele apertava repetidamente o botão do andar que desejava ir, tentando acelerar sua chegada. Broeksmit gostava de contar histórias sobre como pequenos aeroportos do centro-oeste estavam cheios de carros alugados por Mitchell que eram abandonados do lado de fora dos terminais, apressado demais para devolvê-los da maneira apropriada.

O seu eterno otimismo — tudo era possível! — e o seu desejo ardente de provar que o filho do zelador poderia superar as probabilidades e exceder as expectativas fomentou uma competitividade que estava presente em tudo que Mitchell fazia. Ele ficava louco quando os seus funcionários eram procurados por outras empresas e, como resultado disso, tornou-se muito habilidoso em impedi-los de sair. (Certa vez ele viajou até Tóquio para persuadir um negociante de nível médio a continuar na empresa.) Diferente dos outros executivos que terceirizavam o trabalho de contratar jovens nerds financeiros, Edson frequentava campus de faculdades de administração, entrevistando estudantes promissores e contratando-os imediatamente. Ele até pressionou os seus colegas a comprar mais biscoitos de escoteiros dos seus filhos para que eles conseguissem mais distintivos.[8]

Enquanto Mitchell era barulhento, impetuoso e impulsivo, Broeksmit era quieto, cerebral e pensativo. Pelos padrões dos mauricinhos do Merrill, Bill — com seus cabelos negros ondulados e penteados para trás, óculos sem aro com lentes grossas e sua mania de franzir os lábios e estreitar seus olhos escuros enquanto te escutava que, se você não o conhecesse bem, poderia pensar se tratar de um sorriso malicioso — era um nerd. Ele era fraco, nada atlético e sentia-se confortável com o silêncio. Quando perdia-se em pensamentos, ele puxava sua espessa sobrancelha direita — um tique tão comum que se tornou uma piada na sua família. (Certamente era um tique menos amável quando sua mão ia até a sobrancelha enquanto ele dirigia. "Pai!" gritava uma das suas três crianças do assento traseiro. "Coloque as duas mãos no volante!") Quando ele falava, o fazia de modo a deixar claro que estava ouvindo o que os outros tinham a dizer. Sua maneira de questionar não era agressiva, ele não tentava pegá-lo ou induzi-lo ao erro de alguma forma. Ele não precisava aparecer. De fato, em mais do que uma ocasião, ele apareceu para entrevistar um candidato com roupas rasgadas — e, então, enquanto fumava um cigarro atrás do outro, sobrecarregava o futuro funcionário em potencial com o seu intelecto de tal maneira que o candidato acabava *morrendo* de vontade de trabalhar com ele. Ele também não era muito ambicioso, preferindo gerenciar apenas algumas pessoas e sem interesse em subir de cargo. Assim se destacou em uma indústria repleta de gênios da matemática socialmente despreparados e personalidades tipo A levemente sociopatas.

Broeksmit frequentemente repetia o mantra: "Como isso ajuda o cliente?" — um velho clichê de Wall Street, mas no qual ele realmente acreditava. Era sempre tentador ganhar um bom dinheiro e passar a perna nos clientes, mas a melhor estratégia em longo prazo, avisava ele aos seus colegas, era estruturar as coisas para que seus clientes prosperassem. "Todos nessa indústria querem dinheiro", explicou um dos seus colegas e amigos. "Mas existem graus variáveis de avareza." Bill estava no baixo nível do espectro.

Por essa razão, ele se tornou um importante contrapeso para Mitchell. Quando os gerentes de riscos rejeitavam uma transação conquistada por um dos caras de Edson, e ele queria esfolar o gerente vivo, Broeksmit sempre intervinha. John Breit, um físico de partículas contratado para guiar alguns negociantes, muitos anos mais tarde deu os devidos créditos a Bill por ter salvado o seu emprego, em diversas ocasiões, de um Edson furioso.

No começo dos anos 1990, o conselho da administração do Merrill Lynch estava ficando nervoso sobre a expansão do portfólio de derivativos do banco. O uso imprudente dos derivativos já havia causado algumas explosões violentas dentro de algumas orgulhosas empresas norte-americanas, como a Procter & Gamble, que perdeu US$157 milhões em um lote de swaps de taxa de juros que havia comprado com um empréstimo. ("Derivativos como esses são perigosos",9 lamentou o presidente da P&G.) Tais explosões causaram estragos na reputação dos bancos que venderam o que em breve se tornaria um instrumento tóxico. O conselho do Merrill queria evitar que o banco tropeçasse em uma armadilha semelhante.

Uma das origens da ansiedade do banco é que, no começo dos anos 1990, swaps e outros derivativos mudaram radicalmente — e, ainda mais importante, estavam sendo usados de maneira bem diferente. O que há pouco tempo era um dispositivo criado para que as instituições se protegessem contra taxas de juros flutuantes e do crescente valor de laticínios ou qualquer outro produto tornou-se um veículo de especulação. Os bancos de Wall Street, incluindo o Merrill, estavam ganhando dinheiro com tais apostas. Entretanto, muitas empresas menos sofisticadas, fundos de pensão, doações universitárias e governos locais buscavam um pouco dessa ação, também. Por que limitar-se a colocar dinheiro nas ações de alguma empresa séria quando você pode tirar a sorte grande ao apostar nas variações das taxas de juros em um estado se comparado a outro? As possibilidades pareciam infinitas — e bancos como o Merrill encorajavam esse pensamento, prontos para tirar vantagem dos seus clientes desinformados.

Certo dia, em 1993, Mitchell, Broeksmit e Breit subiram as escadas para fazer uma apresentação para o conselho de diretores do banco sobre a razão pela qual os derivativos não eram intrinsecamente perigosos. Breit falava monotonamente sem parar. Pelo menos dois membros do conselho cochilaram. Em seguida, os homens desceram pelo elevador e Mitchell parabenizou Breit por sua apresentação.

"O que quer dizer, Edson?" perguntou Breit. "Eles literalmente caíram no sono."

Edson gargalhou: "É exatamente isso que queremos!"

Conforme os anos passaram, Bill e Edson tornaram-se inseparáveis, até mesmo fora do escritório. Eles frequentavam os centenários banhos russos e turcos de East Village. Às vezes, o filho mais velho de Bill, Val, podia acompanhá-los, assistindo aos homens se derreterem na sauna de 190ºC e realizarem desafios para ver quem ficava mais tempo lá dentro (uma placa em um amarelo brilhante recomendava a permanência de menos de 30 minutos por vez, mas tais regras foram feitas para serem quebradas). Eles ficavam sentados no lugar, vestindo os shorts verdes que os banhos disponibilizam para aqueles que não queriam ficar nus, o ar quente chamuscando seus pulmões, enquanto fofocavam sobre o trabalho e suas famílias.

As famílias Broeksmit e Mitchell começaram a passar as férias juntas no Maine. Bill e Alla tinham uma casa de veraneio na rústica cidade à beira-mar de Brooklin, com um campo de tênis e um lago, a uma curta distância do oceano. Mitchell, que já possuía uma reformada cabana de madeira em Rangeley, comprou uma grande área na rua de Broeksmit. Edson e Bill se enfrentavam em intensas partidas de tênis, seguidas por mergulhos no frígido Atlântico. Os cinco filhos de Mitchell, acostumados com a procissão de banqueiros parando nas suas casas para puxar o saco do seu pai, percebiam que o relacionamento com Broeksmit era especial.

Foi graças ao banco Merrill que Robert Citron, o tesoureiro do Condado de Orange, no sul da Califórnia, acabou usando o dinheiro dos contribuintes para mexer com derivativos.[10] Os vendedores do banco na Califórnia passaram anos tentando agradar esse homem peculiar (Citron gostava de usar joias de turquesa, gravatas espalhafatosas e consultava regularmente mapas de astrologia) porque eles diziam que ele era um "pombo" — um alvo fácil. De fato, logo Citron começou a se deleitar com os deliciosos swaps de taxas de juros que o Merrill estava preparando. O Condado de Orange fez uma aposta astronômica de que as taxas de juros dos Estados Unidos e da Suíça se moveriam em direções diferentes.[11] O município de Citron concordou até mesmo em comprar os derivativos com um empréstimo adquirido com o Merrill, aumentando os lucros do banco. Em 1993, o condado havia conquistado US$2,8 bilhões com portfólio de derivativos[12] — e se tornado o maior cliente único do banco. Durante algum tempo, os investimentos do Condado de Orange tiveram um excelente desempenho e todos estavam felizes.

Broeksmit percebeu que, se o Condado de Orange enfrentasse algum problema por causa dos derivativos, esse problema voltaria para o banco. Mesmo se o Merrill não perdesse dinheiro diretamente na transação — na verdade, *especialmente* se ele não perdesse dinheiro na transação — o dano na reputação associado a tentar enganar os contribuintes californianos seria grave. Nesse momento, gerentes de risco como Breit já estavam sussurrando para Broeksmit que o Condado de Orange — e, portanto, o Merrill — estava em uma situação delicada. Bill, por sua vez, sussurrava a mesma coisa para os outros, mas os avisos não eram escutados (isso também estava deixando o conselho de diretores impaciente — parte da razão pela qual Mitchell, Broeksmit e Breit foram chamados até a sala de reuniões para a apresentação sonífera de Breit). Assim, em 1993, Broeksmit redigiu um memorando dando voz às suas ansiedades.

Ele fez um grande número de rascunhos, agonizando sobre os detalhes e compartilhando algumas versões com amigos e confidentes no Merrill. Ele queria garantir que estava fazendo tudo corretamente: é quase como se ele soubesse que estava escrevendo para a posteridade.

No dia 24 de fevereiro de 1993, Broeksmit apresentou o memorando de 3 páginas para Mitchell, que também o assinou. Em seguida o documento foi enviado para os executivos seniores do Merrill em Nova York e na Califórnia. O memorando observava que o investimento do condado até então "apresentou uma fantástica valorização". Entretanto, alertou Broeksmit, se as condições do mercado mudarem, as coisas podem piorar rapidamente. "As potenciais consequências adversas para o Condado de Orange no evento de um aumento substancial das taxas de juros e da movimentação do hot money [...] nos compelem a ser mais enérgicos",[13] escreveu ele. "Eu acredito que devemos recomendar oficialmente a venda de todo o portfólio" de derivativos. Por fim, ele argumentou, o Merrill não deveria vender mais derivativos para o condado.

A missiva não funcionou.[14] Não há nenhuma evidência de que o Merrill fez alguma coisa para impedir o Condado de Orange de se aproveitar dos derivativos. Pelos próximos 20 meses, dezenas de milhões de dólares em taxas e comissões continuaram a encher os cofres do banco.

Então, assim como Bill temia que acontecesse, a Reserva Federal começou a aumentar as taxas de juros. No final de 1994, as taxas haviam praticamente dobrado se comparadas com o ano anterior. Os derivativos do condado começaram a perder valor — e continuaram a perder cada vez mais. Em dezembro, as perdas já somavam US$1,7 bilhão. O condado declarou falência — e, então, entrou com uma ação pedindo US$2,5 bilhões em indenizações do Merrill por "arbitrariamente e insensivelmente" vender ao condado instrumentos financeiros inapropriados. O senado do estado começou a investigar. Logo, o memorando de Bill foi desenterrado e veio a público. O *Los Angeles Times* observou a "perturbadora precisão"[15] das suas previsões em um artigo de primeira página, publicado em maio de 1995. O *Wall Street Journal* escreveu um longo artigo de uma página sobre o dissidente do banco que profetizou a bagunça que se aproximava. Assim nasceu a lenda de Bill Broeksmit.

CAPÍTULO 3

A GRANDE MIGRAÇÃO DE WALL STREET

Mais de cinco anos se passaram desde o assassinato de Alfred Herrhausen. O Deutsche Bank havia se recuperado, assim como faria no futuro após as repentinas quedas de executivos importantes. Três meses após o assassinato, as ações do banco aumentaram em 30%, um ressoante voto de confiança no futuro da empresa.[1]

O sucessor de Herrhausen era Hilmar Kopper. Como seu antecessor, este acreditava que o futuro do banco estava fora da Alemanha (ele se referia depreciativamente aos banqueiros alemães como "almas castas"[2]). Com a queda do Muro de Berlim, o Deutsche abriu filiais na Alemanha Oriental e então em Varsóvia, Budapeste e Praga. Dentro de alguns anos, o banco possuía meia dúzia de postos avançados na antiga União Soviética.[3]

Tudo estava indo muito bem, mas a aquisição do Morgan Grenfell decepcionou. Os arquitetos da compra esperavam que ela lançasse o Deutsche Bank até a elite de Wall Street: isso não aconteceu. Um dos problemas foi que os banqueiros seniores do Morgan estavam saindo do banco, desinteressados em trabalhar com um punhado de alemães provincianos. Além disso, o Deutsche permaneceu com uma postura muito conservadora para competir com Wall Street. Na maior parte do banco, por exemplo, os derivativos ainda eram vistos como instrumentos desnecessariamente complexos e desorganizados que tinham uma péssima tendência de distribuir o risco em vez de contê-lo. Um dos principais executivos avisou que o banco nunca deveria se permitir transformar-se em um "Deutsche Sachs ou Deutsche Lynch"[4] — em outras palavras, perder sua identidade para Wall Street. Ainda que o banco possuísse centenas de funcionários nos Estados Unidos, ele estava muito atrás nos florescentes mercados de capitais do país, perdendo não só para os bancos norte-americanos como também para concorrentes de segundo nível do Japão, Grã-Bretanha e França.

Em 1994, os principais executivos do Deutsche se reuniram em Madri para conversar sobre estratégias. Kopper declarou que o fraco posicionamento do banco era uma vergonha não só para o Deutsche mas para toda a Alemanha. Dois eventos recentes deixaram isso claro. Primeiro, um dos maiores clientes do banco, o restaurador imobiliário alemão Jürgen Schneider, provara ser uma fraude. O Deutsche havia sido seu principal credor, financiando vistosos projetos de shoppings, incluindo um praticamente vizinho à sede do banco em Frankfurt, e agora encarava perdas de quase US$1 bilhão. O banco depositou toda sua fé nesse único cliente porque o seu negócio de empréstimo tradicional não era muito lucrativo. Então, conceder enormes empréstimos para uma pessoa cujas declarações financeiras o Deutsche Bank não se preocupou em avaliar parecia um atalho atraente.[5]

Além disso, em outra situação humilhante, o Goldman Sachs conseguiu um trabalho cobiçado, ajudando a privatizar o Deutsche Telekom, o monopólio de telefonia estatal alemão.[6] O Goldman — com sua presença mundial e experiência com emissão de ações — poderia vender as ações do DT em todo o mundo e negociá-las quando se tornassem públicas. Isso concedeu ao banco norte-americano uma das maiores atribuições bancárias da história alemã. Wall Street estava indo até a Alemanha. Deveria a Alemanha ir até Wall Street?

Era hora, argumentou Kopper em Madri, de levar a sério o banco de investimentos.[7] O Deutsche precisava de uma grande contratação — uma pessoa carismática e bem-sucedida capaz de guiar o banco até a terra prometida.

Pouco antes do natal de 1994, Bob Flohr recebeu um telefonema de Edson Mitchell. Homem elegante e polido, dono de uma autoconfiança derivada de ter sido aluno de Princeton e da elite de consultoria da McKinsey, Flohr era um recrutador que havia trabalhado intimamente com Mitchell durante uma década[8]. O seu trabalho era encontrar boas pessoas para que Edson as contratasse, além de servir como um conselheiro informal e fonte de inteligência da indústria. Com essa ligação, Edson disse que precisava se encontrar com Flohr o quanto antes. Nos primeiros dias de 1995, os dois se encontraram para um café da manhã no Princeton Club, na Rua 43 West de Manhattan. Além de exigir paletós para os cavalheiros, o clube tinha uma política contra falar de trabalho na sala de jantar. Isso, entretanto, era o que Mitchell gostaria de discutir. Ele havia acabado de se tornar uma pequena lenda da indústria ao arremessar o Merrill para as grandes ligas e agora desejava capitalizar em cima desse sucesso. Após mais de uma década no Merrill, contou para Flohr, ele estava pronto para construir algo novo.

Flohr ouvira recentemente que o Deutsche estava planejando uma investida no setor dos bancos de investimentos. Intrigado, Mitchell o autorizou a falar com seus contatos no Deutsche em seu nome. Flohr viajou até Londres para se encontrar com Michael Dobson, um erudito britânico que gerenciava o braço de investimento do Deutsche. Estaria ele interessado em contratar Edson? Sim.

Um ou dois meses mais tarde, Mitchell embarcou em uma missão ultrassecreta na Alemanha. Ele se encontrou com o pessoal do Deutsche e falou sobre mudar-se para Londres e guiar a investida do banco para se tornar uma empresa de referência nos mercados financeiros mundiais. A entrevista foi muito boa. Geralmente, o ponto-chave dessas negociações é o dinheiro, mas Edson não tentou barganhar pelo seu pagamento — concordou em receber US$5 milhões anuais em seus dois primeiros anos, basicamente o que ele já recebia no Merrill. A sua condição principal era de que ele teria permissão para contratar absolutamente quem ele quisesse. O Deutsche concordou.

O Merrill logo percebeu o que estava acontecendo. A empresa ofereceu um aumento para Edson, além de maior autonomia e mais funcionários. Ele, entretanto, permanecia inquieto e preparado para sua próxima aventura. Parou de responder as ligações telefônicas dos seus superiores no Merrill e, na segunda-feira após a Páscoa, embarcou em um helicóptero da cidade de Nova York até Princeton, Nova Jersey, onde a cúpula do Merrill se reunia. Ele revelou que estava saindo da empresa, que essa decisão não era negociável e que gostaria que o helicóptero o levasse de volta à cidade.

Naquela manhã, Dobson e Flohr viajaram juntos de Londres em um Concorde, com Dobson preocupado durante todo o caminho sobre uma possível desistência de última hora por parte de Mitchell. Os dois haviam combinado de encontrá-lo no Princeton Club, às 11 horas da manhã, para firmar o acordo. Mitchell se atrasou, mas acabou entrando na sala de jantar, decorada com pinhal da década de 1950, com um sorriso no rosto. "Está feito", ele anunciou. Um Dobson aliviado — sem mais parecer que desmaiaria a qualquer momento — chamou o garçom e pediu uma rodada de gim-tônica.

No verão de 1995, a família Mitchell mudou-se para a Inglaterra. Edson comprou uma mansão de tijolos — conhecida como Tall Trees, porque a casa era, como o nome sugere em inglês, cercada por grandes árvores — em uma cidade arborizada ao sudoeste de Londres. O seu cargo no Deutsche era de chefe dos mercados globais. Assim como no Merrill, Mitchell via os derivativos como a chave para ganhar força na maioria dos mercados importantes[9]. Já que o Deutsche estava efetivamente descartando essa ideia, ele precisava começar do zero. Entrar no escritório londrino do banco, no interior de um feio prédio cúbico preto na Rua Leadenhall, era como ser transportado até outra época. As paredes eram decoradas com pinturas escuras a óleo de nobres montados em cavalos. Os homens usavam coletes. Empregadas com babados e mordomos com smokings corriam pelos corredores mal iluminados. O Deutsche havia contratado esporadicamente em áreas aleatórias de múltiplos continentes, mas nem os sistemas de tecnologia, nem as mesas de operações e estratégias corporativas eram integradas. O lugar era um punhado de feudos. Não havia modelos computacionais para descobrir como valorizar derivativos, nem mesmo os mais simples, como as opções de ações.

Para Edson, o primeiro grande passo era reunir uma equipe de tenentes leais. A sua antiga empregadora tornou-se o seu campo de caça. O primeiro recrutado foi Michael Philipp, que havia começado como um oleiro profissional, criando pratos e canecas de cerâmica. Ele assava as peças no seu quintal e as vendia nos mercados locais. Philipp ganhava US$12 mil por ano e tinha três filhos com sua esposa, uma professora. Buscando mais dinheiro, em 1980 matriculou-se em uma faculdade de administração na Universidade de Massachusetts. Conseguiu uma entrevista de emprego no Goldman com Robert Rubin, o futuro secretário do tesouro. Quando Rubin descobriu que o barbudo Philipp era capaz de convencer as pessoas a pagarem US$5 por uma caneca caseira, enquanto a versão massificada custava apenas US$1,75 em uma loja qualquer, ele ficou empolgado: "Você será incrível nesse negócio!" Philipp conseguiu o emprego e nunca mais fez outra caneca. Em 1990, ele entrou no banco Merrill Lynch e conheceu Edson.

Agora, os dois estavam no Deutsche, tentando descobrir como montar um exército. Eles viajaram até Frankfurt e, em uma reunião com os principais executivos da empresa, descreveram duas opções para levá-la até o alto escalão de Wall Street. A primeira abordagem era comprar uma potência dos bancos de investimentos como Salomon Brothers, o que custaria pelo menos US$5 bilhões, talvez muito mais. A outra abordagem seria construir um banco de investimentos contratando uma série de pessoas, o que eles estimaram que custaria apenas

US$2 bilhões. Os dois norte-americanos imaginaram que os frugais alemães escolheriam a opção mais barata, que de toda forma era o que eles gostariam de fazer. Eles estavam certos — e agora tinham uma reserva de US$2 bilhões ao seu dispor.

O discurso de recrutamento de Mitchell e Philipp era simples: o Deutsche era uma estrela em ascensão. "É um motor de 16 cilindros funcionando apenas com 4", argumentou Mitchell para um executivo do Merrill, Kassy Kebede, nativo da Etiópia que mais tarde acabou se casando com a supermodelo Liya. Ele concordou em se juntar ao antigo chefe.

Em seguida, foi outro executivo do Merrill, Anshu Jain. Ele entrou dois anos depois de Philipp na Universidade de Massachusetts. Quando Philipp estava no Goldman, Jain usou essa conexão para conseguir uma entrevista no local. Não conseguiu o emprego — ele era visto como geek demais —, mas não tardou até ser contratado pelo Merrill Lynch. Lá, ele precisou lidar com o setor de vendas, majoritariamente católico e irlandês, confundindo-o com um técnico de TI e pedindo para consertar os computadores. Agora, quase uma década depois, Anshu era diretor-geral — um dos mais novos na história do banco — e se tornou um dos melhores vendedores de derivativos da empresa. Entretanto, ele tinha apenas 32 anos e temia que acabaria com sua reputação dificilmente conquistada ao começar do zero no Deutsche. Philipp conversou animadamente com a esposa de Jain, Geetika, argumentando que era uma oportunidade imperdível para se estabelecer na base de algo especial. Anshu abraçou a ideia.

Outro recrutamento cobiçado no Merrill era Grant Kvalheim. Desesperado para impedir o êxodo para o Deutsche, o banco ofereceu um cargo melhor e prometeu cobrir a oferta de Mitchell, seja o quão astronômica ela fosse. Dessa forma, o banco pensou ter afastado o predador. Edson, entretanto, não gostava de perder. Ele voou no Concorde até Nova York e dirigiu sua BMW Série 8 cupê da cor preta que ele mantinha em Nova Jersey e seguiu rumo a casa de Kvalheim, em Princeton. Mitchell aumentou sua proposta uma última vez, levando-a até milhões anuais — o exemplo mais recente de Mitchell distribuindo "salários da NFL",[10] resmungou um executivo do Merrill. Kvalheim finalmente cedeu — sob uma condição: ele queria a BMW de Mitchell. Edson pegou as chaves do carro e as jogou nas mãos de Kvalheim. "Eu saí do emprego por uma verdadeira oportunidade, o sentimento de alegria e realização de quando você está criando uma organização",[11] explicou Kvalheim para um repórter na época.

Mitchell instruiu sua primeira rodada de recrutas a procurar as cinco melhores pessoas que eles conheciam em suas respectivas áreas e contratá-las. Em seguida, essas cinco pessoas contratariam as cinco melhores e assim por diante. Isso deu início a um espasmo épico de contratação. Havia entrevistas de emprego sem parar — nos escritórios, em bares, em hotéis. Um lugar favorito para isso era o hotel cinco estrelas de Londres, Lanesborough. Enquanto entrevistava candidatos no saguão, Kassy Kebede frequentemente olhava ao redor e via Edson ou Anshu, a algumas mesas de distância, interrogando outros candidatos. Logo os escritórios abafados do Deutsche estavam transbordando, com mais pessoas do que mesas.

Quando Mitchell chegou, o seu negócio tinha cerca de dois mil funcionários.[12] Dentro de 18 meses, ele e a sua equipe contrataram outras 2.500 pessoas — incluindo várias centenas do Merrill Lynch. Essa foi uma das maiores migrações da história de Wall Street. Não havia dúvida alguma sobre a força motriz por trás disso tudo: Edson. Ele tinha uma personalidade magnética, além de uma reputação como um gerente talentoso. Ele era como um querido técnico de futebol, alguém que não era o melhor atleta, mas tinha a habilidade única de inspirar os outros a alcançar o desempenho além de seus limites naturais. "Ele era o mandachuva, o energizador", rugia um dos seus recrutas. Algumas das suas tropas, hipnotizadas, se referiam a ele como o Mágico de Oz.

Havia uma pessoa crucial de fora desse êxodo: Bill Broeksmit. Não foi por falta de interesse de Mitchell. Na verdade, Bill foi a primeira pessoa contatada por Edson quando ele soube que se mudaria para o Deutsche, mas Bill não cedeu (Mitchell, sem perder o passo após a rejeição, alistou Bill para entrevistar alguns candidatos para cargos seniores no Deutsche, mesmo que Broeksmit agora tecnicamente fosse seu concorrente).

Parte dessa recusa se deu pelo fato de que Broeksmit era conservador e Mitchell e os outros estavam se arriscando. Outro fator é que o fiasco do Condado de Orange ainda estava se desenrolando, tanto no sistema legal quando na imprensa, e Broeksmit se viu obrigado a ajudar a limpar essa bagunça. Seus colegas acharam que ele era louco: Que tipo de homem seria tão leal a uma instituição sem rosto a ponto de ignorar incontáveis riquezas para fazer a coisa certa? Além disso, o banco tentou defendê-lo o máximo possível para mantê-lo no cargo. Stan O'Neal, um dos principais executivos da empresa (e mais tarde o CEO), liderou a investida. Broeksmit sentava-se em silêncio enquanto O'Neal apresentava todos os motivos pelos quais ele não deveria sair. O'Neal acreditou que havia conseguido convencê-lo das vantagens. A maior razão para Broeksmit não cair na isca de Mitchell, entretanto, era que ele estava cansado — essa não é uma qualidade que muitos banqueiros de investimentos nos seus 40 anos admitem ter, mas existe um limite de poucas horas de descanso ao longo dos anos até que você sinta o peso das suas ações. Ele não queria chegar no próximo nível da gerência e se preocupava com o fato de que suas filhas estavam crescendo sem um pai.

Em março de 1996, Broeksmit anunciou sua aposentadoria. Quando um porta-voz do Merrill disse ao *Wall Street Journal* que Broeksmit estava saindo "para passar mais tempo com sua família"[13] — um eufemismo comum quando alguém é despedido ou renuncia em meio a desgraça —, ele estava falando a verdade. Um dos principais executivos do banco disse que Bill precisava de tempo para recarregar as energias. "Nós amaríamos tê-lo de volta",[14] disse o executivo.

Dois meses depois, Broeksmit e sua família estavam no Maine quando Mitchell resolveu visitá-los. Ele ainda desejava que Bill fizesse parte do Deutsche. A essa altura, ele já tinha montado uma equipe muito forte de negociadores e vendedores, mas faltava um especialista em compreensão e gerenciamento de riscos. Bill admitiu para Edson que sentia falta da adrenalina de Wall Street, mas que não estava pronto para retornar.

Edson, entretanto, revelou para Bill quanto dinheiro ele possivelmente poderia ganhar. Era um número muito alto de sete dígitos anuais, consideravelmente mais do que ele estava ganhando no Merrill. Bill rapidamente aceitou o emprego. Ele se tornaria co-chefe da negociação proprietária do banco — em outras palavras, faria apostas com o dinheiro do próprio banco —, com um foco em derivativos, respondendo diretamente a Mitchell.

Mesmo depois de aceitar, Broeksmit não tinha certeza de que o esforço de lançar o Deutsche no topo de Wall Street daria certo. "Eu pensei que seria uma aventura", ele disse a um colega anos mais tarde. Em novembro de 1996, Bill, Alla e suas duas filhas se mudaram para Londres (Val permaneceu nos Estados Unidos, estudando na Albright College). Edson e Suzan organizaram um jantar de boas-vindas assim que os novos expatriados chegaram de viagem. Alla resmungou sobre seu marido econômico ter se recusado a gastar em bilhetes da classe executiva para o voo transatlântico.

A vida de todos eles — incluindo a essência do Deutsche Bank — estava prestes a mudar.

CAPÍTULO 4

FORÇAS SOMBRIAS

Certo dia, uma placa surgiu no saguão da sede londrina do Deutsche Bank. Nela estava soletrado, foneticamente, o nome do banco: DOI-*tcha*. Essa foi uma importante correção. Muitos dos novatos norte-americanos falavam às pessoas que estavam trabalhando no "Douche Bank"[1].

Lentamente, mas nem tanto assim, o fluxo de norte-americanos começou a mudar a cultura do Deutsche. Os novatos não sabiam nada sobre o banco ou sobre a Alemanha, tudo o que sabiam era que tinham a missão de arrastar essa instituição tradicional à modernidade. Do ponto de vista de Mitchell e sua comitiva, a obstinação tipicamente alemã do lugar era o principal impedimento para liberar todos os seus espíritos animais. Antes da chegada de Edson, a maioria dos clientes com negócios prósperos no Deutsche tomavam empréstimos ou emitiam títulos por meio do banco — e em seguida iam até um rival, frequentemente JPMorgan, para comprar os derivativos necessários para se proteger das taxas de juros flutuantes e outras forças econômicas. O objetivo de Mitchell era que o Deutsche pudesse oferecer todos esses produtos. Ele posicionou sua nova equipe de derivativos — liderada por Broeksmit — no centro do pregão do banco em Londres, de modo que ela ficasse o mais próxima possível de outros negociantes e vendedores. Agora eles só precisavam dos alemães, com sua profunda desconfiança dos banqueiros e derivativos anglo-americanos, para libertá-los.

Parte do problema era que o banco tinha uma hierarquia desconcertante para os norte-americanos. Havia um conselho de diretores encarregado de supervisionar a empresa e os executivos, mas embaixo dele havia outro conselho chamado de *vorstand*. Ele consistia em oito executivos de alto escalão, cada um responsável por uma área específica do banco — banco de investimentos, banco de varejo, administração de patrimônio, assuntos legais, tecnologia, entre outros. O vorstand operava por consenso e resistia às mudanças. Mitchell não estava nem mesmo no vorstand, nenhum norte-americano jamais esteve. Para complicar ainda mais as coisas, o banco não possuía um CEO. Em vez disso, um dos membros do vorstand era eleito como "porta-voz" e esse homem (sempre era um homem) ficava no cargo, mas apenas enquanto tivesse o apoio dos seus colegas e do conselho supervisor. Os alemães viam esses conselhos sobrepostos e sistema de liderança movido por consenso como uma fonte de força e estabilidade, preservando a natureza fundamental de uma orgulhosa instituição alemã e, ao mesmo tempo, dificultando uma rápida mudança das coisas.

Mitchell não suportava esse ritmo lento e toda a pompa. Achava ridículo que o vorstand tivesse o seu próprio andar na Torre A dos arranha-céus de Frankfurt, acessível apenas por um elevador especial. Antes de qualquer pessoa — visitante, dignitário ou funcionário — entrar no elevador, era preciso passar por um detector de metais e por uma revista conduzida por seguranças fortemente armados. O fato de que cada escritório nesse andar era suntuoso e decorado pelos curadores do banco com obras de arte alemãs dignas de museu também parecia loucura. Além disso, pareceu para a equipe de Edson demasiado exagero o fato de que os membros do vorstand viajavam com um esquadrão de policiais de moto em um comboio de limusines Mercedes Classe S à prova de bombas — as portas reforçadas eram tão pesadas que os homens tinham que fazer força com as duas mãos para abri-las ou fechá-las.

Alguns membros dos dois conselhos não faziam a menor ideia de como esses norte-americanos pensavam que um banco global deveria operar, muito menos um banco que estava tentando garantir um espaço em Wall Street. Eles não sabiam nada sobre bancos de investimentos, negociações ou derivativos além de que desconfiavam instintivamente dessas exportações norte-americanas. Isso não era, necessariamente, um defeito — pode ser bom ter membros céticos no conselho, fazendo perguntas rudimentares —, mas caras como Mitchell têm pouca paciência para pessoas que precisavam de duas explicações para as coisas. Além disso, Mitchell e seus colegas tinham a impressão de que os alemães, especialmente aqueles no vorstand, estavam tentando frustrá-los ao vetar transações e atrasar tomadas de decisões. "Eles nos querem mortos", disse Edson para Anshu. Mitchell apelidou seus supervisores alemães de Forças Sombrias e o nome fez sucesso entre a sua equipe.

Os alemães, por sua vez, pensavam que a crescente pilha de derivativos acumulada nos livros do Deutsche era um motivo de preocupação — um medo que acabaria por se provar bem fundamentado. "Em quase todas as reuniões executivas nós conversávamos sobre o crescente tamanho do balanço patrimonial conquistado pelo crescente volume de derivativos", recorda-se Hilmar Kopper, o líder do banco. "Não era uma coisa da qual nos orgulhávamos."[2] Os alemães olhavam para o tipo de Edson com um misto de desdém e medo. Eles se referiam aos norte- -americanos como bandidos e anarquistas. "Não podemos controlá-los", lamentou um membro do vorstand.

Mitchell parecia saborear sua reputação como um poderoso fora-da-lei. Certa vez, em Frankfurt, um funcionário não o reconheceu e perguntou quem era ele. "Eu sou Deus",[3] respondeu Edson. Ele percebeu que a escassez de conhecimento sobre banco de investimentos por parte do vorstand poderia funcionar a seu favor. O que o vorstand não entendia, o vorstand não poderia impedir. Mitchell exigiu que o controle de todos os negócios dos mercados fosse consolidado em Londres. Na época, várias cidades alemãs — não apenas Frankfurt e Berlim, mas também lugares como Stuttgart e Mannheim — possuíam os seus próprios entrepostos de negociação de bonds. Broeksmit foi encarregado de lutar para tirar todo esse poder da Alemanha. Essa situação, explicada de maneira tecnocrática, "era o tipo de coisa que produzia duplicação de esforço e dissipação de energias". Isso não agradou a força de trabalho alemã, mas não incomodou Bill, porque ele acreditava que isso era o melhor para Edson e para o banco.

Ao final do seu primeiro ano no Deutsche, Broeksmit sentia-se bem sobre sua decisão de voltar para a indústria. Ele estava orgulhoso do progresso do banco. Os clientes estavam respondendo bem às mudanças que ele e a sua equipe haviam implementado e os lucros estavam começando a surgir. "Esse foi o grande momento para mim, quando as forças naturais do banco, o seu alcance e a nova tecnologia começaram a trabalhar lado a lado", explicou ele em 2005 como parte de um projeto de história oral comissionado pelo banco. "Falava-se muito sobre ele [Deutsche] voltar a se tornar um banco comercial alemão e que essa expansão [...] no banco de investimentos era uma aventura que poderia ser interrompida", ele continuou. "Não havia como voltar atrás."

Mitchell havia descoberto um truque especialmente agressivo para lidar com seus superiores avarentos de Frankfurt: se eles se recusassem a liberar mais dinheiro para continuar a rápida contratação, ele ameaçaria abandonar a empresa. Num dado momento, ele chegou ao ponto de avisar seus chefes e colegas que havia aceitado uma oferta do banco suíço UBS. "É a UBS, rapazes", disse Edson para Bill e Anshu, insistindo que fossem com ele. Outros membros do círculo interno de Mitchell tinham certeza de que era um blefe, mas de qualquer jeito o dinheiro para sua equipe começou a aparecer rapidamente depois disso e ele permaneceu no banco. Os conselhos que deveriam supervisionar Mitchell não compreendiam suficientemente os mercados para descobrir o que ele estava fazendo, muito menos para controlá-lo, mas eles sabiam que perdê-lo seria um desastre.[4]

Em uma noite de 1997, Edson e Suzan prepararam um jantar para cerca de 20 dos principais executivos e suas esposas. O evento aconteceu no imóvel de 27 hectares da família Mitchell na Fazenda Fox Chase, em Nova Jersey, e toda a equipe viajou de avião para essa ocasião. O filho de Edson, Scott, atuou como manobrista, estacionando os Porsches e as BMWs no picadeiro da fazenda. Suzan serviu salada de lagosta caseira. Após o jantar, todos se retiraram para o andar inferior da casa, onde jogaram sinuca e ping-pong, com o claro domínio de Michael Philipp. Bill sentou-se em um sofá, conversando discretamente. Enquanto todos ficavam bêbados, os homens se entreolharam e pensaram: *Nós estamos construindo algo especial.*

Na visão de seus subordinados, Mitchell tinha muitas qualidades. Uma delas é que ele lutaria por você. Se os gerentes de risco rejeitavam uma transação, ele tentava tranquilizá-los. Mesmo em períodos de perda monetária, ele conseguia convencer os seus superiores de Frankfurt a manter o bônus. Essa era a única forma, esclarecia ele, de montar uma equipe de referência capaz de absorver os titãs de Wall Street. Para os banqueiros de Londres e Nova York, isso eram ótimas notícias. A necessidade de concorrer com o talento do Deutsche logo deu início a uma corrida armamentista na indústria. Bob Flohr, o caça-talentos a serviço de Edson, recebeu telefonemas de parabéns dos seus colegas, que também estavam enriquecendo por meio dos pagamentos em espiral (os caça-talentos recebem uma porcentagem daquilo que seus clientes ganham).

Entretanto, as coisas mais simples também eram importantes. Se você tivesse uma reunião nos escritórios do Deutsche em Nova York, era possível pedir garrafas de Beck's[5] — a cerveja "oficial" do Deutsche — para que elas estivessem aguardando por você e seus clientes. Outra vantagem interessante era um engraxate musculoso que circulava pelo pregão de Londres, oferecendo serviços que incluíam cocaína e mulheres. E o mais importante de tudo: as festas. Tecnicamente chamadas de "retiros", eram festas exuberantes para montar as equipes que ocorriam uma vez a cada poucos meses em cidades ensolaradas, como Barcelona. Mitchell dizia a seus superiores que os retiros eram essenciais para que os membros se conhecessem melhor — afinal, o Deutsche estava crescendo tão rápido que o banco corria o risco de ficar cheio de estranhos.

Por mais que alguns dos novos recrutas conversassem sobre o ideal de um ethos empreendedor, sobre a construção de algo grande do zero, a cultura do Deutsche estava sendo construída em uma fundação muito menos comunal de indivíduos em uma corrida para acumular fortunas pessoais. Isso não é um problema por si só, desde que você tenha um poderoso sistema de contrapeso para gerenciar riscos, buscar clientes e garantir que os jovens banqueiros e negociadores, ambiciosos e gananciosos, façam o que for o melhor para a instituição e não só o que for bom para eles. Entretanto, se essa cultura não existir ou for aplicada de forma inconsistente ou, ainda, se a pessoa que organizou a equipe e que representava a liderança espiritual do lugar não estiver mais lá — bem, é melhor tomar cuidado.

Mitchell se cercou de executivos agressivos que foram programados para ir até o limite. Um dos colegas os descreveu como "piranhas com sede de sangue". Edson, é claro, gostava de nadar com esse tipo de peixe. E, apesar de ser generoso com bônus e festas, ele também podia ser brusco. Caminhando pelo pregão, ele costumava perguntar aos funcionários como foi o seu dia. Quando um deles admitia que teve um dia financeiramente ruim, Mitchell vociferava: "Eu posso contratar chimpanzés que perdem dinheiro!" A ameaça não era velada. Em outro momento, ele tentava contratar um importante negociador de um banco rival. Ele convidou o rapaz até sua casa, em Rangeley. O candidato continuou recusando e, após horas de tentativas frustradas, já tarde da noite, Edson desistiu. Em seguida, pediu ao seu motorista que levasse o homem até a estação de ônibus de Rangeley: o recruta teria que passar a noite na rua, esperando por um ônibus.

Um dos seguidores de Edson era Anshu, que no começo de 1997 tornou-se responsável por administrar toda a equipe de vendas dos mercados. Nascido em Jaipur, Índia, no ano de 1963, ele era um adepto do Jainismo, uma religião ascética que rejeita o sistema de castas e prega a não violência. Quando Anshu estava na faculdade, na Índia, se apaixonou por uma bela, inteligente e extrovertida colega de turma: Geetika Rana. Quando a família dela se mudou para os Estados Unidos, pouco depois da graduação, Anshu também se mudou. Em seguida, matriculou-se no programa de MBA da Universidade de Massachusetts, onde conheceu Michael Philipp.[6]

Fanático por críquete e fumante de cigarros (pelo menos até uma hipnoterapia bem-sucedida. Em 1999 ele abandonou o vício), Jain era o tipo de pessoa que fazia um milhão de perguntas quando você levava um problema até ele e, se não conseguisse responder cada uma delas, ele explodia. Além disso, ele era intensamente competitivo. Certa vez, ele viajou com seu primo, a esposa do primo e sua esposa para Índia em busca de tigres em um parque nacional.[7] Justo quando estavam prestes a desistir, eles avistaram um. Os dois subiram no teto do carro com suas câmeras de vídeo e Anshu estava tão empolgado, tão determinado a conseguir a melhor imagem do tigre, que desceu do carro e começou a correr na direção do animal, com a câmera ainda pressionada contra seu olho.

Edson treinou Anshu para ter um certo desrespeito pelas regras. Em uma ocasião, Jain desejava fazer uma transação de derivativos com um grande fundo de hedge, Tiger Management. Os gerentes de riscos na Alemanha reclamaram. "Isso é muito irregular", informou a ele um executivo alemão quando conversaram sobre seu plano de fazer uma negociação grande e complicada com um feroz fundo de hedge norte-americano. O alemão disse a Jain que o acordo precisaria ser analisado na próxima reunião do vorstand. Anshu reclamou para Edson: se eles esperassem todo esse tempo, perderiam a oportunidade. Edson disse para Anshu seguir adiante e realizar o negócio.[8]

Enquanto Mitchell nadava com piranhas, o seu amigo e colega mais próximo ainda era Broeksmit que, com certeza, não era um predador. Sua compreensão de finanças complexas e sua proximidade com Edson, além do fato de que todos sabiam que Edson confiava mais nele do que em qualquer um, serviam como um poderoso sistema de defesa. Estabelecendo-se no Deutsche, Mitchell e sua trupe perceberam que os chefes alemães não faziam ideia que o seu grupo poderia se financiar ao conseguir empréstimos nos mercados, sem precisar ir até os canais tradicionais de aprovação para aumentar o orçamento. É claro, quanto mais eles pegavam emprestado, mais eles colocavam na roleta e maiores seriam as perdas quando a bola caísse no local errado. Logo no começo Broeksmit percebeu isso e colocou freios na assunção de risco de todos.

O parceiro de Broeksmit no banco — o outro principal executivo de negociações — era Martin Loat. Martin admirava Bill, em parte graças ao seu firme relacionamento com Edson, e frequentemente se voltava para Bill para pedir conselhos em difíceis situações com os clientes. Os conselhos de Broeksmit costumavam ser simples: seja honesto. Certa vez, um cliente corporativo do banco comprou uma enorme quantidade de derivativos da equipe de Loat. Martin sabia que isso era imprudente e, portanto, buscou a opinião de Bill. Não tardou até que ele, Loat e a empresa que comprou os derivativos estivessem em uma mesma chamada telefônica. Aparentemente, o cliente não entendia muito bem o que havia acabado de comprar. Normalmente, na indústria bancária, isso seria uma mina de ouro — poucas coisas fazem os negociantes abrirem um sorriso maior do que um cliente ignorante. Porém, Broeksmit recomendou que eles cancelassem a transação sem nenhum custo para o cliente. E foi exatamente o que a empresa fez. Não feche negócios que são "intelectualmente imorais", disse Bill para Martin, que nunca se esqueceu dessa lição.

Tal conselho se refletiu na função evolutiva de Broeksmit dentro do banco — uma mudança que faria com que ele se sentisse responsável pelas muitas ocasiões futuras nas quais o Deutsche se desviou do caminho ético. Ele ainda era o especialista dos derivativos e dos riscos, mas além disso ele também estava se tornando o superego do banco de investimentos, a pessoa que todos procuravam para ajudar a resolver os problemas quando algo dava errado. Ao avaliar os méritos de uma negociação em potencial, ele não desejava ouvir o discurso publicitário sobre quão grande seria a transação. Ele desejava entender a essência do negócio. "Vamos voltar aos princípios básicos", ele costumava dizer, alegremente. Quando uma crise financeira surgiu na Ásia no final da década de 1990, ele foi até Hong Kong para ajudar a equipe do banco a manter tudo sob controle — avaliando os recursos que o Deutsche possuía, decidindo quais clientes o banco deveria manter e descobrindo como libertar o banco do restante. Para alguns colegas, ele se assemelhava ao personagem Wolf, interpretado por Harvey Keitel em *Pulp Fiction*, surgindo de paraquedas em situações problemáticas e, de maneira profissional, fria e autoritária, começava a dar ordens para resolver as coisas.

Em tempos estressantes, Broeksmit era uma presença tranquilizadora. Em momentos eufóricos, ele era uma presença amortecedora. Ele avaliava o clima de cada pessoa e sugava as emoções de situações voláteis. Em uma indústria propensa a explosões, a sua moderação fazia muito bem para o banco — e para Mitchell.

Edson e Suzan se afastaram e, em 1997, após dois anos na Inglaterra, ela e as crianças voltaram para os Estados Unidos. A razão declarada foi de que ela não queria exercer o papel de esposa corporativa, viajando com o marido e conversando com estranhos. No começo, Edson viajava com frequência para ver sua família. Ele pegava um jato para ir até um dos jogos de basquete de Scott ou para assistir ao hipismo de Ellen e então passava o fim de semana por lá. No começo da manhã de segunda-feira ele pegava o primeiro avião de volta para a Europa. Entretanto, com o tempo, mais semanas se passavam entre uma visita e outra.

Com a sua família longe e tempo livre nos finais de semana, Mitchell entrou para um clube de golfe exclusivo, Wisley, no sul de Londres. Semana após semana, ele e seu círculo interno no Deutsche jogavam 36 buracos de golfe no sábado e então voltavam para mais 36 no domingo. "Era assim que resolvíamos tudo", relembra um participante. Mitchell não era bom no golfe, mas era um apostador contagiante. As apostas começavam pequenas — talvez US$100 no putt de alguém —, mas aumentavam exponencialmente. Dobro ou nada era tão comum que se tornou entediante. Edson organizava jogos dentro de jogos, cada um com uma aposta anexada. Ao fim do 36º buraco, não era incomum ter US$10 mil ou uma BMW na aposta.

Edson era um mestre do universo, mas também era solitário. Em um sábado à noite, Bob Flohr estava se preparando para fazer sua festa de aniversário de 50 anos. Uma hora antes de ela começar, a campainha tocou. Os fornecedores ainda estavam correndo pelo lugar e Flohr ainda não havia tomado um banho. Mitchell estava na entrada, parecendo um "pequeno garoto triste na minha porta", pensou Flohr. Mitchell passou a próxima hora no quintal, bebendo vinho e conversando com o motorista de Flohr. Edson parecia feliz de ter alguém para conversar.

Em uma noite quente de novembro, no ano de 1997, Edson e Michael Philipp saíram para beber. Em seguida, decidiram passar na casa de Kassy Kebede no sofisticado bairro londrino de Knightsbridge. O apartamento de Kassy estava passando por uma grande reforma e a sua designer de interiores, uma francesa de 27 anos chamada Estelle, estava no local quando os banqueiros chegaram. Estelle estava com Kassy na cozinha, ambos vestindo pijamas, comendo as sobras do dia.

Sentindo-se em casa, Mitchell enviou seu motorista a um restaurante libanês não muito longe para buscar comida e todos eles se sentaram na cozinha, comendo e bebendo juntos. Mitchell iniciou uma conversa com Estelle, uma morena bonita e com olhos brilhantes. "Onde você se vê em cinco anos?" ele perguntou. Ela gaguejou alguma coisa e Edson achou o seu sotaque irresistivelmente sexy. No dia seguinte, ainda no apartamento de Kassy, ele chamou Estelle e a convidou para jantar. Estelle sabia que ele era casado e tinha filhos, além de ser bem mais velho e chefe do seu empregador, então ela educadamente recusou. Sempre com o espírito de vendedor, Mitchell conseguiu convencê-la a deixá-lo levar ela e sua irmã para jantar em um restaurante italiano no bairro de Chelsea.

A vida de Mitchell logo passou por uma mudança. Ele começou a fumar e vestir ternos de luxo sob medida. Ele parou de se barbear e deixou o cabelo crescer. Repentinamente, ele não estava mais disponível durante os finais de semana — as visitas ao Wisley tornaram-se raras — e costumava aparecer um pouco mais tarde no trabalho. Sua equipe começou a fofocar de que tinha algo acontecendo com Edson, mas ninguém sabia o quê.

Um mês depois, Mitchell chamou Kebede durante o trabalho. "Tenho que te contar uma coisa", ele segredou. "Estou saindo com Estelle."

"O quê?" perguntou Kassy.

"Ela é minha namorada", disse Edson. A conversa logo se espalhou entre os seus colegas e não tardou muito até que Mitchell levasse Estelle para passar um tempo com sua equipe do trabalho. No começo de 1998, eles se mudaram para uma casa de tijolos que Estelle encontrou em uma rua silenciosa de Chelsea. Um jardim tumultuado protegia a entrada da casa dos transeuntes. Estelle decorou o interior, transformando-o no que ela chamou de "um ninho perfeito".

Mitchell permaneceu casado e sua família viu Estelle como uma aproveitadora. Ela, porém, amava Edson e percebia suas vulnerabilidades. Além de Bill e Alla, ele não tinha amigos — apenas colegas. Era um paradoxo para um homem com tamanho poder sobre as pessoas — um reflexo, talvez, de Edson ver o mundo principalmente por um prisma competitivo e profissional.

O relacionamento de Edson com Estelle foi de casual para intenso e para relacionamento sério. Eles alugaram um veleiro na Noruega, fizeram um churrasco na praia, andaram de bicicletas vestindo roupas de banho em uma ilha mediterrânea. No primeiro aniversário deles, viajaram até Veneza e ficaram em um hotel cinco estrelas com vista para o Grande Canal. Na primeira manhã no local, Edson caminhou até a sacada e admirou a vista esplêndida. "Eu nunca tinha percebido como é ótimo ter dinheiro", ele suspirou. Para o aniversário de 30 anos de Estelle, eles foram até o sul da França. Broeksmit e Loat apareceram na festa. Mitchell, com o nariz vermelho graças ao sol, ficou bêbado e colocou um anel no dedo de Estelle. Em seguida, Bill e Martin chamaram o seu chefe para conversar em particular. "Você não pode fazer isso, meu amigo", repreendeu Loat. "Ela vai interpretar isso da maneira errada."

Mitchell — o furacão humano, a força da natureza incansável e irreprimível — havia abandonado sua família por uma nova aventura com sotaque francês. Foi um ato impulsivo, imprudente e destrutivo. E ele estava prestes a agir de forma similar com o Deutsche.

CAPÍTULO 5

PROJETO ÁGUIA-PESCADORA

Mitchell estava no Deutsche Bank há dois anos, tempo suficiente para conhecer o lugar, bem como suas limitações. Ele concluiu que, não importava quantas pessoas ele contratasse nem quanto dinheiro extraísse de Frankfurt, era impossível construir uma franquia do calibre de Wall Street sozinho. Na primavera de 1997, ele organizou uma cúpula dos seus 30 principais tenentes em um antigo castelo italiano que fora convertido em um hotel. O grupo teve uma discussão franca sobre a posição deles. Comprar outro banco de investimentos, concluíram, era o único jeito de seguir adiante. Aparentemente, a proposta inicial feita por Edson aos seus superiores alemães — de gastar US$5 bilhões em uma aquisição ou US$2 bilhões em uma temporada de contratações — não foi tão precisa. O melhor seria fazer ambos, só que com um custo muito maior.

O que comprar? Edson, Anshu Jain e Michael Philipp passaram os meses seguintes analisando os números de alguns dos maiores bancos de investimentos de Wall Street: Lehman Brothers, Bankers Trust e até mesmo Merrill Lynch. Na primavera de 1998, Mitchell mencionou a ideia de gastar em um grande banco de Wall Street para o novo líder do Deutsche, um alemão bronzeado e polido chamado Rolf-Ernst Breuer, que acabou concordando e a caçada acelerou. A equipe de Mitchell apelidou a missão de Projeto Águia-Pescadora,[1] inspirado no nome da águia que arranca os peixes do mar com suas garras afiadas. O Deutsche agarraria a sua presa, mas a presa também se mostraria venenosa.

O Bankers Trust estava na indústria desde 1906. Durante grande parte da sua existência, ele serviu como servo de confiança de famílias e empresas ricas, retirando o dinheiro e estruturando transações de maneira a explorar os buracos do código tributário. Nos anos 1980, entretanto, o Bankers Trust desenvolveu um interesse por Wall Street. Ele se envolveu com leveraged buyouts, a moda do momento, e depois se arriscou com empréstimos imobiliários, a certa altura fazendo um empréstimo de US$100 milhões para Donald Trump. O empréstimo não possuía garantias: o Bankers Trust não tinha direito a nenhuma garantia se Trump parasse de pagar o empréstimo, e foi exatamente o que ele fez. "Nós não pensamos quando fizemos esse acordo",[2] reclamou Charles Sanford, o presidente do banco, em 1992. Não tardou até o Bankers Trust migrar para os derivativos. O *Wall Street Journal* descreveu a estratégia do banco como "pescar nas margens da indústria bancária",[3] focando clientes de baixo nível e vendendo para eles instrumentos complexos. Como um sinal dos costumes da indústria na época, o Bankers Trust se tornou o queridinho da mídia, recebendo prêmios por ser um banco agressivo e inovador.

Desde a sua concepção, o Bankers Trust ia até o limite. Porém, logo acabou ultrapassando esse limite. Os derivativos vendidos pelo banco a algumas grandes empresas, incluindo Procter & Gamble, estouraram. O litígio resultante expôs o que todos suspeitavam, mas nenhuma pessoa de fora tinha certeza: o Bankers Trust estava roubando os seus clientes. A evidência incriminadora estava na forma de fitas de áudio com ligações que surgiram durante o litígio realizado pela P&G.[4] Os executivos da P&G, zombavam os funcionários do banco, eram "como garotos do interior em um carnaval na cidade grande". Os outros executivos estavam dormindo no ponto. Os riscos que os clientes estavam acumulando eram perigosos, mas a "mina de ouro" não podia secar. E assim por diante.

A próxima ideia brilhante do Bankers Trust era focar investimentos nos "mercados emergentes" — países com economias movimentadas, mas poucas salvaguardas contra fraudes e implosões financeiras. A estratégia funcionou por um ano ou dois, até que em 1997 uma crise que surgiu na Ásia destruiu os mercados nos quais o banco havia acabado de entrar.

No outono de 1998, o Bankers Trust era o 8º maior banco dos Estados Unidos, com US$133 bilhões em recursos e mais de 20 mil funcionários em dezenas de países.[5] E estava caindo. O Bankers Trust era a própria personificação de uma instituição "grande demais para falir". Oficiais preocupados na Reserva Federal, encarregados de salvaguardar o sistema financeiro norte-americano, sabiam que o Deutsche estava farejando uma grande aquisição nos Estados Unidos. Se a Fed conseguisse fazer os alemães tirarem o Bankers Trust das mãos deles, bem, não seria mais um problema norte-americano — ou, pelo menos, foi isso o que pensaram os banqueiros centrais. Uma ligação foi feita para o Deutsche: você cairá em nossas graças se resolver esse problema para nós. Em outubro, Breuer viajou até Washington e se encontrou com o CEO do Bankers Trust em um quarto de hotel para discutir um possível acordo.[6]

O Deutsche deveria ter visto os problemas antecipadamente. Conforme as negociações progrediam, um executivo sênior do Bankers Trust vangloriou-se para Joe Ackermann, um dos principais executivos do Deutsche e chefe de Edson, que "nós não precisamos mais de clientes". O argumento dele era que, se os negociadores do Bankers Trust eram tão bons que conseguiam rios de dinheiro ao apostar no mercado com o dinheiro do próprio banco, então não havia necessidade de sujar as mãos com o trabalho antiquado de conseguir pequenas margens ao realizar transações no nome de seus clientes. Isso era completamente falso — o Bankers Trust estava em uma situação ruim em grande parte graças aos negociadores que bagunçavam tudo —, mas, mesmo que a afirmação fosse verdadeira, não era uma forma segura ou sustentável de gerir um banco. Ackermann depois se entristeceria por ter perdido esse grande sinal de desastre.

Dentro do Deutsche, alguns executivos seniores, incluindo Jain, avisaram a Mitchell que o Bankers Trust era uma instituição de quinta categoria, com vários funcionários de quinta categoria e muitos problemas financeiros, contábeis e de gerência. Jain expressou sua preferência em adquirir um banco mais conservador e bem respeitado, como o Lehman Brothers.

Rumores da aquisição do Bankers Trust começaram a se espalhar e, duas semanas após o encontro de Breuer em Washington, o jornal *Financial Times* relatou que negociações estavam em andamento. O artigo provocou uma agitação nas ações públicas do Bankers Trust — más notícias para o Deutsche, porque isso tornava a possível aquisição mais cara. Porém, quando um repórter alemão, alguns dias depois, perguntou a Breuer se o banco estava envolvido em alguma negociação de aquisição — *übernahmegespräche*[7] —, ele negou qualquer envolvimento: "Nessa indústria, todo mundo fala com todo mundo. Não houve nenhuma conversa sobre aquisição"[8], mentiu ele. As observações fizeram com que as ações do Bankers Trust caíssem e, então, mesmo antes da consumação do acordo, a história do Deutsche com o Bankers Trust foi construída em cima de mentiras.

Uma semana depois do Dia de Ação de Graças — nove anos após a aquisição do Morgan Grenfell e do assassinato de Alfred Herrhausen — o Deutsche concordou em comprar o Bankers Trust por US$10 bilhões.

Primeiro, entretanto, havia uma espécie de acerto de contas histórico que deveria acontecer. Mais de cinco décadas haviam se passado desde a Segunda Guerra Mundial e o Deutsche ainda não havia se explicado sobre o seu papel no financiamento do Holocausto. O banco continuou argumentando que também era basicamente uma vítima explorada pelos nazistas. Na cidade de Nova York, o controlador, Alan Hevesi, ameaçou bloquear a aquisição do Bankers Trust a menos que o Deutsche confessasse os seus pecados. Essa ameaça foi suficiente para abrir com tudo os vastos arquivos do banco, que cobriam quase dez quilômetros de espaço nas prateleiras. Segredos começaram a jorrar, obliterando o mito de que o banco era apenas um transeunte inocente. Ele tinha financiado Auschwitz. Ele esteve a serviço da Gestapo. Ele vendeu o ouro roubado pelos nazistas. Breuer se desculpou: "Eu gostaria de reiterar que lamentamos profundamente a miséria e a injustiça sofridas e que reconhecemos a responsabilidade ética e moral do banco."

Isso foi bom o suficiente para que o acordo fosse aprovado, além de ter remodelado radicalmente o banco alemão. Antes da fusão, a divisão dos mercados e banco de investimentos havia gerado 29% dos lucros totais do Deutsche.[9] Um ano depois, essa quota era de 85%.[10] A maioria desses lucros agora vinham de derivativos, uma característica significativa do Bankers Trust e agora do Deutsche. O banco não era mais uma instituição predominantemente alemã atendendo principalmente os clientes europeus. O poder havia mudado de uma vez por todas para o banco de investimentos: não haveria mais debates existenciais entre os principais executivos para decidir se o banco deveria continuar a busca por Wall Street.

CAPÍTULO 6

BANQUEIROS DE TRUMP

Muitos anos depois, conforme os executivos do Deutsche Bank analisavam os destroços, eles olhariam para trás, tentando descobrir como entraram nessa bagunça. O negócio do Bankers Trust acabou sendo um grande erro, sobrecarregando o banco com montanhas de derivativos e uma cultura imprudente e amoral. O relacionamento com Donald Trump parecia outro grande erro. Os executivos do Deutsche tinham certeza de que quem iniciou essa relação com o Trump deve ter sofrido algum trauma cerebral.

Era uma espécie de piada, mas tinha um fundo de verdade.

Mike Offit cresceu na cidade de Nova York, cercado por vencedores inteligentes e ambiciosos. Seu pai, Sidney, era um autor proeminente que tinha um firme relacionamento com Kurt Vonnegut e outros gigantes literários. A sua mãe, Avodah, era uma grande psiquiatra e terapeuta sexual. O seu avô era um agenciador de apostas em Baltimore reconhecido nacionalmente e sua avó era dona de um apartamento no Upper East Side.[1] Às vezes, Offit acompanhava seu pai quando ele precisava lidar com inquilinos ou vigiar reparos. O seu irmão, Kenneth, se tornaria um oncologista e geneticista renomado mundialmente.

Após sua graduação na Universidade Brown, Mike Offit conseguiu um emprego que pagava US$300 por semana em uma agência de publicidade administrada por um dos pacientes de sua mãe. Não era o que tinha imaginado para si mesmo. Certo dia, um amigo que trabalhava como negociante de commodities no New York Mercantile Exchange ligou para Offit e perguntou se ele gostaria de ganhar um dinheiro rápido. O negociante tinha uma ideia do que estava prestes a acontecer com os preços da platina. Tudo o que Offit tinha que fazer era dizer sim e o seu amigo o colocaria no investimento. Offit aceitou. Minutos depois, seu amigo retornou. O negócio já havia gerado US$900 de lucro — o equivalente a três semanas de pagamento de Offit.

Offit, na época com 21 anos, decidiu que queria trabalhar no Mercantile Exchange, conhecido como NYMEX. Ele soube que qualquer um poderia fazer isso — tudo o que precisava fazer era desembolsar algumas centenas de dólares para "alugar" uma filiação e foi exatamente isso o que Offit fez. Os pregões eram caóticos. Sendo um homem delgado, Offit foi pisoteado. Duas vezes o seu peito do pé foi esmagado pela multidão e, em outro momento, ele fraturou a mandíbula. Entretanto, a negociação em si parecia bem simples para Offit. Comprar na baixa e vender na alta. "Era um mundo elementar de lances e ofertas, vencedores e perdedores",[2] escreveria Offit sobre o NYMEX décadas mais tarde. Offit era um vencedor e o dinheiro fez todo o esforço físico valer a pena.

No começo dos anos 1980, Offit matriculou-se na Columbia Business School. Sua nova ambição era se tornar um negociante em uma empresa bem estabelecida de Wall Street. O seu primo, Morris Offit, era um proeminente banqueiro de Nova York e também amigo de Robert Rubin, do Goldman Sachs. Morris fez algumas ligações e conseguiu uma entrevista para o seu primo. Offit sentou-se em uma antessala do Goldman por horas, aguardando Rubin. Quando ele finalmente apareceu, Rubin cumprimentou Offit com uma pergunta brusca, aparentemente feita para desequilibrá-lo: "O que você quer?" Offit era uma pessoa esquentada (chegando certa vez a ameaçar esmagar a cabeça de um colega com uma cadeira de madeira) e estava obviamente irritado por ter perdido o dia aguardando por Rubin. Ele ponderou sobre a questão por um momento e, em seguida, declarou: "Eu quero ir embora." Ele saiu do prédio.

Offit conseguiu um emprego no banco de investimentos First Boston, em 1983, onde sua especialidade era o negócio nascente de negociação de títulos compostos de hipotecas. Após alguns anos, ele assumiu, no First Boston, o controle da equipe de negociantes de títulos hipotecários. Em 1993, ele foi contratado pelo Goldman, onde sua rispidez com Rubin aparentemente fora perdoada. Offit continuou negociando valores imobiliários de hipotecas. Um dos seus chefes no Goldman era um sujeito nerd chamado Steven Mnuchin que Offit não conseguia entender. Mnuchin logo contratou um novo rapaz, um especialista imobiliário da Califórnia chamado Justin Kennedy.

Kennedy entrou no negócio imobiliário logo ao sair de Stanford, onde conseguiu sua graduação em economia. O mercado transbordava oportunidades e Kennedy devorou as propriedades a oeste dos Estados Unidos. Seu forte eram os grandes desenvolvimentos comunitários na Califórnia e no Colorado. Em certo momento, ele se vangloriou de ter adquirido uma porção substancial de todos os imóveis comerciais disponíveis na cidade de Colorado Spring. As coisas deram certo por algum tempo, mas então Kennedy deu um passo maior que a perna e o início da Guerra do Golfo fez o mercado cair significativamente. Foi nesse momento que Kennedy percebeu que estava muito imerso nessa crise. Os seus investidores conseguiram o dinheiro de volta, mas foi apenas isso. Kennedy precisava de um emprego de verdade.

Mesmo após o fracasso do seu empreendimento imobiliário, ele ainda tinha um recurso poderoso: sua família. O seu pai era Anthony Kennedy, que havia ingressado na Suprema Corte em 1988. Isso abriu muitas portas para Justin. Esquiando em Aspen, o jovem Kennedy se misturava com bilionários e aspirantes a bilionários, como Donald Trump. Kennedy conseguiu uma entrevista de emprego com Mnuchin e entrou para a equipe de Offit no Goldman. "Eu acreditava que ele tinha a arrogância e o cérebro necessários para ser um bom negociador", Offit recordou. Offit via Kennedy como um homem peculiar, porém brilhante. Eles criavam pequenos jogos para jogar no pregão e exibir sua inteligência. Em um deles, Offit ou Kennedy inventavam uma palavra ou frase obscura e aquele capaz de desvendar o significado ganhava uma quantia em dinheiro.

Tais disputas eram divertidas, mas não tinham a mesma adrenalina de surfar nos mercados descontroladamente ondulantes dos meados dos anos 1990. A equipe de Offit e Kennedy estava fazendo dinheiro, ainda que os turnos fossem longos e o estresse além dos limites. Às vezes, Offit se questionava se estava morrendo de tanto trabalhar. Em janeiro de 1996, a pior nevasca dos últimos 50 anos enterrou a cidade de Nova York em um metro de neve.[3] Offit pegou um forte resfriado, mas não desacelerou no trabalho — continuava saindo, atravessando a neve, todos os dias às 6h da manhã. O seu resfriado avançou para uma infecção no ouvido. Offit perseverou, excessivamente orgulhoso para sucumbir a um pequeno incômodo. Algumas semanas após a nevasca, ele estava no pregão do Goldman. Em um momento ele estava negociando e, no momento seguinte, estava caído de costas. Estava com dificuldade para abrir os olhos e não conseguia se levantar. A sala parecia girar. Os colegas e uma equipe de ambulância estavam ao redor dele. "Você está tendo um ataque cardíaco", sussurrou um paramédico no seu ouvido. Ele contou para Offit que estava prestes a injetar uma dose de adrenalina diretamente no seu coração. De jeito nenhum, disse Offit. "Então você vai morrer", respondeu o profissional. Offit era teimoso e um apostador treinado. Ele apostou que o paramédico estava errado.

Mais tarde, no hospital, vivo, porém incapaz de abrir os olhos graças a uma tontura debilitante, soube que o seu coração estava bem. O problema é que a sua infecção do ouvido resultou em um ataque do seu sistema imunológico ao seu sistema nervoso, o que levou seu cérebro a um perigoso esgotamento como força de compensação (Kennedy, de férias na Flórida, recebeu uma ligação alertando que o seu chefe havia quase morrido e voltou para Nova York).

Offit passou meses incapacitado. Sua memória de curto prazo foi prejudicada. Quando recuperou o equilíbrio, ele se aventurava em busca de um bagel e se esquecia para onde estava indo ou onde havia acabado de passar. Ele precisava andar com um pedaço de papel contendo o seu endereço e o seu destino colado no seu pulso. Não tinha como voltar a trabalhar, mas ele tentou continuar envolvido no trabalho. Deitado em um quarto escuro no seu apartamento, ele ligava para Kennedy com o viva-voz habilitado para ditar instruções de negociação. A maioria das funções cognitivas de Offit retornaram com o tempo, mas ele nunca mais seria o mesmo. Décadas mais tarde, ele ainda se via incapacitado por tonturas ocasionais e sua fala às vezes dava espaço para a gagueira. Ler as pessoas era difícil: detectar nuances e focar sutilezas exigia doses dolorosas de concentração que ele nem sempre conseguia reunir. Lidar com o burburinho do pregão do Goldman era mais do que ele poderia aguentar. Para piorar as coisas, no começo de 1997 o banco lhe informou que ele não receberia todo o seu bônus por ter faltado demais. Offit estava furioso e despejou toda a culpa sobre uma única pessoa. "Mnuchin me fodeu", disse ele colericamente mais de 20 anos depois.

O feliz acaso veio na forma do Deutsche Bank, que ainda não havia fechado o acordo com o Bankers Trust. Edson Mitchell queria construir um negócio norte-americano de criação, compra e venda de títulos e contratou um punhado de executivos do Goldman para liderar essa investida. Um deles, Kevin Ingram, recebeu carta branca para expandir a equipe de imóveis comerciais.[4] Ingram abordou Offit, que não estava muito empolgado sobre começar do zero em outro banco. Entretanto, sua carreira no Goldman estava obviamente fracassando e Ingram tinha uma proposta atraente: "Vamos acabar com o Goldman." Especialmente após a ingratidão de Mnuchin, essa proposta soava muito bem.

No Deutsche, Ingram colocou Offit no comando das hipotecas comerciais: criar empréstimos, anexá-los a bonds e então vender e negociar esses títulos (grandes hipotecas de projetos de construção e compra de edifícios e não hipotecas residenciais tradicionais). Recentemente, o Deutsche havia sido repreendido por seus gigantes empréstimos a Jürgen Schneider, o fraudulento magnata dos shoppings alemão, e assim os supervisores em Frankfurt — as Forças Sombrias de Mitchell — não estavam animados com o fato de que Offit queria estocar grandes quantidades de similares empréstimos imobiliários no balanço do banco. Um executivo que usava monóculo advertiu Offit por parecer não entender que manter hipotecas nos livros contábeis do banco, mesmo que por um curto período, era perigoso e, por isso, uma má ideia. Offit argumentou que o principal objetivo de um banco é assumir riscos — riscos inteligentes, quantificáveis e manejáveis, mas, ainda assim, riscos — ao emprestar dinheiro para os clientes.

Um após o outro, os rapazes do Goldman saíram em disparada, incapazes de se adaptar com o balanço do Deutsche após suas experiências sem regras em Wall Street. O chefe de Ingram, Paul Jacobson, partiu no final de 1997. No ano seguinte, os mercados estavam em queda, a mesa de Ingram estava perdendo dinheiro e Mitchell o mandou embora.* Restavam apenas Offit e Kennedy, que Offit havia atraído recentemente, como os principais sobreviventes ex-Goldman. Agora que eles não tinham um protetor, a única coisa entre eles e o desemprego era garantir que o dinheiro continuasse entrando. E o fluxo monetário continuou, com dezenas de milhões de dólares por mês em receitas graças ao maquinário de securitização de empréstimos criado por Offit. Ele foi promovido para diretor-geral e chefe do grupo de imóveis comerciais do banco de investimentos (além de ter recebido um vasto escritório de dois andares). Kennedy também conseguiu uma promoção. Às vezes, Anthony Kennedy ia até os escritórios do Deutsche e dava um abraço em Offit para agradecê-lo por cuidar tão bem de seu filho.

Uma chave para o sucesso de Offit e Kennedy era que o Deutsche estava disposto a financiar projetos nos quais os credores mais bem estabelecidos não encostariam. Offit confiava na sua habilidade de avaliar os méritos dos acordos imobiliários, graças em parte a sua experiência quando criança de assistir ao seu pai gerenciar o edifício da sua avó no Upper East Side. E havia muito dinheiro a ser ganho nas margens.

Certo dia, em 1998, um corretor de imóveis entrou em contato com Offit: "Você gostaria de fazer um empréstimo para Donald Trump?" Na época, Trump era um magnata do cassino conhecido por suas ocasionais aventuras na indústria do entretenimento e suas relações intermitentes com figuras do crime organizado.[5] Ele também era um parasita, não pagando os empréstimos usados para financiar seus cassinos de Atlantic City e enrolando os credores,

---

* Anos mais tarde, Kevin Ingram foi pego em uma operação de lavagem de dinheiro e tráfico de armas na Flórida. Ele foi condenado pela lavagem de dinheiro e sentenciado a 18 meses na cadeia.

empreiteiros e parceiros de negócios em outros projetos. Uma boa quantidade de bancos — incluindo o Citigroup, Manufacturers Hanover (antecessor do JPMorgan), o credor britânico NatWest e, é claro, o Bankers Trust — já haviam suportado centenas de milhões de perdas nas mãos de Trump. Os bancos bem estabelecidos tomavam cuidado com o que era conhecido, em Wall Street, como o "Risco Donald"[6]. "É difícil lidar com algumas pessoas na indústria imobiliária, mas elas ainda honram o contrato. Elas farão o possível para maximizar seus lucros dentro do acordo feito no contrato", contou um banqueiro de Wall Street para o jornalista William Cohan em 2013.[7] "Donald nem sempre honra os seus contratos."

Mesmo os amigos de Trump faziam o possível para não lhe emprestar dinheiro algum. Certa vez, Trump abordou um banqueiro no Bear Stearns em busca de um empréstimo de US$150 milhões. O banqueiro sabia que Trump era amigo de Ace Greenberg, um dos principais executivos da empresa, e assim concordou em organizar uma reunião. A proposta de Trump não era terrível, mas a ideia de fazer negócios com uma propensão a não pagar suas dívidas não era muito sedutora. Após a reunião, o banqueiro parou de retornar as ligações de Trump, imaginando que ele entenderia o recado e se afastaria. Trump, na verdade, não entendeu o recado. Em vez disso, levou Greenberg para um café da manhã e reclamou que não estavam respondendo suas ligações. Naquela manhã, Greenberg chegou em seu escritório, repreendeu o banqueiro por ignorar Trump e instruiu para que ele resolvesse o problema. "Bem, Ace, é fácil resolver", respondeu o banqueiro. "Tudo o que precisamos fazer é emprestar US$150 milhões para ele!"

"Não podemos fazer isso, é o Donald", reconheceu Ace. "Apenas faça esse problema desaparecer." O banqueiro pensou sobre esse assunto e montou um plano. Ele ligou para Trump e disse: "Donald, gostaria de me desculpar por tê-lo evitado, mas não podemos fechar o acordo." Trump perguntou o motivo e o banqueiro respondeu: "Porque Ace não quer fechá-lo." Trump protestou, dizendo que era amigo de Greenberg — e, de fato, os dois haviam acabado de tomar café da manhã juntos.

"Donald, não confunda as coisas", começou a resposta ensaiada do banqueiro. "Ace ama você. A razão pela qual ele não quer fazer esse acordo é que ele me contou que existem quatro pessoas no mundo que não gostaria de ver do outro lado da mesa — Bill Gates, Warren Buffett, Henry Kravis e você." O plano funcionou perfeitamente. "Eu entendo", respondeu Trump.

Virtualmente, a única pessoa que poderia oferecer dinheiro para Donald Trump a essa altura era seu pai, Fred, que já havia desembolsado dezenas de milhões de dólares em empréstimos para seu filho favorito, recuperando repetidamente os seus empreendimentos fracassados.[8]

Nada disso incomodava Offit. Grandes bancos com frequência eram conservadores, pensou. Ele disse ao corretor imobiliário, da empresa Cooper Horowitz, que se Trump possuísse um projeto viável então o Deutsche ficaria feliz em considerá-lo (o fato de que Kennedy tinha um relacionamento casual com Trump ao vê-lo nos círculos sociais e imobiliários ao longo dos anos também ajudou). Alguns dias após a ligação da Cooper Horowitz, Offit estava no seu escritório, no prédio do Deutsche dentro do centro comercial de Manhattan, quando sua secretária ligou. "Donald Trump está na sala de conferência", sussurrou ela, animadamente.

Offit correu até a sala, esperando por uma comitiva. Trump estava sozinho. Ele havia feito sua lição de casa sobre Offit e sua família, incluindo o fato de que o seu irmão era um oncologista de sucesso. "Você tem uma boa genética", Trump o adulou e, em seguida, explicou o que procurava: um empréstimo para financiar reformas do arranha-céu 40 Wall Street, uma obra de arte no estilo art déco que, quando foi construído em 1930, era um candidato ao prédio mais alto do mundo (o Chrysler Building, de Nova York, acabou levando a coroa).[9] Trump havia comprado o 40 Wall Street alguns anos antes, mas o prédio, com sua fachada em calcário e distinto pináculo em estilo gótico, permaneceu praticamente vazio e bagunçado devido a reformas anteriores que foram abandonas na metade. Trump falou sobre o projeto proposto para Offit.[10] Ele dominava os detalhes: este é o custo das janelas e esta é a quantidade de aço de que precisamos. Offit ficou impressionado. A maioria dos magnatas imobiliários delegava esses detalhes para seus subordinados. Trump, com a sua reputação de estúpido e fracassado, havia memorizado tudo.

Offit concordou em um empréstimo de US$125 milhões e Trump parecia zonzo de tanta gratidão. Ele relatou alegremente para Offit que outros bancos, sabendo que o Deutsche estava disposto a negociar com Trump, agora entravam em contato com ele, sofrendo da temível síndrome de "FoMO". Trump garantiu a Offit que estava rejeitando esses pretendentes por lealdade ao seu novo amigo. "Nós vamos fazer muitos negócios juntos", prometeu Trump. Offit esperava que ele estivesse certo.

Para selar o relacionamento entre os dois, Offit comissionou um modelo detalhado em escala do 40 Wall Street, até mesmo o teto ornamental de cobre verde. Uma placa brilhante no pedestal do troféu listou os detalhes da transação de US$125 milhões, além dos nomes e logos do Deutsche Bank e da Trump Organization. A parceria entre as duas entidades agora estava gravada em ouro, ou, pelo menos, em uma fina folha de metal dourado. Offit deu uma estátua para Trump e guardou a outra para si.**

O empréstimo de US$125 milhões ainda nem havia sido concluído quando Trump abordou Offit com uma proposta para pedir mais dinheiro. Ele queria construir um arranha-céu residencial de 68 andares, coberto em vidro fumê, do outro lado da rua da sede da Organização das Nações Unidas (ONU). Esse empréstimo parecia mais complicado. Para começo de conversa, ele possuía mais que o dobro do tamanho do empréstimo anterior: Trump buscava US$300 milhões. Além disso, era um empréstimo para uma construção completa e não para a reforma de um prédio existente. Devido aos riscos que esse tipo de empréstimo implica — construções podem atrasar ou dar errado, levando o fomentador da obra a não arcar com os custos e deixando os credores de mãos vazias — os banqueiros tendem a analisá-lo mais minuciosamente. O Deutsche não tinha experiência em realizar empréstimos para construções, então Offit criou uma gambiarra em que o banco realizaria uma parceria com outro banco alemão, um com a experiência necessária para realizar o empréstimo.

** Trump rapidamente alugou uma cobertura com suíte no 40 Wall Street para um criminoso nascido na Rússia chamado Felix Sater, que passaria as décadas seguintes trabalhando em estreita colaboração com a empresa de Trump, inclusive tentando organizar a construção de um prédio com a marca Trump em Moscou nos anos de 2015 e 2016.[11]

Esse acordo era suficientemente grande e complexo para necessitar da benção do vorstand e, portanto, Offit viajou até a Alemanha para realizar uma apresentação. Ele reclamou para os seus colegas sobre como isso era um desperdício de tempo e energia, sobre como os alemães queriam apenas mostrar que estavam no comando e como eles eram tão pouco sofisticados que nem sequer entendiam os méritos da transação ou da necessidade de um processo rápido. "Mike *odiava* Frankfurt", recordou Jon Vaccaro, um executivo sênior na divisão imobiliária. Ele ficava louco com o fato de que "não havia nenhum tipo de endosso automático". Para o alívio de Offit, o vorstand aceitou o empréstimo. A única ressalva era que o banco alemão parceiro estava preocupado sobre os riscos de que alguns dos sindicatos envolvidos no projeto entrassem em greve — uma ocorrência nada incomum no mundo das construções. Offit contou a Trump sobre essa apreensão. Alguns dias mais tarde, Trump foi até o escritório de Offit e entregou-lhe uma carta, assinada por todos os líderes sindicais envolvidos no projeto, prometendo que não entrariam em greve. Offit ficou impressionado: os sindicatos não eram conhecidos por renunciarem unilateralmente ao direito de greve.

"Como fez isso?" ele perguntou para Trump.

"Não pergunte", aconselhou Trump, com um sorriso desdenhoso. Offit se perguntou se Trump havia subornado os líderes sindicais, mas aceitou o conselho de Trump e não questionou. O que ele não sabia não poderia atrapalhar a taxa de US$7,5 milhões que o Deutsche conseguiria nessa transação.

Trump vibrava. Ele levou Offit para o golfe e até Atlantic City, onde jantaram com Evander Holyfield. Offit organizou para que seu pai visitasse o escritório do banco e conhecesse Trump, e Sidney, mais tarde, deu-lhe uma cópia autografada de sua autobiografia. Trump enviou uma nota de agradecimento redigida no seu papel pessoal. "Aliás, você tem um filho incrível!" irrompeu ele. Certa vez, Trump ligou para a casa de Offit e tentou persuadir ele e sua esposa, Dara Mitchell, uma dinâmica vendedora de artes na Sotheby's, a viajar até Atlantic City no helicóptero de Trump em sua companhia. Dara recusou, uma vez que recentemente passara uma noite sentada ao lado de Trump em um evento de arrecadação de fundos de Manhattan e não tinha pressa alguma em repetir a experiência.

Trump enviou a Offit uma renderização fotorrealista do planejado Trump World Tower. Uma vez construído, o arranha-céu seria um monólito negro agigantando-se diante da ONU. Nessa imagem, entretanto, a construção era banhada por raios solares dourados, superando todos os outros arranha-céus do centro comercial (durante dois anos, o edifício recebeu o título de maior prédio residencial do mundo). No canto inferior direito, Trump escreveu com uma caneta Sharpie preta: "Para Mike — Obrigado por toda a ajuda — você é um grande amigo. — Donald."

Mais empréstimos foram realizados conforme o Deutsche mergulhava de cabeça em um relacionamento que teria sérias implicações para o banco — e para o mundo. Mas mesmo se o Deutsche pudesse antecipar os eventos futuros, a sua fome por crescimento e riquezas provavelmente superaria quaisquer preocupações.

Offit não duraria muito mais tempo no banco. Ele estava entrando em conflito com Mitchell e essa não era uma receita para longevidade no Deutsche. Edson estava sofrendo com seus chefes alemães, que estavam agitados sobre o inchado portfólio de empréstimos imobiliários gigantescos de Offit, que somavam cerca de US$7 bilhões. Do ponto de vista de Offit, ninguém no Deutsche parecia entender que ele precisou fazer esses grandes empréstimos para que pudessem ser amontoados em valores mobiliários que seriam vendidos para investidores — basicamente hipotecas agrupadas em ativos cujos retornos se baseavam no pagamento dos empréstimos. O primeiro passo nesse processo era criar as hipotecas em grande volume, o que era exatamente o que Offit estava fazendo. "Sinto como se trabalhasse para um fabricante de móveis e o meu chefe falasse para mim: 'O que você está fazendo com toda essa madeira?'" falou Offit para Mitchell.

Nessa rara ocasião, Edson, ansioso para correr riscos e disposto a desconsiderar os editais emitidos pela Alemanha, assumiu o papel de escoteiro. Ele vasculhou o portfólio de US$7 bilhões de Offit e descobriu que ele havia informalmente prometido um empréstimo de US$300 milhões para refinanciar o Trump Marina, um cassino de Atlantic City com dificuldades financeiras. A papelada parecia completa, mas Mitchell estava desconfiado. Ele nunca respeitou Trump, chegando a dizer para seus filhos que ele era um palhaço. Edson convocou o agente de crédito cuja assinatura estava afixada na documentação. O agente disse que jamais aprovaria o compromisso de empréstimo e muito menos assinaria tal compromisso.

Offit não foi acusado de falsificar a assinatura, mas Mitchell queria que ele saísse. No final de 1998, depois de acumular perdas em meio a uma breve, porém aguda, crise financeira, ele foi demitido. Offit via-se como uma vítima das ambições imponentes de Mitchell. De qualquer forma, Offit havia construído um forte relacionamento com Trump e a sua saída não daria um fim a isso — em parte porque Justin Kennedy permaneceria no Deutsche por outra década.

CAPÍTULO 7
===

CORRENTEZA

No mesmo período em que demitiu Mike Offit, Mitchell organizou férias corporativas para centenas de funcionários. O retiro aconteceria em um resort de luxo com vista para o lago Maggiore, no sopé dos Alpes italianos. Os banqueiros viajaram até Milão e uma frota de sedãs Mercedes os levou até as montanhas.

Na primeira noite, houve uma festa no centro de eventos do hotel. Um dos executivos, Mark Yallop, subiu no palco. "Senhoras e senhores", ele vociferou. "Gostaria de apresentá-los Edson Mitchell!" Em cima do palco surgiu um homem, baixinho e negro, com dreadlocks. Tratava-se de um cantor de Reggae de origem caribenha que se chamava… Edson Mitchell (e seu nome artístico: Ajamu). O público adorou. Pela primeira vez, Edson, o banqueiro, parecia estar sem palavras. Ele riu e todos festejaram enquanto Edson, o músico, improvisava.

Nos próximos 18 meses, o Deutsche Bank cresceu — e a equipe de Mitchell, sua id coletiva desenfreada, celebrava sua influência recém-descoberta.

Mitchell sempre foi intensamente competitivo, mas seus colegas logo perceberam que ele estava levando as coisas para um nível completamente novo. Quando ele soube que um grande banco alemão, Commerzbank, estava tentando roubar alguns de seus funcionários, ele retaliou ao cortar as linhas de negociações do Deutsche com o banco menor. Isso acabou por afastar o Commerzbank de uma porção significativa do sistema financeiro global. Era a opção mais drástica e tinha o potencial de desestabilizar um banco importante. "Essa foi uma atitude infantil e não uma atitude digna de um profissional",[1] disse o presidente do Commerzbank. Talvez mais revelador sobre o comportamento dele tenha sido quando, em um evento da empresa nas Bermudas, ele organizou uma corrida de veleiros entre os funcionários e contratou um ex-participante da Copa América de Iatismo para liderar o seu veleiro. Como o capitão ficou demasiadamente bêbado para participar e Edson estava ficando para trás, ele resolveu ligar os motores para ultrapassar os outros barcos e alcançar a linha de chegada.

Em uma noite de domingo, em fevereiro do ano 2000, Mitchell recebeu uma ligação de Breuer, o CEO *de facto* do banco. Ele tinha ótimas notícias: o Deutsche planejava se unir ao Dresdner Bank, o segundo maior credor da Alemanha. O acordo, conforme informou Breuer, seria anunciado na terça-feira. Mitchell não gostou de não ter sido consultado e tanto ele quanto seus colegas temiam que um influxo de banqueiros alemães poderia diluir o poder da equipe dentro da organização, especialmente diante do fato de que Dresdner tinha um grande negócio na área de banco de investimentos que se sobrepunha com o negócio construído por Mitchell.

Dois dias depois, Edson reuniu sua comitiva na sua pequena casa em Chelsea. Ele havia agendado um voo até Frankfurt na manhã seguinte para participar de uma coletiva de imprensa sobre o acordo e a sua participação sinalizaria a adesão dos banqueiros de investimentos do Deutsche localizados em Londres. Os rapazes consumiram uma boa quantidade de garrafas de vinho e, quanto mais bebiam, mais furiosos ficavam. Eles não queriam participar desse acordo alemão.

O chefe de Edson, Joe Ackermann, havia ingressado no banco em 1996. Nativo da suíça, Ackermann falava um alemão fluente, porém era mais alinhado aos norte-americanos do que aos sérios soberanos alemães. Naquela noite, Mitchell ligou para Ackermann do telefone em seu carro. Edson disse que ele e sua equipe se opunham ao acordo com o Dresdner. "Por favor, Joe, não subestime o quão difícil isso será",[2] avisou ele. Se o acordo desse errado, ameaçou Edson, ele se demitiria. Por outro lado, se Ackermann ajudasse a acabar com esse acordo, Mitchell continuou, ele poderia contar com o apoio do grupo de Edson para se tornar o próximo presidente do banco. No dia seguinte, Edson não foi até a coletiva de imprensa em Frankfurt; em vez disso, os rapazes jogaram 36 buracos de golfe no Wisley.

Com a mensagem de Edson recebida, o acordo do Dresdner logo foi por água abaixo. Quando a notícia alcançou os escritórios do Deutsche em Londres, uma onda de aplausos tomou o pregão do banco.[3] Tratava-se de um ponto de virada crucial. Breuer perdera o respeito dos banqueiros de investimentos, que perceberam a própria autoridade. Perdeu-se o medo saudável, a sensação de contenção. A equipe de Mitchell estava no topo do mundo e eles sabiam disso.

A família Broeksmit continuou muito próxima de Mitchell, perdendo na intimidade apenas para Estelle. Em algumas noites, Bill e Alla eram surpreendidos com alguém batendo na porta. Do lado de fora estava Edson, com seu Porsche estacionado na rua, perguntando o que tinha para o jantar. Depois de inicialmente desaprovar o caso com Estelle, Alla aceitara a situação. Os dois casais aproveitavam as férias juntos, em um chalé de esqui que Edson e Estelle compraram na cidade turística suíça, Gstaad.

Alla havia se abrigado com entusiasmo na cena artística e nos museus de Londres, participando de aulas e tornando-se obcecada pelas obras de Francis Bacon e Lucian Freud. Ela tentou descobrir formas de incorporar a genialidade deles em sua pintura. Bill, entretanto, não estava tão animado. Seu trabalho era, ao mesmo tempo, arrebatador e entediante. Mais uma vez, ele sentia que estava negligenciando suas filhas e ficava cada vez mais esgotado. Ele acreditava que o banco estava se tornando tão grande que suas ações não mais importavam.

Em agosto do ano 2000, ele decidiu se aposentar — pela segunda vez em cinco anos. Mitchell insistiu para que ele ficasse, tentando impressioná-lo ao falar que ele atuava como a quilha do Deutsche, impedindo por muito tempo que o barco seguisse a direção errada. Broeksmit se equivocou, mas com o tempo concluiu que precisava se retirar. Concordou em se afastar durante alguns meses e contou aos seus perplexos colegas que queria passar mais tempo com sua família, estudar Shakespeare e atuar como voluntário em uma cozinha comunitária.

O fato de que as aposentadorias de Broeksmit estavam se tornando um padrão sugeria para alguns de seus colegas que ele tinha problemas para lidar com a pressão, que por trás desse exterior tranquilo residia um homem frágil. Antes do Natal, Bill e Alla juntaram suas coisas e retornaram para Nova York.

Mitchell, agora um dos principais executivos do Deutsche, passava muito do seu tempo na estrada, visitando entrepostos na Ásia e na América Latina, onde o negócio de derivativos estava começando a decolar. Ele fez um longo percurso desde que era apenas o filho do zelador e um funcionário na fazenda DeCoster. Ao longo dos seus 5 anos no Deutsche, ele havia ganhado cerca de US$50 milhões. Uma compensação no estilo norte-americano havia chegado nas margens do rio Tâmisa e os banqueiros da cidade estavam gratos pelo papel inflacionário de Edson. Agora ele estava pronto para se tornar o norte-americano de mais alto nível em qualquer banco europeu da história.

Mesmo com todo seu sucesso, Mitchell constantemente flertava com o desastre. Em uma tarde de verão dos anos 2000, ele e Estelle estavam fazendo um piquenique em uma praia do Maine. Edson percebeu que o seu pequeno barco não havia sido ancorado adequadamente na doca e a maré o estava arrastando em direção ao Atlântico. Ele se jogou nas ondas para recuperar o seu barco. Nadou com todas as suas forças, mas o barco se afastava cada vez mais rápido. Incapaz de aceitar a derrota, Edson continuou a nadar e estava praticamente deslizando sobre a água gelada. Em dado momento, Edson percebeu que sua velocidade considerável não era um resultado do seu porte atlético: ele havia sido arrastado pela correnteza. Um pescador de lagostas viu o homem exausto e agitado no mar e logo decidiu salvá-lo. Caso contrário, Mitchell teria se afogado.

Quando Edson entrou para o Deutsche em 1995, 70% do seu negócio de banco de investimentos veio de dentro da Alemanha. Nos anos 2000, essa proporção havia mudado.[4] Em junho desse mesmo ano, Mitchell e Philipp foram promovidos para membros do vorstand — os primeiros norte-americanos a se sentarem no conselho executivo. Determinados a modernizar as coisas, eles mudaram as reuniões semanais para videoconferências semanais. O vorstand tinha uma tradição de revezar para que cada membro atuasse como secretário em cada uma das reuniões, fazendo anotações e as digitando em atas. Quando chegou a vez de Philipp na rotação, ele garantiu que suas notas fossem completamente ilegíveis. Desde então o vorstand contratou um secretário profissional para realizar anotações.[5]

De maneira mais ampla, depois de transformar o Deutsche em um legítimo operador de Wall Street, Mitchell decidiu que era hora de focar outras partes do banco, onde ele poderia deixar sua marca e expandir o império. Os seus negócios de banco de varejo e gerenciamento de patrimônios, por exemplo, eram uma bagunça. Philipp foi enviado para organizar tudo — um sinal de que o próprio Deutsche estava entrando aos poucos sob controle de Edson. Em setembro de 2000, Ackermann foi nomeado como o próximo porta-voz do vorstand — essencialmente o CEO do banco — graças, em parte, ao apoio de Edson e sua equipe. Levou dois anos até que Ackermann efetivamente assumisse o cargo, mas sua ascensão significava promoções para os subordinados de Mitchell. Edson disse aos seus tenentes que poderiam esperar cargos melhores em um futuro não tão distante.

Ao longo de tudo isso, Mitchell não pôde evitar de gabar-se do próprio sucesso. Certo dia ele esbarrou com Flavio Bartmann, um dos poucos especialistas em derivativos do Merrill que Edson havia falhado em levar para o Deutsche. No passado, Bartmann avisara Mitchell de que era impossível transformar o indolente banco alemão em uma potência de Wall Street. "Flávio, você estava errado pra cacete", regozijava Edson.

Esse era Mitchell. Ele via o banco como os meios para um fim, um veículo para alcançar suas ambições e provar que poderia vencer as probabilidades. Agora — com a sua missão provavelmente concluída e com a saída de seu melhor amigo — mais uma vez ele se tornava inquieto. Algumas semanas antes do Natal do ano 2000, Edson convidou Bob Flohr para uma reunião. O banco recentemente havia se mudado para uma construção moderna, cor de areia, decorada com arte moderna. A sede de Londres abrigava agora cerca de 10 mil funcionários. Os dois homens sentaram-se no escritório de Edson, logo na saída do pregão. Fotos familiares alinhadas nas paredes e a fumaça dos Marlboros de Edson subia em espiral à luz do sol do inverno. Ele alternava entre fumar o cigarro e comer um sanduíche. Do outro lado da rua estavam as ruínas do Muro de Londres, construído pelos antigos romanos — um lembrete secular de como impérios globais aparentemente invencíveis e seus líderes, certos de sua superioridade, tendem a crescer excessivamente e desaparecer da história.

Mitchell contou para Flohr que lhe contaram que Stan O'Neal sucederia a presidência do Merrill Lynch. "Eu sou melhor que Stan O'Neal", ele afirmou. "Eu deveria estar nesse lugar." Flohr estava confuso, mas permaneceu em silêncio. Edson prosseguiu: "Esse é um trabalho que eu aceitaria. Se você for bom no seu trabalho, você dará um jeito de ir até [David H.] Komansky", presidente e CEO do Merrill, responsável pelo processo de seleção. Flohr elaborou um plano para se reunir com Komansky no começo do ano seguinte.

CAPÍTULO 8

O ÚLTIMO DIA

Na noite do dia 21 de dezembro de 2000, Edson passeou pela festa natalina do Deutsche Bank, em Londres. Esse evento black-tie foi realizado no hotel Grosvenor House, do outro lado da rua do Hyde Park. A noite prometia ser longa e louca.

Com seus 47 anos, Mitchell havia se tornado uma celebridade da indústria por muitos motivos: suas habilidades motivacionais, sua ambição, sua imprudência e sua disposição em gastar quantias ridículas de dinheiro para entreter sua equipe. Cada festa de Natal precisava ser mais exagerada que a anterior. Essa tendência remonta a uma festa contida, alguns anos antes, quando Mitchell comentara que não havia mulheres jovens e atraentes o suficiente no evento. No Natal seguinte, alguém contratou dezenas de mulheres jovens e atraentes por meio de algumas "agências de eventos". Elas usavam pequenas fitas azuis presas aos seus pequenos vestidos pretos de modo a garantir que ninguém as confundisse com funcionárias ou esposas.[1] (No maior estilo "leve dois e pague um", a festa entrou em uma lista das melhores festas[2] da indústria em Londres e também rendeu um processo de discriminação sexual contra o banco[3]). Neste ano, havia rumores de uma sala VIP cheia de acompanhantes para os diretores do banco.

Mitchell, barbeado, com seu cabelo cor de ferrugem dividido e muito elegante com seu smoking, entrou com Estelle, que trajava um vestido preto, ao seu lado — e essa não foi a primeira aparição do casal em um evento semipúblico. Eles até posaram para uma foto: Estelle colocou um dos braços sobre o ombro dele e pôs a outra mão carinhosamente sobre seu peito, sorrindo calorosamente. Quando Mitchell subiu no palco para falar com os mais de 1.500 banqueiros bêbados, o tema de *Missão: Impossível* começou a tocar. Ele deu um dos seus característicos discursos motivacionais, animando-os sobre o grande ano que havia se encerrado e sobre o ano ainda maior que estava por vir.

Na manhã seguinte, Edson foi no Concorde até Nova York. De lá, ele pegou um voo breve até Boston. No Aeroporto Internacional de Boston, seu piloto pessoal, Stephen Bean, o buscou em um avião bimotor que Edson comprara anos atrás. Eles viajaram até Portland, no Maine, onde Mitchell visitou rapidamente os seus pais para dar-lhes um presente de natal. Às 4h46m da tarde, ele e Bean viajaram para Rangeley. Essa era uma rota bem conhecida pela dupla, que às vezes era percorrida com colegas do Deutsche, como Broeksmit.

O sol se pôs e o fraco cintilar de algumas estrelas podia ser visto no limpo céu conforme o avião alcançava os 11 mil pés. A cerca de 47km de Rangeley, o avião começou a descer. Quando alcançaram os 14km de distância, Bean conseguia ver as pequenas luzes da pista do aeroporto e se preparou para a aterrissagem. Sua esposa o aguardava no aeroporto e Bean comunicou para ela, via rádio, que aterrissaria em breve. Eram 5h15m da tarde.

Minutos se passaram e, no aeroporto, nenhum sinal do avião.

A esposa de Bean começava a se preocupar — ela sabia que existiam poucas explicações plausíveis para o avião ainda não ter aterrissado e nenhuma delas eram boas. Ela ligou para os seus amigos. Pouco depois de 5h30m da tarde, um deles relatou o desaparecimento do avião para as autoridades de tráfego aéreo de Boston. Uma aeronave de busca levantou voo e bombeiros voluntários subiram em motos de neve para fazer buscas nos arredores de onde o avião havia aparecido no radar pela última vez — perto da Bear Mountain, uma elevação extremamente arborizada com cerca de 3.125 pés.[5] No escuro, não encontraram nenhum traço do avião. Após diversas horas, encerraram a busca.

Ao amanhecer, equipes de busca e salvamento voltaram a procurar. Às 7h40m da manhã, um avião os encontrou: no lado sudoeste da Bear Mountain, a cerca de 100 pés de distância do cume, era possível ver uma cicatriz violenta e ampla na floresta — galhos quebrados, árvores caídas. E lá, em uma encosta íngreme e rochosa, repousava o avião carbonizado. A aeronave havia se chocado com a montanha. A cabine do piloto, as asas e a cauda foram esmagadas. Ambos estavam mortos.

Estelle havia voado para a Suíça de modo a passar as férias com sua família. Mitchell combinara de ligar para ela assim que pousasse em Rangeley. Na noite de sexta-feira ela foi dormir com o celular embaixo do travesseiro. Acordou na manhã seguinte e viu que não tinha recebido ligação alguma. Imaginou que ele estivesse cansado demais para ligar. Logo em seguida, o telefone de sua irmã tocou. Era a secretária de Edson com a notícia de que o avião desaparecera.

Estelle caiu no chão. "Edson morreu!", ela gritou. Sua irmã tentou acalmá-la, afinal era possível que o avião aparecesse. Estelle, entretanto, sabia que ele tinha partido. Sem demora, Joe Ackermann — que estava dormindo, em Zurique, quando o departamento de segurança do banco trouxe notícias do acidente — ligou para oferecer suas condolências.

A notícia se espalhou pelo banco. "Bem, Edson se foi de vez agora", disse Michael Philipp para um colega.

"O que quer dizer?"

"Parece que o avião dele bateu em uma montanha."

Em Nova York, Kassy Kebede foi acordado por uma Estelle tão chateada que mal conseguia falar. Kassy, por sua vez, ligou para Bill e contou sobre a triste notícia. Bill, que amava Edson como ninguém, permaneceu em silêncio.

Mais tarde no mesmo dia, o filho de Bill, Val, caminhou até o apartamento da família Broeksmit, na Park Avenue. Ele pôde ouvir uma canção da Sinéad O'Conner tocando na sala de estar. Isso era estranho. O seu pai odiava Sinéad a ponto de zombar de Edson por ouvi-la o tempo todo. Mas agora, claro como o dia, ele podia escutar a música de Sinéad, "The Last Day of Our Acquaintance", tocando no sistema de som do apartamento. Val entrou na sala de estar e se deparou com seu pai sentado em uma poltrona, lágrimas escorrendo profusamente pelo seu rosto. Quando notou a presença de Val, tentou se recompor. Felizmente, a música terminou — apenas para começar outra vez. Bill havia colocado a música para tocar repetidamente. Val sentou-se ao lado do seu pai e os dois escutaram, muitas e muitas vezes, aquela música triste.

"Pai, você está bem?" perguntou Val.

"Na verdade, não", respondeu Bill. "Mas vou ficar."

O Deutsche, por outro lado, não ficaria. Com sua ambição sem limites e sua perseguição implacável por lucros e crescimento financeiro, Edson Mitchell havia plantado as sementes da autodestruição no banco. Sua morte, portanto, atuou como fertilizante.

Apesar de todos os seus defeitos, Edson tornara-se uma presença unificadora no banco. Ele tinha um talento inato para estimular as pessoas a ter um desempenho melhor do que elas acreditavam ser possível. E mesmo quando ele pedia aos seus subordinados cada vez mais; mesmo quando desconsiderava os cuidados dos gerentes e contadores do banco; mesmo quando estava determinado a conquistar o mundo, ele também era consciente o suficiente para reconhecer algumas de suas fraquezas. Essa era uma das maiores razões por ter mantido Broeksmit ao seu lado durante todos esses anos: Edson sabia que Bill controlaria seus piores impulsos.

Agora Bill estava aposentado e Edson estava morto. Dentro de algumas horas, a corrida para preencher essa lacuna de poder teve início.

Justin Kennedy estava em um campo de golfe em Palm Beach, Flórida, na companhia do seu pai, aproveitando o clima ameno de inverno. O celular do jovem rapaz começou a tocar e, assim que ele atendeu, recebeu a notícia: Mitchell estava morto. "Meu Deus, estamos ferrados", disse Kennedy.* Ele sabia que Mitchell era o único responsável por manter todas as personalidades e facções no lugar. O instinto de Kennedy dizia que os demônios estavam prestes a se libertar. Desculpou-se com seu pai — ele precisava encerrar prematuramente a partida e voltar para Nova York. Anthony Kennedy disse que sentia muito sobre a morte de Mitchell, mas que Justin provavelmente precisava relaxar. "Tenho certeza de que existe um plano de sucessão em andamento", disse.

Justin balançou a cabeça. Não havia plano algum.

Dois dias após o Natal, Joe Ackermann voou para Londres. Ele caminhou pelo pregão do banco, tentando acalmar os funcionários e enfatizar que a morte de Mitchell, por mais trágica que fosse, não alteraria o curso do banco. O trabalho de Ackermann nesse momento era descobrir como substituir Mitchell. Muitas das milhares de pessoas que entraram no banco recentemente só assim fizeram pela oportunidade de trabalhar com Edson, o Deus Solar. Quem os lideraria agora?

Anshu Jain, que estava em Délhi quando recebeu a notícia da morte de Mitchell, ligou para Ackermann e disse que Edson prometeu a ele uma promoção, para que logo pudesse gerenciar negócios em mercados globais por conta própria. Ackermann duvidou disso e Jain, também, não forçou a questão. De qualquer forma, Ackermann sabia que Jain era um vendedor — dos bons — e não um executivo experiente. Ele não sabia como gerenciar riscos ou administrar demandas de orçamento, nem sequer atuar como pacificador — essas eram

---

* Seu chefe anterior, Mike Offit, ainda furioso pela sua saída, teve uma opinião diferente sobre a morte de Edson. "O karma é implacável", ele me contou, "e alcançou o senhor Mitchell".

avaliações de próprios representantes de Anshu. Ele não tinha o carisma de Edson. Uma coisa que ele tinha, entretanto, era ambição. Ele desejava muito subir na hierarquia. "Prepare-se", Anshu avisou um dos representantes pouco depois da morte de Edson — a vindoura batalha por poder seria intensa.

Ackermann decidiu dividir o cargo de Mitchell em pedaços. Jain administraria a maior parte das operações do mercado financeiro, mas fatias menores iriam para executivos, incluindo Grant Kvalheim, outro dos primeiros recrutas de Edson no Merrill. Kvalheim não gostava de Jain, acreditando que ele estava constantemente passando por cima de seus colegas. Agora, Kvalheim insistia para que Ackermann não recompensasse o mau comportamento de Jain ao dar-lhe uma função maior. "Você sabia que ninguém na equipe de administração de Edson confia em Anshu?" perguntou Kvalheim. Ackermann respondeu que estava ciente dessa desconfiança, mas que ainda assim tinha a impressão de que Mitchell queria que Anshu assumisse um cargo mais relevante. "Joe", retorquiu Kvalheim, "amei Edson tanto quanto qualquer um, mas ele está morto e nós estamos aqui". Ackermann não cedeu e Kvalheim logo desistiu da possibilidade de trabalhar pacificamente com Jain, partindo para o banco britânico Barclays.

Enquanto isso, Michael Cohrs seria responsável pela divisão bancária global, que atendia às necessidades de corporações ao redor do mundo. Cohrs era um banqueiro de investimentos à moda antiga e a abordagem utilizada por sua equipe — bajular seus clientes durante anos e trabalhar em um acordo durante meses, recolhendo uma taxa multimilionária quando a transação for concluída — parecia estranha se comparada com a máquina de criar dinheiro administrada por Jain. Os colegas de Cohrs o criticavam, afirmando que os negociadores de Anshu geravam em algumas horas o que os banqueiros de Cohrs conseguiam em seis meses. No papel, Cohrs e Jain estavam na mesma posição dentro da hierarquia corporativa; na prática, entretanto, Anshu fazia muito mais dinheiro e, portanto, detinha um poder muito maior. Ele se mudou para o antigo escritório de Edson e pendurou uma foto do seu antigo mentor acima da porta.

Dois anos após Rolf Breuer mentir sobre não estar envolvido em um *übernahmegespräche* com o Bankers Trust, sua mentira ameaçava retornar para assombrar o banco. A Comissão de Títulos e Câmbio abriu uma investigação e, em março de 2001, sua divisão de execução havia alcançado uma conclusão preliminar: tanto o Deutsche quanto o próprio Breuer deveriam ser punidos por enganar os investidores.

O presidente da divisão de execução da Comissão na época era Dick Walker, um advogado permanentemente bronzeado e perfeitamente careca. Alguns meses após sua equipe recomendar uma ação contra o Deutsche e Breuer, Walker fez um anúncio surpreendente: ele estava se retirando do caso.[6] Mais duas semanas se seguiram e a Comissão — aparentemente de forma repentina — informou ao banco que havia decidido encerrar a investigação sem nenhuma punição. Três meses mais tarde, em outubro de 2001, Walker anunciou que assumiria o cargo de conselheiro geral no Deutsche Bank. "Dick Walker provavelmente sabe mais que qualquer um nos EUA sobre leis e regulamentações de títulos",[7] disse um dos principais executivos do Deutsche, entusiasmado. Logo em seguida, Walker contratou Robert Khuzami, um procurador federal especializado em casos de fraude de títulos complexos, para fazer parte do Deutsche e ajudar a proteger o banco das investigações governamentais.

O Deutsche descobriu o poder da "porta giratória" — o processo de levar cães de guarda federais para o setor privado — na neutralização de investigações.** Com o problema da Comissão resolvido e um sistema a ser arquitetado para evitar futuras investigações, os executivos do banco sentiam-se invencíveis.

** Walker mantém a posição de que as discussões de emprego com o Deutsche não afetaram a investigação da Comissão.

Michael Philipp estava no trigésimo primeiro andar da Torre A dos arranha-céus de Frankfurt, preso em uma reunião interminável com seus colegas do vorstand. Era o seu primeiro dia de trabalho após uma licença de meses, pois sua esposa enfrentava o câncer. A data era 11 de setembro de 2001.

Uma mulher jovem caminhou até a sala de conferência e entregou para alguém um cartão com observações. Os executivos passaram o cartão um para o outro. Um avião acertou o World Trade Center em Nova York. O grupo deu de ombros e a reunião prosseguiu. Cerca de 20 minutos depois, a mulher voltou com outro cartão. Um segundo avião acertou as Torres Gêmeas em Nova York. Os executivos arfaram: tratava-se de terrorismo, não de um acidente qualquer. Philipp olhou pela janela e, através das nuvens, pôde ver aviões decolando e aterrissando no aeroporto de Frankfurt. Ele não ficaria passeando pelo arranha-céu com aviões caindo por aí. "Vocês são loucos por ficarem no prédio mais alto de Frankfurt", disse ele aos seus colegas.

Ele caminhou até um bar e viu na televisão que um terceiro avião havia acertado o Pentágono, enquanto outro caiu na Pensilvânia. Ele assistia aos maiores arranha-céus de Manhattan caírem, formando uma nuvem apocalíptica de poeira e detritos. Lá no alto, nas Torres Gêmeas do banco, a reunião do vorstand se arrastou por seis horas.

O fato de a reunião ter continuado é ainda mais marcante considerando que a sede de 40 andares do Deutsche em Manhattan — que anteriormente abrigara os escritórios do Bankers Trust — ficava ao lado do World Trade Center. Quando o avião acertou a Torre Sul, 1.500 janelas foram quebradas no prédio do Deutsche. Quando as torres caíram, metais e concretos criaram um corte profundo de 15 andares na lateral do prédio. O que costumava ser a entrada era agora uma pilha de destroços, com pedaços da fachada do World Trade Center grudados na parede. Milagrosamente, apenas um funcionário do Deutsche morreu.

Ackermann decidiu que precisava ir até Nova York. O espaço aéreo dos Estados Unidos estava fechado, então ele e sua mulher embarcaram em um avião particular até Terra Nova, no Canadá. Quando o espaço aéreo foi reaberto, eles embarcaram em um dos primeiros voos para Nova York. Com a destruição dos escritórios do centro da cidade, o banco precisou colocar mais funcionários no prédio do centro financeiro de Manhattan. O lugar estava lotado e decrépito — alguns funcionários foram hospitalizados após contrair hantavírus graças à enorme população de roedores no local.[8] Ackermann entrou cercado por uma comitiva de homens corpulentos com fones de ouvido e roupas pretas; alguns dos negociadores pensaram que agentes do governo estavam invadindo o banco, enquanto Ackermann pensou que sua presença no local pudesse mostrar seu comprometimento com os negócios norte-americanos.[9] Entretanto, havia outra razão para sua pressa em retornar a Nova York: o Deutsche estava planejando listar suas ações em uma bolsa de valores norte-americana pela primeira vez. Ackermann queria garantir que essa lista não fosse atrasada. Há muito tempo as ações do banco já eram negociadas na bolsa de valores de Frankfurt, portanto, também poderiam ser facilmente negociáveis nos Estados Unidos. Na privacidade do seu condomínio de 50 andares em um arranha-céu ao lado do Museu de Arte Moderna, Ackermann e seus colegas planejavam secretamente diversas incorporações em potencial com bancos norte-americanos, incluindo o JPMorgan, para transformar o Deutsche Bank em um verdadeiro leviatã global. Para economizar dinheiro, os acordos propostos seriam realizados majoritariamente com a troca de ações do Deutsche e do banco a ser incorporado. Isso significava que as ações do Deutsche precisavam ser listadas publicamente nos Estados Unidos.

A Bolsa de Valores de Nova York foi reaberta uma semana após o 11 de setembro e, no dia 3 de outubro, as ações do Deutsche foram listadas, sendo negociadas sob o símbolo DB. Esse foi o culminar de anos tentando entrar nos mercados de capital dos Estados Unidos. Agora, os executivos estavam no tablado da bolsa de valores, talvez o ícone mais importante do capitalismo norte-americano, tocando o sino de abertura ao lado do prefeito da cidade de Nova York, Rudy Giuliani. Os banqueiros — um deles, da Alemanha, usava um colete e uma gravata borboleta com estrelas e listras — exibiam os seus sorrisos e aplaudiam o tocar do sino.[10]

Foi uma bela imagem (embora as fantasias de incorporação de Ackermann nunca se realizassem), mas um símbolo muito mais poderoso estava a apenas algumas quadras de distância.

O prédio do Deutsche, localizado no centro da cidade, estava arruinado. Os executivos da Europa foram até os Estados Unidos para avaliar os danos e, utilizando máscaras de gás, depararam-se com uma cena terrível. Partes do corpo humano — os restos mutilados dos trabalhadores do World Trade Center — estavam por toda a parte do porão. O edifício não poderia ser reaproveitado. Entretanto, uma vez que a construção estava com níveis perigosos de mercúrio, amianto, moldes tóxicos e outros produtos químicos, era impossível destruí-lo sem espalhar mais veneno na Lower Manhattan. A parte externa do prédio condenado, então, foi envolta por um tecido preto, uma enorme lápide sobre o sagrado Marco Zero.[11] Ali ela permaneceu durante anos, um lembrete fantasmagórico e impenetrável não apenas do 11 de setembro, mas também da bagunça letal que se escondia dentro de um dos maiores bancos do mundo.

CAPÍTULO 9

ACKERMANN

Joe Ackermann nasceu em 1948, filho de um médico, na pequena cidade suíça de Mels.[1] Garoto corpulento e campeão em lançamento de dardo,[2] o jovem Ackermann às vezes ajudava seu pai a carregar esquiadores com as pernas quebradas até a mesa de cirurgia.[3] O pai de Ackermann também cuidou de muitos bêbados pobres e deixou bem claro para seu filho a importância da sobriedade — tanto em termos alcoólicos quanto financeiros. Paradoxalmente, esse foco na economia financeira também despertou o interesse de Ackermann no mercado de ações. Ele entrou para a área financeira, conseguindo um PhD em economia — a partir de então insistindo em ser chamado, assim como seu pai, de Dr. Ackermann (mais tarde, conforme conquistava cargos honorários, estampou seus cartões de visita com "Prof. Dr. Josef Ackermann").

Ackermann ganhou destaque no setor bancário com o Credit Suisse, o orgulhoso prestamista de Zurique. Chegou a se tornar um candidato para o cargo de CEO, mas quando não foi escolhido acabou saindo do banco. Ele chegou no Deutsche em 1996, marcado por sua experiência em Zurique. Ackermann tornou-se sintonizado com a dinâmica de poder interno das grandes instituições e com a necessidade de fazer política para progredir. E ele tinha planos para progredir no Deutsche Bank.

Ackermann era muito bom com números e possuía uma memória fotográfica, o tipo de pessoa capaz de recitar uma grande quantidade de índices se tivesse um motivo para memorizá-los.[4] Isso tinha suas vantagens e desvantagens. Sua obsessão com números — e sua teoria de que tudo podia ser quantificado e que os números podiam revelar toda a história — parecia perigosamente unidimensional, sem deixar margem para fatores como a cultura de uma instituição ou o comportamento de determinado negociador.

Em 2002, Ackermann se tornou o primeiro não alemão a ser o CEO *de facto* do Deutsche, o porta-voz do vorstand. Habilidoso músico e devoto da ópera com grossos cabelos castanhos, ele ficou na suíte do trigésimo segundo andar da Torre A do Deutsche. Foi um ótimo momento para ele e possivelmente para o Deutsche também. Com a Alemanha afundada em uma recessão, as ações do banco caíram em 17% naquele mesmo ano — um desempenho vergonhoso, especialmente para alguém como Ackermann, que acompanhava de perto as movimentações diárias no preço das ações da empresa. Ele tinha planos para reverter essa queda — na verdade, essa era sua missão principal. Um passo fácil era abandonar as participações que o Deutsche havia acumulado nas principais empresas alemãs. Ackermann via essas posições como relíquias dos dias passados do banco como uma instituição primariamente alemã. Usou os recursos para pagar dividendos aos acionistas e expandir os negócios mais lucrativos do banco.

O clima do momento era o seguinte, conforme expresso pelos investidores impacientes e analistas de Wall Street: os bancos deveriam devolver o capital em excesso para os acionistas. No fundo, Ackermann sabia que estava apostando. Se uma crise financeira chegasse em algum momento da próxima década, seria muito seguro para o banco ter esse capital em mãos em vez de tê-lo no bolso dos acionistas. Porém, o foco unidimensional de Ackermann estava aumentando o preço das ações do Deutsche e, portanto, ele ignorou esses detalhes.

Ackermann tinha gostos surpreendentemente simplistas. Aqueles que visitavam o seu apartamento de quatro cômodos em Frankfurt ficavam surpresos ao ver que o lugar mal parecia habitado, desprovido de toques pessoais. Ele mantinha o seu escritório da mesma maneira. Entre os poucos itens que possuía estava um grande cinzeiro de cristal e uma caixa de charuto de madeira polida. Fumar era proibido no arranha-céu, mas a equipe de Ackermann havia modificado os detectores de fumaça para que não disparassem quando seu chefe resolvesse fumar.[5] Agradá-lo era primordial.

Ackermann não queria apenas ganhar. Ele queria que todos soubessem que estava ganhando. Quando o Deutsche foi nomeado o Banco do Ano por uma revista da indústria — uma honra um tanto quanto irrelevante — ele vangloriou-se no relatório anual dizendo que "nós aceitamos com prazer". Mais tarde, ele citou prêmios como esse como evidências da sua boa administração na instituição. Uma piada recorrente dentro do banco era de que a pessoa mais poderosa de Frankfurt era o responsável pelas relações públicas de Joe. Ackermann — sempre atraído pelos números — comissionava trimestralmente uma pesquisa de opinião sobre o banco para medir sua posição entre o público alemão. Ele possuía uma tendência inapropriada de se gabar — sobre o quanto Michael Bloomberg gostava dele, como ele foi ovacionado de pé em uma reunião dos acionistas ou como ele tinha relações pessoais com esse primeiro-ministro ou com aquele rei.[6] *Por quê*, seus colegas se questionavam, *esse homem bem-sucedido era tão desesperadamente inseguro?* Alguns de seus representantes acreditavam que ele era um narcisista. A maioria deles, entretanto, sentiam que ele era impulsionado por sentimentos pessoais de inadequação os quais tentou superar, mas nunca conseguiu.

Em setembro de 2003, Ackermann levou o banco até o limite. Ele estava obcecado com uma métrica chamada *retorno sobre o patrimônio* — uma medida, em termos de porcentagem, sobre a quantidade de lucros gerada por um investimento em uma empresa durante um ano. Esse número obviamente era importante para os investidores e também para Ackermann, parcialmente porque sua remuneração dependia em parte do desempenho do banco diante dos acionistas e parcialmente porque era um critério para avaliar o próprio desempenho. O objetivo, declarou Ackermann publicamente, era que o banco, até 2005, alcançasse um retorno sobre o patrimônio de 25%, o que significa que, para cada dólar investido, o banco conseguia 25 centavos de lucro. "Nossas metas são agressivas, porém realistas", declarou ele. Nesse ano, os retornos do banco estavam alcançando os 13 pontos percentuais, então Ackermann desejava praticamente dobrar esse valor em 2 anos. Isso, entretanto, subestima a verdadeira extensão das suas ambições. Apenas um ano antes, o retorno do banco era de apenas 4%.[7] Em comparação, a meta de 25% de Ackermann era estratosférica.

Nos anos 1990, os executivos do Deutsche compreendiam sua missão como atender múltiplos grupos constituintes: acionistas, funcionários e a sociedade. Essa foi a razão pela qual líderes como Alfred Herrhausen apoiavam não só a integração da Europa, que fazia parte do interesse financeiro do banco, como também o cancelamento dos débitos dos países de terceiro mundo, que não fazia parte dos planos da empresa. Agora Ackermann estava estreitando o conceito de quem o banco deveria atender — eram os acionistas, e apenas os acionistas, que realmente importavam.

Independentemente da sabedoria ou viabilidade para alcançar o retorno sobre o patrimônio esperado, a equipe de Ackermann tinha medo de desapontá-lo. Os funcionários temiam sua raiva: "Seu sorriso jovial poderia repentinamente desaparecer e sua voz ficava fria como gelo",[8] escreveu o seu ex-porta-voz, Stefan Baron, em uma biografia (por vezes bajuladora) de 2014. Quando Ackermann estabelecia metas, elas não eram sugestões — eram ordens. "Você precisava alcançá-las, de qualquer maneira", disse um dos principais executivos.

Os humanos respondem aos incentivos, e os incentivos nesse caso eram claros: a prioridade era maximizar os lucros em curto prazo. Se a sua divisão não alcançasse as metas financeiras trimestrais, você teria sorte de conseguir apenas uma severa repreensão em privado — geralmente Ackermann insultava e rebaixava os colegas com desempenho abaixo do esperado. Um dito tornou-se comum entre os executivos seniores: "O trimestre atual é o nosso trimestre mais importante." Fazer o possível para conseguir dinheiro agora e atrasar decisões que possam reduzir os lucros, mesmo se isso significar perdas maiores em longo prazo.

Os sistemas de remuneração do banco foram alterados para refletir o novo pensamento em curto prazo. Os negociadores agora recebiam bônus que eram uma porcentagem da receita gerada por eles — sem nenhuma possibilidade de recuperar esses bônus se as apostas dos negociadores começarem a perder dinheiro. De maneira nada surpreendente, os banqueiros não só procuravam por lucros rápidos como também tendiam a exagerar na quantidade de dinheiro que os seus projetos gerariam. Logo, não era incomum ver negociadores de elite recebendo US$30 milhões de bônus no final do ano.[9]

Alguns dos tenentes mais antigos de Edson foram desencorajados pela liderança de Ackermann. Martin Loat — antigo parceiro de Bill que foi enviado para administrar os mercados asiáticos do Deutsche — saiu do banco em 2005 devido a sua frustração e nunca voltou a trabalhar para outro banco. Michael Philipp também se demitiu, irritado, assim como muitos outros, pelo que ele viu como uma abordagem de administração negligente por parte de Ackermann. Ele estava encorajando o crescimento do banco de investimentos, o que por si só não é nenhum problema, mas esse setor estava se tornando a única fonte de lucro do Deutsche. Philipp conseguia ver que, com a fortuna do banco dependendo de uma única divisão, havia uma crescente pressão para que essa divisão assumisse maiores riscos, desequilibrando o banco, aumentando os débitos e dependendo excessivamente de derivativos.

Tradicionalmente, a primeira pergunta que o executivo sênior faria sobre uma proposta de transação seria sobre o risco envolvido. Agora, a primeira — e geralmente a última — questão era o potencial de lucratividade. No negócio tradicionalmente alemão do Deutsche, os gerentes de clientes não deveriam se preocupar em manter relacionamentos com empresas alemãs a menos que esses relacionamentos pudessem gerar retornos para o banco — seja por meio de taxas, juros ou empréstimos — de pelo menos 25%. O volume de empréstimo diminuiu conforme os antigos clientes eram descartados.[10] Planos antigos de diversificar o banco, para evitar com que se tornasse dependente do banco de investimentos como seu principal produtor de receitas, foram engavetados. Mesmo para Loat e Philipp, que amavam débitos e derivativos, isso começava a se assemelhar com uma bomba-relógio.

Anshu Jain havia montado um negócio agressivo. No seu ponto de vista, por mais que admirasse Mitchell, o grande homem havia morrido e o Deutsche ainda era um banco de segunda categoria. A missão de Jain, portanto, era levá-lo até o topo. Isso significava acelerar as vendas nas divisões dos mercados e do banco de investimentos — incluindo partes que, tradicionalmente, se moviam lentamente demais para seu gosto.

Isso incluía o grupo de Michael Cohrs, que cultivava relacionamentos em longo prazo com seus clientes. Jain autorizou — e certas vezes até encorajou — suas equipes de vendas e negociação a buscar relacionamentos que gerem lucros com empresas que tradicionalmente eram atendidas pela equipe de Cohrs. O termo de Jain para isso era "monetização de relacionamentos corporativos". Logo, o seu plano passou por cima de relacionamentos que os banqueiros de investimentos levaram anos para construir. Um exemplo foi a empresa de publicidade Publicis, um cliente de longa data da equipe de Cohrs. O relacionamento durou em parte porque fora conservador. Banqueiros de investimentos costumam ser desprezados por oferecer conselhos egoístas ou destrutivos para os clientes, mas a melhor estratégia de um banqueiro para ganhar dinheiro é conquistar a confiança do cliente. No caso do relacionamento do Deutsche com a Publicis, essa abordagem pareceu entediante para os subordinados de Anshu e uma equipe dos mercados globais logo buscou um atalho para as riquezas. Eles organizaram uma reunião com os executivos da Publicis e os convenceram a comprar alguns derivativos. O Deutsche embolsou dezenas de milhões com as taxas. Como se em resposta às ações do banco, os derivativos produziram efeitos negativos, causando significativas perdas para a Publicis. Os principais executivos da empresa reclamaram com os oficiais do Deutsche sobre as custosas taxas e pediram o dinheiro de volta. O grupo de Jain recusou-se a pagar. A Publicis apelou para os banqueiros de investimentos de Cohrs. "Anshu, precisamos devolver o dinheiro", insistiu Cohrs. Jain protestou, afirmando que o Deutsche havia apenas seguido o que fora estabelecido no contrato com a Publicis. Cohrs tentou fazer com que Ackermann intervisse, mas ele também se recusou. A equipe de Anshu conseguiu seu dinheiro, mas à custa do cliente de longa data de Cohrs. Mais tarde Cohrs também se demitiria, percebendo que suas habilidades voltadas para o cliente não eram mais valorizadas.

Dramas similares se desenrolavam em todo o banco. Uma razão pela qual Mitchell estava empolgado sobre comprar o Bankers Trust alguns anos atrás era que a divisão Alex. Brown em Baltimore, cujo foco era fornecer conselhos financeiros para famílias ricas, tinha potencial de crescimento. Agora Ackermann havia descartado esses planos, preferindo alocar esses recursos no negócio de venda e negociação de títulos — o negócio de Jain.

A adoção pelo Deutsche de uma abordagem de lucros a todo custo e sua extrema tolerância por riscos que eram inviáveis para a maioria dos outros bancos tinha consequências no mundo real — como quando ajudou a canalizar dinheiro em países que estavam sob sanções econômicas pelo desenvolvimento de armas nucleares ou participações em genocídios. Países como Irã ou a Síria podem imprimir quanto dinheiro quiserem, mas, para comprar produtos — armas, comidas e quaisquer bugigangas — no exterior, eles precisavam de uma moeda internacional. O dólar americano é a coisa mais próxima de uma forma de dinheiro aceita internacionalmente — e o Deutsche começou a ajudar os governos de países sancionados a ter acesso à moeda norte-americana. Quando o esquema do Deutsche estava em andamento em 1999, não ficou claro se os funcionários sabiam estar violando leis internacionais. Em 2003, não havia esse tipo de ambiguidade. Como as transações eram feitas em dólares, elas precisavam ser encaminhadas pelas operações de Nova York do Deutsche, e isso poderia atrair o escrutínio do setor de aplicação de lei norte-americano. "Por favor, tenha em mente que, ainda que o DB esteja preparado para fazer negócios com a Síria, nós também temos consideráveis interesses em negócios norte-americanos, os quais o DB quer proteger", avisou um funcionário para o seu colega. "Então todas as transações com a Síria devem ser ESTRITAMENTE confidenciais e só devem envolver os colegas que nelas estiverem envolvidos! [...] Nós não queremos tornar isso público ou causar algum "ruído" nos mercados ou na mídia."

Para manter o sigilo das transações que passavam por cima das sanções, os funcionários criaram medidas de antivigilância. Uma dessas medidas era retirar os códigos que identificavam o país de origem das entidades para as quais o banco transferia dinheiro. "IMPORTANTE: NENHUM NOME IRANIANO DEVE SER MENCIONADO AO REALIZAR PAGAMENTOS EM NOVA YORK", dizia uma missiva.[11]

Em 2006, o Deutsche havia transferido quase US$11 bilhões para Irã, Myanmar, Síria, Líbia e Sudão, fornecendo uma moeda desesperadamente necessária para os regimes criminosos do mundo e acabando, sozinho, com a eficácia dos esforços pacíficos para neutralizar as crises internacionais.*

No Oriente Médio, o Irã estava tentando preencher uma lacuna de poder deixada pela queda da ditadura de Saddam Hussein no Iraque. Para isso, o país precisava manter a instabilidade democrática de seus vizinhos. Qual seria a melhor forma de alcançar isso se não iniciar uma campanha implacável e sangrenta? As centenas de milhões de dólares que o Deutsche entregou aos bancos iranianos forneceram um financiamento vital para que o país sancionado pagasse pelo terrorismo. Não demorou até que o Iraque fosse esgarçado pela violência. Bombas improvisadas eram detonadas por todo o país, mirando no frágil governo do país e nas forças militares norte-americanas que tentavam manter a paz. Grande parte dessa violência era trabalho de um grupo terrorista, Jaysh al-Mahdi, que havia sido armado e treinado pelo Hezbollah que, por sua vez, foi financiado pela Guarda Revolucionária Iraniana, essa financiada pelo Deutsche.

Em maio de 2007, Blake Stephens, um sargento do exército com 25 anos, foi assassinado por uma bomba do Jaysh al-Mahdi no sul de Bagdá. Dois meses depois, o especialista do exército Steven Davis foi assassinado na Bagdá ociden-

---

* Ackermann nega sua responsabilidade nisso.

tal por uma granada arremessada pelo Jaysh al-Mahdi. Dois meses após esse evento, em agosto, um especialista do exército chamado Christopher Neiberger, atuando como atirador em um Humvee, foi assassinado e, em setembro, Joshua Reeves, um cabo dos Rangers do exército norte-americano foi assassinado por outra bomba do Jaysh al-Mahdi. No Tennessee, o primeiro filho de Reeves havia nascido no dia anterior à sua morte. Se parecia um exagero atribuir as mortes ao trabalho violador de sanções do Deutsche com o Irã, ninguém contou isso às famílias do Sargento Stephens, Especialista Davis, Especialista Neiberger e Cabo Reeves.**[12]

As violações de sanções não foram trabalho de um grupo isolado de funcionários do Deutsche. Os gerentes sabiam. Os chefes deles sabiam. Mais tarde, os reguladores norte-americanos encontraram evidências de que, pelo menos, um membro do vorstand — em outras palavras, um dos principais executivos do banco — sabia e aprovou o esquema.[13] Afinal, o negócio era lucrativo e as prioridades do Deutsche durante a administração de Ackermann não podiam ser mais claras.

Outras consequências da meta de 25% de Ackermann eram menos fatais, porém igualmente vastas. Ele e Jain estavam determinados a roubar os principais talentos das empresas de Wall Street e queriam fazê-lo rapidamente. Sempre que uma nova equipe de negociadores chegava, em vez de aprender como a tecnologia funcionava no pregão do Deutsche, as equipes tinham autorização para instalar os seus próprios modelos financeiros e sistemas de computador. Não demorou até que uma mixórdia de sistemas poluísse o ecossistema do banco. Uma implicação disso é que não havia uma forma para o banco quantificar ou compreender o que ele estava fazendo. Quando membros do conselho perguntavam coisas do tipo *Como está o nosso portfólio de swaps de taxas de juros?* a resposta era: *Nós não sabemos.* Esse seria um fato engraçado se não fosse tão

---

** Em 2018, as quatro famílias moveram uma ação judicial federal, alegando que o Deutsche teve um "papel integral em ajudar o Irã a financiar, orquestrar e apoiar ataques terroristas contra as forças militares norte-americanas de manutenção da paz no Iraque entre 2004 e 2011".

assustador. Quando reconheceram esse problema, não havia um jeito de resolvê-lo — "É como mudar o motor de um avião durante o voo", explicou um dos principais executivos — e muito menos sem um investimento maciço e de longo prazo para construir uma tecnologia completamente nova e responsável por integrar os diferentes sistemas do banco. Isso prejudicou o lucro da empresa, o que ninguém — principalmente Ackermann — queria que acontecesse.***

Parcialmente como resultado dessa situação, diferentes equipes do Deutsche acabavam abordando os mesmos clientes e oferecendo os mesmos produtos, mas com preços diferentes. Os preços eram determinados por sistemas de computador que calculavam quanto a transação custaria para o Deutsche. Essas equações, entretanto, dependiam de dados inseridos pelo banco — por exemplo, a quantidade total dos custos de financiamento do banco. Os sistemas isolados significavam que era impossível afirmar esse número com precisão. Equipes concorrentes no Deutsche batalhavam por pedaços de terra, minando uns aos outros e desconcertando os clientes.

O colega mais próximo de Ackermann era Hugo Bänziger, o oficial chefe de riscos do banco, que também saiu do Credit Suisse para ingressar no Deutsche. Bänziger fora um tenente-coronel no exército suíço, em certo momento chegando a comandar um batalhão de tanques,[14] o que o aproximou de Ackermann, que também era um coronel da reserva militar suíça.[15]

Bänziger era especialista em riscos, mas perdera o controle de seus funcionários. Todo executivo que estava prestes a se tornar diretor-geral — título concedido para milhares de funcionários — precisava participar de uma Academia de Risco durante uma semana, curso geralmente organizado nos dormitórios da zona rural alemã. O objetivo era instilar uma disciplina e energia militar na equipe, porém rapidamente se transformou em uma espécie de trote. Os candidatos precisavam concluir atividades impossíveis — refazer todo o balanço patrimonial do banco, por exemplo — em minutos. Os banheiros dos dormitó-

---

*** Ackermann nega que o banco tenha investido pouco em tecnologia durante sua administração.

rios ficavam sem água quente e os participantes eram submetidos à privação do sono. Exercícios eram criados para gerar *informationsflut*, ou sobrecarga de informações, como Bänziger costumava falar. Um palestrante convidado chegou em um jantar da Academia de Risco esperando as palhaçadas movidas a testosterona típicas de um retiro bancário. Em vez disso, ele viu fileiras e mais fileiras de advogados e gerentes de risco com olhos fundos. Em muitas das aulas, os pupilos começavam a chorar. "Nós queremos pessoas que possam suportar esse tipo de abuso", explicou Bänziger para um colega.

O medo de Bänziger se estendia para além das aulas na Academia de Risco. Múltiplas funcionárias do banco reclamaram para o departamento de RH que Bänziger havia agido de maneira inapropriada no escritório e em retiros, de acordo com seis ex-executivos. Certa vez, Bänziger visitou uma empresa cliente do Deutsche e fez um belo show ao dar em cima de uma das secretárias, importunando-a para sair com ele, até que ela começou a chorar. O chefe da funcionária ligou para um executivo sênior do Deutsche em Londres e fez uma reclamação. Ackermann afirmou saber das alegações — em determinado momento uma empresa de direito terceirizada foi contratada para investigar, mas não encontrou nenhuma evidência para provar as afirmações dessa mulher em específico. Bänziger manteve tanto o cargo quanto a confiança de Ackermann.****

O Deutsche havia operado de forma intermitente na Rússia desde o final do século XIX e, após o colapso da União Soviética, ele foi um dos primeiros bancos ocidentais a abrir entrepostos no país. Ackermann contou aos líderes alemães que era importante para o país abraçar a Rússia por razões geopolíticas. "Precisamos construir a Casa da Europa e a Rússia faz parte disso", argumentou Ackermann. Na realidade, os mercados russos, com regulações leves e em rápido crescimento, representavam uma oportunidade tentadora para o banco conquistar lucros sem restrições.

**** Bänziger não respondeu aos meus pedidos para comentar sobre o ocorrido.

Em 1994, um norte-americano chamado Charlie Ryan fundou um banco com a sede em Moscou com o nome United Financial Group. Enquanto os ocidentais brigavam por um pedaço da economia recém-acessível da Rússia, o United Financial crescia rapidamente. Sem demora, o banco possuía uma das maiores negociações de ações em toda a Rússia. Em uma tentativa de fazer parte dessa história de sucesso, em 2004 o Deutsche firmou um acordo para comprar 40% do United Financial e, 2 anos mais tarde, adquiriu o restante por US$400 milhões.[16] Repentinamente, o Deutsche havia se tornado um dos bancos mais importantes do caótico país, o principal banco estrangeiro para IPOs e incorporações russas, trabalhando para empresas que antes eram gerenciadas pelo estado e que agora estavam sob o controle de uma nova classe oligárquica. Charlie Ryan se tornou o CEO do Deutsche Bank para a Rússia. "Hoje em dia é óbvio que a Rússia é importante",[17] ele explicou para um repórter em 2006. "Três anos atrás" — quando Ackermann pisou no acelerador do banco — "o Deutsche foi a única instituição a perceber isso".

Isso não pareceu uma jogada inteligente para todo mundo. Alguns executivos tinham suas ressalvas sobre fazer negócios na Rússia e, em particular, sobre fazer negócios com o United Financial. Ryan era um enigma: o que um tempestuoso norte-americano fazia escondido na cena comercial de Moscou? Executivos, incluindo um dos advogados de maior posição interna do banco, se perguntavam se ele não era um agente da CIA disfarçado. Esse realmente era o tipo de pessoa com que o banco deveria associar sua reputação? Outra preocupação é que o Deutsche estava buscando negócios com oligarquias russas e isso significava, quase certamente, sujar suas mãos com dinheiro corrupto. A única questão era quando, onde e quanto — e se a sujeira deixaria uma marca permanente no banco.

Isso, entretanto, se fez necessário para alcançar a meta de retorno sobre o patrimônio de Ackermann — especialmente uma vez que o próprio Ackermann atuou como uma líder de torcida para a expansão do banco na Rússia. Assim como o relacionamento de Georg von Siemens com os Estados Unidos levou o Deutsche até a lama de Henry Villard um século antes, agora a fixação de Ackermann com a Rússia levaria o banco até um lamaçal semelhante. Da mesma forma que Siemens nos Estados Unidos, Ackermann estava cego por sua fascinação com a cultura russa, desenvolvendo interesse no teatro, ópera e na comida do país (blini com caviar era uma de suas refeições favoritas). Ele chegou a fazer visitas mensais ao país, criando o que ele descrevia como uma amizade com alguns dos banqueiros do círculo interno de Vladimir Putin. Um desses banqueiros, Andrey Kostin, era o executivo-chefe do VTB Bank, um prestamista estatal que financiava as agências de inteligência russas e era suspeito de conduzir espionagem por meio de seu arquipélago de entrepostos internacionais (dois líderes do FSB, a atual agência de espionagem do Kremlin, enviaram seus filhos para trabalhar na VTB[18]). Nada disso parecia impedir Ackermann. Ele assinou uma linha de crédito de US$1 bilhão que o Deutsche estendeu para o banco russo.[19] Em uma festa em São Petersburgo, ele sugeriu para Kostin que o VTB deveria considerar construir o seu próprio banco de investimentos para acelerar o desenvolvimento do mercado de capitais da Rússia. Kostin ouviu o conselho e, em 2008, contratou uma equipe de cerca de cem banqueiros do Deutsche para liderar essa empreitada. As deserções, ainda que tenham irritado Ackermann e Charlie Ryan, cimentaram o relacionamento do Deutsche com o VTB — e com a panelinha de Putin.

Aproximando ainda mais os dois bancos estava o fato de que o Deutsche, em 2000, havia contratado o filho de Kostin, Andrey Jr., para o escritório de Londres assim que ele saiu da universidade. Ele passaria a maior parte da próxima década no Deutsche, eventualmente se tornando um banqueiro de investimentos sênior. O papel proeminente de Kostin Jr., explicaria Ackermann para um jornal russo alguns anos mais tarde, "era uma prova de nosso bom relacionamento"[20] com o establishment financeiro russo.

Esse bom relacionamento levou o banco a ajudar a lavar o dinheiro dos russos ricos nos Estados Unidos — um serviço crucial, uma vez que os bancos norte-americanos não estavam dispostos a aceitar os riscos legais associados com mover fundos suspeitos para dentro do país. As oligarquias moviam o dinheiro, então, para seu vizinho, Letônia. Os bancos letões possuíam relacionamentos "correspondentes" com o Deutsche que os permitiam transferir o dinheiro diretamente para contas norte-americanas criadas no nome de empresas fantasmas aparentemente inocentes. Em 2004, um executivo de conformidade recém-contratado começou a testar os sistemas de combate à lavagem de dinheiro do Deutsche e ficou impressionado com suas descobertas. O dinheiro estava jorrando para uma das maiores entidades legais do banco nos Estados Unidos — Deutsche Bank Trust Company Americas — de bancos na Estônia, Lituânia, Chipre e, principalmente, Letônia. O Deutsche fez vista grossa para a enchente de transações. Todos esses negócios eram lucrativos para o banco, que coletava taxas a cada transação efetuada, mas era um problema para os reguladores. "Você tem um grande problema na Europa Oriental", o novo executivo de compliance advertiu ao seu chefe. "Cara, você não tem nem ideia", veio a resposta perturbadora.

Diferente do Deutsche, a Reserva Federal possuía softwares sofisticados para rastrear fluxos monetários suspeitos e ela estava observando o dinheiro russo ir até a Letônia e, em seguida, para os Estados Unidos, onde ele rapidamente desaparecia no mercado de imóveis de luxo. Em 2005, uma equipe de reguladores saiu da Reserva Federal de Nova York e foram até os escritórios do Deutsche em Wall Street, onde interrogaram os executivos sobre as transações da Letônia. Os executivos esperavam por uma grande punição — algo em torno dos US$100 milhões — e ficaram felizmente surpresos ao saber que a Reserva Federal, assim como o regulador bancário de Nova York, simplesmente enviou uma ordem por escrito pedindo um aprimoramento dos sistemas de combate à lavagem de dinheiro. A ressalva era que, da próxima vez em que ocorresse um problema desse tipo, o Deutsche Bank não escaparia tão facilmente.

CAPÍTULO 10

O PRÊMIO MAR-A-LAGO

Em 1905, um imigrante alemão que vivia no Bronx montou uma pequena barbearia[1] no térreo de um edifício recém-construído em Wall Street, número 60, no coração do crescente distrito financeiro de Manhattan. Em uma era que precedia os arranha-céus, a torre de 25 andares em formato de L era um ponto turístico, com o seu teto protegido por gárgulas visível à beira-mar. A barbearia prosperou, oferecendo diversos cortes de cabelo e barba para uma grande quantidade de banqueiros, negociadores de ações, advogados e funcionários de escritórios. O nome do barbeiro era Friedrich Trump. No mesmo ano que ele abriu o estabelecimento, sua esposa deu à luz um menino chamado Fred.

Muitos anos se passaram, a barbearia fechou e o antigo edifício na Wall Street, número 60, em 1989, abriu espaço para uma nova construção, uma torre de 47 andares com um distinto teto em formato de pirâmide.[2] Durante algum tempo, o edifício foi a sede de J.P. Morgan & Co. O banco se mudou e, em 2005, o Deutsche Bank procurou realocar sua equipe norte-americana — deslocada desde o 11 de setembro — na sua nova casa em Wall Street, número 60. Então, o neto de Friedrich Trump — filho da esposa de Fred, nascido em 1946 — tornou-se um visitante ocasional no lugar da antiga barbearia de seu avô.

O relacionamento do Deutsche com Donald Trump apenas se aprofundou depois da saída de Mike Offit. Justin Kennedy, agora diretor-geral, havia se tornado uma peça fundamental para Trump e ajudou a supervisionar grandes empréstimos imobiliários realizados pelo banco para ele. A função de Kennedy era encontrar clientes para comprar porções dos empréstimos depois que o Deutsche liberasse o dinheiro, um processo que permitia ao banco realizar empréstimos maiores do que ele normalmente conseguiria. Às vezes, Kennedy se reunia com Trump no seu camarote no US Open de tênis ou nos bares noturnos de Manhattan, onde Trump costumava ficar em uma mesa no canto, olhando para fora e sendo o centro da atenção, como uma espécie de líder mafioso. Agora, com o devido encorajamento de Kennedy, o Deutsche trilhava um caminho similar ao de Henry Villard.

Em 2000, o banco havia liberado mais US$150 milhões para reformas no edifício de Trump em Wall Street, número 40. No ano seguinte, o Deutsche concordou em estender uma hipoteca para Trump com um valor superior a US$900 milhões — na época, o maior valor já visto em uma única propriedade — para que ele pudesse comprar o edifício da General Motors no canto sudeste do Central Park, em Nova York.[3] (Trump já era dono de metade do prédio de 50 andares e agora queria o resto). Em 2002, o Deutsche concordou em refinanciar US$70 milhões que ele devia em alguns cassinos de Atlantic City.[4] Esses empréstimos saíram da divisão imobiliária do banco, a qual Kennedy ajudava a administrar.

Nem todos eram apaixonados por Trump. Seth Waugh, um dos muitos recrutas de Edson que vieram do Merrill Lynch e chefe das operações norte-americanas do Deutsche, descobriu mais ou menos em 2001 que o banco planejava realizar um empréstimo de US$500 milhões para Trump, de modo que ele utilizasse o dinheiro como bem entendesse — basicamente uma injeção de dinheiro sem restrições para estabilizar suas finanças. Waugh já havia presenciado de perto o massacre que Trump poderia causar em instituições financeiras imprudentes. No Merrill, Edson havia lhe dado a função de organizar as coisas depois que Trump não pôde pagar quase US$700 milhões em títulos que o Merrill ajudara a vender para seu cassino Taj Mahal em Atlantic City. Waugh não queria repetir a experiência no Deutsche. Ele deixou claro sua forte oposição ao empréstimo proposto, no qual Trump não teria que oferecer nenhuma garantia, e o acordo logo foi cancelado.

Ainda assim, o amplo relacionamento do Deutsche com Trump continuou. Em 2003, outra divisão do Deutsche, focada em ajudar empresas a levantar dinheiro com a venda de ações e bonds para investidores, concordou em trabalhar com Trump. O homem-chave nessa parte do relacionamento era Richard Byrne — outro veterano do Merrill que esteve envolvido no fiasco do Taj Mahal (Byrne havia ajudado a vender os bonds do estabelecimento para os investidores). Trump agora contratava a equipe de Byrne no Deutsche para emitir bonds do Trump Hotels & Casino Resorts. Byrne sabia que essa seria uma batalha difícil: não só Trump havia desonrado seus empréstimos no passado, como também recentemente ameaçara parar de pagar outros bonds em circulação. Waugh não avisou Byrne sobre o empréstimo recém-rejeitado de US$500 milhões e Byrne organizou um "evento itinerante" para Trump conhecer e tentar conquistar investidores de grandes instituições.[5] Ele acompanhou Trump para diversas reuniões em Nova York e Boston. Em cada uma das paradas, as salas de reuniões e os auditórios estavam lotados de negociadores, gerentes de fundos, executivos seniores e secretários curiosos para assistir ao Show de Donald, e Trump não desapontou. Ele arrasou e entregou projeções financeiras completamente otimistas e inconsistentes.

Em seguida, Trump ligou para Byrne e perguntou quanto dinheiro ele tinha arrecado. A resposta, infelizmente, era virtualmente zero. Byrne aguardava por uma explosão conforme explicava para Trump que, mesmo sendo tratado como uma celebridade, ninguém confiaria o seu dinheiro a ele. Trump lidou bem com a rejeição. "Me deixe falar com seus vendedores", ele pediu. Byrne concordou e Trump iniciou um discurso animador. "Amigos, eu sei que essa não é a coisa mais fácil que vocês têm para vender", ele assumiu. "Mas, se fizerem isso, todos vocês serão meus convidados no Mar-a-Lago." Trump sempre foi bom em incitar sua audiência — um fim de semana no Mar-a-Lago era digno de uma vanglória que nem o dinheiro podia comprar — e esse novo incentivo funcionou bem. Os vendedores trabalharam nos telefones, buscaram mais clientes e conseguiram vender o impressionante valor de US$485 milhões em terríveis bonds (embora com uma alta taxa de juros, reflexo dos investidores que temiam a inadimplência de Trump).

Quando a venda foi concluída, Byrne levou as boas notícias até Trump, que estava animado. "Não esqueça o que você prometeu para a nossa equipe", disse Byrne para o seu cliente satisfeito.

"O que eu prometi?" perguntou Trump. Byrne o recordou sobre a viagem para Mar-a-Lago. "Eles não vão se lembrar disso de jeito nenhum", Trump se esquivou.

"Eles só falavam disso na semana passada", retorquiu Byrne. Trump acabou enviando o seu Boeing 727 pessoal para levar 15 vendedores até Palm Beach, Flórida. Durante o dia, eles jogaram golfe. Trump, vestindo uma roupa de poliéster branco, impressionou os banqueiros com suas trapaças descaradas. De noite, eles jantaram no Mar-a-Lago e Trump os deliciou com histórias e mais histórias absurdas sobre suas diversões nos cassinos, indústria imobiliária, Wall Street e com as mulheres.[6]

No ano seguinte, com seus cassinos passando por dificuldades financeiras, a empresa de Trump parou de pagar os juros dos bonds e formalizou um pedido de proteção contra falência[7] ("Eu não acho que isso seja um fracasso; pelo contrário, vejo como um sucesso", afirmou Trump). Os clientes do Deutsche, aqueles que recentemente compraram os terríveis bonds, sofreram dolorosas perdas. No futuro, Trump passaria dos limites para a divisão de Byrne.

A excomunhão, entretanto, não se aplicou para todo o banco. Trump logo voltou até o grupo de imóveis comerciais de Justin Kennedy, buscando outro empréstimo enorme. Dessa vez o dinheiro financiaria um arranha-céu de 92 andares em Chicago, o qual Trump planejava chamar de Trump International Hotel & Tower.[8] Este seria um dos maiores edifícios dos Estados Unidos, um arranha-céu à beira-rio com um hotel, um spa, restaurantes e quase 500 unidades residenciais no condomínio. Trump seduziu os banqueiros do Deutsche com viagens no mesmo 727 que recentemente levara a equipe de Byrne até a Flórida.[9] Ele convidou Kennedy até a Trump Tower, a seis quadras de distância da mansão de Henry Villard na Madison Avenue. Trump elogiou ele e seus colegas e explicou que sua filha, Ivanka, seria responsável pelo projeto de Chicago — tamanha a importância desse projeto para a Trump Organization, como se chamava sua empresa.

Assim como Waugh não avisara Byrne sobre o empréstimo rejeitado de Trump, Byrne também não avisou a equipe de Kennedy sobre a recente má experiência com ele ("Nós só fechamos os olhos", explicou um executivo da divisão de Byrne. "Essa era a cultura do Deutsche Bank.") Mesmo assim, o empréstimo de Chicago tinha todos os sinais possíveis de encrenca. Não só pelo longo histórico de inadimplência de Trump, mas, antes de liberar o empréstimo, o banco conduziu uma auditoria informal sobre as finanças de Trump. Ele havia declarado ao banco que tinha um valor de cerca de US$3 bilhões. O Deutsche analisou os valores compilados pelos contatos e concluiu que o número real era cerca de US$788 milhões.[10] Em outras palavras, Trump estava falando que o seu patrimônio líquido era quase quatro vezes maior do que a realidade. Para a maioria dos bancos, essa seria a última gota d'água: Como confiar em uma pessoa para pagar um empréstimo desse tamanho se ela estava mentindo sobre seu patrimônio?

O Deutsche, entretanto, reagiu de forma indiferente. Os executivos estavam tão ansiosos por crescimento e por bons acordos, tão convencidos da sua própria inteligência, que conseguiram ignorar os óbvios sinais de desastre (Além disso, Trump havia pago os empréstimos oferecidos pelo grupo na época de Mike Offit). Em fevereiro de 2005, o Deutsche concordou em realizar um empréstimo de US$640 milhões para o projeto de Chicago. Os recipientes do empréstimo eram sociedades de responsabilidade limitada que a Trump Organization criou especificamente para essa ocasião, visando proteger o dono se o projeto desse errado. Entretanto, Trump também concordou em fornecer uma "garantia de pagamento incondicional" de US$40 milhões — era isso que Trump ficaria devendo se suas SRLs não pagassem o empréstimo (Trump também pagou uma taxa de US$12,5 milhões para o Deutsche[11]). O banco vendeu partes do empréstimo para outros bancos e investidores, mas manteve boa parte dele no próprio balanço. Tratava-se de uma transação fatídica, que moldaria o relacionamento com Donald Trump por anos no futuro.

Nessa mesma época, e longe da visão pública, o Deutsche forneceu uma série de outros serviços para Trump. O banco criou numerosos "veículos de propósitos especiais" para facilitar que ele comprasse propriedades internacionais em silêncio. Graças à mágica dos derivativos, os veículos — com nomes obscuros que escondiam sua relação com Trump — permitiam que Trump fizesse acordos imobiliários em lugares como o leste da Europa e a América do Sul sem colocar seu próprio dinheiro na reta. Ele não só estava usando empréstimos para financiar os acordos como também usava o dinheiro alheio para cobrir a porção de "capital próprio" dessas compras. Por uma taxa, o Deutsche e os investidores suportaram o risco, durante muitos anos, de que o projeto poderia fracassar. Esse tipo de estrutura não era desconhecida para a maioria das incorporadoras imobiliárias. "É uma antiga técnica de financiamento", explica Mark Ritter, um executivo do Deutsche que, na época, trabalhava nas transações. Essa técnica, entretanto, aumentou a exposição, já profunda, do banco a Trump — e ajudou o magnata a firmar acordos em lugares distantes, fora dos radares, incluindo locais que eram destinos populares para aqueles que buscavam esconder ativos.

Ao mesmo tempo, o Deutsche também ajudou Trump a encontrar pessoas para comprar apartamentos em suas propriedades. Quando ele firmou uma parceria com uma incorporadora imobiliária de Los Angeles em 2006 para a construção de um resort com a marca Trump no Havaí, o banco organizou reuniões em Londres e em outros lugares para conectar Trump e seus parceiros com clientes bem abastados que usavam empresas fantasmas anônimas para comprar unidades no crescente complexo hoteleiro Waikiki. O banco teve a mesma função dos bastidores de realizar encontros quando Trump buscou interessados no planejamento de um resort em Baja, México (esse projeto não foi para frente). Em ambos os casos, o Deutsche encaminhou russos muito ricos para os empreendimentos de Trump, de acordo com pessoas que estavam envolvidas nos acordos — apenas alguns anos depois de os reguladores punirem o banco por receber dinheiro russo no sistema financeiro norte-americano por meio da Letônia.

Alguns membros do círculo interno de Jain discutiram sobre as potenciais armadilhas do relacionamento com Trump e eles estavam preocupados. Não se tratava apenas do risco considerável de inadimplência por parte de Trump. Os banqueiros também sabiam quão suja a indústria imobiliária de Nova York pode ser. Eles conversaram sobre a relação bem documentada de Trump com o mundo do crime organizado e sobre a possibilidade de os projetos imobiliários de Trump serem, na verdade, lavagem de dinheiro para fundos ilícitos de países como a Rússia, onde as oligarquias estavam tentando tirar o dinheiro do país. "Todos na indústria imobiliária estavam envolvidos com a 'fuga de capital'", explicou um dos tenentes de Anshu, anos mais tarde.

Havia muito mais no relacionamento entre Trump e o Deutsche do que dinheiro. O banco ainda tentava estabelecer sua marca nos Estados Unidos e, apesar de seus infortúnios financeiros, Trump — que estreou na série de sucesso *O Aprendiz* em 2004 pela NBC — fez uma publicidade chamativa para o banco. Com isso em mente, os executivos eram muito amigáveis com ele e sua família. Eles realizavam festas de clientes no Mar-a-Lago e convidavam-no para eventos importantes.[12] Durante todo fim de semana do Labor Day, por exemplo, o Deutsche organizava um evento de golfe semiamador no Tournament Players Club, em Boston, com os melhores jogadores profissionais de golfe e uma grande quantidade de celebridades e donos de negócios. Trump era um rosto recorrente, sempre no meio da multidão e autografando notas de US$100 que os fãs jogavam nele. Na pista de golfe, por vezes o banco colocava Trump contra um executivo sênior como Seth Waugh, que bajulava Trump ao longo de 18 buracos.[13]

No ano seguinte à venda dos bonds da empresa de cassino de Trump por parte da equipe de Byrne, o Deutsche enviou sua equipe de relações públicas para o clube do campo de golfe com o objetivo de conduzir entrevistas em vídeos com alguns dos participantes. Trump, que nunca fora do tipo que se intimidava diante das câmeras, sentou-se para uma filmagem promocional. Como tem sido sua experiência com o Deutsche? Perguntou a funcionária de relações públicas responsável por conduzir a entrevista.

"Ótima!" berrou Trump, cuja empresa havia se inscrito para proteção contra falência há dois meses. "Eles são bem rápidos!" Ele quis dizer que o banco era rápido para aprovar os seus empréstimos. A funcionária que o entrevistava fez uma careta: ela não tinha certeza se isso era algo positivo para a empresa.

Apesar de tudo, o Deutsche alcançou a meta de Ackermann de 25% de retorno sobre o patrimônio em 2005. "O crédito para esse sucesso vai para os mais de 63 mil funcionários motivados", ele celebrou, comentando também que a nova meta seria manter o crescimento de lucros em valores de dois dígitos. "O Deutsche Bank", ele disse, "está excepcionalmente preparado para lidar com o futuro".[14]

Não seria possível saber disso ao olhar para as demonstrações financeiras do Deutsche, praticamente brilhando com o calor dos lucros e de um crescimento acelerado, mas essa era uma época perigosa para o banco. Ackermann estava sendo excessivamente ambicioso. Consultores foram contratados para estudar se a palavra *Deutsche* no banco impediria suas ambições globais.[15] No começo de 2004, Ackermann iniciou discussões de incorporações com vários bancos gigantes, incluindo o Citigroup — o próximo passo lógico após suas conversas infrutíferas com o JPMorgan alguns anos antes.[16] Em verdade, esse era um ato de extraordinária arrogância. O Deutsche e o Citigroup estavam disputando para decidir quem seria o maior banco do mundo — este estava na frente, com cerca de US$1,5 trilhão em recursos, enquanto aquele tinha aproximadamente US$1,2 trilhão.[17] Incorporar as empresas teria dado origem a um gigante de tamanho inimaginável.

Ackermann já havia se tornado uma figura profundamente polarizadora para o público alemão, difamado como a personificação do excesso corporativo norte-americano. Em 2005, ele foi julgado criminalmente por violar leis de valores imobiliários ao aprovar grandes remunerações de bônus para o chefe de um conglomerado industrial e de telecomunicações alemão, Mannesmann. O caso não tinha relação alguma com o Deutsche e Ackermann, no fim das contas, foi absolvido, mas um fotógrafo havia registrado o réu sorridente, exibindo o sinal "V de vitória" no meio do julgamento. Essa imagem se tornou o símbolo da arrogância de Ackermann na Alemanha. Apenas 5% dos alemães que responderam uma enquete afirmaram acreditar que Ackermann tinha um comprometimento com o bem-estar social do país.[18] Um membro do conselho de supervisão do Deutsche tomou uma medida extraordinária de protesto ao se demitir — e criticar Ackermann publicamente por prejudicar a estabilidade do banco, se tornar dependente em banco de investimentos e por vender a identidade alemã da instituição.[19]

Tudo isso foi uma reação contra o poder incomparável de Ackermann — e do Deutsche Bank. E, mesmo quando os protestos públicos se intensificaram, Ackermann foi bem recebido no establishment alemão. Ele e o chanceler Gerhard Schröder regularmente se reuniam para uma taça de vinho. Ackermann aparecera diante das audiências dos estúdios de televisão para realizar entrevistas com os maiores jornalistas da Alemanha. Quando um deles perguntou se ele se importava com quem seria o chanceler, Schröder ou sua rival, Angela Merkel, Ackermann deu de ombros e disse que se entendia bem com ambos. "Eu tenho um lado político",[20] ele sorriu. Quando Merkel assumiu como chanceler, ele organizou um jantar em sua homenagem.[21]

Esse período festivo era precisamente quando o banco mais necessitava de freios, talvez de forma mais gentil, talvez de forma mais brusca, porém definitivamente alguém precisava desacelerar o veículo que estava perdendo o controle. O banco precisava de alguém que não se preocupasse em ser popular, que não tivesse medo de levar notícias ruins aos seus superiores e que estivesse disposto a dizer não.

Bill Broeksmit estava a um telefonema de distância. Seu telefone não tocou.

CAPÍTULO 11

DER INDER

Nos meses seguintes à morte de Edson, Bill estava feliz por não mais trabalhar na indústria. Os turnos sem fim, o ambiente opressivo, as éticas duvidosas — essas coisas não fizeram o avião de Edson cair, mas de certa forma, se você examinar com cuidado, talvez tenham contribuído para a queda. Talvez, se ele não trabalhasse tanto, sua esposa teria continuado em Londres, e Edson não teria embarcado no fatídico voo até Rangeley. Talvez ele não tivesse o próprio avião e, assim, fosse forçado a embarcar em um voo comercial. Ou talvez não. Broeksmit contou para alguns conhecidos que a morte repentina do seu melhor amigo validou a decisão de mudar o curso de sua vida.

Com tempo e dinheiro de sobra, ele cuidou da inconsolável Estelle. Quando o apartamento de Londres de Bill e Alla pegou fogo, Estelle recebeu a agradável missão de supervisionar a extensa reforma e as renovações, uma tarefa que a manteve ocupada — e assalariada — durante anos. Ela passou esses anos de luto. "Eu tenho que seguir em frente, mas isso é muito difícil", escreveu ela para Bill em 2004. "Eu não tenho ideia do que fazer da minha vida nem para onde ir." Estelle tinha amigos na Croácia e ela viu alguns imóveis no local, tentando ocupar sua vida e sua cabeça. Até Donald Trump estava na Croácia "investindo como um maníaco", relatou ela para Bill. "Se estiver interessado [...] me avise. Ainda existem bons negócios." Não e muito obrigado, respondeu Broeksmit. Ele era um investidor conservador, portanto, seguir os acordos de Trump não era para ele (desde que encontrou *Trump: A Arte da Negociação* nas mãos de um Val adolescente, Bill não parava de falar para sua família como Trump não passava de um vigarista).

Em teoria, a aposentadoria deveria ter sido divertida para Broeksmit. Dinheiro não era um problema. Obras de arte sofisticadas, incluindo um Damien Hirst, logo agraciaram o apartamento de Bill e Alla na Park Avenue. E, ainda que Bill geralmente fosse mão de vaca — ele deve ter sido o único banqueiro multimilionário a fazer viagens econômicas durante voos internacionais —, ele também era muito generoso quando preciso e não apenas com Estelle. Quando um membro de sua família precisou de um procedimento médico caro que não era coberto pelo seguro, Bill anunciou que pagaria por ele. Quando o beneficiário resistiu, Bill ameaçou o familiar de esquerda de que doaria o dinheiro para o Partido Republicano. O truque funcionou.

O problema era a monotonia. Ele fazia alguns trabalhos de consultoria em sua antiga empresa, Merrill Lynch. "Nada muito extenuante, mas é divertido ficar por perto", escreveu em um e-mail que enviou para Estelle.

Ele comprou um bichon frisé fêmea, branco e peludo, dando a ela o nome de Daisy.

Ele ficava no apartamento, fumando um cachimbo e assistindo a filmes antigos.

Ele escrevia longas cartas para o editor sobre remunerações executivas e reformas tributárias. Elas raramente eram publicadas.

Ele frequentava os banhos russos e turcos que costumava visitar com Edson, mas agora estava só.

Mais do que todas essas coisas, ele bebia. Tarde da noite, ele ainda podia enlouquecer, insistindo aos seus colegas e ex-colegas para ter uma última rodada às 2h da manhã — e então vomitava durante a manhã. Ele se autodiagnosticou como um alcoólatra. "Eu não estou deprimido", garantiu ele para um antigo colega do Deutsche, Saman Majd. "Só estou com preguiça."

Anshu Jain estava em marcha no Deutsche. O seu negócio estava subindo nas importantes tabelas de classificação e era responsável por grande parte dos lucros do banco. Jain não escondia sua ambição de eventualmente se tornar CEO. Entretanto, por mais que desejasse esse cargo, as cartas não pareciam estar a seu favor. Sua linhagem indiana fazia dele um forasteiro em uma organização que ainda batalhava para aceitar forasteiros. O *Economist,* em 2004, fez um famoso ataque contra o Deutsche, chamando o banco de um grande fundo de hedge e ridicularizando Anshu como um "indiano 'viciado em bonds'", apelido que pegou em algumas partes do banco.[1] Em um retiro de fim de semana, um banqueiro alemão brincou com o público de 500 pessoas que geralmente bancos de investimentos possuem muitos chefes e poucos indianos — mas que, no caso do Deutsche, o problema era o contrário. Enquanto os norte-americanos e britânicos (e indianos) trocavam olhares nervosos entre a audiência, os alemães berravam. Jain sabia que, nas suas costas, muitos de seus colegas alemães o chamavam de *Der Inder* — O Indiano (a mídia alemã fazia isso em público, frequentemente apresentando o banqueiro como "o indiano Anshu Jain"). Isso fazia com que ele se lembrasse do seu começo no Merrill, onde era constantemente confundido com o rapaz do TI.

Jain se irritou ao ver que, enquanto trabalhava nas sombras, Ackermann recebia todo o crédito público. Além disso, o CEO não estava facilitando as coisas. Pelas costas de Jain, Ackermann o ridicularizava para seus colegas, deliberadamente diminuindo as perspectivas de progresso de seus subordinados. Ele e sua secretária por vezes riam dos e-mails enjoativos de Anshu sobre quão grato ele era pelo seu chefe ter encontrado tempo para se reunir com ele ou para apoiá-lo em reuniões controversas.

Mas, mesmo se Jain fosse alemão e tivesse um chefe solidário, ainda lhe faltariam as principais habilidades de liderança. Ele foi treinado por Mitchell e por Ackermann para gerar receitas e nada mais. Ele não era responsável por acompanhar a tecnologia do banco, nem por garantir que os funcionários seguissem as leis ou as regras da empresa. Ele também não era responsável pela contabilidade nem por se dar bem com seus colegas que administravam outras divisões no banco. Tudo o que importava era o fluxo de dinheiro. A obsessão unidimensional de Jain estava alinhada com a de Ackermann, mas sua incapacidade de ver o mundo além disso significava que não estava preparado para se tornar o líder do banco.

Com uma foto de Mitchell olhando para ele, Jain imitou seu mentor e cercou-se de um punhado de conselheiros confiáveis. Edson, entretanto, sempre encorajava uma certa quantidade de dissidência — e teve Broeksmit não apenas como conselheiro, mas como alguém que poderia facilitar tal atitude. Ackermann, que silenciosamente continuava a ser perturbado por dúvidas sobre si mesmo, diagnosticou Jain com insegurança crônica, a qual ele parecia compensar gritando com seus subordinados e atacando quem discordasse dele. O resultado é que, quando Jain reunia sua equipe sênior no escritório, eles se dispunham ao redor da mesa redonda e cada executivo prestava uma homenagem desajeitada à liderança de Anshu. Sua camarilha ficou conhecida como "Exército de Anshu". Ele, junto das suas tropas, gastou uma enorme quantidade de tempo debatendo se tal decisão ou tal ação seria a coisa certa a se fazer — não pelo Deutsche, mas pela posição de Anshu dentro do banco. Não é nenhuma surpresa o fato de que Jain acreditava que a melhor forma de aprimorar sua posição no banco era maximizando os lucros.

Alguns de seus colegas logo perceberam padrões problemáticos. Jain estava disposto a favorecer funcionários que conseguiam muito dinheiro, mesmo se fosse por vias suspeitas. Esses funcionários, por sua vez, pareciam gostar do status de protegido. Ninguém tinha vontade de fazer perguntas desconfortáveis. Quando os robustos dados financeiros começaram a surgir de divisões anteriormente obscuras, alguns representantes de Jain se entreolhavam com sobrancelhas arqueadas — e então, na maior parte das vezes, ficavam quietos.

Havia uma sensação de que os fins justificavam os meios: desde que conseguissem grandes lucros, não importavam as formas com as quais eles fossem conquistados.

Rajeev Misra foi um excelente exemplo. Nascido em uma família afluente em Délhi, Misra conheceu Jain na escola aos 14 anos de idade e logo se tornaram amigos. O pai de Misra esperava que seu filho se tornasse um cirurgião ou engenheiro e então Misra foi matriculado em uma faculdade de engenharia da elite indiana antes de ser transferido para a Universidade da Pensilvânia. Como estudante de engenharia mecânica, ele conseguiu um emprego de verão ajudando a desenvolver o design de satélites no Laboratório Nacional de Los Alamos, no Novo México, mas não conseguiu um emprego em horário integral. Em vez disso, após um período insatisfatório em uma startup de software, ele foi para uma faculdade de administração. Wall Street, com sua energia, empreendedorismo e enormes quantias de dinheiro, parecia o destino ideal.

Em uma entrevista para uma vaga no Merrill, Misra gabou-se de que havia alcançado a posição 126 de centenas de milhares de candidatos no exame de entrada para a academia de engenharia na Índia e que recebera uma bolsa de estudos na Pensilvânia (décadas mais tarde, ele ainda se gabava desses dias gloriosos). Seu comportamento pretensioso não impressionou durante as entrevistas, nem a sua admissão de que não sabia muita coisa sobre finanças. "Vocês vão precisar me ensinar", ele disse. Apenas um dos executivos do Merrill viu alguma coisa especial naquela resposta: Bill Broeksmit. Ele concordou em aceitar Misra como trainee.

Misra tropeçou ao passar pelos portões. Depois de 3 meses, ele entrou no escritório de Broeksmit e lhe informou que havia perdido US$200 mil. Misra esperava uma demissão. "Não faça isso três vezes seguidas", avisou Broeksmit. "Se for só uma, não tem problema." Depois disso, a carreira de Misra decolou. Ele se mudou para Londres com o Merrill e, 4 anos depois, em 1997, Jain o contratou no Deutsche para ser um dos principais executivos de vendas.

Misra, com seu cabelo liso penteado para trás e tristes olhos castanhos, seguiu recebendo promoções e acabou se tornando o chefe de negociação de créditos do banco (bonds, moedas, taxas de juros e coisas similares). Lá ele deixou sua marca em parte ao levar sua equipe para o nascente campo dos Collateralized Debt Obligations [Obrigações de Dívidas Colateralizadas, em tradução livre]. A essência de um CDO é que você inclui uma série de valores mobiliários — geralmente bonds compostos de hipotecas — e então transforma essa massa em várias fatias, algumas mais arriscadas que outras, as quais você vende como algo novo. Sob a liderança de Misra, o Deutsche se tornou um dos vendedores mundiais mais prolíficos desse tipo de instrumento. Os investidores — muitos deles bancos europeus nada sofisticados — aceitaram o conselho do Deutsche e compraram grandes quantidades desse produto. Quando se deram conta, esse negócio estava rendendo cerca de US$1 bilhão anual em receitas.

Misra tornou-se uma estrela. Ele adotou um armário completamente preto e enfeitou o seu escritório com troféus comemorando os acordos organizados por ele e os prêmios da indústria que havia ganho.[2] Ele elogiava Edson Mitchell por tê-lo imbuído de uma atitude proativa que tornou seu sucesso possível. Entretanto, havia um segredo em aberto dentro do Deutsche que permitia a Misra ir além de seus limites — não só ao vender valores imobiliários de qualidade inferior para seus clientes como também ao exceder os limites de assunção de riscos que eram aplicáveis à maioria das outras mesas de negociação dentro do banco.* Nas reuniões com os principais executivos, Misra — mascando seu chiclete de nicotina e fazendo um barulho ruidoso com os lábios — iniciava detalhadas explicações sobre as mecânicas de uma negociação à prova de falhas: por que era necessário afrouxar um pouco mais os limites de riscos e como sua brilhante estratégia se parecia com negociações orquestradas pelo próprio Anshu no passado. Geralmente Jain mordia a isca e começava a relembrar sobre

---

* Misra reconhece que, às vezes, o seu grupo vendia valores mobiliários de má qualidade com um alto limite de riscos, mas ele também observa que agiu de acordo com as regras do banco.

as negociações mencionadas por Misra. Um sorriso lentamente surgia no rosto de Misra. Quando Anshu terminava de pontificar, Misra perguntava "Então, isso significa um sim?" Normalmente significava.

Alguns dos representantes de Jain temiam o poder destrutivo dos instrumentos financeiros de Misra, mas também tinham a impressão de que ele era intocável — tanto que, quando Misra fumava suas amadas cigarrilhas uma após a outra, sua equipe procurava remover os detectores de fumaça em vez de sugerir que seu chefe praticasse esse hábito fedido do lado de fora.[3] Afinal, Rajeev e Anshu foram amigos durante praticamente uma vida inteira — e, além do mais, Ackermann também era conhecido por burlar os detectores de fumaça.

Boaz Weinstein foi outro dos ungidos por Jain. Ele era um homem brilhante e intenso — mestre no xadrez e parceiro de pôquer de Warren Buffett — que poderia ser educado ou desagradável com base no nível de respeito que sentia por alguém. Boaz, nos seus trinta e poucos anos, tinha uma função dupla. Ele supervisionava um grupo de proprietary trading — que realizava apostas com o dinheiro do próprio banco — e também gerenciava os relacionamentos de alguns clientes. Os gerentes e oficiais de compliance do Deutsche tinham assinado esse contrato, mas havia claramente um conflito de interesses, o tipo de organização que não teria sido aceito em empresas bem estabelecidas de Wall Street e que mesmo no Deutsche gerou consideráveis reclamações. Se Boaz e sua equipe sabiam o que grandes clientes institucionais fariam nos mercados, o que os impediria de realizar apostas adiantadas? Um dos subordinados de Anshu, Mark Ferron, começou a perguntar no banco por que essa organização incomum era aceitável. Logo ele acabou sabendo que ninguém gostava de suas "perguntas burras", então Ferron parou de fazê-las.

Nada disso se comparava a Christian Bittar, que estava envolvido em pura criminalidade. Crescendo no Senegal, Bittar tornou-se um excelente aluno de matemática, ganhando um lugar em uma universidade francesa de elite e um emprego como negociante no banco francês Société Générale. O Deutsche o contratou em 1999. Ele ficava na divisão de swaps de taxas de juros do banco — um grupo que Broeksmit previu, anos atrás, como uma forma de ajudar os clientes a se proteger de mudanças futuras nos juros e que, em épocas normais, não seria um grande centro de lucros. Em meados dos anos 2000, Bittar e seus colegas estavam indo muito bem. Seus colegas apelidaram Bittar de "Senhor Ponto Base" graças a sua habilidade de conseguir grandes lucros de pequenos movimentos em taxas de juros (um ponto base é um centésimo de um ponto percentual).[4]

Ferron, que era o diretor de operações dos mercados globais de Jain, também sentiu que havia alguma coisa errada. Bittar demonstrava os clássicos sinais de alerta: inteligente, irritadiço e, repentinamente, conseguiu montes de dinheiro. Ferron expressou suas preocupações em diversas ocasiões, mas falaram para que não se preocupasse: o executivo que administrava aquela divisão, Alan Cloete, tinha tudo sob controle. Ferron não tinha tanta certeza assim — se alguma vez já houve motivo para um exame proctológico em um negócio, esse era o momento. "Não precisamos da sua ajuda", foi a resposta final — e o encerramento desse assunto, pelo menos por enquanto.

Ferron, afinal, era considerado um funcionário de segunda categoria e não uma estrela. "Você passa muito tempo na cozinha", disse Jain para ele em certo momento. "Você precisa sair de lá e sentar-se na mesa redonda." A implicação era de que Ferron — e outros na gerência de risco, contabilidade, tecnologia e operações — eram inferiores aos produtores de receitas, funcionários marginais que apenas sugavam o dinheiro do banco.

Durante esses anos, os executivos do Deutsche se divertiram com a própria inteligência. Eles haviam criado estruturas intrincadas feitas para acumular grandes lucros e as estruturas estavam funcionando. Não soaram os alarmes quando o proprietary trading passou de representar 5% do lucro do banco de investimentos para 17%, nem quando a quantia de dinheiro em risco diariamente aumentou. O vorstand certamente não tentou controlar as coisas. Entretanto, esse sucesso não refletia a genialidade dos banqueiros. Os bancos, na época, eram capazes de pegar um valor virtualmente ilimitado de dinheiro de um grande número de fontes — bancos centrais, depositantes, mercados de bonds — com preços muito baixos. Quando você consegue dinheiro sem gastar praticamente nada, é fácil conseguir lucros. Tudo o que precisa fazer é encontrar ativos — ações, bonds, hipotecas, derivativos, qualquer coisa — que produzam retornos maiores do que os juros que você pagará pelo empréstimo. Esse é um pequeno obstáculo a ser superado quando os custos dos empréstimos são quase zero. Muitos bancos importantes se aproveitavam desse ambiente, mas nenhum deles fazia isso mais do que o Deutsche. A taxa de alavancagem do banco — a medida de quanto dinheiro era emprestado, calculada ao comparar os recursos do banco com seu capital — alcançou uma proporção estratosférica de cinquenta para um (em outras palavras, a esmagadora maioria do balanço era financiada por dívidas).[5] Em contraste, os grandes bancos norte-americanos possuem em média taxas de vinte para um que, embora seja menos que a metade do Deutsche, ainda eram valores altos para os padrões históricos.

Esse modelo de negócios, entretanto, só funcionava enquanto as condições econômicas, financeiras e políticas permaneciam favoráveis. Uma grande quantidade de variáveis — aumento nos juros, crise financeira, regulações mais rígidas, novas tecnologias capazes de alterar o cenário competitivo — poderia acabar com a festa. Se isso acontecesse, o negócio traria pouquíssimos lucros, enquanto os seus altos custos — incluindo os bônus gigantescos que o Deutsche havia prometido para muitos negociadores — permaneceriam. Ackermann e Jain conseguiram tirar essa questão de suas cabeças. Eles se convenceram de que haviam aperfeiçoado a máquina de fazer dinheiro. Achavam que eram bons, não sortudos.

A arrogância gerou erros. Não se tratava apenas dos riscos assumidos no pregão do banco. A empresa também ficava cada vez mais gananciosa e imprudente quando o assunto eram suas aquisições. Havia o United Financial Group, da Rússia, que logo se tornaria uma plataforma de lançamento para todo o tipo de problema. O banco fez outra terrível aquisição no mesmo verão de 2006: uma empresa chamada MortgageIT, que se especializava em um tipo arriscado de empréstimo imobiliário chamado hipoteca Alt-A. Esse acabaria sendo o pior momento imaginável para a compra de um produto de hipotecas norte-americanas de baixa qualidade e havia muitos sinais vermelhos na cara do Deutsche Bank enquanto a aquisição passava sob o código inofensivo de Project Maiden.[6] O MortgageIT não tinha um programa contra lavagem de dinheiro, por exemplo, e estava sob escrutínio governamental por empréstimo predatório. Além disso, de acordo com análise do próprio banco, o MortgageIT possuía programas "fracos ou limitados" para garantir que os empréstimos feitos fossem pagos.

Aqui estava uma excelente oportunidade para que Ackermann exercitasse um pouco de sua autoridade. Quando Jain ligou para ele do saguão de um aeroporto para discutir a transação planejada uma última vez antes da assinatura do contrato, Ackermann observou que esse não parecia um bom momento para comprar uma arriscada empresa de hipotecas:

"Não gostou da empresa?" perguntou Jain.

"Não, não gostei."

"Vamos deixar para lá, então", sugeriu Jain. Isso encerraria o assunto, se Ackermann não tivesse perdido a coragem. "Não, faça o acordo se sua equipe precisar dele", ele voltou atrás. Então foi exatamente o que Anshu fez, racionalizando que o Deutsche precisava de um fornecedor dessas hipotecas para que a equipe de Rajeev Misra pudesse combiná-las em títulos. O plano comicamente ruim do banco, conforme descrito em uma apresentação para o conselho, era expandir a gama de produtos do MortgageIT para incluir "produtos subprime ou quase prime", além dos empréstimos Alt-A. O esquadrão de Anshu tinha certeza de que poderia lidar com os riscos. Em julho de 2006, a compra de US$429 milhões foi anunciada. "Estamos tremendamente orgulhosos de nos unirmos conforme continuamos a expandir nossa plataforma de hipotecas, tanto nos Estados Unidos quanto mundialmente", declarou Jain em um comunicado de imprensa sobre o amargo limão que havia acabado de adquirir.

Todo esse crescimento ajudou a empresa a alcançar um marco que não seria imaginável uma década atrás. Em 2007, com o balanço da empresa constando cerca de US$2 trilhões em recursos, o Deutsche Bank tornou-se o maior banco do mundo.[7]

CAPÍTULO 12

BOMBEIRO

Uma fumaça escura emergia da sede abandonada do Bankers Trust no centro de Manhattan. Era uma tarde de sábado de agosto de 2007 e a torre negra, envolvida em uma malha escura desde o 11 de setembro, pegou fogo após um trabalhador da construção derrubar um cigarro aceso. Centenas de bombeiros correram até o local, desesperados para impedir que o incêndio se espalhasse e chegasse até o veneno dentro da estrutura, contaminando os arredores. A conflagração logo engoliu os 13 andares do prédio, levando 7 horas até ser extinguida. Dois bombeiros morreram.

No momento em que o prédio queimava, Jain e seus colegas estavam em Barcelona para uma conferência anual organizada pelo banco para os trabalhadores do mercado financeiro. O evento aconteceu no Hotel Arts, um resort luxuoso à beira-mar. Durante o dia, havia muitas apresentações e reuniões individuais, mas a verdadeira ação acontecia de noite. Em uma das noites, os Rolling Stones fizeram um show — o Deutsche, a contragosto de Anshu (ele não era um grande fã dos Stones, certamente preferindo Dire Straits) havia pagado mais de US$4 milhões para a banda fazer o show para uma audiência de algumas centenas.[1] O público continha quase exclusivamente homens e eles não estavam dispostos a dançar uns com os outros, então de maneira desajeitada eles batiam os pés no chão e mexiam as cabeças enquanto Mick Jagger pulava no palco.

No evento desse ano, o foco era a tempestade financeira que se aproximava rapidamente. Dois fundos de hedge administrados pelo banco de investimentos Bear Stearns entraram em colapso, tremores precoces do que se tornaria um terremoto financeiro global. Em uma noite quente, Anshu e alguns colegas foram até um restaurante com gerentes de um grande fundo de hedge e executivos de ativos privados. "A conversa foi toda sobre como evitar esse trem em movimento",[2] relembrou um executivo do Deutsche. Jain sabia que as coisas estavam ruins, mas o tom apocalíptico certamente o sacudiu. Cerca de 9h30m da noite, ele convocou os seus principais tenentes para uma sala de conferências sem janelas de um hotel e deu uma ordem: "Coloque o navio em marcha à ré." O banco precisava acelerar as vendas das suas posições mais arriscadas, especialmente tudo aquilo que fosse relacionado ao mercado imobiliário dos Estados Unidos, e eles precisavam fazer isso *agora*. Era uma decisão ousada e presciente, uma que possivelmente salvou o banco e que acabou se tornando o melhor momento de Jain.

O problema é que era mais fácil anunciar uma queima de estoque do que efetivamente executá-la. Muitas das piores coisas que constavam no balanço do Deutsche não podiam ser vendidas facilmente — poucas pessoas desejavam comprar títulos de risco naquele momento. Além disso, os sistemas de computador do Deutsche eram tão desorganizados que era difícil até de saber o que o banco possuía naquele momento. Não bastassem esses problemas, Rajeev Misra, que tinha o melhor discernimento sobre onde as minas terrestres estavam enterradas no negócio de créditos repentinamente explosivo, planejava sua saída do banco. Estava insatisfeito com a administração do Deutsche, vendo Jain como uma pessoa perigosamente desinteressada no monitoramento de riscos. Para Misra, isso representava uma importante quebra de responsabilidade — ainda que fosse uma quebra que muitos colegas de Misra apontariam como sendo causada por ele (banqueiros: nem sempre os melhores na introspecção). No começo de 2008, depois de embolsar um bônus de US$50 milhões e conseguir um comprometimento do Deutsche de alimentar o seu fundo de hedge com US$350 milhões, Misra pediu demissão (Mark Ferron, tenente de longa data de Anshu, se demitiu em um ato de frustração na mesma época).

Com emergências por toda a parte, Jain reconheceu que precisava de ajuda. Ele convocou um colega de longa data, Henry Ritchotte, que voltou de Tóquio, onde ajudava a administrar os negócios asiáticos do Deutsche, para Londres. Jain deu a Colin Fan, outro leal colega dos dias no Merrill, um título elevado. Em agosto desse ano, na mesma época do incêndio do Bankers Trust e do desperdício de dinheiro em Barcelona, Anshu ligou para Bill Broeksmit. Ele concordou em atuar como consultor, com a possibilidade de evoluir para um emprego em período integral.

Dias mais tarde, Jain estava almoçando com um dos filhos de Edson, Scott, e mencionou que Bill estava retornando para Londres. Scott brincou, dizendo que Anshu parecia reunir sua banda. "Eu aprendi uma coisa com seu pai", respondeu Jain. "Quando a merda acerta o ventilador, tem uma pessoa que você quer ter ao seu lado e essa pessoa é Bill Broeksmit."

Broeksmit era desesperadamente necessário no Deutsche. Uma passeata de consultores e reguladores recentemente havia passado pelo banco e concluído que ele não estava devidamente medindo ou controlando seus riscos, especialmente quando esses riscos emanavam de negócios lucrativos. Mesmo Ackermann, feliz em receber os créditos dos lucros conquistados pelo grande Jain, duvidava que seu subordinado mantinha seus ferozes comerciantes sob controle e por isso recebeu Broeksmit de braços abertos. Bill logo recebeu um título obscuro — chefe de otimização de capital e riscos do banco de investimentos — que não fazia jus ao seu mandato: descobrir onde estavam os incêndios e apagá-los antes que saíssem do controle. Ficou bem claro para todos que ele responderia diretamente a Jain, o que lhe concedeu uma boa influência na instituição.

Broeksmit não só era cético quanto aos negociadores como também tinha coragem de expressar esse seu ceticismo para Anshu. Ele instituiu avaliações semanais de risco dentro do banco de investimentos — até então, tais reuniões não ocorriam regularmente — e assumiu o papel do "policial mau", como dois dos principais executivos do banco afirmaram mais tarde. Ele se tornou o cara que acabava com as propostas de transações, que controlava os negociantes indisciplinados e que insistia que o capital extra fosse alocado para cobrir riscos de negociações, efetivamente diminuindo o lucro de tais negociações e, portanto, tornando-as menos atraentes para os negociadores.

Uma das primeiras tarefas de Broeksmit era aconselhar Jain sobre o que fazer com a MortgageIT, comprada menos de um ano antes. Bill conversou com algumas pessoas e fez alguns cálculos, retornando com uma sóbria conclusão: a empresa não valia nada. Isso era mais do que constrangedor. Isso significava que, no final de 2007, o Deutsche teria que reconhecer uma grande perda nos seus resultados anuais — a última coisa de que o banco precisava conforme avançava na direção de uma crise. Broeksmit sugeriu, então, uma gambiarra: a MortgageIT deveria continuar emitindo hipotecas, evitando as coisas mais arriscadas que até então havia sido a especialidade da empresa e focando em grandes empréstimos para clientes mais seguros. Isso não resolvia nada dos terríveis empréstimos que a MortgageIT já havia realizado, mas permitiria que a empresa permanecesse no lugar, mantendo viva a perspectiva de uma "saída lucrativa no futuro", disse Bill em um e-mail enviado para Anshu em setembro de 2007. "Mesmo se a plataforma não valer maiores investimentos, pelo menos é possível terminar o ano sem ter que acabar com ela." Isso permitiu que o Deutsche evitasse a divulgação de um problema irreparável em uma empresa pela qual o banco havia pago quase meio bilhão de dólares sem precisar mentir sobre a terrível situação do negócio.

E assim a MortgageIT continuou produzindo hipotecas e o Deutsche as continuou incluindo em títulos, os quais vendia para os investidores. Como os promotores descobriram mais tarde, o banco mentia para seus clientes afirmando que conduzia uma rigorosa diligência devida quando, na verdade, a MortgageIT havia parado de fazer qualquer tipo de diligência devida.

Broeksmit então foi enviado para lidar com Boaz Weinstein, que estava perdendo a confiança dos executivos seniores. Eles perceberam que a função de Weinstein como proprietário de seu próprio fundo de hedge interno significava que ele nem sempre tomaria decisões pensando no melhor do banco e sim pensando no melhor para Boaz. Afinal, Weinstein conseguia uma parte dos lucros de seu fundo, porém não enfrentava nenhum risco — se o fundo faturasse US$100 milhões, ele ganharia uma taxa de US$10 milhões, enquanto que se perdesse US$100 milhões, as suas perdas pessoais seriam zero. Com essa matemática, os comerciantes tinham um grande incentivo para buscar o lucro acima de tudo.

Em 2008, Weinstein recebera ordens para relaxar suas posições comerciais. Sempre arrogante — Weinstein gostava de se gabar de que era o "melhor comerciante de créditos do mundo"[3] —, ele agora protestava que era idiota vender em um momento de fraqueza. "Eu não estou nem aí", respondeu Jain, exigindo que seus subordinados seguissem as ordens. Weinstein agia com relutância, as perdas começaram a se acumular no seu fundo anteriormente lucrativo e Broeksmit foi enviado para persuadir o jovem negociador recalcitrante a abrir mão de seu portfólio. Gradualmente, os dois venderam os conteúdos de seu portfólio, o que acabou gerando US$1,8 bilhão em perdas e afundando os lucros de Weinstein dos últimos dois anos. A próxima tarefa de Bill era ainda menos prazerosa: mandar Weinstein para fora do banco.

Ao longo do ano seguinte, o sistema financeiro global quase entrou em colapso. Centenas de bancos, grandes e pequenos, capotaram. A crise era tão severa que os executivos seniores de alguns bancos tiraram milhões das suas contas e resolveram guardá-los em casa, temendo que todo o sistema pudesse colapsar a qualquer momento. As economias dos Estados Unidos e de muitos outros países ocidentais caíram em uma profunda recessão.

O Deutsche acumulou bilhões de dólares em perdas. Em qualquer outro período, essa teria sido uma derrota catastrófica, possivelmente fatal. Em vez disso, conforme os banqueiros centrais em todo mundo apressavam-se para ajudar, apagando o incêndio financeiro com baldes de dinheiro gratuito, o Deutsche emergiu como um banco vitorioso. Suas perdas, no geral, foram manejáveis. Isso foi, em parte, graças à ordem de Anshu em 2007 para começar a vender produtos arriscados. Outra razão para isso é que o banco havia encontrado formas de esconder dos reguladores e investidores alguns de seus investimentos tóxicos, o que acabaria se tornando bilhões de dólares em perdas. Além disso, a recuperação também se deu em parte porque alguns dos comerciantes viciados em adrenalina do banco colocaram enormes apostas que lucraram com a implosão do mercado imobiliário dos Estados Unidos.

O líder desse grupo era um comerciante de bonds de fala rápida chamado Greg Lippmann.* Em 2005, ele concluiu que o mercado imobiliário norte-americano estava diante de uma grande queda e percebeu que os CDOs comercializados pela equipe de Misra poderiam ser usados como veículos para apostar nisso. Misra concordou em usar o dinheiro do banco para a aposta — e então convenceu Jain a aumentar os limites normais de risco para que Lippmann pudesse aumentar a aposta. Firmando parcerias com alguns grandes fundos de hedge, Lippmann criou o que um especialista, Nicholas Dunbar, chamou de "fábrica de CDOs virtuais".[4] Entretanto, diferente de uma fábrica normal, essa fabricava produtos que foram construídos para fracassar. A equipe de Lippmann e um grupo de fundos de hedge de elite selecionaram títulos hipotecários feitos com os piores empréstimos imobiliários, aqueles que eram mais propensos a inadimplência — alguns deles da própria MortgageIT — e então usavam um tipo de derivativo chamado swap de inadimplência de crédito para apostar que os instrumentos perderiam dinheiro. "Estou apostando no fracasso da sua casa!"[5] era o slogan nas camisetas que a equipe de Lippmann irrefletidamente distribuía para aqueles envolvidos na aposta. Certamente, quando o mercado imobiliário sofreu a queda, o Deutsche obteve centenas de milhões de dólares de lucro. Quanto a Lippmann, ele conseguiu um bônus de US$50 milhões em 2007.[6]

---

* Lippmann inspirou o personagem interpretado por Ryan Gosling no filme baseado no livro *A Jogada do Século*, de Michael Lewis.

É claro que houve danos colaterais. Para começar, muitos dos clientes menos sofisticados do Deutsche — os ingênuos que compraram a porcaria vendida pelo banco — perderam, mas o banco justificou dizendo que estava apenas fornecendo aquilo que os clientes pediam e que o que eles queriam, de maneira nada sábia, era uma maior exposição no mercado imobiliário norte-americano. Outro efeito colateral decorrente da grande aposta de Lippmann — e uma aposta similar orquestrada por comerciantes no Goldman Sachs — foi a profundidade da vindoura crise financeira. Uma vez que eles estavam alimentando a máquina de CDOs, a demanda de títulos financiados por hipotecas que consistiam em hipotecas de alto risco permaneceu alta e isso significou que os credores hipotecários — incluindo o MortgageIT — continuaram realizando os empréstimos de alto risco para pessoas que não podiam pagá-los. Na ausência de Lippmann e seu grupo, menos pessoas (e instituições como o Deutsche) teriam se dado bem, mas também menos pessoas com hipotecas supervalorizadas teriam perdido suas casas (e menos bancos teriam entrado em colapso).

Lippmann não era a única pessoa lucrando com a crise dentro do Deutsche. Justin Kennedy também estava. Em 2005, ele tentava imaginar uma forma de explicar o negócio de hipotecas para pessoas de fora. No quadro branco preso na parede de seu escritório, ele desenhava um diagrama sobre como hipotecas eram anexadas em títulos, que eram anexados em outros títulos que, por sua vez, eram anexados em CDOs e assim por diante. Kennedy percebeu que toda essa estrutura era muito frágil. Tudo o que era necessário para que os dominós começassem a cair era uma onda de pessoas ou empresas fracassando em pagar suas hipotecas. Kennedy, cujo pai ainda aparecia no escritório de tempos em tempos, convidou alguns colegas para admirar o seu trabalho no quadro branco. "Isso com certeza vai entrar em colapso", previu ele aos seus colegas e todos logo começaram a pensar como poderiam lucrar — ou, pelo menos, como não perder dinheiro — com esse colapso. Uma das estratégias era apostar contra bancos que possuíam muitos CDOs. O fato de que o Deutsche vendera muitos CDOs para bancos ajudou a equipe de Kennedy a decidir quais bancos tinham uma maior probabilidade de sofrer. Em 2008, a aposta deles já havia acumulado bilhões de dólares.

Foi um momento de orgulho para o Deutsche. "Após as críticas iniciais, o Deutsche Bank foi reconhecido como uma das poucas instituições financeiras do mundo que passaram pela crise sem um auxílio governamental direto",[7] disse o banco na biografia corporativa do seu site. Isso era, no melhor cenário possível, ilusório. Somente a Reserva Federal forneceu bilhões de dólares em empréstimos para o Deutsche, embora tenha sido algo muito distante das participações em ações que o governo assumiu em centenas de outros bancos norte-americanos.[8] Além disso, o Deutsche foi indiretamente auxiliado por governos que ajudaram os seus parceiros comerciais. Sem essa assistência, o banco provavelmente teria sofrido perdas fatais. Entretanto, Ackermann se deliciava com a glória — e com uma diária de pagamento de US$18 milhões.[9] Ele comprou propriedades na Suíça e em Nova York, onde já tinha um condomínio de 50 andares na Museum Tower. Ele ganhou o prêmio de Banqueiro Europeu do Ano de 2008. O *New York Times* saudou-o como "o banqueiro mais poderoso da Europa".[10]

Ackermann aproveitou esse momento e acumulou mais poder. Ele já era o porta-voz do vorstand, mas queria ser verdadeiramente um CEO, uma função que o Deutsche nunca havia estabelecido anteriormente. Um CEO não serviria aos caprichos de seus colegas executivos, dependendo apenas do conselho supervisor. Para Ackermann, seria muito mais fácil passar por cima do conselho supervisor, que consiste em sua maioria de representantes dos funcionários que geralmente não compreendem a fundo o negócio. Com a aquiescência do conselho, ele conseguiu o que queria: a partir de então, o Deutsche Bank seria administrado por um CEO.

Ackermann e Jain viram a indisposição do banco em um resgate direto dos contribuintes como uma justificativa de suas estratégias de lucro a qualquer custo e os investidores costumavam concordar. Ainda que o banco tivesse perdido a maior parte do seu valor de mercado no ano anterior — de cerca de US$70 bilhões para US$21 bilhões — isso ainda representava uma vitória no sangrento campo de batalha da indústria. "Nós estamos relativamente fortes hoje precisamente porque conquistamos grandes lucros",[11] disse Ackermann em outubro de 2008. Entretanto, esse era um argumento egoísta — um argumento proferido por banqueiros de todas as partes para justificar suas ações. É verdade que, quando todas as outras condições são iguais, o banco mais lucrativo terá uma chance menor de ser prejudicado em uma crise. Mas as outras condições raramente são iguais. Os bancos mais lucrativos geralmente são os que assumem os maiores riscos. Esses riscos nem sempre são aparentes. É por isso que, repetidas vezes, bancos que se sustentam como modelos de virtude geralmente possuem uma vantagem.

O Deutsche não precisava aguardar muito pelo acerto de contas. O balanço do banco estava quatro vezes maior do que na década anterior e os seus mais de US$2 trilhões de recursos faziam dele tão grande quanto a economia da Alemanha. Um dos elementos mais loucos dessa estatística é que apenas 15% desses recursos eram empréstimos para negócios e famílias, o que historicamente sempre foi a principal parte de um banco. O triplo desse valor estava na forma de derivativos.[12] Essas apostas complicadas poderiam dar errado a qualquer momento, necessitando apenas de um evento inesperado, como a falência de uma corporação importante, um grande desastre natural ou algum cálculo errado nas equações subjacentes dos derivativos. De fato, muitos desses instrumentos já valiam bem menos do que antes. Se o Deutsche atribuísse valores honestos a eles, o banco teria enfrentado perdas catastróficas. Por enquanto, os executivos mentiam sobre os valores dos derivativos, rezando para que eles subissem novamente antes que alguém de fora percebesse o valor cada vez menor dos produtos.

Diferente dos bancos norte-americanos, que haviam sido forçados pelo governo a fortificar os seus balanços com bilhões de dólares durante as consequências imediatas da crise, o Deutsche se convenceu de que estava tudo bem. O banco não precisava dessas fortificações porque ele sabia o que estava fazendo. Afinal, vejam só como tudo deu certo nessa crise financeira única que acabou com muitos dos concorrentes. Esse foi um profundo erro de cálculo, resultado direto da arrogância que protegia firmemente o andar do vorstand no arranha-céu de Frankfurt.

Antes de alcançar o topo do banco, Jain foi capaz de olhar para uma situação em que o Deutsche fez muito dinheiro e ver que a sorte desempenhara um papel importante. Agora, entretanto, ele sentava no seu escritório de esquina, observava o retrato de Edson e confundia sorte com habilidade. Alex Crossman, que durante oito anos atuou como chefe estratégico de Anshu, pôde ver a mistura de arrogância e poder mudando a forma com que os principais executivos olhavam para o mundo — e para eles próprios. O instinto de lucrar com a crise, com pessoas cujas vidas foram destruídas, lhe pareceu imoral. Crossman já havia feito questão de ocasionalmente iniciar pequenas discussões com seu chefe — repreendendo Jain por seus repetidos telefonemas ao raiar do dia nos fins de semana, por exemplo — apenas para lembrá-lo que não podia ser intimidado. Anshu geralmente pedia desculpas e recuava. Ao longo dos anos, entretanto, conforme Jain acumulava poder, sua tolerância por repreensões e dissidências diminuiu. No mundo dos negócios e da política, esse é um sinal de aviso: quando um líder perde a habilidade de ouvir críticas construtivas, a organização corre perigo. No momento em que acontece, é difícil de perceber, graças aos sucessos tangíveis da instituição — lucros, prêmios, crescimentos — que agem como opiáceos para o líder, seus funcionários, acionistas, jornalistas e até mesmo reguladores. Crossman, entretanto, podia ver os sinais de aviso. Ele abandonou a indústria bancária e se tornou professor.

CAPÍTULO 13

"ESSE CARA É PERIGOSO"

Quando a crise financeira atingiu seu pico no outono de 2008, Donald Trump devia US$334 milhões no empréstimo de 2005 realizado pelo Deutsche para o arranha-céu de Chicago. Os hotéis, restaurantes e spas estavam abertos, mas os apartamentos ainda estavam sendo construídos ("Eu construí um grande monumento para a cidade", declarou Trump[1]). Com a economia afundando, ninguém estava comprando seus apartamentos luxuosos.[2]

O empréstimo de Trump fora incluído em bonds financiados por hipotecas que o Deutsche vendeu para seus investidores, enquanto manteve uma porção no banco. A data para pagamento do empréstimo era maio de 2008, mas o Deutsche, agindo em nome tanto do banco quanto dos detentores dos bonds, concordou em uma extensão de prazo de seis meses. Com a data final da extensão (em novembro) se aproximando, Trump formalizou um segundo pedido de extensão. Dessa vez o banco disse não.

Trump, entretanto, não planejava pagar o empréstimo a tempo. Ele pediu para que seus advogados pensassem em alguma coisa. Um dos advogados dissecou cuidadosamente cada um dos documentos do empréstimo e, durante uma audioconferência com seus colegas para pensar em uma forma de livrar seu cliente das suas obrigações, mencionou a existência de uma *force majeure* — força maior — no acordo de empréstimo. Isso significava que, em caso de alguma catástrofe imprevisível, como um desastre natural, o contrato não seria aplicável. Um advogado na conferência comentou que Alan Greenspan havia acabado de chamar a crise financeira de "maremoto de crédito" — e o que seria um maremoto senão um ato de Deus? Outro advogado, Steve Schlesinger, apresentou a ideia para Trump. "Brilhante!" declarou ele e tanto Schlesinger quanto seus colegas se deliciaram com o prazer de Trump. Ele instruiu seus advogados a executarem o plano.

Três dias antes da data de vencimento do empréstimo, os advogados escreveram para o Deutsche que Trump considerava a crise financeira como uma força maior, permitindo que ele parasse de pagar o empréstimo. Dias depois, Trump entrou com uma ação citando a disposição e acusando o Deutsche de participar em "práticas predatórias de empréstimos" — contra ele! — e de ter ajudado a iniciar a crise financeira. "O Deutsche Bank é um dos principais bancos responsáveis por essa disfunção econômica que estamos enfrentando", afirmou Trump. Em um ato extraordinário de presunção, ele pediu uma indenização de US$3 bilhões.

O Deutsche moveu sua própria ação, buscando os US$40 milhões que Trump ofereceu como garantia em 2005.[3] O banco apontou que no mesmo dia em que Trump o notificou sobre a crise financeira constituir um ato devastador capaz de cancelar o contrato, dois jornais o citaram vangloriando-se de ter passado ileso por essa mesma crise. Um de seus representantes foi citado vangloriando-se sobre como a empresa de Trump tinha quase US$2 bilhões prontos para serem implantados a qualquer momento.

Na tentativa de fazer com que Trump pagasse o dinheiro devido, o banco fez uma argumentação persuasiva sobre por que não deveria ter-lhe emprestado dinheiro algum. A ação do Deutsche citava o livro de Trump, *Pense Grande nos Negócios e na Vida*, no qual o futuro presidente explicava como lidou com os bancos em uma desaceleração do mercado imobiliário nos anos 1990. "Joguei parte da culpa nos bancos", escreveu Trump. "Percebi que isso era um problema dos bancos e não meu. Por que eu me importaria? Eu disse para um banco: 'Eu avisei que você não deveria ter me emprestado aquele dinheiro. Eu avisei que o maldito acordo era ruim'." O Deutsche argumentou na ação: "O fato de que agora ele está recorrendo às mesmas táticas que empregou consistentemente ao longo de sua carreira como magnata imobiliário não surpreende ninguém." O banco tem razão.

Pouco depois da ação, Trump esbarrou-se com Justin Kennedy. "Não é nada pessoal", disse Trump. Kennedy respondeu dizendo que não havia mágoas. Negócios são negócios. Entretanto, quando os executivos seniores do banco descobriram sobre o litígio de Trump, eles ficaram irados. "O que estamos fazendo, emprestando dinheiro para uma pessoa assim?" perguntou Dick Walker, conselheiro geral do banco, aos seus colegas. "É uma terrível alegação, mas temos de lidar com ela."

Mais de quatro anos se passaram desde que a empresa de cassinos de Trump prejudicou o Deutsche e seus clientes ao não pagar os títulos. Esse seria o fim do relacionamento de Trump com uma das divisões do banco de investimentos do Deutsche, mas os alarmes não impediram que a outra divisão entrasse em um mau negócio. Agora era a hora de o resto do banco de investimentos livrar-se da responsabilidade de lidar com Donald Trump. A partir de então, ele nem sequer podia participar do campeonato de golfe do banco. "Esse cara é perigoso e nós não queremos nos envolver com ele", disse um dos tenentes de Anshu.

Kennedy, lucrando com a crise financeira e vendo um importante cliente cair no esquecimento, decidiu abandonar o banco no fim de 2009.

CAPÍTULO 14

O OSCILAR DO PÊNDULO

Com velocidade impressionante, o Deutsche Bank deixou de ser o líder da indústria para possivelmente se tornar seu filho mais problemático. O que antes o tornara o queridinho dos investidores — seus grandes mercados de venda de títulos e banco de investimentos — agora fazia da empresa uma pária entre os investidores que sobreviveram à crise. Reguladores e investidores se preocupavam de que o banco — que não havia se fortificado com novos capitais do governo ou dos investidores privados — não tivesse um amortecedor financeiro para proteger-se das potenciais perdas no futuro. Grupos internacionais como a Organização para a Cooperação e Desenvolvimento Econômico avisavam que a relação entre os ativos e o patrimônio líquido do Deutsche — seu índice de alavancagem — ainda era quase cinquenta para um.[1] Nenhuma empresa responsável operaria nesse estado — se os fundos emprestados desaparecessem, a empresa estaria acabada.

Uma vez que o banco havia passado por uma "boa" crise, ele não sentiu tanta pressão para recuar. Os executivos não perceberam que eles haviam apenas adiado, e não evitado, o acerto de contas. Os investidores, entretanto, perceberam e o valor das ações do banco refletiam essa falta de confiança. Conforme o mundo emergia da crise financeira e da Grande Recessão que ocorreu em decorrência dela, as ações dos principais rivais do Deutsche — empresas como JPMorgan e Citigroup — voltaram a crescer aos seus níveis que antecederam a crise e então subiram ainda mais. Esse não foi o caso do Deutsche. Suas ações atingiram o pico em maio de 2007, acima de €91 cada, e então mergulharam em janeiro de 2009, exatamente quando Barack Obama foi empossado como presidente, até cerca de €30. No maio seguinte, as ações subiram até quase €47. A essa altura, as ações valiam apenas metade de seu valor há três anos. Esse foi o valor mais alto que conseguiriam alcançar.

Não era apenas a escassez de capital do banco que desanimava os investidores. A pilha de derivativos do Deutsche estava crescendo desde a chegada de Mitchell, Broeksmit e Jain mais de uma década atrás, aumentando ainda mais com a aquisição do Bankers Trust. Os investidores — que já compreendiam melhor os perigos potenciais dos derivativos após sua função central na crise financeira — começaram a analisar os números e perceberam que o Deutsche estava com trilhões de dólares na forma desses instrumentos. O banco esperava que os derivativos rendessem com o tempo e havia registrado antecipadamente esses lucros, mesmo com muitos dos contratos se estendendo por anos, talvez décadas, no futuro. Uma mudança drástica na economia, nas regulações, leis ou nos seus parceiros comerciais poderia trazer enormes perdas para o Deutsche. E, uma vez que o banco já tinha colhido os lucros, não havia nada além de prejuízos à frente. Se o Deutsche precisasse vender os derivativos, ele precisaria, em essência, devolver esses lucros. O banco realmente tinha um controle sobre sua exposição? E se os cálculos estivessem errados?

Ackermann, nesse momento, teve uma oportunidade de se aproveitar da força relativa do banco. Ele poderia ter aumentado o capital do banco ao vender novas ações — uma ideia apoiada por alguns dos principais executivos da instituição. Ele poderia ter se movido rapidamente para livrar o banco dos ativos indesejados, o que traria um prejuízo financeiro em curto prazo, mas aliviaria a ansiedade dos investidores sobre a capacidade em longo prazo da empresa. Ele poderia ter investido em uma enorme revisão dos ninhos de ratos que eram os sistemas de TI do banco.

Ele não fez nenhuma dessas coisas. Em vez disso, a grande ação estratégica de Ackermann foi comprar o acabado banco dos correios da Alemanha. Aparentemente, a aquisição do Postbank foi realizada para aumentar a presença do Deutsche em seu mercado doméstico. O raciocínio, entretanto, nunca fez muito sentido. O Postbank era uma grande bagunça, com sua tecnologia ainda mais antiquada do que a do Deutsche. Além disso, servir aos poupadores notoriamente frugais da Alemanha estava longe de ser um negócio lucrativo. Para financiar o acordo, pediram para que os acionistas desembolsassem US$13 bilhões e aqueles que se recusaram viram o valor de seus investimentos atuais diminuírem, conforme o Deutsche emitia mais de 300 milhões de novas ações — que poderiam ser usadas no reabastecimento do capital do banco — para conseguir o dinheiro do Postbank. Vários executivos seniores alertaram Ackermann para não fazer o acordo, argumentando que era loucura desperdiçar dinheiro no momento em que os bancos norte-americanos eram abastecidos com bilhões de dólares. Ackermann eliminou as preocupações e observou que a compra era a coisa certa, o patriótico, a se fazer por uma Alemanha no meio de uma crise econômica continental (alguns executivos acreditavam que Ackermann estava mais interessado em melhorar sua imagem pública do que fazer a coisa certa para o banco). O conselho se aliou com o CEO e o acordo foi realizado.

Essa seria mais uma concessão de liderança da qual o banco se arrependeria, especialmente porque o Deutsche estava prestes a enfrentar uma nova fonte de pressão financeira. Após anos de regulações laissez-faire, o pêndulo começava a oscilar na direção de uma rígida supervisão governamental de uma indústria que, pela primeira vez, demonstrou sua propensão a jogar o mundo em um profundo buraco econômico. A sabedoria tradicional da década anterior afirmava que os bancos poderiam ser autorregulados — afinal, eles tinham um grande interesse na autopreservação. Porém, a capacidade dos bancos de exercer restrições mostrou-se insatisfatória e então um novo período de escrutínio governamental estava a caminho, com reguladores atribuindo mais recursos para monitorar as operações internas das grandes instituições financeiras e com promotores à espreita, buscando por casos graves de má conduta.

O Deutsche, impulsionado por uma cultura que recompensava a agressão e tendo lucrado com seu comportamento omisso e por vezes ilegal, já havia conquistado muitos ganhos na época mais liberal. O banco enfrentaria ainda mais perdas nessa nova época e o problema não afetaria só o banco como também seus principais executivos — homens como Bill Broeksmit.

O primeiro trabalho real de Rod Stone era assistir a pornografia. Era o começo dos anos 1980 e Stone, que cresceu no pobre bairro londrino de Brixton, trabalhava para a Her Majesty's Customs and Excise, uma agência do governo britânico cuja principal missão era combater o contrabando na Grã-Bretanha. Um negócio surgiu em torno do contrabando de vídeos sexuais para dentro do país e, quando um caminhão com fitas de vídeo foi interceptado, o trabalho de Stone era sentar em uma sala e assistir a cada uma delas, registrando as naturezas dos atos obscenos. Durante alguns anos, ele passava 50 horas por semana assistindo e descrevendo vídeos pornográficos. Em 1984, ainda trabalhando no departamento alfandegário, ele foi promovido para um cargo mais sério de aplicação de leis. Ele ajudou a perseguir o traficante de armas de Gaddafi, cuja sede ficava em Londres. Ele acabou com grupos de contrabando de tabaco e álcool, e se empolgou ao navegar por labirintos fiscais e de registros imobiliários, ficando cara a cara com comandantes do mundo do crime. "É uma competição de inteligência", explicou ele.

A agência acabou ganhando a responsabilidade de coletar impostos e Stone, já com seus 40 anos, mudou de vida, ganhando experiência em um tipo de imposto sobre vendas repleto de fraudes.

Em teoria, sempre que uma empresa transporta um produto da França, por exemplo, para a Inglaterra, ela precisa pagar uma taxa de importação quando seus produtos cruzam a fronteira. Porém, uma vez que a União Europeia era uma zona de livre comércio, o importador poderia solicitar um reembolso governamental de quaisquer taxas pagas. Gangues criminosas em toda a UE montaram esquemas elaborados nos quais elas não pagavam as taxas iniciais, mas ainda pediam o reembolso. O governo britânico estava perdendo bilhões de libras com esses reembolsos fraudulentos e Stone pegou as redes internacionais de empresas fantasmas que transportavam produtos, sonegavam os impostos e pediam reembolsos falsos.

Em 2008, Stone percebeu que alguns dos mesmos fraudadores estavam participando de algo chamado licença de emissão de carbono, parte de um programa da UE para reduzir os gases de efeito estufa. Impostos sobre vendas eram cobrados sempre que uma licença mudava de dono, mas, assim como qualquer produto vendido na UE, essas taxas podiam ser reembolsadas. Em 2009, grupos de fraudadores começaram a pedir reembolsos falsos para o governo britânico. Stone ficou surpreso ao ver que alguns grandes bancos estavam trabalhando com essas gangues — e o Deutsche, que tinha uma equipe de comerciantes em Londres devotados ao comércio de licença de emissões, liderava o grupo. Até 2009, o Deutsche sempre foi um pagador do imposto sobre vendas, conhecido como VAT. Então em junho o banco pediu um reembolso de £15 milhões, que foi processado e pago. Três meses depois, o Deutsche enviou outro pedido de reembolso, dessa vez no valor de £48 milhões. Stone iniciou uma investigação.[2]

No começo, ele avisou o Deutsche por escrito que seus comerciantes pareciam estar envolvidos em uma fraude fiscal, mas os comerciantes do Deutsche — um dos supostos participantes tinha o sobrenome Lawless[3] — continuaram com a prática. Em novembro de 2009, Stone foi aos escritórios londrinos do Deutsche e disse aos advogados do banco que ele já havia recebido um aviso por escrito de que possivelmente estava ocorrendo uma fraude fiscal e que as consequências da continuidade desse ato poderiam ser severas. No mês seguinte, Stone voltou a visitar os advogados e leu para eles a Riot Act (lei britânica que permite às autoridades declararem um grupo com um número determinado de pessoas como criminoso e exigir a sua dispersão).

O governo britânico acabou alterando suas regras fiscais para prevenir a fraude e a divisão de Londres do Deutsche se adaptou — passando a pedir reembolsos na Alemanha em vez de na Grã-Bretanha.

Quando um funcionário do Deutsche perguntou para um colega por que o banco estava tão disposto a assumir um risco legal tão grande, a resposta foi a seguinte: "Porque nós somos muito gananciosos."[4] Stone ajudou seus colegas alemães a descobrirem o que estava acontecendo. Em abril de 2010, a polícia invadiu a sede de Frankfurt do Deutsche. Os executivos finalmente desistiram[5] da estratégia de comércio de emissões, a qual já havia gerado quase US$250 milhões em reembolsos ilegais.[6] Um juiz alemão mais tarde descobriu que a fraude foi possibilitada graças ao "clima de afirmação de risco"[7] que dominava o banco. Estranhamente, não existiam proteções internas, incluindo um rígido grupo de compliance ou rígidas regras para conhecer melhor os clientes.

Assim como Mark Ferron suspeitava, Christian Bittar, um dos grandes comerciantes do banco e um dos protegidos de Anshu, estava trapaceando. O sucesso ou fracasso de muitas de suas negociações dependiam de pequenos movimentos em algo conhecido como Libor (um acrônimo para London interbank offered rate). Todos os dias, os maiores bancos do mundo estimavam quanto custaria para realizar empréstimos em outros bancos. Suas estimativas eram calculadas em conjunto e a média desse resultado era o Libor, que servia como base para trilhões de dólares em derivativos de taxa de juros, os quais eram os principais instrumentos utilizados por Bittar para fazer suas apostas. Bittar percebeu que era incrivelmente fácil manipular o Libor. Como o valor de referência era uma média dos custos estimados de empréstimo de alguns bancos, era preciso apenas que alguns bancos movessem suas estimativas para cima ou para baixo. Foi isso que Bittar fez — e logo ele se tornou uma das maiores máquinas de lucro da empresa (muito de seu sucesso se deu graças a uma aposta — aparentemente não relacionada com a manipulação do Libor — sobre a direção que os mercados financeiros estavam seguindo).

Em 2009, Bittar estava para receber um bônus de mais de US$100 milhões, graças a um acordo que Jain havia aprovado no qual ele receberia uma porcentagem de toda a receita gerada por ele para o banco.[8] Não havia como evitar o escrutínio em uma remuneração tão grande e Ackermann ficou chocado quando ouviu falar nisso. Anshu ligou para o CEO visando defender o bônus e descrever Bittar e seus colegas como "as melhores pessoas em Wall Street". Esses comerciantes estavam fazendo "montanhas de dinheiro".[9] Porém, antes de entregar a Bittar o seu cheque de nove dígitos, o banco iniciou uma revisão sobre os grandes ganhos gerados por ele. Teria Bittar um toque capaz de criar ouro ou havia outra coisa em jogo? A examinação foi conduzida pelo "Grupo de Revisão de Integridade Comercial"[10] do banco e era uma farsa: um único funcionário do Deutsche era responsável por examinar milhares de documentos e transcrições internas para descobrir se Bittar estava trapaceando. Muitos dos materiais estavam em francês, idioma que esse funcionário não dominava. A investigação não encontrou nada problemático e Bittar recebeu seu dinheiro.

Rumores sobre esse pagamento gigantesco se espalharam pelos círculos bancários de Londres. Conforme as autoridades norte-americanas e britânicas começavam a investigar a manipulação do Libor, a bonança de Bittar serviria um exemplo extremo de como os comerciantes eram incentivados a participar de fraudes.

Desde o final dos anos 1990, o Deutsche estava vendendo produtos para fundos de hedge, incluindo o enorme Renaissance Technologies, o que ajudou a evitar impostos. Fundado por um ex-criptoanalista do governo, Renaissance era um fundo especializado em usar programas de computador para buscar pequenas ineficiências do mercado que poderiam ser exploradas. A empresa recrutou engenheiros e matemáticos, incluindo um programador da IBM chamado Robert Mercer, fanático da direita política que certa vez afirmou que preferia passar seu tempo com gatos do que com pessoas. Mercer acabou chegando no topo da Renaissance, ajudando-a a se tornar um dos fundos de hedge mais bem-sucedidos do mundo.

O Renaissance estava sempre buscando por alguma vantagem e foi aí que o Deutsche surgiu. O banco criou um plano no qual o Renaissance depositaria bilhões de dólares em títulos e outros ativos com o Deutsche. O banco possuiria ilegalmente os ativos, mas o Renaissance lidaria com o comércio deles. Uma vez por ano, o Renaissance poderia sacar os lucros da conta do Deutsche e pagar um imposto de 20% na taxa de ganhos de capital em longo prazo — cerca de metade do que eles pagariam sem a estrutura do Deutsche. A estratégia gerou bilhões de dólares em economias para o Renaissance. O Deutsche coletou um total de taxas de US$570 milhões do Renaissance e de outros fundos de hedge pela implementação da estrutura.[11]

Infelizmente para o Deutsche Bank e para a Renaissance, as transações chamaram a atenção de Bob Roach.

Roach cresceu em Beacon, uma cidade operária na região de Hudson Valley, Nova York, cujo feito mais famoso foi ter sido a cidade natal de Pete Seeger. Roach era um lutador bem-sucedido e, após concluir a faculdade, continuou lutando — contra grandes empresas. Trabalhou nas investigações ambientais para o governo de Massachusetts e, em seguida, em Washington, para o representante de Michigan, John Dingell, fazendo as empresas assumirem a responsabilidade das bagunças causadas por elas. Roach era autodestrutivo, com seu comportamento autodepreciativo e sua risada larga e infecciosa, e isso ajudava a mascarar sua obstinação. Seu lema era "seja um moleiro". Ele desenvolveu um talento para desenterrar documentos que provavam a culpabilidade corporativa. Em 1998, ele se tornou um funcionário do Subcomitê Permanente de Investigações do Senado. Os membros do comitê, liderados pelo senador Carl Levin, orgulhavam-se de focar os seus alvos investigativos com base em mérito e não em política. Quando os interesses dos palestrantes Republicanos e Democratas divergiram, os Republicanos fizeram questão de não assinar as intimações Democratas e vice-versa.

Roach estava perseguindo o Deutsche mais ou menos no período em que entrou no comitê. A primeira vez que ele se deparou com o banco foi em 1999, logo antes da aquisição do Bankers Trust. Roach investigava como os bancos atendiam ditadores e suas famílias, ajudando a manter em sigilo o dinheiro desviado por eles. No fim das contas, o Bankers Trust — por meio da sua divisão de private banking, que serviu muitas das pessoas mais ricas do mundo — estava entre os bancos que moveram dinheiro para Raúl Salinas, o irmão corrupto do ex-presidente do México.

Alguns anos depois, o Deutsche apareceu novamente. Dessa vez, o banco era parte de uma investigação do Senado sobre abrigos fiscais organizados por empresas de contabilidade como a KPMG. O Deutsche estendera uma grande linha de crédito para a KPMG visando financiar o que parecia ser uma estrutura financeira fraudulenta. Roach e sua equipe encontraram evidências de que os executivos do Deutsche em Frankfurt sabiam sobre as práticas ilícitas. Em seguida, Roach investigou as vendas realizadas pelo Deutsche de CDOs com garantias de perda para clientes desavisados. Assim, Roach descobriu sobre o trabalho fiscal do banco com o Renaissance e algo parecia errado. Ele convenceu seu chefe, senador Levin, de que eles eram alvos válidos de uma grande investigação.

O banco mais velho do mundo tinha sua sede na cidade em uma colina da região da Toscana, Siena, conhecida por uma barulhenta corrida de cavalos, o Palio, em sua praça central. O Banca Monte dei Paschi di Siena foi fundado em 1472, duas décadas antes de Colombo chegar na América. O banco ocupava um palácio de pedras ancestral, com suas paredes enfeitadas com obras de arte medievais e da Renascença. Por 530 anos a instituição existiu em paz, tornando-se um pilar da comunidade toscana. Sua fundação de caridade distribuía centenas de milhões de dólares anuais para a universidade local, times esportivos, museus, entre outros — um valor maior que o orçamento anual da cidade.

Então, em 2002, o Paschi foi até o Deutsche para comprar alguns derivativos. O objetivo era liberar dinheiro para que pudesse participar de uma onda de incorporações para recriar a indústria bancária italiana. O Paschi já havia investido em outro banco italiano, agora conhecido como Intesa Sanpaolo, e queria liquidar o investimento sem perder o direito a lucros futuros se as ações da Intesa ganhassem valor no futuro. Por uma alta taxa, o Deutsche montou uma série de derivativos que ganharia ou perderia valor de acordo com o preço das ações do Intesa.

Durante alguns anos, a transação funcionou como o planejado. Entretanto, quando os mercados enlouqueceram no início da crise financeira, os derivativos acumularam grandes perdas. O Paschi retornou ao Deutsche em 2008 buscando ajuda e o banco alemão distribuiu... mais derivativos.

Era um complexo acordo de duas partes. Em essência, a primeira parte da transação garantiria que o Paschi conseguisse dinheiro o suficiente para ignorar as centenas de milhões que ele perdeu na transação de 2002. Assim, o banco italiano poderia evitar a divulgação dessas perdas. A segunda parte do acordo era uma mina de ouro para o Deutsche — e certamente nada lucrativo para os italianos —, mas os lucros se acumulariam no período de alguns anos. Em teoria, se o Paschi ganhasse o suficiente no futuro, ele poderia pagar ao Deutsche sem que ninguém de fora pudesse perceber o que estava acontecendo. Em resumo, o Deutsche conseguiria grandes lucros com um baixo risco financeiro e seu cliente poderia esconder as perdas, pelo menos até ter que devolver o dinheiro para o Deutsche.[12]

O executivo encarregado do grupo que criou esse plano era Michele Faissola. Um homem esguio e bem vestido, com olhos e cabelos escuros, Faissola cresceu na Itália. Seu tio era um dos principais banqueiros do país. No Deutsche, Faissola alinhou-se com Anshu e tornou-se um dos líderes da equipe de derivativos. Em 2008, ele era um dos principais executivos do banco. Seus colegas achavam que o Deutsche havia lhe pagado dezenas de milhares de dólares ao longo dos anos; sua mansão em Chelsea tinha uma piscina coberta (Faissola e sua esposa, Maria, tornaram-se amigos íntimos de Bill e Alla Broeksmit).

No final de 2008, o comitê dos gerentes de risco do Deutsche realizou uma reunião para discutir sobre o acordo proposto com o Paschi. Faissola era um dos membros de mais alto escalão no comitê e seus subordinados ficaram felizes em apontar como a estrutura proposta poderia ser replicada para outros clientes, presumivelmente aqueles que também querem esconder seus problemas financeiros.[13] O Deutsche poderia fazer muito dinheiro repetidamente. "Isso é fantástico!" disse um executivo sênior. O acordo foi aprovado e as dezenas de milhões de dólares previstas em lucros — incluindo as taxas que o Paschi pagou para ter o privilégio de trabalhar com o Deutsche — seriam creditadas ao grupo de Faissola com o objetivo de contabilizar nos bônus do final de ano da equipe.[14]

Por trás dos bastidores, longe da visão da maioria de seus colegas, Bill Broeksmit havia participado de muitos desses futuros escândalos. Ele não os havia causado — em alguns casos, até tentou impedi-los —, mas esse é o tipo de distinção que pode se perder facilmente quando autoridades governamentais procuram alguém para culpar pelos pecados da indústria bancária. As consequências seriam trágicas.

CAPÍTULO 15

VELHO SEM NOÇÃO

Nos cavernosos pregões do Deutsche em Nova York e Londres, a imprudência e o desrespeito pelas regras eram a norma. Isso, é claro, não era nenhuma novidade: Edson Mitchell havia encorajado essas atitudes descuidadas desde o começo, mas ele era contido, pelo menos às vezes, pelos rigorosos e antiquados supervisores alemães — não por um empreendedor obcecado pelo lucro como Ackermann. Além disso, Mitchell sempre teve Bill Broeksmit como seu parceiro — e todo mundo, na época, ouvia o que Bill tinha a dizer. Atualmente, esse já não era o caso.

Troy Dixon era um dos impertinentes jovens comerciantes do Deutsche, e sua unidade era especializada em bonds feitos de empréstimos imobiliários residenciais, uma ramificação do antigo grupo de Rajeev Misra. Dixon parecia um típico estereótipo de filme (exceto pelo fato de ele ser afro-americano e Hollywood geralmente não contratar atores negros para filmes sobre Wall Street). Quando as coisas estavam indo bem, ele fazia barulho, gritava e todos sabiam que sua equipe estava bem. Quando as coisas iam mal, ele permanecia sentado na mesa, triste e silencioso.

No verão de 2009, a equipe de Dixon fez uma grande aposta de que os norte-americanos com hipotecas com altas taxas de juros *não* deixariam de pagar seus empréstimos — parcialmente revertendo a aposta pessimista no mercado imobiliário dos Estados Unidos. Dixon e sua equipe acumularam o enorme valor de US$14 bilhões com esses bonds hipotecários.[1] No começo, as negociações estavam dando dinheiro, mas os gerentes de risco temiam que Dixon estivesse seguindo atalhos e que suas apostas fossem tão altas que, caso dessem errado, elas se tornariam um grande problema para a empresa. Os gerentes de risco passaram semanas compilando um dossiê que detalhava como Dixon estava prestes a sair do controle. Eles apresentaram o material para Broeksmit, que concordou que isso não parecia seguro. Ele organizou uma reunião com Dixon e pediu para que ele controlasse as coisas. Dixon se negou a fazê-lo. Uma semana ou duas depois, Broeksmit procurou os gerentes de risco, que o consideravam uma rara voz da razão no alto escalão do banco. Ele afirmou que havia recebido fortes reações negativas vindas de seus superiores quanto aos seus esforços para restringir Dixon.

Broeksmit continuou insistindo e Dixon reclamou para sua equipe que estava sendo assediado por um nerd — um cara que obviamente não tinha os instintos que levavam as pessoas até o topo de Wall Street. Troy e sua equipe tinham certeza de que Bill não compreendia as nuances dos seus negócios. Eram negócios muito complexos, acreditavam eles, para que alguém com essa idade e falta de sofisticação compreendesse.

Broeksmit percebeu que estava irritando Dixon e decidiu tentar acalmar as coisas. Bill convidou Troy e sua equipe para jantar em um restaurante italiano no bairro Tribeca, em Manhattan. Os homens se sentaram ao redor de uma grande mesa à luz de velas. Tapeçarias florais estavam penduradas em paredes de tijolos expostos. O jantar começou de maneira desajeitada, com Broeksmit e Dixon brigando sobre a sabedoria das negociações de hipotecas. Nenhum deles dava o braço a torcer. Do outro lado da mesa, alguns comerciantes riam uns para os outros, dizendo que Bill não tinha preparo para trabalhar com isso. A conversa acabou mudando para assuntos aparentemente mais seguros, como Jerry Sandusky, o ex-treinador de futebol da faculdade que acabara de ser sentenciado à prisão pelo abuso sexual de crianças. Broeksmit nunca tinha ouvido falar sobre ele. Quando alguém comentou que Sandusky ia se dar mal na prisão, Bill perguntou o motivo. Os comerciantes se entreolharam — esse cara está brincando? Alguém na mesa respondeu que era porque ele abusava sexualmente de garotos. "E daí?", perguntou Bill. Ele não entendia que os abusadores de crianças eram os bandidos mais atacados na prisão. Broeksmit continuou fazendo perguntas que revelavam sua ignorância sobre futebol americano universitário e sobre as hierarquias das prisões. Os comerciantes tornaram a rir. Esse velho não sabia nada. No final da refeição, Bill pagou a conta e apressou-se para a estação de metrô, mal se dando ao trabalho de se despedir. Dixon e os outros foram até um bar para rir dele e continuaram zombando do colega no ambiente de trabalho durante dias: "Esse cara é muito estranho."

Aqui estava um poderoso sinal da mudança geracional que dominou Wall Street e o Deutsche nas décadas seguintes a Bill Broeksmit e seu pioneirismo com o mercado de derivativos. Comerciantes que cresceram vendo os bancos como cassinos substituíam aqueles que criaram os derivativos como veículos para ganhar dinheiro ao ajudar os clientes a limitar seus riscos. Esses novos apostadores não percebiam que não sabiam de tudo (os negócios de Dixon no fim das contas deram errado, custando ao Deutsche Bank US$541 milhões e atraindo a atenção dos reguladores federais[2]). Bill era astuto, sensível e certamente não havia ignorado os sinais nada sutis. A sua época havia passado.

Em 2010, o Deutsche contratou um jovem chamado Eric Ben-Artzi para trabalhar no grupo de gerência de risco com um foco específico nas participações do banco em derivativos de difícil valorização. Ben-Artzi cresceu em Israel, em uma família cheia de personalidades grandes e teimosas. Seus avós lutaram pela independência de Israel. Um de seus tios foi um paraquedista morto em combate. Outro de seus tios era Benjamin Netanyahu, o futuro primeiro-ministro. O irmão de Ben-Artzi tornou-se o mais famoso, ou infame, refusenik — objetor de consciência que foi preso por fugir do alistamento obrigatório nas forças armadas israelenses.[3] De forma menos dramática, Eric tornou-se um matemático e programador. Assim como muitos outros com essas qualificações, ele entrou na indústria bancária, atraído pelo dinheiro e pelo desafio de resolver complexos enigmas financeiros. Porém, depois de um período no Goldman Sachs, descobriu que não tinha o que era preciso para Wall Street. Na sua visão, ele não era agressivo o suficiente para ser um vendedor nem ganancioso o suficiente para ser um banqueiro. O seu objetivo era entrar na academia e imaginou que o trabalho no Deutsche — com uma forte ênfase em pesquisas teóricas sobre como determinar o valor de derivativos — era um passo na direção certa. Ele também imaginou que um grande banco internacional sabia o que estava fazendo.

O trabalho de Ben-Artzi consistia, em parte, na utilização do Microsoft Excel para construir modelos e verificar a valorização de derivativos, examinando o resultado deles em vários cenários, inclusive durante as raríssimas tempestades financeiras. Ben rapidamente percebeu que os sistemas bagunçados do banco produziam resultados confusos e imprecisos. Um dos maiores problemas era que os negócios que ele estava inserindo no Excel eram alavancados — o que significava que os negociadores fizeram os acordos com empréstimos, uma tática que pode aumentar os lucros, mas que também aumenta os riscos —, no entanto, os números que ele recebeu não consideravam as consequências financeiras dessa alavancagem. Em outras palavras, eles estavam subestimando o risco envolvido nessas transações. No começo, Ben-Artzi concedeu ao banco o benefício da dúvida — isso era possivelmente resultado de um desleixo, não de uma fraude, e os superiores do banco não faziam ideia de quão inadequados eram seus modelos. Dentro de algumas semanas, entretanto, ele questionou bastante e recebeu recusas o suficiente para concluir que os executivos não queriam saber por que seus modelos estavam errados; eles só queriam resultados que confirmassem a sabedoria do curso atual. Quando ele mostrou o problema da alavancagem para seus superiores, recomendaram que ele não fizesse tantas perguntas. Quando ele persistiu, um superior foi até sua mesa e gritou, mandando-o parar.

Ben-Artzi era teimoso, assim como seus parentes, e não parou. Quanto mais ele procurava, mais preocupado ficava. Negócios que o banco considerava que valiam bilhões de dólares não tinham valor algum. Isso não parecia um simples acidente. O banco parecia inflar sistematicamente o valor de dezenas de bilhões de dólares em derivativos. Isso significava, portanto, que a resiliência tão elogiada do Deutsche durante a crise financeira era ilusória, produto de uma falsa contabilidade. Isso era tão atordoante que, inicialmente, Ben-Artzi duvidou da veracidade dessas informações.

Logo suas dúvidas desapareceram. O departamento de risco na época era administrado por Hugo Bänziger, o ex-comandante de tanques. Pouco depois de Ben-Artzi entrar para o Deutsche, Bänziger organizou uma reunião para os funcionários no porão de 60 Wall Street. Quando um gerente de risco sênior perguntou como o banco estava lidando com todas aquelas examinações do Deutsche Bank por parte das autoridades governamentais, Bänziger ridicularizou os "malditos reguladores". Ben-Artzi se questionou se essa era uma atitude comum no Deutsche — pois certamente não era assim que o Goldman operava. A resposta veio alguns meses depois, quando Ben-Artzi participou de um retiro do banco em um hotel em Roma. Dessa vez, outro gerente de risco sênior falou sobre como os funcionários devem trabalhar suas explicações sobre risco para atender diferentes audiências. Ao falar com um regulador, por exemplo, eles deveriam minimizar os riscos envolvidos. Sentado na sala de conferência com o forte ar-condicionado, Ben-Artzi e seus colegas trocavam olhares nervosos enquanto o executivo os aconselhava sobre como enganar as autoridades. Ele concluiu sua apresentação com uma observação sinistra: se os gerentes de risco não deixarem os negociadores arriscarem, avisou ele, então o banco precisaria diminuir de tamanho e isso consequentemente significaria menos empregos para gerentes de risco. Para Ben-Artzi e seus colegas estupefatos, isso parecia uma ameaça: coopere ou você pode perder o emprego.

Ben-Artzi viu o suficiente. Era hora de seguir os passos de seu irmão e de levantar a voz para defender seus princípios. Ele usou uma linha direta interna do banco e denunciou o que considerava uma séria má conduta sobre como o banco valorizava seus derivativos — a fraude era tão vasta, ele e seus colegas acreditavam, que o Deutsche estaria insolvente durante a crise financeira se tivesse divulgado seus ativos de maneira honesta. Preocupado que o Deutsche poderia culpá-lo por revelar essas informações, ele também apresentou uma queixa na Comissão de Títulos e Câmbios dos Estados Unidos. Não demorou até o banco proibir Ben-Artzi de realizar qualquer outra análise nos derivativos do Deutsche e, pouco depois, demiti-lo. Outro funcionário que avisou a SEC sobre as perdas omitidas do Deutsche também foi dispensado. O Deutsche estava varrendo todos os seus problemas para baixo de um enorme tapete.

Mais ou menos na hora do almoço de uma quarta-feira, no dia 7 de dezembro de 2011, os funcionários na sala de expedição no porão das Torres Gêmeas do Deutsche, em Frankfurt, perceberam um envelope marrom endereçado para Joe Ackermann. Quando passaram o envelope em uma máquina de raios X, encontraram o que pareciam ser estilhaços. A polícia e um esquadrão anti-bombas foram até o local, com sirenes ligadas. Dentro do envelope havia um pequeno dispositivo explosivo, enviado por um grupo anarquista italiano.[4] Uma carta que acompanhava o dispositivo atacava: "Bancos, banqueiros, pulgas e sanguessugas."[5]

Assim como Abs e Herrhausen antes dele, Ackermann assumira o manto de estadista. Ele viajava pelo mundo em um avião NetJets particular e jantava com líderes mundiais que incluíam Vladimir Putin e George W. Bush — sem mencionar a grande quantidade de políticos e nobres europeus.[6] Com a Europa em sua própria crise financeira e países inteiros caindo aos pedaços, como a Grécia e a Irlanda, Ackermann havia se tornado uma espécie de primeiro-ministro secreto para todo o continente. A Alemanha era o país mais poderoso da Europa, ditando termos de recuperação de países falidos e era a Ackermann que a chanceler da Alemanha, Angela Merkel, geralmente recorria para buscar conselhos financeiros.[7] Entretanto, diferente do papel exercido por Herrhausen, que insistia no perdão das dívidas dos países de terceiro mundo, os conselhos que Ackermann fornecia geralmente beneficiavam bancos — e um banco em particular. Reestruturar a dívida esmagadora da Grécia de forma que ajudaria o país a se recuperar, mas que sobrecarregaria seus credores com perdas seria perigoso, avisou ele. De fato, seria perigoso — especialmente para o Deutsche, que possuía uma grande quantidade de bonds do governo grego (graças ao risco envolvido, os títulos possuíam uma grande taxa de juros, o que atraía instituições sedentas por lucros). Ackermann conseguiu convencer e o governo grego, incapaz de reduzir drasticamente suas dívidas públicas, precisava encontrar outras formas draconianas de conseguir o dinheiro, como cortar orçamentos e vender ativos públicos valorizados. O resultado foi bestial: ilhas, marinas e aeroportos estavam à venda. As taxas de desemprego, falta de moradia, criminalidade e suicídio subiram demasiadamente.[8]

O sucesso de Ackermann em espalhar o medo não o tornou mais querido para o público. Em muitas partes do mundo, ele havia se tornado um vilão. Um compositor de Berlim escreveu uma cantiga satírica que clamava animadamente pelo seu assassinato. Muitos meses antes de a carta-bomba ser enviada, o ex-economista-chefe do Fundo Monetário Internacional rotulou Ackermann como "um dos banqueiros mais perigosos do mundo".[9]

Nos Estados Unidos, o movimento Occupy Wall Street havia se estabelecido na Lower Manhattan, com os protestantes brandindo cartazes, dormindo em barracas — e transformando o átrio público, arborizado e bem aquecido da sede do Deutsche no 60 Wall Street em um acampamento para ativistas.[10] Os reguladores norte-americanos também tinham o Deutsche em sua mira. Durante o período de vista grossa regulatória que aconteceu durante o governo Clinton e a segunda administração Bush, o Deutsche abrigava seus vastos negócios de Wall Street em algumas empresas fantasmas que não estavam sujeitas à supervisão norte-americana. Na época, a suposição do governo era de que os reguladores norte-americanos não precisavam se preocupar com as operações norte-americanas de um grande banco estrangeiro porque a matriz iria recuperá-los caso encontrasse algum problema. Porém, a crise financeira mostrou que isso não passava de uma ilusão, com vários exemplos de bancos frágeis deixando suas subsidiárias estrangeiras para morrer. Além disso, as finanças oscilantes do Deutsche — em particular o seu poço sem fundo de derivativos e sua exposição à crise financeira da Europa — pareciam colocar o entreposto norte-americano sob risco de ser abandonado. Portanto, os reguladores dos Estados Unidos introduziram regras que exigiam que bancos como o Deutsche fortalecessem suas operações norte-americanas.

A primeira resposta do Deutsche foi mexer na estrutura legal da sua principal entidade comercial dos Estados Unidos, buscando explorar uma brecha legal (que inicialmente não era aplicável a certos tipos de holdings) e fugir das novas regras. Quando esse plano veio à tona, porém, legisladores e reguladores furiosos acabaram com a brecha. O Deutsche gritou em protesto: precisar de mais dinheiro para continuar nos Estados Unidos significaria menos dinheiro disponível no resto do mundo e isso poderia prejudicar a economia global, ameaçou Ackermann. A afirmação era implausível, mas ele estava bem posicionado para contar com os reguladores. Ele presidiu uma poderosa organização de lobby chamada de Institute of International Finance. Quando os legisladores — incluindo oficiais norte-americanos seniores como o secretário do Tesouro, Tim Geithner, e o presidente da Reserva Federal, Ben Bernanke — organizaram reuniões para discutir sobre as novas regras, os representantes do IIF, geralmente Ackermann em pessoa, estavam na sala (o IIF também foi um dos maiores defensores contra a reestruturação da dívida da Grécia e outros países no sul da Europa).

Em uma época em que os reguladores pareciam ganhar vantagem, a realidade era mais complexa. Diferentes países protegiam zelosamente suas autoridades sobre os bancos domésticos. O Deutsche, mais do que qualquer outra instituição financeira multinacional, conseguia explorar habilmente as rivalidades entre os reguladores para se proteger de regras mais rígidas ou de um maior escrutínio externo. Os reguladores alemães — em particular uma agência chamada BaFin, que se orgulhava de proteger suas empresas locais — uniram-se em defesa de um interesse em comum. Eles lutaram para diminuir as regras internacionais propostas que limitariam a quantidade de risco que bancos como o Deutsche poderiam assumir. Quando governos estrangeiros tentaram investigar o banco, a BaFin interferiu, insistindo que quaisquer demandas por informações fossem desviadas para um verdadeiro labirinto burocrático alemão.

Reguladores norte-americanos e britânicos, frustrados, passaram a ridicularizar seus colegas alemães como "os representantes do Deutsche Bank", porque eles estavam claramente favorecendo a instituição. Por enquanto, os executivos do Deutsche sentaram e aproveitaram a guerra territorial regulatória. A diversão deles, entretanto, não duraria.

CAPÍTULO 16

ROSEMARY VRABLIC

Nos últimos meses do reinado de Ackermann como CEO, o banco — arrogante, turbulento, faminto por lucros e indiferente à reputação de seus clientes — fez três empréstimos que assombrariam o Deutsche por anos. Eles se originaram com uma mulher chamada Rosemary Vrablic.

Vrablic cresceu no Bronx e mudou-se para o subúrbio de Scarsdale, em Nova York, quando tinha 10 anos. Sua irmã, Margaret, era 13 anos mais velha e ajudara a criar a jovem Rosemary. Vrablic estudou na Ursuline School, uma escola particular católica e exclusiva para mulheres, e em seguida na Universidade Fordham.[1] Ela foi para o campus do Bronx e aparentemente não interagia muito socialmente. Nos seus quatro anos na universidade, a única menção dela nos anuários de Fordham ou no jornal estudantil foi seu retrato preto e branco em seu anuário sênior. Em 1982, ela se formou em economia, apesar da recessão. O único emprego que Vrablic conseguiu foi como caixa de banco. Ambiciosa e ansiosa para decolar na sua carreira, ela percebeu que, além da gerente da agência bancária, quase não havia mulheres em cargos seniores na indústria bancária. "Você precisa ser paciente", a gerente da agência a alertou. Vrablic, procurando se espelhar nessa gerente, vestia terninhos com ombreiras e blusas com gola laço. "Seja uma dama", ela sempre se lembrava.[2]

Certo dia, após uma entrevista de emprego malsucedida em Manhattan, o trem que ela usaria para voltar para Scarsdale, onde morava com seus pais, quebrou. Enquanto os outros passageiros resmungavam, Vrablic conversou com seu companheiro de assento, um homem chamado Howard Ross. Os dois trabalhavam na indústria bancária e Vrablic alternava em fazer perguntas incisivas e oferecer insights valiosos sobre a indústria. Duas horas depois, quando ela finalmente desceu do trem, ele lhe entregou seu cartão de visitas; ele era um executivo sênior no escritório de Nova York do Bank Leumi, de Israel. "Sabe, você acabou de fazer a melhor entrevista da sua vida", disse Ross, pedindo para que ela ligasse para ele e os dois pudessem discutir sobre empregos. Vrablic não tinha certeza de suas intenções — essa era a indústria bancária em meados dos anos 1980 e o assédio sexual era regra, não exceção —, por isso aguardou seis meses até ligar para ele. Quando ligou, Ross a apresentou para outro cara que a matriculou no programa de treinamento de crédito do Bank Leumi. O banco — com um negócio enérgico a serviço de russos endinheirados — acabou sendo um centro de evasão fiscal e foi alvo de operações policiais por não fazer o suficiente para combater a lavagem de dinheiro.[3] Foi aqui onde Vrablic aprendeu sobre o trabalho.

Ela acabou encontrando um trabalho como analista em outro banco, onde — apesar do apelido depreciativo de "Pequena Rosemary" — encontrou um mentor para ajudá-la a se preparar para subir na hierarquia corporativa.[4] Em 1989, um caçador de talentos a recrutou para um trabalho no private banking do Citicorp, uma divisão da empresa cujo único propósito era servir indivíduos e famílias extremamente ricas. Historicamente, bancos privados atuavam como gerentes de patrimônio e ofereciam serviços de concierge para seus clientes. O Citicorp, porém, estava expandindo o seu conjunto de ofertas, inclusive oferecendo empréstimos para financiar os grandes projetos imobiliários de seus clientes. Vrablic começou como uma banqueira júnior, ansiosa para deixar sua marca e com anos de energia e ambição reprimidas agora liberados. Ela rapidamente aprendeu como tirar vantagem do novo serviço de empréstimo do Citi, ao qual alguns outros bancos privados estavam dispostos a se igualar. Dentro de pouco tempo, ela estava atraindo clientes em potencial com enormes empréstimos para financiar seus projetos de construções. A partir disso, ela viu sua lista de clientes crescer por meio de recomendações. Dentro de alguns anos, ela se tornou uma das principais banqueiras de Nova York para os super-ricos.

Após seis anos no Citi, ela foi contratada pelo que se tornaria o Bank of America, onde ajudou a montar o novo negócio de private banking. O seu grupo focava clientes com mais de US$50 milhões para investimento.[5] "Eles possuem alguns ativos e muitas casas, ex-mulheres e muitos filhos,"[6] explicou ela em 1999. Vrablic se especializou em lidar com homens difíceis: "Eles são bem-sucedidos e conseguiram seu dinheiro sendo durões."

No final dos anos 1990, o pequeno círculo de amizades de Vrablic, que a conhecia como Ro, era em parte consistida de apostadores que bebiam muito. Alta e esguia, com curtos cabelos castanhos, Ro sabia cuidar de si, virando bebidas rodada após rodada, fazendo comentários bem-humorados sobre esportes e frequentemente vestindo uma antiga camisa dos New York Rangers. Graças ao banco, ela tinha acesso fácil à primeira fila dos ingressos dos Yankees e Rangers e, quando ela não os usava para seus clientes, às vezes enviava seus amigos agradecidos para apreciar um pouco de sua boa vida. Eles ficavam maravilhados em como essa mulher despretensiosa — beberrona, boca suja e obcecada por esportes quando eles estavam em bares irlandeses com o piso sujo na Zona Leste de Manhattan — tinha uma vida paralela se relacionando intimamente com algumas das pessoas mais ricas do mundo.

Não demorou até Vrablic comprar uma cobertura de US$4,4 milhões na Park Avenue. Ela comprou uma grande casa no estilo Arts and Crafts com vistas panorâmicas do Rio Hudson em praticamente todos os cômodos, perto de West Point. Ela financiou uma bolsa de estudos na Ursuline School para honrar "a memória de seus pais e suas lições sobre o valor do trabalho, da independência e de buscar seus objetivos".[7] Ela doou dinheiro aqui e ali para alguns democratas, como Chuck Schumer.

Um de seus clientes mais jovens era Jared Kushner, que estava assumindo o pequeno império imobiliário de sua família (os Kushners tinham um relacionamento de longa data com o Bank Leumi — o banco israelense onde a carreira de Vrablic decolou).

Na época, o Deutsche ainda estava em sua busca sem fim por se tornar um nome bem estabelecido nos Estados Unidos. Ackermann tentava expandir a pequena divisão de private banking da empresa, que foi herdada do Bankers Trust e abandonada. Ele imaginava um negócio mais robusto que também oferecesse grandes empréstimos. Ackermann encarregou um suíço-alemão, Pierre de Weck, com a função de revigorar o negócio e de Weck contratou um pequeno grupo de executivos do Citi. Um desses executivos era Tom Bowers. Ele pesquisou o cenário bancário e social de Nova York, perguntando para as pessoas quem seria o melhor banqueiro na área de private banking. Um único nome apareceu consistentemente: Rosemary Vrablic. A reputação dela em atender todas as necessidades dos clientes e em realizar grandes empréstimos era autêntica. Bowers se encontrou com Vrablic e se impressionou. O treinamento ao longo dos anos lhe concedeu um profundo conhecimento de como estruturar empréstimos para agradar os clientes e, ao mesmo tempo, reduzir os riscos de inadimplência. No verão de 2006, o Deutsche Bank persuadiu Vrablic, com seus 46 anos, a sair do Bank of America. Parte do acordo é que ela responderia diretamente a Bowers e que ela ganharia cerca de US$3 milhões por ano durante múltiplos anos, um acordo incomum naquela época. Para celebrar sua contratação como diretora-geral e "banqueira privada sênior", o Deutsche publicou um anúncio no *New York Times*, listando o número de telefone e e-mail dela.[8] Elevar o private banking até uma "posição dominante [...] é uma das principais prioridades do Deutsche Bank", declarou a empresa. Bowers gostava de deixar claro que "Rosemary é amplamente reconhecida como uma das principais banqueiras privadas entre a comunidade com o maior patrimônio líquido dos Estados Unidos".

Para se diferenciar da numerosa concorrência, o Deutsche planejava fazer acordos que eram muito arriscados ou muito complicados para seus rivais — mesma estratégia estabelecida por Mike Offit uma década antes, quando tentava fazer o negócio imobiliário comercial decolar. "O Deutsche precisa de clientes complicados", um dos ex-colegas de Vrablic explicou. Bilionários financeiramente saudáveis e incontroversos poderiam facilmente ir até um banco norte-americano maior e mais prestigiado. O Deutsche ficava com as sobras, incluindo clientes com necessidades fora do comum. Quando o bilionário Stan Kroenke desejou um empréstimo para comprar o icônico time britânico de futebol, Arsenal, alguns grandes bancos norte-americanos recusaram. Vrablic, entretanto, produziu uma transação na qual o Deutsche aceitaria como garantia alguns dos outros times profissionais de Kroenke nos Estados Unidos. O acordo foi feito e o Deutsche conseguiu milhões de dólares com honorários de consultoria e juros sobre o empréstimo — e conseguiu anos de negócios adicionais com o magnata dos esportes.

"Rosemary salvou o dia mais uma vez" tornou-se um conhecido refrão dentro do banco, que contava com ela para conseguir dezenas de milhões de dólares em receitas anuais. Ela era, de longe, a maior produtora nos escritórios do banco em Nova York. Vrablic, que agora recebera o apelido nada criativo de RV, guardava lembranças sobre seus empréstimos — incluindo uma pá dourada em comemoração a um projeto financiado por ela — em seu escritório. Dentro do Deutsche, ela era conhecida como alguém que faria de tudo para fechar os acordos, conquistando a lealdade de seus clientes, certamente difíceis de impressionar. Certa vez, ela liderou um grupo de executivos e banqueiros de investimentos do Deutsche em uma reunião com Steve Ross, o CEO de uma das principais empresas imobiliárias de Nova York. Todos entraram na sala de reuniões e apertaram a mão de Ross, mas Vrablic recebeu um caloroso abraço do bilionário. Ross sentou-se do outro lado da mesa de conferências e convidou Vrablic a se sentar ao lado dele. O efeito causado — que não fora ignorado por ninguém da sala — era de que Vrablic estava na equipe de Ross enquanto se preparavam para enfrentar a audição dos banqueiros de investimento do Deutsche para trabalhar com a empresa de Ross.

Apesar de sua destreza (ou talvez, em parte, por causa dela), Vrablic não era muito popular dentro do Deutsche. Os banqueiros de investimentos invejosos a viam como uma ameaça para seus relacionamentos com clientes. Ela tinha uma tendência a ser brusca, recusando a colaborar com os colegas do private banking. Em uma revisão anual de desempenho, disseram que ela precisava melhorar seu trabalho em equipe. Ela despertou ainda mais ressentimento entre seus colegas quando os dirigentes do Deutsche a levaram até os escritórios regionais para ensinar aos gerentes de patrimônio do banco como aumentar seus volumes de empréstimos ("Nós nos sentimos desrespeitados", reclamou um deles). O acordo de Vrablic de responder direta e exclusivamente para Bowers, o chefe da administração de patrimônio nos Estados Unidos, significava que ela passava por cima do CEO do private banking, para o qual todos os seus colegas respondiam. Esse acordo, que mais parecia um tratamento especial, aumentou o ressentimento entre os outros.

O litígio entre Trump e o Deutsche sobre a sua recusa em pagar o empréstimo do arranha-céu de Chicago se arrastou por dois anos. Ele foi finalmente encerrado em 2010, com o banco concordando em dar mais dois anos para Trump honrar com suas obrigações, incluindo os US$40 milhões que ele havia garantido pessoalmente. Isso significa que Trump precisava, até 2012, conseguir muito dinheiro. E, se ele quisesse continuar expandindo seu império, ele precisaria de uma nova fonte de crédito. O problema, como de costume, é que nenhum banco sério faria negócios com ele; os riscos, financeiros e reputacionais, eram muito grandes. Até o Deutsche, aparentemente, estava além dos limites após o fiasco de Chicago, especialmente considerando que essa era a segunda vez que uma divisão do banco o baniu como um dos clientes.

Jared Kushner casou-se com Ivanka Trump em 2009 e estava tornando-se familiar com as finanças da família Trump. Ele sabia que seu sogro estava procurando dinheiro e considerava Vrablic a melhor banqueira com a qual já tinha trabalhado; ela havia se tornado uma grande amiga de todo o clã Kushner (quando Jared organizou uma festa em 2007 para celebrar sua compra do *New York Observer*, Vrablic estava lá no restaurante Four Seasons, interagindo com convidados como Tom Wolfe).[9] Então, em 2011, Jared convidou Vrablic até a Trump Tower para se reunir com sua esposa e seu sogro.

Trump explicou a situação para a banqueira e então fez a grande pergunta: Estaria o banco privado do Deutsche disposto a lhe emprestar US$40 milhões ou US$50 milhões usando, como garantia, o Trump International Hotel & Tower, em Chicago? Isso permitiria a ele pagar o que ainda devia ao Deutsche pelo empréstimo de Chicago.

Por que uma das divisões do Deutsche sequer consideraria emprestar dinheiro para pagar dívidas inadimplentes devidas a outra parte da empresa? A resposta é que Vrablic estava animada com a ideia de fechar um grande acordo com um grande novo cliente. Ela levou a proposta a Tom Bowers, que concordou que valia a pena levar em consideração. Um pequeno grupo vasculhou os registros financeiros e declarações fiscais pessoais e corporativas de Trump. A primeira coisa notada pelos banqueiros é que Trump estava atribuindo valores absurdamente altos aos seus ativos imobiliários. Em um caso especialmente chocante, ele afirmou que um imóvel comprado por ele no Condado de Westchester, em Nova York, por US$7 milhões, vale, agora, US$291 milhões.[10] Suas valorizações estratosféricas "eram extremamente agressivas", relembra uma pessoa que revisou os documentos. "Ele sempre usava as suposições mais otimistas." O banco acabou reduzindo o valor dos ativos em até 70%.

O engraçado é que, apesar dos exageros de Trump, suas finanças subjacentes não eram tão ruins assim. Ele tinha dívidas limitadas, pelo menos se comparado com outros magnatas imobiliários, e havia muito dinheiro surgindo graças à série *O Aprendiz* e aos acordos de licenciamento para colocar seu nome em propriedades que não eram suas. Para tornar o acordo mais interessante para o Deutsche, Trump estava disposto a garantir pessoalmente o empréstimo, o que significava que o banco, em teoria, poderia apreender seus ativos se ele não pagasse (o fato de que uma garantia pessoal similar, embora menor, não o impediu de deixar de pagar o empréstimo de Chicago não pareceu incomodar o banco). Apesar do detalhe de que ele era um inadimplente reincidente, Trump parecia um cliente atraente. Vrablic e Bowers concordaram, de maneira hesitante, a emprestar-lhe US$48 milhões.

Uma vez que essa seria a primeira vez que a divisão de private banking emprestaria dinheiro para Trump, o acordo precisaria passar por alguns comitês internos para uma avaliação final. Foi quando as coisas ficaram complicadas.

Quando os principais executivos na unidade de banco de investimentos de Anshu ficaram sabendo que outra divisão estava prestes a reacender o relacionamento com Trump, eles ficaram loucos. Jain apresentou a questão em uma reunião com os principais executivos do banco: Como o Deutsche poderia fazer negócios com ele depois de ele queimar o banco publicamente? Que precedentes isso estabeleceria para os outros sanguessugas? Se Trump não pagasse mais uma vez, o que parecia completamente possível, como o Deutsche explicaria isso para os investidores e reguladores?

Bowers e Vrablic argumentaram que, do ponto de vista do banco privado, o empréstimo era seguro. Além disso, o Deutsche e Trump haviam chegado a um acordo no litígio em 2010. Eles tentaram acalmar seus colegas comentando o fato surreal de que o novo empréstimo feito pela divisão de private banking do Deutsche permitiria que Trump pagasse o que devia para a divisão de banco de investimentos. Bowers e Vrablic resmungaram que os banqueiros de investimentos estavam apenas com inveja porque os banqueiros privados descobriram como estruturar um empréstimo com Trump de modo que fosse virtualmente livre de riscos para o Deutsche.

Bowers não tinha medo de uma luta. Ele ganhou uma reputação por ser agressivo com seus colegas. Ele pediu ao seu chefe, Pierre de Weck, ajuda para levar o empréstimo adiante e de Weck recorreu a Joe Ackermann que, em seus últimos meses como CEO, havia embarcado em uma turnê mundial de despedida e não estava completamente envolvido no banco. Ao passar pela crise financeira, ele acreditava que o banco tinha capital de sobra — de fato, ele via isso como uma das distintas vantagens do banco. Ele disse a de Weck que não se opunha ao empréstimo de Trump.[*]

---

[*] Ackermann e de Weck afirmam não se lembrar dessa conversa.

Os advogados revisaram a situação. Em dezembro de 2011, um deles, Steven Haber, enviou um e-mail para Bowers para relatar que "esse cliente está liberado" (Haber já havia trabalhado para a juíza Maryanne Trump Barry, a irmã mais velha de Trump). Stuart Clarke, diretor de operações do Deutsche nas Américas, enviou um e-mail para Bowers com uma mensagem semelhante, refletindo a autorização do comitê de Frankfurt encarregado de examinar transações que poderiam oferecer riscos para a reputação do banco: "Não há nenhuma objeção do banco para trabalhar com o cliente." Anexo ao e-mail estava um grande arquivo PDF contendo todos os dados financeiros pessoais e corporativos de Trump, deixando claro que todos os que examinaram a proposta sabiam da bagagem do novo cliente.

Mais ou menos na mesma época, Trump anunciou planos de comprar o Doral Resort & Spa em Miami. A propriedade, que abrangia cerca de 263 hectares, apresentava vários prédios de hotel com 700 quartos e 4 campos de golfe separados, incluindo o notoriamente desafiador Blue Monster. O resort estava no caminho da falência e Trump conseguiu abaixar o valor para US$150 milhões, sabendo que ele provavelmente teria que gastar outra vez esse valor para melhorar os campos de golfe e o hotel. Especialistas em golfe pensavam que Trump estava pagando um valor muito caro por uma propriedade que estava na rota de voo do movimentado aeroporto internacional de Miami, mas Trump não tinha nenhuma intenção de pagar pessoalmente pelo projeto.

Uma de suas primeiras ligações foi para Rich Byrne, que anos atrás havia ajudado a empresa de cassinos de Trump a vender seus terríveis bonds e foi recompensado com uma viagem de fim de semana no Mar-a-Lago. A subsequente inadimplência de Trump sobre esses bonds encerrou seu relacionamento com a unidade de títulos do Deutsche, que agora era administrada por Byrne, mas os dois homens mantiveram contato. No começo de 2012, Trump disse a Byrne que estava se preparando para comprar o Doral e perguntou se o Deutsche consideraria financiar a compra. Byrne concordou em olhar os números, sem se preocupar em falar que as chances de o Deutsche ajudá-lo seriam zero.

Byrne, entretanto, não sabia que a divisão de private banking estava envolvida. Trump convidou Vrablic para a Flórida, onde ela poderia ver a propriedade. No dia seguinte ao da chegada em Nova York, ela entrou no escritório de Bowers. "Trump quer comprar o Doral",[11] explicou ela, e ele queria que o Deutsche lhe emprestasse dinheiro para a compra. Pela segunda vez em uma questão de semanas, Bowers enviou uma equipe para estudar um possível empréstimo para Trump. O banco privado já sabia de suas finanças, mas agora precisava saber dos valores do Doral. A conclusão foi que Trump parecia estar adquirindo o resort por um preço razoável e Trump não só concordou em garantir pessoalmente o empréstimo como também prometeu adicionar alguns milhões de dólares na sua conta de administração de patrimônio no Deutsche. O banco cobrava algumas taxas para administrar esses ativos e, por isso, o relacionamento com Trump se tornaria um pouco mais lucrativo.

A ressalva, avisaram Trump e sua filha, Ivanka, para Vrablic, é que, se o Deutsche não conseguisse aprovar o acordo rapidamente, eles levariam a proposta até um banco rival. Isso era, é claro, um blefe — nenhum outro banco aceitaria Trump —, mas causou o efeito desejado, sobrecarregando o processo de subscrição do Deutsche. O banco privado estava pronto para liberar, mas os banqueiros de investimentos em Nova York souberam do que estava acontecendo e, mais uma vez, o feroz exército de Anshu protestou. Eles avisaram que Trump — que na época espalhava a mentira de que Barack Obama não havia nascido nos Estados Unidos e, portanto, era um presidente ilegítimo — não era o tipo de cliente com o qual o Deutsche gostaria de fazer negócios (isso foi um tanto quanto irônico, vindo de pessoas que raramente olhavam para a má reputação de um cliente). Os banqueiros privados não viram nada além de invejosos. "Eles não queriam que nós ganhássemos", um executivo do private banking me diria.

O empréstimo do Doral subiu na cadeia de comando, as preocupações do banco de investimentos foram desconsideradas e a transação aprovada. Uma entidade legal nos Estados Unidos — Deutsche Bank Trust Company Americas ou DBTCA — concedeu dois empréstimos no valor total de US$125 milhões para a Trump Organization (um deles venceria em três anos, quando o banco poderia decidir se renovaria ou não o empréstimo). Após isso, Trump ligou para o escritório de Byrne. Byrne, por sua vez, não fazia ideia que a divisão de private banking tinha concordado com o empréstimo e ele não queria atender o telefone porque imaginou que Trump apenas lhe perturbaria, buscando uma resposta sobre a proposta. A secretária de Byrne o lembrou que Trump continuaria ligando, cada vez mais irritado, então era mais fácil atender e acabar com isso de uma vez.

Ela transferiu a ligação. "Rich", disse Trump, "só estou ligando para agradecer! Eu sei que você deve ter aprovado o acordo, mas Rosemary e sua equipe me deram o dinheiro." Byrne, improvisando, e mais do que feliz em receber os créditos, fingiu saber tudo sobre o acordo. Ele parabenizou Trump e, como um comentário inocente, perguntou quanto de juros a equipe de Vrablic estava cobrando sobre o empréstimo. Trump respondeu que era bem abaixo de 3%. Byrne não pôde acreditar que o Deutsche — após seu longo histórico com Trump — estava agora concedendo a ele um empréstimo de nove dígitos com uma taxa de juros tão baixa.

Em público, Trump insistiu para um jornalista que não precisava do dinheiro do Deutsche para a aquisição do Doral, mas reconheceu que era grato pela ajuda do banco. "Nós temos uma ótima relação", disse ele.[12]

CAPÍTULO 17

ASCENDENTE DE ANSHU

Kaiser Wilhelm II inaugurou o centro de eventos Festhalle em Frankfurt no ano 1909 e sua fachada rosa com colunatas, seu vasto saguão principal e seu teto em formato de cúpula a 36 metros de altura fizeram do lugar um ponto de referência instantâneo na cena cultural da cidade. Ao longo das décadas, o Festhalle foi o lugar para incontáveis concertos, exposições automobilísticas, eventos esportivos e até shows de mágica. No decorrer de uma semana na primavera de 2012, dois grandes eventos estavam marcados para acontecer. O primeiro era um concerto de Jay-Z e Kanye West. O outro, no dia 31 de maio, era a reunião anual dos acionistas do Deutsche Bank. Normalmente esse segundo evento não seria tão relevante, mas essa era uma ocasião importante: ela marcava o último momento de Joe Ackermann como CEO.

Era um dia abafado em Frankfurt, e os veículos municipais passeavam pelas ruas, pulverizando água para resfriar o asfalto.[1] Mais de 7 mil acionistas compareceram em Festhalle, o maior número deles em uma reunião anual do Deutsche.[2] As mesas de bufê estavam cheias de linguiças, salada de batatas e mais de 11 mil sanduíches.[3] Uma cabine oferecia fotos de lembrança caso algum acionista quisesse levar para casa uma memória de seu dia com o Deutsche. O banco havia impresso pilhas de uma revista brilhante para comemorar a década de Joe Ackermann como CEO. Ela possuía fotos com ele ao lado de líderes mundiais — do outro lado da mesa de Vladimir Putin, dançando com Christine Lagarde, sorrindo para Angela Merkel, sentando-se com um impassível Mikhail Gorbachev — e citações de acadêmicos, jornalistas e dignitários internacionais. "A sua habilidosa liderança do Deutsche Bank em épocas de dificuldades financeiras foi uma inspiração para a comunidade financeira mundial", disse Henry Kissinger. "Quando Joe se aposentar, em maio, ele vai deixar o conhecimento de que o Deutsche Bank está bem preparado para enfrentar o futuro com confiança."

Essas elites estavam completamente desconectadas com a raiva que grande parte do público continuava a sentir dos bancos e de seus líderes. Especialmente na Alemanha, os problemas cada vez mais severos do Deutsche eram bem conhecidos. Fora do Festhalle, manifestantes vestindo ternos entoavam sobre os "porcos banqueiros".[4] Alguém jogou água de esgoto perto da entrada do saguão, esperando que os executivos e acionistas do banco tivessem que passar por ela ao entrar.

O descontentamento deles era justificado. A má gestão imprudente do Deutsche era ruim para seus acionistas, mas era perigosa para o resto do mundo. Isso sem falar da campanha do Deutsche para reduzir as regulamentações e afastar os promotores, táticas que minavam a capacidade dos vigilantes financeiros de policiar o sistema bancário. Se os problemas em um banco do tamanho do Deutsche aumentassem, a empresa não iria apenas entrar em colapso — ela levaria consigo outros grandes bancos. Apenas alguns anos depois de uma crise financeira global, ninguém precisava ser lembrado de como essa cadeia de eventos se desenrolaria. Ondas de choque causadas pela implosão do banco ricocheteariam em todo o mundo, causando grande prejuízo para a economia nacional e para a carteira de todos.

Quando Ackermann subiu no palco do Festhalle, foi saudado com vaias e insultos esparsos. Os acionistas não estavam felizes com seus investimentos dizimados — diminuíram mais de 75% desde o seu pico, há cinco anos (e é claro que eles não sabiam que o banco estava montado em cima de bilhões de dólares de perdas escondidas em derivativos, como Ben-Artzi e seus colegas contaram para a SEC). O rosto de Ackermann foi projetado em uma grande tela de vídeo na frente do Festhalle, além do slogan oficial do banco: *Leistung aus Leidenschaft* ("Paixão por Realizar"). Ackermann — com cabelos grisalhos e olheiras após uma década administrando o banco — não tinha nenhum sinal de remorso. "Eu fiz meu trabalho e servi a empresa com todas as minhas forças",[5] ele salmodiou.

Ackermann passou um ano fazendo campanha para implantar Axel Weber, chefe do banco central da Alemanha e um dos principais reguladores do Deutsche, como seu sucessor no cargo de CEO (a essa altura, o Deutsche já era especialista nos benefícios da porta giratória). Weber parecia preparado, mas após uma batalha o conselho acabou por rejeitar a sugestão de Ackermann e escolheu Anshu Jain e Jürgen Fitschen, um banqueiro alemão de longa data, como os próximos líderes (Anshu garantiu esse resultado ameaçando sair da empresa se não conseguisse o cargo). Sua parceria com Fitschen — e o fato de que haveriam dois CEOs e não apenas um — representava um acordo no conselho entre facções alinhadas com a divisão de banco de investimentos e com os tradicionalistas alemães.

Ackermann não escondeu o fato de que não estava muito animado sobre seus sucessores. Ele temia que Jain não tivesse o carisma e a reputação internacional para fazer o papel de diplomata de que Ackermann tanto gostava. Além disso, ele culpava Anshu por grande parte dos problemas que o banco enfrentava na época, incluindo o padrão inconfundível do banco de investimentos com seus comportamentos extremos.[6] No seu discurso em Festhalle, ele praticamente não mencionou seus dois sucessores, expressando apenas seu desejo de que eles pudessem "construir em cima do que alcançamos juntos".

Conforme Ackermann continuava, Jain retirou um iPad de sua mochila e parecia estar distraído.[7] A essa altura, nada que Ackermann pudesse falar poderia obstruir sua ascensão ou mudar o fato de que ele seria o primeiro não europeu, o primeiro não branco a administrar essa instituição de 142 anos. Esse foi o culminar de décadas de ambição. Ele ajudou a construir algo do zero e agora estava cumprindo o destino de Edson. A coroa pertencia a ele, ou, pelo menos, metade dela. Do ponto de vista de Anshu, Jürgen seria o rosto público do banco na Alemanha enquanto ele, Anshu, seria o responsável por controlar as operações diárias. Para celebrar, ele comprou para seu pai um BMW X5 prateado.

Jain tinha muitas razões para se orgulhar de sua ascensão. Ele havia percorrido um longo caminho desde que era o jovem comerciante muito geek para um trabalho no Goldman. Agora ele possuía o brilho polido e superior de um político realizado. Ele falava com confiança. Suas gravatas Hermès estavam sempre apertadas com laços orgulhosos e grandes. Ele se mudou para um apartamento de luxo em um bairro rico de Frankfurt, com uma placa de ouro gravada com a letra *J* servindo como única pista de quem seria o dono.[8] Agora ele era algo além de um indivíduo; ele era o rosto de uma instituição.

Essa metamorfose não ocorreu de maneira orgânica. Ele estudou um livro sobre a governança corporativa alemã. Ele embarcou em uma turnê em estilo de campanha para escutar os outros por toda a Alemanha. Cada um dos principais executivos do banco foi alinhado com um coach de liderança que atuava como um conselheiro pessoal e o coach de Jain o ensinou a sutil arte de portar-se como um executivo-chefe (alguns executivos chegaram a suspeitar que os coaches estavam atuando como espiões, relatando seus segredos para Anshu).

Nenhuma aula no mundo, entretanto, poderia mudar o fato de que Anshu não falava alemão (ele participou de algumas aulas, sem muito sucesso) e que não era branco. Antes de se tornar CEO, Anshu consultou um político alemão sênior. "Eu quero que você faça uma coisa, Sr. Jain", disse o político, "aprenda alemão". Anshu riu, apontando que todo mundo que ele conhecia em Frankfurt e Berlim falava um inglês impecável. "Nenhuma decisão é feita em inglês", respondeu o político.

Mesmo se Anshu tivesse aprendido o idioma, o establishment alemão ainda o teria menosprezado. A mídia local insistia em apontar, praticamente em todas as notícias, que ele era indiano. Às vezes, o rótulo era flagrantemente racista, como o "indiano viciado em bonds" do *Economist*. Anshu escolhia dar a outra face, mas seus colegas perceberam que esses preconceitos dificultariam a administração eficaz do banco. Fitschen, em tom de desculpa, explicou para um de seus colegas que os alemães não tinham bons olhos para os estrangeiros do setor bancário. Isso era verdade antes da ascensão dos nazistas, quando os judeus dominavam a cena bancária do país — e depois foram removidos dela — e continuava sendo verdade agora, mesmo que ninguém ousasse admitir.

Jain também não estava preparado para a árdua tarefa diária de administrar um vasto empreendimento, antecipar mudanças econômicas e políticas antes que acontecessem e nem para tomar difíceis decisões como o co-CEO de uma empresa e não só líder de uma divisão. O principal problema é que as finanças do Deutsche iam de mal a pior. O banco estava completamente dependente de empréstimos, um grande sinal de perigo para investidores e reguladores que assistiram durante a crise como financiamentos aparentemente seguros podem dar errado em um piscar de olhos. A mais clara representação disso era a taxa de capital do Deutsche — uma medida do quanto o balanço da empresa é apoiado pelo patrimônio e não por empréstimos, que são muito mais arriscados — que, em pouco mais de 6%, representava metade da média da indústria na época. O banco tinha centenas de bilhões de dólares em ativos de alto risco e de difícil venda que estavam gerando grandes perdas e não tinham fim à vista. Para piorar as coisas, a dinâmica de toda indústria bancária no momento em que Jain e Fitschen assumiram estava mudando completamente. Os reguladores norte-americanos e de outros lugares, internalizando as lições aprendidas com a crise financeira, estavam tornando os negócios feitos com fundos emprestados, e apostas feitas com o dinheiro do banco (ou dos depositantes), muito menos lucrativos. Isso representava uma grave ameaça para uma instituição como o Deutsche, cujas fortunas dependiam de empréstimos e cujos lucros vinham, em grande parte, de proprietary trading. Na verdade, o banco já estava vendo suas finanças entrarem no vermelho. O modelo de negócios do Deutsche precisaria mudar radicalmente.

Anshu, que havia trabalhado praticamente toda sua carreira com vendas e negociações, não estava pronto para essa mudança sísmica. Sua primeira prioridade era colocar sua equipe em posições de poder do banco. Assim que ficou claro que ele se tornaria CEO, os discípulos de Ackermann, incluindo Bänziger, foram informados de que eles deveriam esvaziar os escritórios até o dia da reunião anual. Essas acomodações espaçosas seriam agora ocupadas por executivos que estavam ao lado de Jain desde a época do Merrill Lynch. Cercar-se de pessoas leais é um impulso compreensível, mas isso significava que alguns executivos repentinamente tornaram-se responsáveis por áreas muito diferentes de suas habilidades.

Henry Ritchotte foi nomeado diretor de operações, encarregado, entre outras coisas, do emaranhado dos sistemas de tecnologia do banco — algo no qual ele não tinha experiência alguma. Michele Faissola ficou responsável pelos serviços de administração de patrimônio e ativos do banco em nível mundial, um trabalho para o qual ele não tinha nenhuma qualificação específica. Para o cargo de diretor de risco de Bänziger, Anshu escolheu Bill Broeksmit. Inicialmente, Broeksmit temeu ficar sobrecarregado, mas Jain garantiu que ele seria ótimo no cargo e Broeksmit relutantemente aceitou. Essa função era um verdadeiro salto da sua função atual: chefe de otimização de riscos dos portfólios no banco de investimentos. Como diretor de risco, ele seria responsável pela administração de riscos em toda a empresa e não apenas na divisão de banco de investimentos. Ele também faria parte do lendário vorstand, agora simplesmente conhecido como conselho administrativo.

Depois que a promoção de Broeksmit tornou-se pública, o Deutsche decidiu que poderia ser uma boa ideia administrá-la pela BaFin, que tinha o poder, de acordo com a lei alemã, para vetar tais apontamentos seniores. Broeksmit foi enviado para Bonn, onde ficava a BaFin, para ser entrevistado por reguladores seniores. As coisas não deveriam ter acontecido assim; tradicionalmente, os bancos davam à BaFin um aviso antes de finalizar grandes promoções.[9] Dessa forma, se os reguladores tivessem alguma objeção, elas poderiam ser mencionadas e, caso não pudessem ser solucionadas, o apontamento seria cancelado silenciosamente antes que se tornasse público.

Anshu imaginou que a BaFin fosse aprovar o apontamento. Nem ele e nem Bill perceberam que, por trás dos bastidores, Hugo Bänziger, furioso por não ter sido apontado como CEO e insultado pela maneira brusca como teve de sair quando a nova equipe assumiu, estava tramando. Ele passou meses falando nos ouvidos dos grandes oficiais da BaFin, avisando-os de que Jain estava perdido e que estava se cercando de companheiros inexperientes, que Broeksmit não tinha as habilidades necessárias para administrar uma operação de administração de risco em nível global tão grande e complexa como essa. O mais surpreendente em tudo isso é que Bill e Hugo eram amigos. Em 2006, por exemplo, Bill e Alla estiveram presentes no aniversário de 50 anos de Hugo em um imóvel de luxo na zona rural britânica, dançando até tarde da noite. Mas a amizade de longa data estava abaixo da prioridade máxima de Bänziger, que era prejudicar Jain. E não tinha forma melhor de fazer isso do que derrotá-lo publicamente e, ao mesmo tempo, privá-lo da experiência de Broeksmit.

A campanha de sabotagem de Bänziger funcionou. A BaFin, há muito nas mãos do Deutsche, começou a perceber que, se havia alguma esperança de afastar as autoridades estrangeiras, ela precisava começar a policiar o banco e mostrar resultados ao público. Depois da entrevista de Broeksmit em Bonn, a BaFin retornou: ele era inaceitável como diretor de risco e, portanto, sua promoção foi cancelada.

Foi a primeira vez que Bill sentiu a dor da humilhação pública. A promoção havia chamado uma atenção considerável da mídia especializada. Os e-mails e telefonemas congratulatórios surgiram durante todo o mês. Agora ele precisava explicar, várias e várias vezes seguidas, que o cargo foi revogado. Ele ligou para sua mãe e enviou uma mensagem por voz. "O que vem fácil, vai fácil", disse a ela, tentando soar indiferente. Quando seu irmão Peter ouviu a mensagem, sabia que Bill estava sofrendo. "Não dá para esconder a dor", disse ele a Bill em um e-mail. Broeksmit disse a John Breit, o antigo gerente de risco do Merrill, que sabia que deveria estar aliviado considerando todas as dores de cabeça e azia relacionadas a esse trabalho tão estressante, "mas quando comecei a pensar no trabalho, eu gostei da ideia". Anshu pôde perceber que ele estava devastado.

O pior ainda estava por vir.

CAPÍTULO 18

LIXÃO

Perto do final de 2012, o terrível padrão de seleção e rejeição se repetiu. Anshu propôs a Bill administrar a divisão do Deutsche conhecida como não essencial — parte do banco montada para se livrar das montanhas de ativos que perdiam valor, incluindo seus derivativos mal avaliados. O trabalho não era glamouroso, mas era fundamental para as perspectivas da empresa. Mais uma vez, a BaFin recusou.

Perdendo outro grande cargo, Broeksmit foi relegado para o conselho de uma obscura entidade legal norte-americana — Deutsche Bank Trust Company Americas ou DBTCA. Essa era a casca corporativa do antigo negócio do Bankers Trust e estava sendo usada desde então como um lixão para negócios desagradáveis. As negociações com evasão fiscal feitas com a Renaissance Technologies ocorreram por meio dessa entidade, bem como os empréstimos feitos para Donald Trump. Os executivos em Londres e Frankfurt não prestavam muita atenção no que acontecia dentro dessa esquisita unidade. Na verdade, ninguém prestava atenção: a DBTCA tinha pouco mais de cem funcionários, em comparação com as dezenas de milhares das outras divisões, e não possuía um diretor financeiro ou departamento de risco. Ainda assim, ela havia se tornado uma importante holding, pela qual passavam todas as transações dos negócios norte-americanos.

Na última década, as operações norte-americanas do banco foram administradas por Seth Waugh, a quem alguns subordinados ridicularizavam, chamando de peso-leve. Waugh certamente não era suficientemente atento sobre o que acontecia na sua divisão, preferindo passar seu tempo interagindo no campo de golfe e promovendo a marca do Deutsche em vez de lidar com tarefas administrativas mundanas, porém importantes.

Em 2012, com Jain e Fitschen prontos para assumir as rédeas, Waugh decide se afastar. Ele disse aos seus companheiros que Jürgen era uma boa pessoa, mas que Anshu não era confiável. O sucessor de Waugh como CEO do negócio norte-americano era um veterano banqueiro de investimentos chamado Jack Brand e tanto ele quanto Waugh recrutaram Broeksmit para o conselho da DBTCA em uma tentativa de melhorar o banco de talentos da divisão. Brand não conhecia Broeksmit muito bem, mas conhecia sua reputação: uma mente afiada, um homem honesto e um bom rapaz. Bill aceitou o cargo, dizendo a Jack que teria uma desculpa para voltar até Nova York com mais frequência e visitar suas filhas.

Broeksmit e Brand impressionaram-se com o que encontraram dentro da DBTCA. Alguns dos problemas eram idiossincráticos, como o banqueiro de investimentos que foi pego recebendo suborno de uma empresa de serviços automotivos em troca de negócios extras com o banco. Outros problemas eram existenciais. Reguladores estaduais e federais estavam de olho na entidade e assim estiveram durante uma década — ainda assim, o Deutsche não fez nada para lidar com as preocupações deles, como se o banco estivesse determinado a ver quanto tempo conseguiria continuar com suas más práticas até alguém realmente pegar pesado com ele. O relacionamento deles com a Reserva Federal, em especial, era terrível.

Reguladores temiam que a DBTCA não tivesse nenhum sistema para garantir que seus funcionários seguissem a lei. Também se preocupavam com a possibilidade de a DBTCA não ter meios de descobrir suas próprias finanças e muito menos para garantir a segurança delas. Sua tecnologia ainda era da época do Bankers Trust. Muitos dos funcionários dependiam de versões muito antigas do Lotus Notes, enquanto outros adicionavam manualmente detalhes de transações em planilhas do Excel; nada era automatizado. Quando você puxava os dados financeiros do banco em um computador, cada um dos sistemas revelava números diferentes. A bagunça tecnológica era tanta e os relatos financeiros da DBTCA eram tão confusos que ninguém entendia os números subjacentes. Oficiais do departamento de compliance por vezes recorriam aos executivos para fazer verificações manuais dos seus volumosos dados de negociações para garantir que estava tudo de acordo com a lei.

Tudo isso representava um grande problema e não apenas para a DBTCA. Uma vez que ela era o principal veículo para as operações do Deutsche nos Estados Unidos, a entidade tinha o potencial de colocar todo o banco em sérios apuros. No pior cenário possível — e que alguns executivos imaginavam como um cenário plausível — os agentes federais ficariam tão furiosos que o Deutsche poderia ser expulso da maior economia do mundo.

O mandato de Broeksmit — além de continuar o seu trabalho de otimização de risco em Londres — seria ajudar a limpar essa bagunça. Ele confidenciou para Alla que, após ter sido humilhado pela BaFin, ele esperava que aceitar esse cargo ingrato pudesse restaurar um pouco de seu status perdido.

Na mesma época em que aceitou o emprego na DBTCA, Bill voltou a entrar em contato com o filho de Edson, Scott Mitchell. Eles não se falavam há anos, sua relação fora afetada pelo apoio que Estelle recebeu de Broeksmit, algo que a família Mitchell via como um imperdoável ato de deslealdade. Entretanto, mais de uma década havia passado e Scott percebeu que a vida era muito mais complicada do que ele imaginava quando adolescente. Era hora de seguir em frente.

Na primavera de 2012, Scott estava em Londres e visitou Anshu. A foto emoldurada de Edson estava agora empoleirada no topo de uma estante de livros, logo acima da parafernália de críquete de Jain. Ao final da reunião, quando Scott se levantava para sair, Anshu sugeriu que talvez fosse hora de reacender a velha amizade entre Mitchell e Broeksmit, oferecendo um assistente para organizar um encontro. Scott concordou e Anshu organizou um almoço para Scott e Bill em um restaurante indiano de Londres que fazia parte do guia Michelin.

Quando chegou o dia, Scott desmarcou em cima da hora. Ele foi dominado por uma ansiedade sobre ver Tio Bill, um homem que ele foi treinado para praticamente adorar, e preocupava-se com sua reação quando ele descobrisse que Scott nunca havia conseguido muita coisa profissionalmente. Scott sabia que em certas situações — parcialmente graças a sua aparência física e parcialmente graças ao magnetismo de Edson ainda exercer sua influência — as pessoas viam seu pai nele; ele podia ver o olhar delas, o desejo em suas vozes e isso o deixava infeliz.

Alguns meses depois, Scott e Bill tentaram novamente. Dessa vez, foi o assistente de Broeksmit que convenceu ambos. Depois de muitas tentativas de reagendamento por parte dos dois, a filha de Bill, Alessa, assumiu o controle e reservou uma mesa em um caro restaurante japonês, 15 East, no Union Square, em Nova York. Alessa planejava ir para o jantar e, uma vez que Bill teria uma mulher para acompanhá-lo, Scott decidiu levar uma também. Scott chamou sua irmã mais nova, Ellen, que morava em Nova Jersey. Ele viajou para a reunião.

Fazia 12 anos desde que Scott e Bill se viram pela última vez. Scott de fato era o pai, cuspido e escarrado, apesar de um pouco mais baixo e um pouco mais ruivo. Bill ergueu-se para cumprimentá-lo quando viu Scott aproximando-se da mesa. "É o Edson, porra!" disse Alessa abruptamente. Tentando acalmar-se, Scott bebeu várias doses no hotel antes de ir ao jantar e agora estava bêbado e suando. Quando o grupo se sentou a uma mesa de madeira polida, levou algum tempo até que os dois tímidos homens pudessem se abrir. Bill escolheu um bom vinho e, quanto mais os dois bebiam, mais a tensão se dispersava. Scott imitou Anshu dizendo que ele não havia cumprido suas expectativas: "Você é muito inteligente e talentoso", disse ele com um falso sotaque indiano. "Como podemos fazer você se comportar como tal?" Broeksmit adorou. Logo ele e Scott faziam comentários sobre a indústria bancária e sobre política. Bill acendeu, como se uma conexão elétrica há muito cortada tivesse sido enfim soldada. Com o fim do jantar, Alessa falou em particular com Scott. "Esse é meu pai", sussurrou ela, apontando na direção de Bill. "Não vejo meu pai assim desde Edson."

Mais tarde naquele verão, Bill e Alla convidaram Scott para a casa deles no Maine. Eles passaram o dia bebendo e relembrando do passado, com o antigo laço entre as famílias agora restaurado. Broeksmit brincou sobre como evitou uma enrascada ao não ficar com o cargo de diretor de risco. Ele disse também que estava pensando em uma terceira e última aposentadoria, perguntou sobre planejamento imobiliário e continuou falando sobre o quanto ainda sentia falta de Edson.

Scott era um grande estudioso da indústria bancária, especialmente quando o assunto era a instituição que seu pai ajudou a construir. Ele perguntou para Bill o que teria acontecido com o Deutsche se Edson ainda estivesse vivo. Estaria o banco melhor ou pior hoje em dia? Bill fez uma pausa por um momento, puxando sua sobrancelha como costumava fazer quando estava refletindo. "Nós teríamos feito menos dinheiro durante o boom", respondeu ele. "Mas também perderíamos menos dinheiro durante a crise."

CAPÍTULO 19

5.777 PEDIDOS DE INFORMAÇÃO

Em fevereiro de 2013, após a distribuição dos bônus anuais, Broeksmit perguntou a Anshu se eles poderiam ter uma reunião. Ele informou ao CEO — seu colega, ainda que de forma intermitente, durante mais de 20 anos — que estava pronto para se aposentar, dessa vez definitivamente. Ele estava cansado e desanimado. Bill disse para Anshu que não estava contribuindo tanto quanto poderia dentro do banco.

Essa era a última coisa que Anshu precisava naquele momento. Os primeiros meses de Jain e Jürgen Fitschen no trabalho foram, na melhor das hipóteses, turbulentos. O Deutsche estava tendo um verdadeiro vazamento de dinheiro, com várias divisões perdendo centenas de milhões de dólares. Em dezembro, mais de 500 agentes governamentais em vans e helicópteros da *polizei* invadiram os dois arranha-céus do banco, ocupando o saguão e vasculhando as instalações em busca de evidências de que o banco havia cometido evasão fiscal por meio do seu esquema fraudulento de emissões de licenças — esquema esse que foi desmantelado por Rod Stone alguns anos atrás (os alemães haviam mudado as leis para impedir o golpe, mas só agora estavam indo atrás dos criminosos). Com a ajuda de Stone, a polícia alemã havia desembaraçado uma complexa fraude tributária internacional. No dia da incursão, em dezembro, a polícia, liderada pelo principal promotor de Frankfurt, levou cinco funcionários do banco sob custódia; mais de duas dúzias dos oficiais do Deutsche seriam investigados, incluindo Fitschen, que atestou a precisão das declarações fiscais fraudulentas do banco em 2009.[1] Pouco mais de uma semana depois, outra incursão policial na sede deixou ainda mais claro que o Deutsche possuía um grande alvo nas costas.

Quando Broeksmit declarou que estava pronto para jogar a toalha, Jain ficou muito abalado. Ele pediu para Bill, um de seus tenentes mais confiáveis e antigos, continuar por pelo menos alguns meses e permanecer perpetuamente como um membro do conselho da DBTCA. Broeksmit cedeu, representando uma pequena vitória para Anshu. As coisas, entretanto, estavam prestes a piorar.

As maiores preocupações eram financeiras. Ackermann saiu do banco em alta, com muitos líderes alemães saudando-o como o melhor banqueiro de sua geração (pouco depois de sua saída do Deutsche, o Institute of International Finance, que havia alcançado um poder incomparável durante sua liderança, deu uma festa em um antigo castelo nos arredores de Copenhague, com direito a canhões e garçons em trajes medievais). Muitas pessoas não perceberam que o Deutsche estava em pedaços e isso porque a verdadeira saúde de um banco não era medida pelos seus lucros trimestrais. Os números que realmente importam são dígitos complicados que medem a dependência da empresa ao dinheiro resultado de empréstimos (a taxa de alavancagem) em oposição ao dinheiro injetado pelos acionistas em troca de patrimônio líquido (como medido pela taxa de capital nível 1) e a pilha de instrumentos financeiros potencialmente perigosos e de difícil venda (seus ativos de nível 3). Para o Deutsche, essas métricas estavam todas na zona de perigo, sejam muito altas ou muito baixas. Não havia uma forma indolor de tratar esse assunto. Emitir novas ações ou pedir mais dinheiro para os investidores existentes seria agonizante para os acionistas cujos investimentos já tinham sido derrubados. Se livrar dos ativos indesejados no valor de US$150 bilhões era definitivamente a coisa certa a se fazer, mas seus valores reduzidos significavam que o banco precisaria absorver grandes perdas — possivelmente na faixa dos bilhões de dólares — ao vendê-los. Em vez de arrancar esse curativo de uma vez, Jain moveu-se cautelosamente, adiando a limpeza.

Enquanto isso, um diferente tipo de crise estava se desenvolvendo. Autoridades governamentais estavam finalmente percebendo a tendência do Deutsche de priorizar lucros em detrimento da ética. Os problemas começaram na Toscana. Um funcionário do banco de investimentos do Deutsche não gostou do que viu nas transações com o Monte dei Paschi — parte de um padrão, imaginou ele, de o banco agir de forma imprudente e beligerante em todo o mundo. Após sair do banco, ele foi responsável por vazar resmas de papeladas sobre as transações italianas para jornalistas e reguladores. Quando o *Bloomberg News* divulgou a história sobre como o Deutsche supostamente estava ajudando a esconder perdas dentro do banco mais antigo do mundo, o Paschi entrou em pânico. Os investidores correram para vender suas ações e as autoridades italianas abriram investigações criminais e cíveis, incluindo sobre a participação do Deutsche na venda do que pareciam ser derivativos enganosos. O assustador para Anshu foi que o Deutsche, após o sucesso inicial da transação com o Paschi, estava realizando transações similares para bancos em países como Brasil e Grécia.

Justo quando Broeksmit revelou para Jain que estava se aposentando do trabalho em tempo integral no banco (ele deixou aberta a possibilidade de atuar em uma função de meio período com horário reduzido), a polícia italiana que investigava as transações invadiram a casa na cidade de Siena de David Rossi, o diretor de comunicações do Paschi. Magro e estiloso, Rossi era mais do que porta-voz do banco: ele era um executivo sênior, que criava estratégias e fornecia serviços financeiros pessoais para alguns dos clientes do banco. Duas semanas após a incursão policial, em uma tardinha chuvosa em março de 2013, Rossi caiu da janela de seu escritório de quatro andares na sede do Paschi. Durante, pelo menos, uma hora seu corpo permaneceu no pátio, com espasmos ocasionais, até finalmente parar. A morte — na época, as autoridades locais afirmaram ter sido um suicídio — de um executivo sênior em um banco que estava na mira do governo foi parar nas manchetes de todo o mundo e levou as investigações do Paschi e do Deutsche para outro nível.

Naquele verão, o Deutsche produziu um relatório interno confidencial sobre suas recentes interações com autoridades governamentais ao redor do mundo.[2] Nos primeiros 8 meses de 2013, o banco registrou 5.777 pedidos de informação de reguladores — uma média de um pedido por hora, muito mais do que o banco recebeu no ano anterior. "O restante de 2013 não tem nenhum sinal que indique uma redução do escrutínio regulatório", previu a nota.

Tudo que poderia dar errado parecia dar errado. Em agosto, a Chicago Mercantile Exchange identificou 46 instâncias nas quais o Deutsche violou regras técnicas sobre a comercialização de derivativos. A Commodity Futures Trading Commission, outra reguladora de derivativos, "entregou fortes mensagens e salientou a urgência de remediar as repetidas descobertas e a necessidade de ação imediata", de acordo com as notas do banco. A Reserva Federal, responsável por policiar a DBTCA, estava especialmente mal-humorada. A Fed "mudou significativamente seu tom, enviando fortes mensagens sobre a urgência em concluir questões pendentes de remediação", a nota disse, referindo-se à longa lista de itens que o banco deveria corrigir. Uma das maiores preocupações do banco central era a integridade dos dados financeiros que a DBTCA fornecia para a Fed e que a Fed, por sua vez, tornava público. Alguns desses dados pareciam estar errados e agora a Reserva Federal estava na posição constrangedora de ter disseminado publicamente números incorretos.

As coisas não pararam por aí. Houve uma intensificação da investigação de evasão fiscal conduzida por Bob Roach no Senado. Também havia as alegações, agora sob investigação do banco central da Alemanha e da Comissão de Títulos e Câmbio dos Estados Unidos, de que o Deutsche havia deliberadamente ocultado grandes perdas durante a crise financeira, inflando os valores dos derivativos em bilhões de dólares (foi isso o que Eric Ben-Artzi relatou para a SEC). Reguladores começaram a entrevistar antigos funcionários do banco e alguns disseram que tinha uma pessoa que eles realmente precisavam procurar, uma pessoa que entendia sobre derivativos e que também era mais honesta que qualquer outra entre os executivos do banco: Bill Broeksmit.[3]

O Departamento de Justiça dos Estados Unidos também estava atrás do Deutsche em várias frentes. Os promotores federais moveram uma ação contra a MortgageIT, buscando uma indenização de US$1 bilhão por "anos de empréstimos imprudentes" e desonestidade — uma situação que não deveria ser surpresa, mesmo com base na escassa diligência realizada pelo Deutsche antes da aquisição. O Departamento de Justiça também estava examinando os títulos hipotecários vendidos pelo Deutsche em todo mundo.

E, por fim, havia também a Libor. Nos Estados Unidos e no exterior, promotores encontraram pilhas de evidências — os negociadores arquitetaram muitos de seus crimes por escrito. O Deutsche trouxe auditores de fora para olharem cuidadosamente e eles descobriram que Christian Bittar e sua equipe estavam em uma grande campanha de manipulação da taxa de juros. Algumas semanas após o banco receber pedidos de documentos emitidos pelas autoridades norte-americanas, Bittar foi transferido para Singapura — uma coincidência e tanto, como alguns reguladores mais tarde observaram (em 2018, ele foi condenado por fraude e sentenciado a mais de 5 anos na prisão[4]).

Em uma sexta-feira à tarde, o diretor de operações do Deutsche, Henry Ritchotte, pediu ao departamento jurídico do banco algumas caixas da evidência sobre a Libor: transcrições de bate-papos internos e gravações telefônicas, registros comerciais e e-mails. Ritchotte pediu para que Broeksmit fosse até seu escritório e os dois sentaram-se naquela tarde e durante boa parte do fim de semana para examinar todo aquele maldito material. Ritchotte, que falava um francês fluente, traduziu as comunicações de Bittar para Broeksmit. Na manhã de segunda-feira, eles sabiam que o Deutsche estava com sérios problemas.

O negócio russo no qual o Deutsche embarcou com a aquisição do United Financial tornou-se um expansivo empreendimento. Seu escritório em Moscou, localizado em um prédio de vidro de 8 andares perto do rio Moscou, possuía centenas de funcionários e conseguia quase US$200 milhões anuais em receitas.[5] Claro, algumas de suas atividades ainda deixavam os executivos do Deutsche desconfortáveis — eles realmente queriam se misturar com oligarcas? —, mas tais apreensões eram aliviadas pelos lucros.

Então veio a crise financeira de 2008. As receitas geradas na Rússia diminuíram pela metade. Para acelerar as coisas, o Deutsche usou meios corruptos para fechar negócios com o Kremlin. Em um desses casos, o banco contratou a filha do vice-ministro das finanças da Rússia — um acordo que teve a benção dos principais executivos em Moscou e Londres. O trabalho rapidamente deu frutos, com o ministro recompensando o Deutsche com uma posição lucrativa em uma oferta de bonds russos multibilionários. No ano seguinte, o banco deu uma série de cargos temporários para o filho de um executivo sênior de uma empresa estatal da Rússia.[6] O filho teve um mau desempenho — o departamento de RH do Deutsche observou que ele não estava aparecendo no trabalho e que trapaceou em um exame —, mas o banco conseguiu um trabalho com a empresa do pai.

A maior ação foi a elevação de Andrey Kostin Jr., que se mudou do escritório do Deutsche em Londres para a filial de Moscou. Com seu cavanhaque e penetrantes olhos negros, Kostin Jr. foi promovido em 2009 para o cargo de executivo sênior, ajudando a expandir as vendas do Deutsche e a comercialização das ações e dos títulos russos. Ter um funcionário com o sobrenome Kostin oferecia um imensurável benefício na Rússia de Putin e choveram negócios no Deutsche com acordos feitos pelo VTB Bank, ainda administrado por seu pai e vinculado ao aparato de inteligência do Kremlin. "Nós achamos a natureza e concentração dos negócios do banco com o VTB bastante irritantes",[7] disse na época o presidente do escritório de Moscou do Goldman Sachs para o jornalista Luke Harding. "Ninguém além deles podia tocar no VTB."

No começo de 2011, Kostin Jr. foi promovido uma vez mais — agora para a administração de toda operação de Moscou do Deutsche Bank. Ele relatava para o presidente nacional do banco, Igor Lojevsky, que era o sucessor de Charlie Ryan no cargo. Lojevsky se vestia de um jeito chamativo e seu estilo administrativo agressivo e em favor dos riscos — além do fato de que alguns de seus parentes conseguiram cargos no banco — preocupava alguns de seus colegas.

Nessa mesma época, o Deutsche estava mais uma vez lavando dinheiro para seus clientes russos. A ordem contra a lavagem de dinheiro imposta pela Reserva Federal e pelos reguladores de Nova York em 2005 foi revogada em 2008 e o

Deutsche rapidamente voltou para suas antigas práticas. Os participantes apelidaram o último esquema — de forma nada criativa — de Lavanderia, e os criminosos russos, alguns com laços no Kremlin, usavam desse esquema para tirar o dinheiro da Rússia e colocá-lo no sistema financeiro europeu. O Deutsche era uma parte crucial da Lavanderia, processando transações transfronteiriças para bancos que eram pequenos demais para ter escritórios em outros países (O Deutsche era legalmente obrigado a examinar as fontes do dinheiro que ele estava ajudando os credores locais a transferir, mas isso raramente acontecia). O Deutsche Bank ajudou esses pequenos bancos a transferir o dinheiro recém-lavado por todo o mundo em nome dos russos, recebendo um pequeno valor por transação. Em 2014, dezenas de bilhões de dólares circularam pela Lavanderia e os escritórios de Moscou do Deutsche estavam conseguindo os lucros desesperadamente necessários.[8]

As coisas pareciam ir bem até um sábado ensolarado em julho de 2011. Kostin Jr. estava dirigindo um quadriciclo em uma floresta nos arredores da cidade russa de Iaroslav, quando o veículo de quatro rodas caiu em uma vala e colidiu com uma árvore. Kostin Jr. morreu e, dessa forma, a vantagem interna que o banco tinha na Rússia foi atenuada, talvez até destruída.

Como o Deutsche Bank se recuperaria? Mais ou menos no mesmo período, um grupo de funcionários de Moscou, liderados por um jovem e belo norte-americano chamado Tim Wiswell, montou um novo esquema para revigorar as coisas.[9] Wiswell havia começado sua carreira no United Financial, lentamente subindo de cargo.[10] Em 2008, o Deutsche promoveu o rapaz de 29 anos — Wiz, como o chamavam, era um ávido marinheiro e esquiador — para ser chefe do patrimônio líquido russo. Sua equipe agora criava um plano para ajudar os russos a tirar seu dinheiro do país secretamente.[11] O cliente russo daria seu dinheiro para uma corretora russa; a corretora então compraria ações blue chips do escritório de Moscou do Deutsche, pagando em rublos.[12] Em seguida, a mesma corretora — fazendo uso de uma entidade legal incorporada em uma jurisdição com pouca transparência financeira, como o Chipre — venderia a mesma quantidade de ações de volta para a divisão de Londres do Deutsche, que pagaria a corretora russa em dólares. As vendas de ações se anulariam, mas agora o dinheiro estaria em dólares e não em rublos. Esses dólares seriam transferidos para uma conta bancária no Ocidente sob o nome do cliente russo. Uma vez que esses dois procedimentos eram imagens refletidas um do outro, essas transações ilícitas ficaram conhecidas como *mirror trades* [*negociações espelhadas*].

Os colegas entenderam que Wiz tinha a benção de seus superiores, que vez ou outra o pressionavam para cobrar taxas mais altas por essa oferta única. Conforme a notícia sobre esse valioso serviço de lavagem de dinheiro se espalhava, os escritórios de Moscou do Deutsche se tornavam um destino obrigatório para os russos com negócios ilícitos. Ao longo dos anos seguintes, milhares de mirror trades, representando mais de US$10 bilhões, foram realizadas de Moscou para Londres, então processadas pela DBTCA em Nova York, onde o dinheiro era convertido em dólares, e então para o Chipre ou outras partes da Europa.[13] Entre os clientes estavam parentes e amigos próximos de Putin.[14] Os lucros começaram a surgir e Wiz começou a festejar com sua equipe, às vezes com o dinheiro do banco, em excursões de heli-ski ou paraquedismo, sem mencionar as noites cheias de vodca nos sofisticados bares e clubes de strip-tease de Moscou. "Nós vivíamos como estrelas do rock",[15] escreveu um dos colegas de Wiz.

Em um banco bem administrado, qualquer quantidade de sinais de aviso teria alertado os funcionários de compliance que algo estava acontecendo. Havia o fato de que as transações eram precisamente iguais, exceto pela moeda utilizada. Havia o fato de que muitos dos clientes que o banco estava servindo tinham um histórico de problemas legais e, em alguns casos, esses problemas eram tão públicos que até a mídia rigidamente controlada da Rússia já havia publicado artigos sobre eles (quem fizesse uma simples pesquisa no Google teria encontrado os artigos). Havia também o fato de que o volume de negócios que o banco estava realizando na Rússia — um país notório pelo seu crime organizado e pelo roubo sancionado pelo estado — subiu rápida e repentinamente.

Mas o Deutsche não era um banco bem administrado. Os seus sistemas de computador em Moscou, Londres e Nova York não se comunicavam entre si, o que nesse caso tinha o conveniente efeito de disfarçar as semelhanças no tamanho e na data de muitas das mirror trades. Em Moscou, um único advogado sem nenhuma experiência no departamento de compliance servia como diretor local de conformidade, diretor jurídico e oficial chefe de combate à lavagem de dinheiro do Deutsche.[16] Os procedimentos de diligência do banco por lá consistiam em pouco mais do que pedir aos clientes para preencher um formulário declarando onde eles conseguiram o dinheiro que pretendiam usar.[17] Diferente da maioria da concorrência, o banco — talvez em decorrência do seu grande envolvimento com a Rússia e da aquisição do United Financial em 2006 — não havia atribuído ao país uma classificação de alto risco, classificação essa que automaticamente sujeitaria as transações realizadas no território a uma maior examinação interna.[18]

Na verdade, sob o comando de Ackermann, o Deutsche Bank foi condicionado a adorar a Rússia e fazer o que fosse preciso para sobreviver lá. Isso deu certo para Ackermann: um mês depois de sair do banco, ele viajou até São Petersburgo para um fórum econômico. Lá, Putin o convidou para uma reunião privada, na qual o presidente russo fez sua proposta: "Você tem interesse em trabalhar para o Kremlin?" Putin disse que o cargo envolvia ajudar a administrar o enorme e nem sempre limpo fundo soberano do país.[19] Ackermann disse que estava disposto a considerar o cargo. A contratação não aconteceu, mas isso demonstrou quão íntimo o Deutsche Bank e o Kremlin haviam se tornado durante a administração de Ackermann.

Logo após uma movimentada avenida em Jacksonville, na Flórida, na mesma rua de uma filial do FBI, um prédio comercial branco e de três andares, com suas janelas azuladas, misturava-se à expansão suburbana. Muscle cars com cores vivas, muitos deles com placas que indicavam o serviço militar de seus donos, estavam estacionados no lado de fora. Caso os visitantes não vissem a placa de "proibida a entrada" em frente à garagem, seguranças andavam pelas instalações em carrinhos de golfe enquanto as gaivotas sobrevoavam as redondezas. Todos os dias, centenas de funcionários marchavam pelas palmeiras e gramados bem cuidados e entravam em um dos escritórios menos glamourosos, mas possivelmente um dos mais importantes, do Deutsche Bank.

O banco reuniu um exército de funcionários não muito bem pagos para examinar milhares de transações diárias que o banco realizava para clientes em todo o mundo. O trabalho dos funcionários era buscar possíveis casos de lavagem de dinheiro ou outros crimes financeiros. As equipes analisavam dezenas de arquivos por dia, checando o nome dos clientes em uma série de bancos de dados para ver se tinham algum problema legal ou reputacional mais óbvio. Muitos tinham. "Tinha muita coisa que nós sabíamos que era russa", relembra um dos funcionários. "Eles eram incorporados em um país e usavam os serviços bancários em outro, mas o endereço era russo. Era uma loucura." O banco estava movendo muitos milhões de dólares por dia para esses russos, geralmente por meio de empresas fantasmas não rastreáveis. Não havia uma maneira definitiva de afirmar se as LLCs e outras empresas eram de ricos inocentes ou de oficiais governamentais corruptos e oligarcas. O fato de que os funcionários de Jacksonville eram jovens, geralmente recém-formados e com escasso treinamento para a função, também não ajudou. Muitos funcionários não entendiam como deveriam discernir entre um cliente arriscado e um meramente discreto.

Havia algumas formas de lidar com essas situações. Uma delas era colocar todos os clientes suspeitos em uma lista negra e registrar um "relatório de atividade suspeita" com a Financial Crimes Enforcement Network, também conhecida como FinCEN. Essa ação tinha o benefício de oferecer uma cobertura parcial ao banco, mas não impedia que as transações fossem realizadas. Dentro dos cubículos dos escritórios de Jacksonville, algumas equipes registravam dezenas de relatórios todos os dias. Um ou dois meses depois, outra transação envolvendo as mesmas empresas fantasmas russas apareceria na mesa de um funcionário e o funcionário, mais uma vez, registraria um relatório de atividade suspeita e, mais uma vez, nada aconteceria. Era uma atividade desanimadora e confusa — por que o Deutsche não parava de fazer negócios com esses clientes suspeitos? (A resposta, reconheceram os funcionários, é que lidar com essas transações era lucrativo.)

Essa era uma das abordagens. Outras equipes dentro do complexo de Jacksonville adotavam uma tática diferente e mais simples: liberavam tudo. A vantagem dessa tática é que facilitava alcançar as metas semanais e mensais de liberação de transações. "A cultura era de simplesmente fechar [completar] a transação", explicou outro ex-funcionário.

Tudo isso significava que não havia restrições para comerciantes ambiciosos e exigentes como Wiswell. Em algumas ocasiões nos anos de 2012 e 2013, alguém em Londres questionou o porquê de todas essas negociações russas nos registros do banco. De Moscou vinham garantias vagas — escritório agora sob a liderança de um economista russo cujo empregador anterior também estava envolvido em lavagem de dinheiro —, mas eles não esclareciam a identidade dos clientes nem os propósitos das transações. Além disso, mais ninguém fazia perguntas.[20]

CAPÍTULO 20

ESTRESSE

Em uma vila suíça à beira do lago no mês de agosto de 2013, alguns dias antes da oficialização da aposentadoria de Bill, Pierre Wauthier cometeu suicídio.[1] Sua esposa o encontrou pendurado no hotel convertido onde ele morava com ela e seus dois filhos. Wauthier, com 53 anos, foi o diretor financeiro da Zurich Insurance Group. Sua nota de suicídio, datilografada, culpava o presidente da empresa por colocá-lo sob uma pressão insuportável para aumentar os lucros. O presidente era Joe Ackermann.

Depois que a proposta de emprego de Putin não deu certo, Ackermann foi para a liderança do conselho de diretores da Zurich Insurance. Não levou muito tempo para que ele e Wauthier começassem a brigar sobre as finanças da Zurich. Ackermann, é claro, não era uma pessoa que gostava de ser desapontada e os números da empresa — especialmente o todo-poderoso retorno sobre o patrimônio líquido, mesma métrica com a qual Ackermann estava obcecado durante sua estadia no Deutsche — estavam caindo. Wauthier estava do outro lado das repressões de Ackermann.

Alguns dias após o suicídio de Waulthier, Ackermann saiu do conselho da empresa. "Tenho razões para acreditar que a família pensa que devo assumir parte da responsabilidade, por mais infundadas que as alegações possam ser", explicou ele.* Broeksmit e alguns de seus amigos conheciam Wauthier de quando ele trabalhava no JPMorgan. Em troca de e-mails, eles conversaram sobre a tragédia. "Ackermann não ficou muito bem nessa história", escreveu Flavio Bartmann para o resto do grupo.

O último dia de trabalho de Broeksmit foi 31 de agosto. "Realmente não havia um próximo passo lógico para mim no DB depois que o apontamento para o conselho deu errado, e tudo bem", explicou ele a Val por um e-mail, referindo-se ao cargo de diretor de risco. "Durei mais tempo do que pensava que duraria." Dois meses depois, Jain organizou um pequeno almoço em homenagem a Broeksmit em uma sala de jantar na sede do banco em Londres. Cerca de uma dúzia de pessoas apareceram. Conforme os banqueiros comiam uma leve refeição com três pratos — salada, cordeiro e frutas — Jain deu um pequeno discurso, oferecendo um brinde a Broeksmit por seu trabalho duro.

Naquele outono, Bill fez 58 anos. Ele e Alla planejavam continuar em Londres por, pelo menos, mais um ano. Eles planejavam fazer uma viagem pela África do Sul e pelo Irã na próxima primavera. Ele tentou aprender francês, matriculou-se em uma aula de produção textual e se preparou para conseguir uma licença de motorista britânica. Ele também experimentou na cozinha, criando receitas assim como costumava criar derivativos. Além disso, também acabou bebendo cada vez mais, porque era algo a se fazer.

No Dia de Ação de Graças, Bill e Alla viajaram até Nova York. Broeksmit almoçou com um antigo colega do Deutsche, Saman Majd, que agora era professor em Yale. Broeksmit reclamou que sentia falta do trabalho, dos mercados, da adrenalina, do desafio intelectual. "Como você lida com isso?" perguntou ele para Majd, referindo-se à aposentadoria. Majd respondeu que se sentia realizado na academia e sugeriu que Bill procurasse algo novo para ocupar sua mente.

---

* Três anos depois, o antigo chefe de Wauthier na Zurich Insurance também cometeu suicídio.

Broeksmit, entretanto, continuou imerso no seu trabalho na DBTCA, incapaz de se afastar. Uma vez por mês ele viajava para Nova York, onde participava das reuniões do conselho; ele poderia participar por telefone, mas isso soava como uma atitude irresponsável para Bill.

Havia muitos problemas. Broeksmit impressionou-se ao ver que, enquanto ninguém na Europa estava prestando atenção no que sua subsidiária estava fazendo, a própria DBTCA também não recebia atenção de sua equipe sênior. Broeksmit insistiu para a DBTCA contratar um diretor financeiro — uma ideia nada louca para uma empresa com dezenas de bilhões de dólares em ativos circulando — e conduzir uma investigação interna para descobrir o motivo de a DBTCA criar empréstimos complexos e mal documentados para outras entidades do Deutsche mundialmente. "Eu sei que essa não será uma sugestão popular, mas talvez devêssemos nos afastar ainda mais do passado do que foi proposto", disse ele em um e-mail enviado para Jack Brand. Na verdade, Brand estava tentando recrutar mais funcionários, mas era difícil encontrar pessoas bem qualificadas e capazes de agradar aos chefes alemães. Em certo momento, ele esperava contratar um ex-agente ou promotor do FBI para ficar encarregado do combate aos crimes financeiros. Ele apresentou alguns candidatos promissores e a resposta que recebeu de Frankfurt foi que nenhum deles era aceitável pois não falavam alemão. O cargo acabou ficando com um falante de alemão que permaneceu seis meses nele até ser mandado embora e a posição de diretor de risco para a qual Broeksmit foi apontado nunca foi preenchida.[2]

Brand agiu rapidamente para construir relacionamentos com oficiais da Reserva Federal, buscando tranquilizar as preocupações deles, mas buscando também se proteger caso as coisas dessem errado. Ele explicou à Fed diversas vezes que seus superiores em Londres e Frankfurt não pareciam levar a sério a urgente necessidade de expandir as equipes dos setores jurídicos, financeiros, tecnológicos e de compliance. Às vezes, ele convidava a Fed para participar das reuniões internas quando sabia que um executivo sênior viria de Frankfurt (a presença de reguladores poderosos em uma reunião fechada costumava servir como um útil aviso para os convidados alemães). Brand imaginou que a Fed pressionaria o Deutsche e que isso, por sua vez, lhe ajudaria a alcançar coisas que eram interessantes para o banco em longo prazo, ainda que o banco não reconhecesse isso.

Em setembro de 2013, a Fed relatou os resultados de uma intensiva examinação da DBTCA realizada no local. Os sistemas do banco eram "os piores entre seus pares", disse um funcionário da DBTCA por e-mail aos membros do conselho, recontando a severa repreensão que receberam da Fed. "Todas as principais áreas possuem problemas", o banco "errou muito" ao tentar resolver suas deficiências e os problemas que a Fed identificou eram "apenas a superfície". O banco central logo diminuiu uma classificação importante que decidia quanto dinheiro a DBTCA poderia pegar emprestado com ele. Esse era um mau sinal.

Broeksmit temia que havia mais problemas à espreita. "Ainda estou preso em questões da herança do DB", ele disse por e-mail ao seu colega da época do Merrill, John Breit. A Fed conduzia testes de estresse periódicos nas empresas reguladas por ela e Broeksmit pensou que a DBTCA não estava levando os exames a sério. Ele disse repetidas vezes aos seus colegas no recém-criado "Centro de Excelência" do banco — estabelecido para superar um histórico de governança que era menos do que excelente — que as simulações executadas por eles eram muito leves, que parecia que o banco estava selecionando dados favoráveis enquanto ignorava valores que poderiam levantar questões desconfortáveis. "Em resumo: eu acho que devemos ser mais conservadores", escreveu ele. Alguns dos colegas de Bill sentiam seu crescente desconforto. "Ele realmente se incomodava com o fato de que tudo o que ele ajudou a criar" — isso é, o negócio do banco em Wall Street — "tornou-se a fonte de tantos problemas", explicou um de seus colegas do conselho da DBTCA. Broeksmit sentia que estava sendo forçado a defender uma instituição na qual ele não acreditava mais.

Em uma tarde de dezembro, Bill organizou um encontro com seu antigo parceiro do Deutsche, Martin Loat. Bill apareceu na cafeteria Gail's, em Chelsea, suando com suas roupas de academia. Os dois homens sentaram-se na movimentada cafeteria e relembraram os velhos tempos. Loat tinha saído da indústria bancária há uma década, desde que abandonou seu emprego devido à frustração que sentia graças a Ackermann, e disse para Broeksmit que havia desacelerado sua vida. Ele morava em uma pequena casa perto do rio Tâmisa — ou, pelo menos, ela era pequena se comparada com a mansão que ele possuía na Belgravia anteriormente. Ele passava boa parte do seu tempo correndo, esquiando e participando de trívias em bares com seus colegas. "Somente coisas simples", explicou Loat. Ele tentou animar Broeksmit sobre essa nova fase da vida, mas seu antigo companheiro ainda habitava o Deutsche. Ele perguntou a Martin sobre aquela época, muitos anos atrás, em que Bill recomendou o cancelamento dos derivativos com o cliente confuso e então passou para ele a lição do reverendo Jack: faça o que é certo, seja honesto e ético com eles e as coisas darão certo no final. Loat teve a clara impressão de que Broeksmit enfrentava situação parecida no Deutsche — derivativos suspeitos, grandes perdas e um atoleiro ético. Ele perguntou a Bill o que estava acontecendo, mas Bill se opôs a contar. Loat pôde perceber que havia algo o incomodando profundamente, mas não insistiu. Após um momento de silêncio, Bill mudou de assunto e Martin deixou a conversa prosseguir.

Antes do Natal, Bill e Alla voaram de Londres até Virgen Gorda, no Caribe. Após alguns dias no resort Little Dix Bay com suas filhas — durante os quais Bill participou por telefone de uma reunião do conselho com a DBTCA para discutir os crescentes problemas do banco com a Fed —, eles se juntaram ao grande amigo de Bill e veterano de Wall Street, Michael Morandi, no seu veleiro de 14 metros. Eles nadaram, praticaram snorkeling, beberam coquetéis, fumaram, ficaram sem cigarros, buscaram nos cinzeiros do barco por pontas parcialmente fumadas e beberam um pouco mais. Quando chegou a hora de ir embora, Bill e Alla navegaram por águas agitadas de volta para o aeroporto. Broeksmit, terrivelmente de ressaca, ficou doente. "Precisei de várias horas em terra firme para recuperar meu equilíbrio", disse ele em e-mail enviado para um amigo.

Quando voltaram para Londres, um pacote da DHL estava aguardando por Bill no apartamento na Evelyn Gardens. Dentro havia uma grossa pilha de documentos do Deutsche, a maioria sobre como pacificar a Fed, enviada a Bill antes de uma reunião do conselho da DBTCA que ocorreria durante um dia inteiro na última semana de janeiro, em Nova York. Bill e Alla planejavam fazer a viagem até lá. Além da reunião da DBTCA, Broeksmit tinha outros assuntos para resolver em Nova York. Ele disse a Alla que tinha marcado para reunir-se com alguns oficiais federais — ele não especificou quais e ela não fez questão de perguntar. Broeksmit também organizou uma reunião com seus advogados pessoais para assinar um testamento atualizado.

Na Itália, o colapso do Monte dei Paschi desestabilizou a confiança no resto do setor bancário do país e o governo se preparava para resgatar outros bancos. O Deutsche Bank recentemente havia chegado a um acordo privado com as pessoas responsáveis por encerrar o que sobrou do Paschi — basicamente a forma do Deutsche de se desculpar por ajudar a derrubar o banco mais antigo do mundo. Mas, mesmo com essa questão civil resolvida, investigações criminais sobre o banco e seus funcionários ainda estavam ocorrendo. Michele Faissola estaria entre os funcionários acusados de ajudar o banco italiano a enganar investidores e reguladores sobre suas finanças.

A BaFin se preparou para abrir uma investigação visando descobrir se o Deutsche ajudou Paschi a esconder as perdas. O inquérito, liderado por uma empresa de advocacia terceirizada, foi marcado para começar segunda-feira, dia 27 de janeiro de 2014.[3]

Na sexta-feira, dia 24 de janeiro, Anshu estava na vila suíça de esqui, Davos. O encontro anual do Fórum Econômico Mundial — onde as pessoas mais importantes e cheias de si do mundo se reúnem anualmente para admirar uns aos outros sob o pretexto de tornar o mundo um lugar melhor — estava em pleno andamento. Entre os seus céticos de longa data estava Broeksmit. "É aí onde as maiores questões do mundo são resolvidas, com a ajuda de álcool e a ausência de pontos de vista opostos", criticou ele em um e-mail enviado para seus amigos muitos meses antes do evento.

Jain, entretanto, estava em casa. Assim como outros capitães da indústria e das finanças, ele organizava diversas reuniões todos os dias, com tempo suficiente para discutir sobre assuntos importantes diante de audiências cativas e câmeras de TV. Em dado momento, ele e outros CEOs bancários se encontraram com Mark Carney, governante do Bank of England que, em particular, os punia por seus problemas contínuos com as autoridades. Jain criou uma situação inquietante ao pedir que Carney e seus companheiros reguladores se afastassem.[4]

Naquele mesmo dia, Anshu e sua esposa, Geetika, estavam em um evento onde viram Ackermann do outro lado da sala. Ele já fora seu nêmesis, a única coisa entre Jain e seu merecido trono. Agora, Ackermann estava acenando para eles. Anshu e Geetika caminharam até ele e o cumprimentaram. O casal falou que ele estava ótimo — teria perdido algum peso? — e o convidou para ir até uma festa que o Deutsche realizaria naquela mesma noite.

As festividades aconteceram no Belvédère Hotel, um alojamento outrora grandioso com atiradores de elite no telhado para proteger os dignitários durante o Fórum Econômico Mundial. O local da festa do banco era uma sala sem janelas que normalmente abrigava uma piscina. As luzes estavam baixas, a música pulsante e os garçons caminhavam pela multidão com bandejas de bebidas. Nessa noite, a piscina foi devidamente coberta com um piso temporário e os festeiros não faziam ideia que dois ou quatro centímetros de madeira compensada revestida com alcatifa era tudo o que os separava de alguns metros de água clorada. A piscina podia estar invisível, mas ela criou uma atmosfera abafada, a fachada festiva do banco falhando em esconder a umidade abaixo. A cabeça dos homens carecas brilhava com suor.

Jain e Jürgen Fitschen passearam pela sala, cumprimentando seus clientes majoritariamente alemães. O objetivo deles não era só fazer com que seus clientes se sentissem amados. Eles também estavam tentando passar uma mensagem sobre a habilidade dos dois de trabalhar em equipe; rumores estavam circulando na mídia alemã de que Jain estava tentando superar Fitschen e se tornar o único líder do Deutsche. Anshu, que havia lutado com todas as suas forças para ganhar a aprovação do establishment alemão, recebeu uma ajuda naquela noite: Geetika era cosmopolita, carismática e atraente. Boa com conversas e impressionando os estranhos com suas aventuras como escritora de viagens, ela conseguiu humanizar seu marido.

Para a surpresa de Jain, Ackermann apareceu na festa. Talvez tenha sido o fato de ele ter sido punido pelo desastre da Zurich Insurance, mas ele parecia ter se acalmado. Os dois rivais conversaram melancolicamente sobre seus anos juntos no banco, ignorando a recente acrimônia de ambos.

A festa continuou até as primeiras horas da manhã de sábado. O álcool continuou a fluir, Anshu e Jürgen envolveram seus braços ao redor dos ombros um do outro em uma pública demonstração de camaradagem. Nessa pequena cidade alpina, longe da batida diária das notícias terríveis, parecia um bom momento para o Deutsche Bank — seus líderes reunidos (e provavelmente bêbados), seus clientes satisfeitos e seu futuro brilhante.

Algumas centenas de quilômetros a noroeste, Bill e Alla saíram para jantar em Londres. Depois, deitados juntos na cama, conversaram silenciosamente: "Como poderíamos ser mais felizes do que já somos agora?" perguntou Bill retoricamente. "Nós somos muito sortudos." Então, pela última vez, ele adormeceu.

PARTE II

CAPÍTULO 21

VALENTIN

Trinta e oito anos antes, em Kiev, capital ucraniana, nascia Valentin, filho de Alla e Alexander Cherednichenko. Eles formavam um jovem casal, Alla tinha apenas 18 anos. Ela sonhava em se tornar pintora, mas era judia e a Ucrânia nos anos 1970 era um lugar inóspito tanto para artistas quanto para judeus. A perseguição sancionada pelo estado de qualquer um com uma inclinação intelectual estava desenfreada. Memórias do Holocausto atormentavam os pais de Alla, que temiam que um dia os nazistas — ou outros como eles — andariam pelas ruas de Kiev. Após se formar na Faculdade Agrícola de Moscou em 1977, Alla conseguiu vistos de saída para ela, Alexander, sua irmã mais nova, sua mãe e o pequeno Valentin. Os vistos foram pagos, de acordo com a família, com a venda das medalhas de guerra de seu avô.

A primeira parada deles foi em Viena, onde ficaram durante alguns meses.[1] Alla tinha seus 20 anos e era a primeira vez que saía da União Soviética. Ela vagou pela maior cidade da Áustria carregando seu filho, que chorava. A maternidade foi para ela uma experiência de isolamento, especialmente na condição de refugiada. Em seguida, eles foram para Roma, onde aguardaram por vistos para os Estados Unidos. Quando os papéis da imigração chegaram, em 1979, a família mudou-se para Chicago. A cidade era casa de uma crescente população de refugiados judeus da União Soviética — cerca de 2 mil deles chegaram na cidade entre 1973 e 1978. "Podemos chamar de êxodo em massa",[2] disse o chefe dos centros comunitários judeus de Chicago para um jornal local alguns meses antes da chegada da família Cherednichenko.

Alla e Alexander alugaram um pequeno apartamento. Valentin aprendeu dois idiomas: russo com seus pais e inglês com a televisão. O casamento se desgastou e, em 1982, Alla e Alexander se separaram. Valentin — conhecido nos Estados Unidos como Val — foi morar com seu pai. Os fragmentos de lembranças de Val dessa época eram, em sua maioria, desagradáveis. Em uma delas, Alexander levou seu filho para assistir ao filme de terror *Halloween*, aterrorizando o jovem de 5 anos de idade de tal forma que ele vomitou no corredor do cinema. Em outra dessas memórias, Val viu seu pai cair no chão do apartamento, com espumas borbulhando de sua boca. Logo, pai e filho acabaram em um abrigo para os sem-teto do Exército da Salvação na margem do lago Michigan.[3] Em um dia quente de maio de 1982, o Cook County Juvenile Court levou Val sob custódia. "O menor é negligenciado no sentido de que seu pai não fornece os cuidados necessários para o bem-estar dele", afirmou um arquivo do tribunal, citando "a deficiência física e/ou mental do pai". Os oficiais do tribunal tentaram, sem sucesso, rastrear Alla,[4] chegando a colocar um pequeno anúncio no *Chicago Sun-Times* de que Val estava prestes a ser "declarado sob custódia do tribunal".[5] Ninguém respondeu e a criança de 6 anos, assustada e confusa, foi levada para uma família adotiva nos subúrbios dos arredores de Chicago.

Ocasionalmente, Val era levado até o escritório da assistente social, onde Alexander e Alla — que a essa altura já havia descoberto o paradeiro do filho — podiam visitá-lo. Sua mãe sempre visitava a cada quinzena. O seu pai aparecia de vez em quando, e os dois jogavam jogos de tabuleiro. Os intervalos entre as visitas, porém, se tornaram cada vez maiores até que Val percebeu que não tinha visto seu pai há meses e provavelmente nunca o veria novamente. Quando Val ficou mais velho, suas memórias tornaram-se mais vivas. Em uma delas ele está no porão do escritório da assistente social com um punhado de outras crianças órfãs. Eles estavam discutindo sobre as regras do jogo Connect 4. A porta acima das escadas se abre, iluminando o porão e as crianças param o que estão fazendo. Uma das crianças sortudas será chamada e todos os outros escutarão os risos e as lágrimas lá de baixo. Nesse dia, o nome de Val foi chamado. Ele correu escada acima. Talvez sua mãe tivesse finalmente aparecido para levá-lo para casa! Ao chegar no topo, emergindo na sala fluorescente, ela não estava lá. Em vez disso, ele encontrou uma assistente social que informou a Val que ele seria atribuído para outra família. O desapontamento foi tão intenso que, por décadas, ele se lembraria dessa dor física que tinha começo no seu intestino e se expandia para o resto do corpo até sua existência ser consumida pela agonia. Com o tempo, ele fica entorpecido.

Val passou os próximos três anos no sistema de assistência social do Condado de Cook. Sua mãe conheceu Bill Broeksmit, casou-se com ele e se mudou para Nova Jersey. Mais de um ano depois, na época de Ação de Graças do ano 1985, um juiz de Illinois concedeu a Alla a custódia de seu filho, já com 9 anos. Bill adotou Val legalmente. "Agora você é um Broeksmit", explicou Alla para o garoto.

Bill e Alla encheram Val de pertences. Um assistente social de Nova Jersey observou o excesso de brinquedos em sua espaçosa cama e escreveu em seu relatório que o que Val queria, ele costumava conseguir.[6] Gradualmente, ele se tornou mais carinhoso com seus pais, oferecendo abraços e beijos de boa noite, mas insistia em chamá-los pelo primeiro nome (após vários pais adotivos insistindo para serem chamados de pai e mãe, Val desenvolveu uma forte aversão a essa palavra). Bill e Alla "viam Val testando a autoridade e comprometimento deles com ele", observou o assistente social ao visitar a família em março de 1986. "Quando confrontado com uma exigência parental, Val tende a perguntar 'por quê?' e faz essa questão repetidamente para toda explicação oferecida." (Broeksmit resmungou para o assistente social que Val "costumava 'pegar atalhos' para concluir uma tarefa".) O relatório concluiu: "As dificuldades encontradas foram resolvidas adequadamente e com uma habilidade crescente. A atitude predominante é otimista." Dois anos depois, Bill e Alla tiveram Alessa. Três anos depois disso, Katarina nasceu.

Val era um garoto perturbado e zangado. Ele agitava as aulas e desrespeitava as figuras de autoridade. Bill tentou se aproximar dele, às vezes levando-o até o pregão do Merrill. Para um garoto de 12 anos, aquele lugar era opressivo: uma colmeia frenética de pessoas gritando em várias linhas telefônicas e empurrando os outros, fitas digitais serpenteavam ao redor da enorme sala. Broeksmit apresentou seu filho aos colegas. "Ah, eu consigo ver a semelhança", comentou um deles. Bill e Val se entreolharam e riram. "É uma piada interna", garantiu Broeksmit para o funcionário confuso. Entretanto, o rosto de Bill se acendia quando estava perto de suas filhas e tanto seus amigos como colegas perceberam uma falta de entusiasmo com relação a Val. "Seu pai não é seu pai de verdade!" se tornou uma provocação comum que seus amigos jogavam em Val quando estavam brigando.

Quando Val tinha 13 anos, ele foi enviado para a Dublin School, em Nova Hampshire. Ele sentiu que estava sendo expulso de casa mais uma vez e, portanto, se comportou mal. Em pouco tempo, ele foi expulso por fumar cigarro e ser pego com maconha no seu quarto.

Val com frequência perguntava por que fora enviado para a assistência social, mas nunca recebeu uma resposta satisfatória. Sua avó — mãe de Alla — disse que seu pai biológico era um bêbado e drogado e que esse tinha sido o motivo de seu desaparecimento. Alla se recusava a tocar no assunto.

Nem Bill nem Alla sabiam o que fazer com seu filho rebelde, cuja única paixão e fonte de consolo era a música. Após sua expulsão da Dublin School, eles acabaram mandando Val para outro internato ainda mais rígido, a Rocky Mountain Academy, em Idaho, onde ele passaria seus dois últimos anos do ensino médio.[7] RMA era uma operação experimental e com algumas características de um culto, em voga entre pais ricos que tinham dificuldade para lidar com seus filhos. A escola encarregava seus alunos da tarefa de cortar madeira e outros trabalhos manuais, geralmente em condições desagradáveis. Aqueles que não aceitavam eram sujeitos à privação de sono e noites congelantes em tendas.

Um dos colegas de turma de Val era um garoto texano de 16 anos chamado Jonathan Avila. Ele era um idiota e atormentá-lo tornou-se um passatempo popular para Val e seus colegas. Certo dia, em 1994, Avila usou um cinto para se enforcar em um cano do dormitório.[8] Um estudante que estava passeando com os pais encontrou o corpo pendurado. Ao longo dos anos, ele se perguntava sobre Avila. Como ele deveria ter se sentido enquanto colocava o cinto ao redor do pescoço? Quão desesperado e desesperançoso ele provavelmente estava?

Quando Val foi para a Albright College, na Pensilvânia, seu mau comportamento se intensificou. Era ele quem incitava todos a buscar cocaína às 3h da manhã. Ele fazia o possível para agir de modo rude contra quem estivesse no comando, ensinando seus amigos que a sua máxima era "é melhor pedir perdão do que pedir permissão". Certa vez ele convenceu seus amigos a se juntarem a ele em um assalto no meio da noite. Eles invadiram a sala de música da faculdade e pegaram alguns eletrônicos, inclusive algumas dúzias de microfones e equipamentos de gravação. Os itens seriam úteis para Val, que era líder de uma banda que ele chamava de Good Time Charlies. Ele explicou aos seus colegas que era culpa da faculdade por não proteger o equipamento. "Eu achei isso muito foda", relembra um dos conspiradores, Matt Goldsborough. Eles nunca foram pegos.

Após concluir a graduação na Albright em 1999, Val se mudou para Nova York e assistiu aulas de produção para filmes e TV. Os seus pais financiaram sua educação, mas seu relacionamento com eles era uma fonte de constante desconforto e por isso Val manteve certa distância da família Broeksmit (muitos dos colegas de Bill sabiam que ele tinha duas filhas, mas não sabiam sobre o filho). Bill, com um talento para ver as coisas do ponto de vista alheio, tentou compreender a rebeldia de Val. Val disse aos seus amigos que ele sentia como se fosse um peso para sua mãe desde que eles fugiram da Ucrânia.

Val conseguiu alguns trabalhos estranhos. Ele trabalhou um pouco com programação web, mas sua obsessão ainda era a música. A Good Time Charlies tornou-se Bikini Robot Army (o nome tinha alguma relação com os humanos tentando atribuir significados e individualidade para coisas que eram comuns e não possuíam significado — como vestir um robô em um biquíni). A banda era, basicamente, Val e as pessoas com as quais ele ensaiava no momento. Ele era um músico e compositor talentoso que buscava inspiração nas suas lembranças dolorosas. O resultado foram baladas tristes, raivosas e belas com guitarra e piano, como a "Hey Momma" ["Ei Mamãe", em tradução livre] que ele escreveu em 2002, mais ou menos na época em que Joe Ackermann tornou-se CEO do Deutsche Bank.

Talvez você ache melhor ser o tolo? Eu tentei não me importar. Eu tentei ser cruel.

Não são criaturas como você que deveriam avisar antes de atacar? Estou cansado demais para lutar, Estou cansado demais esta noite.

Ei, mamãe? Você não ama seu filho único? Ei, mamãe? Venha ver seu filho querido...

Você nunca vai aparecer? O que está acontecendo comigo, O que aconteceu comigo.

Val possuía um grande carisma e com ele conseguiu ir até estúdios e reuniões com profissionais da indústria da música. O seu catálogo de músicas se expandiu e ele conseguiu shows. "É menos solitário quando você tem um público", disse ele. Em 2008, antes de realizar um show no Irving Plaza, em Manhattan, ele conheceu uma atraente britânica chamada Jenny. Eles começaram a se encontrar e, rapidamente, mudaram-se para Londres, alugando um apartamento com duas camas em Kentish Town, em Manhattan, um enclave moderno na região norte da cidade. Val havia voltado para a mesma cidade de seus pais — e Bill acabara de voltar para o Deutsche. Ele os via mensalmente, eles pagavam seu aluguel e desembolsavam cerca de US$30 mil anuais para seus gastos. Bill nunca pareceu muito animado com essa organização. "Você está louco. Consiga o seu dinheiro", disse ele quando Val pediu que sua mesada aumentasse para US$1.800. Já nos seus 30 anos, Val quase não tinha tido emprego fixo, embora conseguisse dinheiro com shows irregulares. Ele usava muitas drogas. Alto e magro, sua barba era desgrenhada e, embora nas laterais tivesse um cabelo bagunçado até a altura do ombro, o topo de sua cabeça era tão careca quanto o de um galeirão. "Ele com certeza parecia um vagabundo", relembra um de seus amigos britânicos.

Em uma noite do ano de 2011, Val foi a uma festa na casa de um amigo. Lá, uma ruiva galesa chamada Beth o observou sendo o centro das atenções do outro lado da sala. Havia um certo magnetismo nele. Ela caminhou até ele, os dois começaram a conversar e Beth foi cativada. Logo, Jenny não era mais importante e Beth mudou-se para o apartamento de Val em Kentish Town.

"Quer ver um pouco de tênis?" Bill perguntou para Val em junho de 2013. "Só eu e você. Nada de garotas." Eles pegaram um trem para Wimbledon. Passearam de quadra em quadra, assistindo tanto às pessoas quanto às partidas. Também posaram para uma foto do lado de fora da entrada do All England Lawn Tennis & Croquet Club, um estudo de contraste: Bill, com sua camisa azul de botão enfiada dentro de sua calça cáqui, seus cabelos grisalhos bem aparados e um leve sorriso entre seus lábios; Val, alguns centímetros mais alto, com óculos escuros e um chapéu desbotado do San Francisco Giants, vestindo uma camisa jeans meio abotoada expondo seu tórax e seu rosto barbudo. Os dois homens ficaram um ao lado do outro, sem se tocar.

Seis meses depois, no dia 15 de dezembro, Val e Beth encontraram-se com seus pais para um jantar de Natal adiantado, já que Bill e Alla passariam algumas semanas fora, para aproveitar as férias. Ao final da refeição, conforme um coral gospel cantava no restaurante, Bill abraçou Val e lhe entregou um cartão com uma pequena mensagem: "Aproveite as festas e nos vemos em janeiro." A frente do cartão tinha um desenho de Daisy, feito por Alla. Todo o cartão era azul e branco, exceto pelo vermelho na coleira da cadela.

CAPÍTULO 22

VIDA EXTINTA

Na manhã do dia 26 de janeiro de 2014, Bill Broeksmit saiu da cama, vestiu uma calça jeans e uma camisa de botão. Estava chovendo e água escorria pelas vidraças do apartamento, distorcendo sua visão do mundo lá fora. Ele e Alla tinham uma rotina de domingo na qual eles iam até uma cafeteria local, mas Bill disse que não estava no clima. Cerca de 11h45m da manhã, Alla saiu do apartamento, incomodada por estar indo sozinha. A pesada porta externa do prédio de tijolos estalou, fechando a trava enquanto ela seguia em direção à garoa.

Alla e Bill haviam combinado de se encontrar com Val em um restaurante perto da Saatchi Gallery para um brunch em pouco mais de uma hora. Bill colocou sete cartas escritas à mão na cama de Daisy. Os envelopes off-white se destacavam na colorida almofada para cães. Ele pegou a coleira vermelha de Daisy e fixou uma das pontas na maçaneta de uma das grandes portas francesas do apartamento. Ele arqueou a coleira por cima de uma porta. Bill apertou a outra ponta ao redor do pescoço, certificando-se que estava firme, e se lançou para frente.

Era por volta de 12h25m da tarde quando Alla retornou da cafeteria. Ela subiu os dois lances de escadas e abriu a porta do apartamento 4. Eles tinham alguns minutos até o encontro com Val. Ela entrou no apartamento e Bill estava pendurado pela coleira, inconsciente. Ela discou o 999.* O atendente garantiu que a ajuda estava a caminho.

Alla correu até a cozinha e pegou uma faca. No armário tinha uma pequena escada e ela a arrastou até as portas francesas. Ela subiu a escada e cortou a coleira, fazendo Bill cair no chão. Alla rolou o corpo flácido de Bill, fazendo-o deitar de costas. Ela não sabia fazer RCP, mas já tinha visto alguma coisa sobre isso na televisão. Ela bateu no peito dele e tentou fazer respiração boca a boca. Nada aconteceu.

Paramédicos da London Ambulance Service chegaram às 12h51m da tarde, três minutos após receber a ligação do atendente. Alla estava agachada em cima de Bill, ainda tentando reanimá-lo, mas estava gritando demais para que isso fosse eficaz, mesmo se ela soubesse o que estava fazendo.

Um técnico de emergência médica removeu a coleira do pescoço de Bill, verificando sua respiração e pulso. Ele constatou a ausência de ambos. Outro paramédico o prendeu em um colar cervical e inseriu um tubo na garganta de Bill visando a desobstrução de suas vias aéreas, bombeando oxigênio logo em seguida. Conseguiram uma via intravenosa e começaram a injetar adrenalina na corrente sanguínea de Bill. Alguém ligou para uma ambulância de helicóptero.

Era tarde demais. Era 13h da tarde quando anunciaram o óbito de Bill. Alla gaguejou que ele estava depressivo e tomava remédios para o coração. Dez minutos depois, conforme os paramédicos recolhiam seus equipamentos, Val chegou da livraria Taschen.

---

* O número britânico para emergências.

CAPÍTULO 23

TUDO DE CABEÇA PARA BAIXO

Em uma mesa de café na sala do apartamento da família havia uma cópia do testamento de Bill recém-revisado — que deveria ser assinado na presença de seus advogados em Nova York em alguns dias — e uma pilha de dois centímetros de espessura de papéis do trabalho, os documentos do Deutsche Bank que foram recentemente entregues pela DHL. Val folheou os papéis e viu que o acrônimo DBTCA aparecia repetidamente. Ele não fazia ideia do que isso significava.

Alguém encontrou as cartas na cama de Daisy. Havia uma para cada um deles: Alla, Alessa, Katarina, Val, Mãe, Anshu e Michael Morandi, seus nomes escritos com tinta preta no envelope. Val abriu sua carta. Dentro havia um papel branco.

Querido Val,

Sinto muito por ter sido um pai tão frio. Você é um rapaz cordial, espirituoso, um irmão amoroso para suas irmãs e um filho igualmente amoroso.

Todos os meus amigos gostam de sua companhia e você sempre teve namoradas amáveis. Você é um orgulho para o nome que lhe dei e então desonrei.

Pai

Val colocou a carta de volta no envelope. A ficha ainda não havia caído.

Os paramédicos disseram a Val que a polícia chegaria em breve. Instintivamente desconfiado em relação aos policiais, Val tirou algumas fotos da terrível cena com seu iPhone. Ele perguntou a sua mãe para quem ligar para pedir ajuda; a família tinha um advogado? "Ligue para Michele", Alla disse. Val retirou do bolso de seu pai o celular dele, buscando o número de Michele Faissola, e fez a ligação. "Aqui é Val, filho de William", disse ele, tentando soar calmo. "Precisamos da sua ajuda. Meu pai morreu." Faissola, que morava por perto, apressou-se até o local.

A polícia chegou e inspecionou as cartas. "Val, essa é a escrita de seu pai?" perguntou um oficial, pedindo para ele olhar uma das cartas. Ler a carta de quatro frases levou Val até seu limite; de jeito nenhum ele sofreria com leituras adicionais. "Eu não consigo olhar", ele protestou. O policial disse que ele precisava olhar e em seguida colocou uma carta nas mãos de Val, que observou, chorou e confirmou se tratar da caligrafia do pai. O oficial então lhe entregou a próxima carta. Val a afastou. "Tente se esforçar", insistiu o policial. "Você não precisa ler toda a mensagem." Val olhou cada uma das cartas e confirmou a veracidade delas. Ele não leu as palavras. A única coisa que Val processou é que a carta para sua mãe, escrita em papel quadriculado, continuava por páginas e mais páginas. As cartas de suas irmãs foram feitas em cartões extravagantes e a pequena mensagem para Anshu foi redigida no mesmo papel simples que a sua.

Beth passou o fim de semana no País de Gales para o aniversário de sua mãe. Ela estava em um ônibus retornando para Londres e fumegando silenciosamente por causa de seu namorado nada confiável, que não havia respondido às suas muitas mensagens naquela tarde. Finalmente uma mensagem chegou: "Meu pai está morto." Beth imaginou que Val tinha descoberto que seu pai biológico, há muito desaparecido, tinha morrido. Ela ligou para Val e descobriu que não, quem morreu fora Bill. Não fazia sentido — ele parecia tão feliz da última vez que ela o viu, fofocando sobre música pop durante o jantar enquanto o coral gospel cantava. Beth chorou durante o resto da viagem.

De volta a Londres, ela foi até o apartamento dos dois, pegou uma bolsa de viagem e foi de táxi até Evelyn Gardens. Val esperava por ela na entrada branca e arqueada do edifício. Chocado, ele não pronunciou uma só palavra. Beth o abraçou. A essa altura, a polícia já havia ido embora e o médico legista já tinha retirado o corpo de Bill do local. Um silêncio triste e atordoante cobria o apartamento. A esposa de Faissola, Maria, apareceu para cuidar de Alla. Os Broeksmits ocupavam dois apartamentos adjacentes no edifício, um deles servindo como área de estar e o outro, do lado oposto do corredor, servindo como o escritório de Bill. Faissola e Val entraram no escritório. "Esse é o computador de seu pai?" perguntou Faissola. "Posso dar uma olhada em algumas coisas?" Val olhava por cima do ombro de Faissola enquanto ele vasculhava a área de trabalho da Apple.[*]

Naquele final de tarde, Val e Beth entraram no apartamento do escritório para dormir em um sofá retrátil. O cérebro de Val estava agitado, passando de um pensamento louco para outro. Por que seu pai se enforcou com a coleira de Daisy e colocou as cartas na cama da cadela? Seria isso uma pista? Isso deveria simbolizar alguma coisa? Ou fez isso apenas por amar a cachorrinha? Ele se lembrou de quando estava assistindo a um drama sobre uma prisão na televisão com seu pai, alguns anos atrás. Um dos prisioneiros se enforcou da maçaneta de uma porta e Val agora se lembrava de ter discutido se isso era possível; a respos-

---

[*] Essa é a lembrança de Val, corroborada por outra pessoa que afirmou ter testemunhado o evento. Faissola nega veementemente ter tocado no computador de Bill.

ta, concluíram eles após uma breve discussão sobre física, era que sim, era muito fácil fazer isso. É possível sufocar ajoelhado. Val estremeceu.

Sozinho com Beth no escritório de Bill, Val deu uma olhada no computador de seu pai. A máquina, que Bill usara para se conectar na rede segura do Deutsche, estava cheia com duas décadas de arquivos pessoais e profissionais de Bill. Suas contas do Yahoo e Gmail estavam conectadas e Val começou a procurar por segredos que pudessem explicar o ato inexplicável de seu pai. Teria ele outra família? Estava atolado em dívidas? Ao ler os e-mails, Val viu que Bill tinha enviado uma grande quantidade — centenas, aparentemente — de e-mails do Deutsche Bank para suas contas pessoais. E, desde sua aposentadoria há alguns meses, ele estava usando sua conta Yahoo para receber e enviar mensagens sobre seu trabalho no conselho da DBTCA. Enquanto Val examinava o computador, um e-mail do Deutsche chegou às 8h42m da noite. Havia uma reunião do conselho da DBTCA marcada para a próxima semana e a secretária corporativa do banco gostaria de informar Bill que houve um atraso na entrega antecipada dos materiais. A papelada aguardaria por ele no seu apartamento da Park Avenue em Nova York, dizia a mensagem.

Nada disso tinha algum significado para Val. Ele tomou um punhado de comprimidos de morfina e Frontal e tentou dormir.

Michael Morandi voou durante a noite para resolver tudo. Ele ajudou Anshu a escrever um e-mail informando toda a equipe sobre a morte de Bill. A mensagem foi enviada com os nomes de Jain e Jürgen Fitschen. "É com pesar que informamos que nosso antigo colega, Bill Broeksmit, 58 anos, faleceu no domingo, em sua casa, em Londres", escreveram eles. Eles descreveram Broeksmit como "instrumental como fundador do nosso banco de investimentos. Ele era considerado, por muitos de nós, como uma das mentes mais geniais nas áreas de risco e administração de capital".

O banco enviou um corpulento segurança até o apartamento de Broeksmit. Repórteres, fotógrafos e cinegrafistas estavam do lado de fora — era o suicídio mais recente de um banqueiro, mais evidências da podridão dentro do setor financeiro de Londres e dentro de um dos maiores e mais atormentados bancos do mundo e era especialmente lúgubre porque Bill havia sido um dos confidentes mais próximos de Anshu. Alguém precisava ficar em guarda.

O Deutsche era conhecido por suas tentativas agressivas de controlar a mídia. Alguns dos porta-vozes e executivos do banco conquistaram reputações de mentirosos. A propensão ao sigilo era tão intensa que, quando o banco entregava documentos para os membros do conselho, cada pedaço de papel possuía um código secreto — talvez uma quantidade em dólar levemente diferente em um dos parágrafos ou uma data diferente no topo da página — para que o banco pudesse rastrear o vazamento se o material acabasse nas mãos da mídia. Agora o Deutsche usava essas táticas em uma tentativa de influenciar a cobertura do suicídio de Bill. A prioridade máxima era diminuir o interesse da mídia. O banco enviou alguém de relações públicas para aconselhar a família sobre como lidar com a vindoura enchente de perguntas da mídia. O conselho mais simples: não diga nada. Os assessores do Deutsche argumentaram para os jornalistas que a morte de Bill não tinha relação alguma com seu período no banco — uma afirmação que eles não poderiam fazer com credibilidade tão logo após sua morte.

Não obstante esses esforços, detalhes sobre o suicídio logo começaram a aparecer. A mídia alemã descobriu que uma das cartas de suicídio estava endereçada para Anshu. Rumores começaram a surgir de que a nota tinha um tom similar àquela que Pierre Wauthier deixou culpando Joe Ackermann na Zurich Insurance. Quando repórteres ligaram para o departamento de relações públicas do banco visando confirmar a veracidade dessa informação, o departamento relutantemente confirmou que Anshu recebera uma carta — mas insistiram que o conteúdo era inócuo. "Era uma carta amigável",[1] disse um deles, afirmando tê-la visto em primeira mão.

Familiares, amigos e ex-colegas desfilaram pelo apartamento de Bill e Alla, levando grandes quantidades de comidas e bebidas. "Tudo está de cabeça para baixo agora", disse Val em um e-mail enviado para sua ex-namorada, Jenny. Ele queria andar algumas vezes pelo quarteirão para limpar a mente, fumar alguns cigarros, fugir desses amigos e parentes que ele não conhecia tanto assim, mas que afirmavam compartilhar de sua tristeza, raiva e confusão. Alla, porém, proibiu Val de sair — ele parecia um sem-teto e o grupo de jornalistas do lado de fora do apartamento certamente partiria pra cima de seu filho imprevisível no momento que ele saísse do edifício. Val ficou tão desesperado que criou uma desculpa que acreditou ser do agrado de sua mãe. Ele queria cortar o cabelo e se barbear. O tiro saiu pela culatra. O cabeleireiro de Alla foi convocado até o apartamento, Val sentou-se à mesa de seu pai e seu desejo foi concedido.

Naquela tarde, o segurança do banco permitiu a entrada no apartamento de um técnico magrelo enviado pelo Deutsche. A sua tarefa era copiar o conteúdo do computador de Bill para discos rígidos portáteis. Val conectou-o ao computador e o deixou trabalhar. Depois de Faissola, essa foi a segunda pessoa do Deutsche interessada no computador de Bill, o que fez Val se perguntar se havia algo com o qual o banco estava preocupado (sem o conhecimento de Val, Michael Morandi convidou o banco para levar alguém até o apartamento e preservar o conteúdo do computador). Val pensou que seria prudente garantir que ele e sua família ainda tivessem acesso aos arquivos eletrônicos de seu pai. No computador, ele achou uma lista de senhas das contas digitais de Bill e as anotou em um pedaço de papel.

A mídia logo seguiu em frente, tornando mais seguro para Val sair do edifício. De volta ao seu apartamento, ele se deitou na cama, exausto e ao mesmo tempo incapaz de dormir. Sempre que fechava os olhos, ele se recordava de seu pai, coberto por um lençol branco com um tubo em sua boca e um colar cervical em sua cabeça. Ele se perguntava se algum dia seria capaz de esquecer essa cena. Desistiu de dormir e escolheu ouvir música. Ele tocou "The Last Day of Our Acquaintance", de Sinéad O'Connor — a mesma música que Bill escutou repetidamente após a morte de Edson. Agora, Val replicava aquele ritual, ouvindo a triste melodia de novo e de novo.

Anshu levou a carta deixada por Broeksmit até os escritórios do Deutsche. Ele a mostrou para o vice-conselheiro geral do banco, Simon Dodds. Dodds leu a breve carta e perguntou ao que Bill estava se referindo. "Não faço a menor ideia", disse Anshu.

Dodds pegou a carta e a guardou em um cofre.

Alla viajou de avião até Nova York, com Val indo alguns dias depois no mesmo avião que o caixão de seu pai; alguém precisava escoltar Bill durante seu último voo. Em Heathrow, um guarda da fronteira verificou o passaporte de Val e descobriu que seu visto havia expirado há algum tempo; ele estava na Grã-Bretanha ilegalmente. O guarda entregou a Val um formulário declarando que ele não seria bem-vindo de volta — um mau começo para essa terrível jornada. O avião da Virgin Atlantic aterrissou no aeroporto JFK pouco depois das 22h da noite e um carro funerário entrou na pista para recolher o caixão.

O serviço funerário aconteceu no dia 8 de fevereiro. Centenas de convidados, agasalhados contra o vento congelante, apressaram-se até a igreja presbiteriana de tijolos na Park Avenue. Conforme eles entravam, cada pessoa recebia um cartão laminado com uma imagem de um Bill sorridente e vestindo terno em um dos lados, o outro lado contendo um famoso poema de Ralph Waldo Emerson sobre o significado de uma vida bem-sucedida. As longas fileiras de cadeiras de madeira cheias e os enlutados lotando as sacadas do local.

O irmão de Bill, Bob, colocou-se de pé diante do púlpito. Ele recontou histórias sobre Bill terceirizar sua rota de jornais e sua insistência em pagar pela assistência médica de um parente. Ele conversou sobre como Bill odiava perder na quadra de tênis e como ele foi "uma força da natureza na cozinha". Sob o comando de Bob, Val recitou algumas linhas da escritura sagrada: "Estamos certos de que, se esta nossa temporária habitação terrena em que vivemos for destruída, temos da parte de Deus um edifício, uma casa eterna nos céus, não construída por mãos humanas." Michael Morandi, em seu panegírico, gesticulou para a casa cheia e observou como Bill sempre se sentiu desconfortável em ser o centro das atenções. "Se ele estiver olhando para baixo, aqui para essa assembleia, ele vai se perguntar do que se trata todo esse barulho", concluiu Morandi.

E então foi a vez de Alla. Em prantos, ela recitou o poema fúnebre de W. H. Auden, "Parem Todos os Relógios".

Ele era meu Norte, meu Sul, meu Leste e Oeste, Minha semana útil e meu domingo inerte, Meu meio-dia, minha meia-noite, minha canção, meu papo, Achei que o amor fosse para sempre. Eu estava errado.

Depois, várias pessoas voltaram ao apartamento da família para comer, beber e contar histórias. Fotos em tamanho de cartaz de Bill — em uma cadeira de jardim, lendo o *Financial Times*, com Daisy encolhida em seus pés — foram dispostas pelo apartamento. Jain, Faissola e outros executivos do Deutsche lotaram o local. Um dos convidados era Estelle, ainda sofrendo após 13 anos da morte de Edson. Ela se aproximou de Alla e as duas mulheres se abraçaram. Ambas haviam perdido seus maridos.

"Agora eles estão juntos", sussurrou Alla.

CAPÍTULO 24

SEM MOTIVOS PARA SE PREOCUPAR

Na mesma época da morte de Broeksmit, um pequeno credor do Chipre, Hellenic Bank, levantou algumas suspeitas.[1] Alguém na Rússia havia criado uma conta no banco e quantidades enormes de dinheiro estavam surgindo.

O fato de coisas estranhas acontecerem no Chipre não é um choque. Aquela ilha é um lugar popular para que pessoas com práticas obscuras façam suas transações bancárias. O Chipre faz parte tanto da União Europeia quanto da zona do euro, onde as regulamentações governamentais são robustas, o que, em teoria, tornaria o sistema financeiro do Chipre mais seguro que muitas outras partes do mundo. Porém, o país tendia a fazer o mínimo possível quando se tratava de bloquear transações ilícitas. Como resultado disso, o país tornou-se destino obrigatório para os russos, e outros, buscando um lugar onde guardar seu dinheiro sujo.[2] Apesar do seu clima ensolarado, a frouxidão de seu sistema financeiro e sua integração com a Europa tornaram-se, provavelmente, as principais qualidades do Chipre.

Era preciso muito para deixar um banqueiro cipriota incomodado, mas quase US$700 milhões surgiram nessas contas russas em um curto período de tempo e isso certamente chamou a atenção deles. Funcionários no Hellenic olharam de onde estava vindo esse valor — um primeiro passo básico ao conduzir a diligência de tamanho fluxo monetário — e viram que a fonte era o Deutsche Bank. Isso deveria ser um sinal tranquilizador. Apesar de todos os seus problemas, o Deutsche era uma instituição financeira europeia popular e rigidamente regulada — e não o tipo de instituição suspeita que se envolveria com lavagem de dinheiro descarada.

Entretanto, havia um protocolo que o Hellenic deveria seguir em tais situações e ele requeria o preenchimento de um "pedido de assistência" com o Deutsche para obter mais informações sobre as transferências inusitadas. Esse pedido foi enviado para o escritório de Londres do Deutsche, onde as transações foram originadas, em janeiro de 2014. Eles pediram para o banco explicar o seu relacionamento com o cliente russo e o propósito das transferências, além de perguntar se o Deutsche tinha "alguma razão para acreditar que as transações [...] possuem alguma natureza suspeita". O Deutsche provavelmente poderia ter tranquilizado a questão com uma rápida resposta, mas o banco decidiu ignorar o pedido. No mês seguinte, o Hellenic enviou um lembrete — que também não recebeu resposta. Um terceiro pedido foi realizado em março. Dessa vez, o pedido foi encaminhado para uma parte diferente do Deutsche e alguém a direcionou para outro escritório e esse escritório, por sua vez, enviou o pedido para Tim Wiswell, em Moscou.

Wiz sabia tudo sobre essas transações. O cliente russo estava participando de mirror trades com o Deutsche para tirar rublos da Rússia e convertê-los em dólares, usando as operações norte-americanas do banco — DBTCA — como lavanderia. Os dólares então eram repassados para o Chipre, onde o beneficiário Russo poderia fazer o que bem entendesse com o dinheiro — exceto pelo fato de que o Hellenic agora desconfiava. Wiz precisava tranquilizar o banco, caso contrário o Deutsche e seu cliente precisariam encontrar uma outra instituição com menos escrúpulos para enviar o dinheiro recém-lavado. Wiz garantiu ao Hellenic que o Deutsche examinou profundamente o cliente e "não viu motivos para se preocupar".[3]

O Hellenic, entretanto, não se satisfez. Aparentemente percebendo que o dinheiro estava sendo enviado dos Estados Unidos, que tem uma reputação em impor penalidades debilitantes para instituições que violam sua constituição, o banco enviou um pedido final. Esse pedido foi enviado para um funcionário da DBTCA em Nova York responsável pela proteção contra crimes financeiros dentro da instituição. Como Broeksmit alertou alguns meses antes, a DBTCA tinha tão poucos funcionários que ela não possuía seu próprio diretor financeiro ou equipe de compliance. E, com certeza, a autoridade interna nunca o respondeu nem cuidou do assunto. Mais tarde ele explicaria para os reguladores que estava muito ocupado e que, "por precisar lidar com muitas coisas, teve que estabelecer prioridades".[4]

Apenas em outubro de 2014 — após incitado pelo Kremlin, que buscava impedir o êxodo monetário do país[5] — a sede do Deutsche percebeu que havia um enorme esquema de lavagem de dinheiro russo operando nos postos avançados de Moscou, com uma ajuda (talvez involuntária) dos escritórios de Londres e Nova York do banco.[6] Um ano após o Hellenic Bank ter registrado as transações suspeitas, o Deutsche alertou os reguladores em diversos países sobre o que havia acabado de desenterrar. Governos iniciaram investigações nos Estados Unidos e na Grã-Bretanha e acabaram descobrindo que a esposa de Wiz[7] tinha contas estrangeiras com o que parecia milhões de dólares recebidos dos russos, ou, pelo menos, sabia que parte desse dinheiro havia se originado com os clientes das mirror trades e pago para ela por meio da DBTCA (Wiz, às vezes, também recebia bolsas de dinheiro).[8] As preocupações de Broeksmit sobre o desleixo da DBTCA mostraram-se prescientes.

Durante grande parte de um ano, Anshu insistia publicamente que o Deutsche tinha capital mais do que o suficiente para se proteger de outra crise financeira. Poucos investidores e reguladores acreditavam nele, em parte porque os amortecedores do banco eram mais fracos que os da concorrência e em parte porque o banco ainda possuía trilhões de dólares em derivativos, os quais poderiam mudar de valiosos para sem valor em um piscar de olhos. O gotejamento de más notícias e os preços em constante queda das ações deixou os clientes do Deutsche cada vez mais nervosos, também. Bancos dependem da fé de seus clientes, investidores, reguladores e outros bancos — caso contrário todo mundo tira o seu dinheiro da instituição e ela vai capotar —, então essa era uma situação perigosa.

Enquanto Jain demonstrava confiança em público, ele e seus tenentes reconheciam que tinham um problema nas mãos. Os números não mentem e o preço das ações do banco estavam na vala; o mercado claramente não tinha muita confiança no futuro do banco. Anshu tinha uma solução favorita para essa bagunça: ele queria se livrar da divisão de banco de varejo do Deutsche na Alemanha. O país era conhecido por ter bancos demais, muitas filiais (o próprio Deutsche tinha mais de mil, graças em parte à aquisição do Postbank feita por Ackermann), e a competição derrubava os lucros. Isso era ótimo para os consumidores, mas não para os banqueiros. Jain disse a Paul Achleitner, presidente do conselho, que eles deveriam abandonar o negócio e voltar para o antigo modelo do Deutsche. Afinal, em sua encarnação original, o banco não se preocupava com os pequenos clientes de varejo, focando, em vez disso, os exportadores e as empresas multinacionais alemãs. "Não está no nosso DNA", explicou Henry Ritchotte, ainda diretor de operações do banco, aos membros do conselho, esperando convencê-los dessa ideia radical. O plano, porém, era natimorto. Não havia nenhuma possibilidade de Achleitner ou o resto do conselho do Deutsche — cheio de representantes que eram obrigados a agir em nome dos funcionários alemães de baixo escalão — autorizar uma proposta que resultaria no desemprego de tantos funcionários. O círculo interno de Anshu mais tarde lamentou não ter anunciado a ideia unilateralmente ao público, o que dificultaria uma obstrução por parte de Achleitner e seus colegas.

Jain sentia como se todos no banco soubessem que ele estava frustrado. Ele pensava que uma maioria substancial dos mais de 100 mil funcionários do banco o odiava — seja por sua pele, sua incapacidade de falar alemão ou porque sua estratégia corporativa preferida custou o emprego de muitos. Geetika estava cansada de ver seu marido ser humilhado publicamente e passar as noites lamentando seus fracassos; ela insistiu para que ele saísse do emprego. Em março de 2014, Anshu pesou suas opções durante o longo voo de Singapura até a Europa. Quando o avião aterrissou em Frankfurt, ele havia se decidido. Convidou Achleitner para jantar e disse ao presidente que havia subestimado a dificuldade do cargo e como ele não podia contar com o apoio do conselho e dos funcionários. Jain duvidava que a atual estratégia do banco desse certo e pensou em se demitir.

Achleitner não estava feliz com o desempenho de Jain até então, mas ele sabia que sua saída abrupta poderia desencadear uma devastadora crise de confiança. O presidente sentia uma grande insegurança em Anshu há muito tempo e, assim, pediu o seu apoio e implorou para que ficasse. Jain, acalmado por essas reafirmações, concordou em permanecer como CEO.

Jain, imbuído com uma nova confiança, percebeu que era hora de o banco começar a tomar seus remédios. Em maio de 2014, ele anunciou que o banco emitiria novas ações com um valor total de 8 bilhões de euros (cerca de US$11 bilhões). Essa infusão deu ao banco uma margem para respirar e Jain decidiu usar um pouco do dinheiro externo para acelerar o crescimento nos Estados Unidos e em outros locais. Alguns dos membros do conselho do banco questionaram essa decisão, argumentando com Jain e Achleitner que esse dinheiro poderia ser usado para proteger o Deutsche de futuras crises. Os dois desconsideraram essa postura conservadora. O plano de Jain era que o Deutsche se tornasse o único "banco universal" com sede na Europa — uma distinção que ele acreditava que renderia muitos clientes europeus, além de empresas no exterior que desejavam fazer negócios no continente. E então, enquanto outros bancos que foram atingidos pela crise recuaram, o Deutsche seguiu na direção oposta. Esse foi outro grande erro.

Enquanto isso, as investigações do governo sobre o banco prosseguiam e os casos ameaçavam se tornar mais do que constrangimentos públicos. Reguladores e promotores, cansados de serem ridicularizados (após anos de penalidades insignificantes não causarem nenhum efeito na conduta do banco), estavam começando a exigir multas cada vez maiores dos bancos. Multas de US$10 bilhões ou mais não estavam fora de questão. Uma penalidade desse tamanho certamente era o suficiente para acabar com todo o capital que o Deutsche havia levantado recentemente.[9]

As investigações que em breve seriam lançadas sobre a lavagem de dinheiro russo realizada por Wiz eram apenas um item em uma crescente lista de ameaças (o Deutsche ainda não havia descoberto a operação Lavanderia que antecedia o esquema das mirror trades). Em Nova York, reguladores estavam finalizando uma investigação condenatória sobre como o banco deliberadamente violou sanções internacionais ao fazer negócios com entidades no Irã, Síria, Myanmar, Líbia e Sudão (em 2015, o New York Department of Financial Services impôs uma multa de US$258 milhões ao Deutsche Bank, fazendo o banco demitir funcionários e instalar um monitor independente dentro da instituição para prevenir futuras práticas criminosas).

No caso Libor, os promotores e reguladores em, pelo menos, três países concluíram que o Deutsche era um dos principais criminosos, com responsabilidade pelo escândalo em toda sua hierarquia corporativa. As penalidades aplicadas certamente se estenderiam aos bilhões.

Em Washington, o comitê de Bob Roach no Senado havia acabado sua investigação sobre evasão fiscal e o resultado foi um relatório contundente sobre como o Deutsche permitiu que grandes fundos de hedge como Renaissance Technologies sonegassem bilhões de dólares em impostos federais. Pouco depois da publicação do relatório, a família Broeksmit recebeu um aviso desagradável do banco: Bill seria mencionado de maneira não muito agradável. Assim que o relatório foi publicado online, Val vasculhou o documento e descobriu que seu pai foi mencionado 8 vezes no relatório de 96 páginas. As aparições eram breves, mais importantes. Em 2008, conforme o trabalho lucrativo do Deutsche com a Renaissance Technologies se intensificou, Jain enviou Broeksmit para garantir que estava tudo bem. Bill passou semanas tentando compreender a estrutura que os negociadores do Deutsche montaram para o fundo de hedge. Com o tempo ele concluiu que, apesar de algumas objeções sobre as estruturas consumirem muitos recursos financeiros do banco, não havia nada fundamentalmente errado com a forma que as transações ocorriam. Entretanto, uma ligação telefônica com um colega, Satish Ramakrishna, Broeksmit foi sincero com o fato de que as transações foram criadas "por conta de impostos". O banco gravou todas as ligações em seus sistemas e essa acabou sendo descoberta nos arquivos que o Senado intimou do banco. Isso era um problema. A defesa do banco era que as transações da Renaissance tinham propósitos legítimos e não foram construídas para evasão fiscal.[10] Alguns executivos seniores prepararam um extenso testemunho para o Senado que focou grande parte em mostrar essas relações não tributárias. Porém, aqui estava Broeksmit declarando abertamente o que todos sabiam, mas ninguém tinha sido suficientemente honesto ou ingênuo para falar.

Meses antes de sua morte, Broeksmit descobriu que os investigadores do Senado estavam focando essa conversa gravada. Em uma tarde do final do verão de 2013, advogados do escritório de advocacia Paul, Weiss, Rifkind, Wharton & Garrison estiveram em Londres para interrogá-lo sobre as transações da Renaissance. O objetivo do encontro era descobrir o que Bill sabia e anotar suas opiniões sobre os documentos e gravações obtidas pelos investigadores do Senado. Os homens sentaram-se a uma mesa de madeira tão bem polida que Broeksmit era capaz de ver o próprio reflexo. Os advogados lhe contaram que talvez ele precisasse ir até Washington para ser interrogado na Colina do Capitólio, possivelmente sob juramento. Broeksmit foi educado e direto, mas a equipe jurídica achou ele abatido e cansado do mundo. Após a reunião, quando os advogados estavam no saguão de Hearthrow aguardando pelo voo de volta para Nova York, Bill ligou para um deles. Ele encheu o advogado de perguntas sobre o que deveria fazer em seguida. Da forma que Broeksmit falava, parecia que ele estava aguardando que uma grande quantidade de merda caísse em cima dele a qualquer momento.

O relatório do Senado foi divulgado com alarde em julho de 2014, junto com audiências no congresso — justo quando o codiretor da Renaissance, Robert Mercer, estava começando a financiar uma série de iniciativas de direita, como o Breitbart News, visando a derrubada da ordem política ocidental. O senador Carl Levin, presidente do comitê investigativo, convocou a primeira audiência pública às 9h30m da manhã de um dia de julho, no Hart Senate Office Building. Levin e Roach estabeleceram linhas de questionamento com as testemunhas. Uma delas era Satish Ramakrishna, do Deutsche. Após quase quatro horas de audiência, Ramakrishna alegou não saber muito sobre o propósito de evasão fiscal das transações. "Você já conversou com um homem chamado Broeksmit?" questionou Levin. Ramakrishna reconheceu a existência da ligação telefônica, mas insistiu que Bill estava apenas observando que impostos eram uma das razões para os negócios. Levin, por sua vez, observou que há um minuto Ramakrishna declarou sua ignorância sobre a relação com os impostos. Satish, então, admitiu o que a ligação deixou bem claro — e que o Deutsche estava tão determinado em esconder. "Ele disse que benefício fiscal era um dos propósitos, sim", cedeu Ramakrishna. "Ele sabia disso tão bem quanto eu."[11]

Essa foi a primeira pista pública de que Broeksmit poderia ter sido envolvido em uma situação perigosa.

Conforme tudo isso se desenrolava, os executivos do Deutsche corriam para controlar os danos. Certo dia de maio de 2014, Colin Fan entrou em um estúdio de TV improvisado para gravar um vídeo direcionado a todos os funcionários do banco de investimentos. Nascido em Pequim, criado no Canadá e educado em Harvard, Fan era um homem imponente com um cabelo preto espetado e um rosto tão juvenil e bochechudo que as pessoas geralmente achavam que ele tinha seus 20 anos. Na verdade, ele já tinha 41 anos e, seguindo os passos de Anshu, chegou ao topo da divisão de banco de investimentos do Deutsche. Eram as legiões de negociadores e vendedores exigentes de Fan que foram responsáveis por muitos dos atuais problemas legais do banco. Caso após caso, seus comerciantes eram tão arrogantes e sem noção que cometiam sua má conduta por escrito, conversando pelo e-mail ou por bate-papos virtuais sobre o que estavam fazendo e o motivo. Se eles tivessem sido apenas um pouco mais cautelosos, o banco poderia ter evitado muitos custosos problemas legais.

Esse foi o argumento que Fan tentou passar aos seus milhares de funcionários. "Essa é uma mensagem importante", começou ele. "Vocês precisam prestar atenção." Ele vestia uma gravata roxa e um terno preto e suas mãos ficavam atrás do seu corpo enquanto ele encarava a câmera. "Vocês podem não perceber isso, mas graças ao escrutínio regulatório, todas as suas comunicações serão revisadas." A câmera aproximou-se do rosto e ombros de Fan. "Alguns de vocês definitivamente estão aquém dos nossos padrões. Vamos ser claros: a nossa reputação é tudo. Ser orgulhoso, indiscreto e vulgar não é correto. Isso acarretará em graves consequências para a sua carreira." Ele respirou e continuou com um tom calmo, quase alegre. "E eu perdi a minha paciência. Comunicações que possuem a mínima chance de serem vistas como não profissionais devem parar agora."

Pode ter sido o tom tranquilo de Fan, quase como se ele quisesse esconder um sorriso. Talvez tenha sido sua admissão implícita de que havia muitos casos de má conduta no banco de investimentos. Talvez tenha até mesmo sido o seu foco em tratar das comunicações sobre mau comportamento em vez do mau comportamento em si. Independentemente do motivo, quando o vídeo foi publicado online, ele viralizou.

Recriminações eram lançadas naqueles que eram considerados os culpados pelo problema do Deutsche e havia duas interpretações distintas. Nos escritórios de Nova York e Londres, o bicho-papão eram os reguladores excessivamente zelosos, além dos executivos e membros do conselho alemães, as Forças Sombrias as quais Edson havia criticado. Os funcionários de Frankfurt tinham uma visão diferente. O vírus maligno e de rápido contágio do banco de investimentos anglo-americano infectou o banco há 20 anos e essa doença devastou esse banco outrora saudável.

Havia pelo menos outro grande problema espreitando o Deutsche. Era um problema que ainda ninguém tinha conhecimento e, mesmo se soubessem, não teria sido fácil de evitar ou sequer controlar. O problema tinha um nome: Val.

CAPÍTULO 25

POBRE E BRILHANTE BILL

A primeira página do *Wall Street Journal* no dia 23 de julho de 2014 continha cinco artigos: um sobre Israel, um sobre o Obamacare, um sobre a Rússia, um sobre produtos de limpeza doméstica com aroma de coquetéis e outro sobre um certo banco alemão. "Fed Repreende Deutsche Bank por Relatórios de Má Qualidade" era a manchete no canto inferior direito do jornal. O *Wall Street Journal* conseguiu acesso a uma carta enviada ao banco meses antes por Daniel Muccia, um vice-presidente sênior da Reserva Federal de Nova York, uma das pessoas responsáveis por regular o Deutsche diariamente. Na carta, em trechos publicados pelo jornal online, Muccia criticava o Deutsche pelos problemas na sua divisão norte-americana, DBTCA. Ele acusou o banco de produzir relatórios financeiros "de baixa qualidade, imprecisos e não confiáveis. O tamanho e a extensão dos erros sugerem fortemente que toda a estrutura regulatória da empresa nos Estados Unidos precisa de uma remediação ampla". Muccia continuou, avisando que as limitações constituem um "colapso sistemático e expõem a empresa a significativos riscos operacionais e relatórios regulatórios distorcidos".

No léxico seco dos banqueiros e reguladores centrais, os eufemismos reinam. A carta de Muccia poderia ser qualificada como uma impetuosa condenação. Ela deu voz a mais de uma década de crescente frustração dentro da Fed sobre a incapacidade ou falta de vontade do Deutsche de resolver problemas de longa data. A carta observava que os examinadores da Fed reclamavam sobre essas questões para o banco desde 2002 e que os problemas ainda não tinham sido resolvidos. Em alguns casos, eles pareciam ter se intensificado.

Como membro do conselho da DBTCA, Broeksmit testemunhou em primeira mão a fúria crescente da Fed. De fato, essa mesma carta foi parar no seu e-mail do Yahoo um mês antes de sua morte. Não era uma coincidência que ela agora estava na capa do *Wall Street Journal*.

Alguns dias após o serviço funerário de seu pai, Val havia aceitado o fato de que sua vida estava uma bagunça. Durante anos ele consumiu analgésicos de maneira irresponsável, parte de sua estratégia nada bem-sucedida de esconder sua infelicidade interior. Conseguir opioides nos Estados Unidos sem receita médica era muito mais difícil do que na Inglaterra. Depois que Beth retornou de Londres, Val sentou-se com sua família para discutir suas opções de reabilitação. Alla não aproveitou a oportunidade para pagar a conta de uma reabilitação com a qualidade de um resort. Em vez disso, ela insistiu para que Val ficasse algum tempo no University Club, período esse que seria pago por ela, e tentasse se livrar de seus vícios. Val sabia que essa abordagem não supervisionada não daria certo e com o tempo tentou convencê-la a levá-lo até a reabilitação.

Primeiro ele foi para uma instalação em Palm Beach, Flórida, mas depois de algumas semanas foi expulso por descontar sua raiva nos pacientes e funcionários. A essa altura, Val concluíra que talvez a reabilitação não fosse uma boa ideia para ele, mas sua família conseguiu transferi-lo para Alta Mira, no sopé de Sausalito, nos arredores de São Francisco. Por US$50 mil mensais, residentes ficavam no pátio dos fundos, aproveitando a gentil brisa do Pacífico e a vista da Ponte Golden Gate, além de comer refeições preparadas por chefes gourmet. Val sentia-se um prisioneiro.

Naquela primavera, Alla e Beth voaram até São Francisco para participar de uma "semana da família" em Alta Mira. Em caminhadas com Beth em Sausalito, Val fervilhava de raiva — especialmente da sua mãe, a qual ele sentia que tinha usado a morte de seu marido como desculpa para abandonar seu filho de uma vez por todas, ainda que em uma clínica de reabilitação de luxo. "Quando meu pai morreu, seus maiores medos e sonhos mais secretos tornaram-se realidade", Val disse para Alla em uma sessão de terapia familiar. As palavras cortaram alguns dos últimos laços que o ligavam à sua família. Beth, também, disse adeus para Val e viajou de volta para Londres, com o relacionamento entre os dois essencialmente acabado.

Na privacidade de seu estúdio em Greenwich Village, Alla fechava os olhos e deixava sua memória voltar para seus dias em Viena, com o jovem Val em seu colo. Ela se lembrou dos sentimentos puros e simples de solidão e medo por ser refugiada. Esses sentimentos a inspiraram a pintar e ela começou a frequentar aulas de artes na cidade de Nova York, aparecendo com óculos de sol e com a Daisy debaixo do braço. Seus colegas de turma podiam ver que algo a assombrava, mas, quando perguntavam o que tinha acontecido, ela de maneira educada desconversava. Alla chegou a culpar o Deutsche Bank por levar Bill ao seu limite ou, pelo menos, por não fazer nada para evitar sua queda. Ela sabia que seu marido estava envolvido em assuntos sérios — por qual outro motivo, especulou ela, ele estaria conversando com os agentes federais? — e ela lembrava-se disso sempre que uma nova investigação do governo sobre o Deutsche vinha à luz do público. "Meu pobre e brilhante Bill", ela se lamentou com um conhecido. "O que obrigaram ele a fazer?"

Preocupada com dinheiro, Alla considerou tirar alguma quantia do Deutsche, que ela acreditava que lhe deviam pelos anos de trabalho de Bill. Ela brincou com a ideia de mover uma ação de homicídio culposo e seus advogados começaram a pesquisar o histórico recente de violência na indústria financeira. Havia uma grande quantidade de exemplos. Em abril de 2014, por exemplo, um ex-executivo sênior em um grande banco holandês assassinou a mulher e a filha antes de cometer suicídio.[1] No ano anterior teve o suicídio de Pierre Wauthier na Suíça, além da queda de David Rossi da janela do Monte dei Paschi. No fim das contas, nenhuma ação foi movida. O Deutsche concordou em realizar pagamentos periódicos a Alla que representavam o valor das ações do banco que Bill recebeu, mas não foi capaz de retirar na época de sua morte.

No começo do verão de 2014, Alla e suas filhas viajaram até o Maine para espalhar as cinzas de Bill. A pequena cidade do Brooklin — no terreno da família com a quadra de tênis e o lago — foi onde a família passou os momentos mais felizes, em seus dias com Edson. A família imaginou que Broeksmit, sempre prático, gostaria que seus restos mortais ajudassem a alimentar essa amada terra. Val ficou devastado ao não ser convidado, chegando a se perguntar se sua mãe estava afastando-o porque ela tentava esconder alguma coisa.

Val lentamente dissipou um pouco da sua raiva e começou a se abrir nas sessões de terapia em grupo. Ele fez amizade com pessoas que viam nele uma alma sensível e torturada. "Ele era um garotinho ferido", disse Sidney Davis. "Ele queria ser amado por sua mãe." Certo dia uma nova convidada chegou: uma mulher de meia idade com cabelos loiros, uma guitarra e um cachorro. Val a observou, sozinha e chorando, em uma escada de concreto que levava até uma encosta e sentou-se ao lado dela. Eles passaram duas horas fumando um cigarro após o outro e conversando. O nome dela era Margaret e seu casamento havia acabado de implodir. Como ela estava considerando o suicídio, Val contou como seu pai cometera suicídio recentemente e os dois se lamentaram juntos pelos infortúnios nas vidas de cada um. Mais tarde ela contou seu nome verdadeiro para Val: Pegi Young. Ela era uma música bem-sucedida e fundadora da famosa Bridge School na Califórnia, porém ela era mais conhecida como a futura ex-mulher da estrela do rock, Neil Young. "Tá de sacanagem?" perguntou Val. Ouvindo a descrição de Pegi sobre seu fracassado casamento, ele sabia que nunca mais conseguiria ouvir as músicas de Neil Young.

Em julho de 2014, Pegi saiu de Alta Mira e Val a acompanhou. Aberta ao papel de mãe de aluguel, ela o ajudou a se realocar em uma "casa sóbria" em Strawberry Manor, um enclave à beira-mar no norte de São francisco. Val passava seu tempo pensando — sobre Beth, Bill e Jonathan Avila, cujo método de suicídio agora estava relacionado, na cabeça de Val, com o de seu pai.

O colega de quarto de Val na casa em Strawberry Manor era um rapaz de 22 anos chamado Spencer. Certa tarde, ele, Val e outro residente estavam sentados, conversando. Spencer levantou-se e foi até o banheiro. Após algum tempo sem nenhuma notícia, Val e seu outro colega procuraram por ele. Eles bateram na porta do banheiro e não tiveram nenhuma resposta de Spencer. Eles tentaram abrir a porta, mas ela estava emperrada. Val a arrombou com um chute. Spencer estava inconsciente, seu rosto azul, devido à overdose. Alguém ligou para a emergência. Enquanto aguardavam pela chegada dos paramédicos, Val ergueu a cabeça de Spencer para evitar que ele se sufocasse com o próprio vômito. O rapaz também se perguntou se essa seria a segunda vez que estaria em um cômodo com um homem morto. Felizmente, os paramédicos conseguiram ressuscitá-lo.

Uma overdose era algo simples. Val sabia quão fácil era passar dos limites. O que ele não conseguia entender — e que o deixava louco — é o que levou seu pai a cometer suicídio. Apesar da frieza que Bill admitiu na carta de despedida escrita para Val, ele defendera seu filho quando Alla estava prestes a desistir. O seu suicídio desestabilizou a família de forma que Val, que já era a ovelha negra, agora caminhava para ser esquecido. Ele precisava saber o *porquê*.

Antes de sair de Londres, Val anotou todas as senhas do computador de seu pai. Ele entrou nas contas do Gmail e Yahoo de Bill, vagando mais ou menos sem rumo por milhares de mensagens. Ele não havia perdido a esperança de encontrar evidência de uma amante secreta, uma dívida enorme ou algum terrível segredo que, embora doloroso de enfrentar, poderia revelar a razão de seu pai sentir que não tinha alternativa além da morte. Após alguns dias, entretanto, Val concluiu que, mesmo se uma explicação simples existisse — e ele começava a duvidar dessa possibilidade —, não seria fácil encontrá-la.

Havia três principais tipos de mensagem nas contas de e-mail de Bill. O primeiro tipo eram mensagens pessoais de registros detalhados dos jantares, das férias ou das visitas aos banhos russos e turcos, comentários sobre finanças ou política com seus amigos e colegas e registros que ele lidava com o enorme volume de administração financeira para sua esposa, filhos e familiares. Esses dados eram interessantes para Val em um sentido voyeurístico, mas não eram nada esclarecedores.

A segunda categoria de e-mails era spam. Bill era constantemente bombardeado com as usuais ofertas de pornografia, pílulas milagrosas de emagrecimento, alargamentos cirúrgicos e angariações de fundos do Comitê Nacional Republicano.

A última variação eram conteúdos relacionados ao Deutsche e essa foi a área na qual Val devotou a maior parte de seu tempo. Por meio de processo de eliminação, ele começou a suspeitar de que, seja lá o que fez seu pai se matar, tinha alguma relação com seu trabalho. Deve haver alguma coisa nesses e-mails, pensou Val; por qual outra razão os oficiais do banco mexeriam no computador de Bill logo após sua morte? Além disso, o fato de que uma das cartas de despedidas era de Anshu, um dos banqueiros mais poderosos do mundo, aumentou a convicção de Val de que o Deutsche estava na cabeça de seu pai quando ele decidiu morrer. Val deu uma rápida olhada na carta de Anshu quando a polícia o forçou a identificar a caligrafia de seu pai, mas não leu as palavras.

Alguns dos e-mails do Deutsche fizeram sentido para Val. Logo ficou claro, por exemplo, que Anshu havia se voltado para Bill diversas vezes para resolver problemas que comprometiam o banco. Também tornou-se evidente que Bill, às vezes, sentia-se sobrecarregado, concluindo que bancos do tamanho do Deutsche eram grandes demais para serem administrados ("Difícil saber como os bancos mantêm o controle de centenas de bilhões circulando pela instituição todos os dias", escreveu Broeksmit em um e-mail enviado para um amigo). Val conhecia seu pai bem o suficiente para entender quando ele estava bravo, o que claramente era o caso quando repreendia seus colegas da DBTCA por sua abordagem desleixada dos testes de estresse da Fed. A grande maioria das mensagens, entretanto, eram incompreensíveis, cheias de jargões, acrônimos e grandes números. Val precisava ser guiado sobre o que pesquisar, bem como de uma pessoa capaz de traduzir os frutos de sua pesquisa.

Cinco meses antes, eu entrei em contato com Val. Eu era parte de um grupo na agência de Londres do *Wall Street Journal* que buscava aprender tudo o que fosse possível sobre as circunstâncias do suicídio de Broeksmit. Fofocas sobre ele estar envolvido em investigações governamentais e com raiva de Anshu corriam pelos círculos bancários da cidade (o que despertou ainda mais minha curiosidade foi o terrível e recente padrão de suicídios entre banqueiros. Dois dias após a morte de Bill, um trabalhador do JPMorgan em Londres pulou do topo do arranha-céu do banco no Canary Wharf). Val manteve uma presença ativa nas redes sociais e eu rapidamente encontrei seu endereço de e-mail. No começo de fevereiro, nove dias depois da morte de Bill, enviei para ele uma mensagem pedindo para falar com ele sobre uma história em potencial sobre seu pai. Ele respondeu no dia seguinte: "O que você sabe?" Eu disse que ouvi comentários sobre Broeksmit ter se arrependido do seu período no Deutsche e que ficaria feliz em discutir os detalhes pelo telefone. Val pediu para deixar sua mãe e irmãs em paz e talvez ele falasse comigo assim que as coisas se acalmassem. "Todos estão tristes e de luto agora", escreveu ele.

Algumas semanas depois de tê-lo incomodado, Val relutantemente pegou o telefone. Já estava no meio da noite em Londres e final da tarde na Flórida, onde Val chegara recentemente para ser admitido na reabilitação. Andei pelo meu apartamento escuro, enquanto minha esposa e meu filho dormiam, sendo repreendido por Val por ter me metido na vida de seu pai. Ele resmungava e sua voz era arrastada; ele não parecia sóbrio. Ele insistia, falsamente, que sua família já sabia o real motivo para o suicídio de Bill e me garantiu que essa razão não tinha nenhuma relação com o Deutsche Bank. Sua mensagem era de que não havia nenhuma história para publicar. A conversa se encerrou com Val concordando em se manter disponível para responder perguntas e minha promessa em mantê-lo informado com o que eu planejava escrever.

Nós mantivemos um contato esporádico. Ele parecia gostar de me provocar com mensagens e em seguida desaparecer sem explicar o que queria dizer. "Eu acho que sei o que aconteceu", disse ele em um e-mail em março de 2014, afirmando que me ligaria o quanto antes. Ele não ligou, mas alguns dias depois, repentinamente, me enviou por e-mail uma foto de iPhone em baixa resolução de um prédio em chamas no centro de São Francisco, com uma fumaça preta se espalhando pelo céu sem nuvens do crepúsculo. "Pensei que vocês, repórteres, fossem precisar de uma imagem", escreveu ele misteriosamente (a foto, descobrimos a partir dos dados embutidos no arquivo, foi tirada no pátio dos fundos de Alta Mira). No decorrer dos próximos quatro meses, entrei em contato com mensagens e e-mails periódicos, perguntando se ele estava pronto para conversar. Ele raramente respondia.

E, então, em uma terça-feira à noite em meados de julho, cerca de duas semanas após Pegi Young colocá-lo na casa em Strawberry Manor, Val me enviou um e-mail: "Você ainda está de olho no Deutsche?" Ele explicou que tinha acesso aos e-mails de trabalho de seu pai. Também disse que parecia haver algumas coisas interessantes, mas ele não sabia o que estava fazendo e tinha milhares de mensagens para averiguar. Val perguntou se eu poderia fornecer algumas palavras-chave para ajudar a focar sua busca.

Eu e minha colega, Jenny Strasburg, montamos uma lista de palavras, frases e acrônimos, como "intimação" e "DDJ" (Departamento de Justiça). Dentro de algumas horas, Val começou a me enviar itens encontrados pela sua busca. Havia trocas entre Bill e Anshu, notas sobre futuras reuniões e e-mails com trechos confusos como "Diferencial de preço persistente, não arbitrável, com desvio de longo prazo e média zero". Algumas dessas informações eram interessantes — jornalistas raramente conseguem acesso sem censura às comunicações de grandes executivos corporativos — mas não apareceu nada digno de uma notícia.

Isso mudou às 1h33m da manhã do dia 18 de julho. Val me enviou um item que ele disse possuir pelo menos três dos nossos termos de pesquisa: "BaFin", "intimação" e "FRBNY". "Não sei o significado disso", avisou Val. Eu comecei a olhar e percebi que era a carta nada feliz enviada ao Deutsche por Daniel Muccia. Considerando o tamanho do banco, o desconforto da Fed tinha grandes implicações para os investidores, para a concorrência e para qualquer um que se importasse com o sistema financeiro mundial. Tentando omitir minha empolgação, perguntei a Val se eu poderia escrever uma história sobre esse documento. Eu esperava uma demorada negociação, mas Val me surpreendeu. "Se quiser escrever uma história e deixar meu pai de fora, isso seria legal", respondeu ele. "Por favor, não conte para ninguém onde você conseguiu essa informação."

Quatro dias depois, nós publicamos a história. "Uma examinação da Reserva Federal de Nova York descobriu que as gigantes operações do Deutsche Bank AG nos Estados Unidos sofrem de uma litania de sérios problemas, incluindo relatórios financeiros de má qualidade, auditorias inadequadas e fracos sistemas tecnológicos, de acordo com documentos revisados pelo *Wall Street Journal*", constava na primeira frase. As ações do Deutsche, já bem abatidas, caíram 3%. Val leu o artigo e contemplou o efeito de suas ações. Ele gostou da sensação de ter derrubado mais de US$1 bilhão do valor de mercado do Deutsche — a sensação de ter feito a diferença.

CAPÍTULO 26

OS NORTE-COREANOS

Numa manhã fria e nublada de outubro de 2014, em uma casa de tijolos brancos no bairro Bay Ridge, no Brooklyn, Calogero Gambino se enforcou no balaústre de sua sacada no segundo andar.[1]

Gambino, a quem todos conheciam como Charlie, tinha 41 anos e era pai de duas jovens crianças. Advogado, ele passou os últimos 11 anos trabalhando no escritório de Nova York do Deutsche Bank. O seu título era conselheiro geral associado, o que significava que era um dos principais advogados do banco, trabalhando em uma ampla gama de investigações e outros problemas legais da empresa. Gambino era popular com seus colegas. Alguns deles sabiam que ele sofria de depressão e se preocupavam que ele estivesse se esforçando demais; entre outras coisas, Gambino estava envolvido no caso Libor, um tópico que ele discutiu com Bill em algumas ocasiões. Agora, menos de nove meses após Broeksmit se enforcar em Londres, Gambino fez o mesmo em Nova York. Apesar dos grandes esforços do Deutsche para negar — funcionários chorosos do departamento de relações públicas insistiam que era impossível uma relação entre o suicídio de Gambino e problemas no trabalho, assim como continuaram a afirmar que o suicídio de Broeksmit também não tinha conexão alguma com o banco —, era impossível não perceber esse padrão mortal.

Pelo menos era o que parecia para Val. Conforme a adrenalina de ter colocado uma história na capa do *Wall Street Journal* se dispersava, a morte de Gambino atuava como uma segunda dose, motivando Val a seguir com sua investigação pessoal pela causa da morte de seu pai. Resolver esse enigma — ou mesmo ser capaz de determinar suas fronteiras — tornou-se o vício de Val. "Imagine o suicídio como o ato mais racional que um humano pode fazer", explicou Val para mim em certo momento. "Depois volte alguns passos a partir disso. Claro, é um ato emocional, o que faz muitas pessoas se perderem e chamá-lo de ato 'louco' ou 'incognoscível'. Porém, se você olhar para o motivo, então ele faz sentido. Infelizmente meu pai não deixou um motivo, mas deixou pistas."

Essas pistas, entretanto, eram como hieróglifos para Val. Ele encontrou ajuda no seu iPhone, que tinha pré-instalado um app chamado iTunes U e que oferecia aulas universitárias gratuitas. Val baixou um curso introdutório de finanças ministrado por um professor de Yale chamado John Geanakoplos. "Por que estudar finanças?" perguntou Geanakoplos na primeira aula. "Para entender o sistema financeiro, que é parte do sistema econômico [...] a linguagem que você aprenderá é a linguagem utilizada em Wall Street." Val maratonou essas aulas. Logo ele já era capaz de explicar o que era um derivativo, ainda que com termos confusos. Ele entendeu o conceito de alavancagem. Essa indústria é repleta de jargões e acrônimos, mas são termos que geralmente servem mais para confundir do que para esclarecer. Val chamou as aulas do professor de cabelo cacheado de seu "anel decodificador de finanças".

Algumas semanas após a morte de Gambino, um sombrio grupo de hackers chamados Guardians of Peace [Guardiões da Paz, em tradução livre] invadiu os sistemas de computador da Sony Pictures, o grande estúdio de filmes. A invasão foi um trabalho da Coreia do Norte, cujo governo estava irado sobre o futuro lançamento da Sony de uma comédia de Seth Rogen que retratava o assassinato de Kim Jong Un. A Sony apressou-se para desativar todo o sistema computacional da empresa, mas era tarde demais. Os hackers já haviam obtido uma grande quantidade de materiais: centenas de gigabytes de arquivos internos, e-mails e filmes inéditos.

Quando os funcionários da Sony ligaram os computadores após o ataque, foram recebidos por uma imagem chocante: um esqueleto vermelho demoníaco aparecia sob o título "Hackeado por #GOP". "Nós temos todos os seus dados internos", dizia o aviso dos Guardians of Peace. "Se não nos obedecer, lançaremos os dados exibidos abaixo para o público." No final da página tinham alguns links para diferentes sites de hackers.

A invasão tornou-se pública no dia de Ação de Graças de 2014. Val — que havia trabalhado com TV e já se misturou ao longo dos anos com algumas pessoas da indústria cinematográfica — assistiu com fascinação. "Incrível", disse ele em um tweet publicado no dia 24 de novembro. "Eles acabaram com um estúdio enorme usando um teclado e um pacote de salgadinhos!" Ele leu um artigo sobre a invasão que incluía uma foto da imagem e os endereços que apareceram na tela dos funcionários da Sony. Por curiosidade, ele digitou um dos endereços no seu navegador. Um site com uma aparência crua surgiu, contendo pouco mais que um endereço para outra página. Val clicou e, então, seguiu as instruções para baixar o arquivo zip (um pacote comprimido que contém outros arquivos). Normalmente, essa seria uma receita confiável para infectar seu computador com algum vírus, mas Val teve sorte. Os arquivos estavam cheios de códigos de computador e, no fim da página, Val encontrou três palavras que ele compreendia: "Para mais informações", dizia o arquivo, listando em seguida alguns endereços de e-mail.

Val passou as últimas 48 horas se perguntando: Se os sistemas de computador da Sony eram tão frágeis, será que outras corporações possuem vulnerabilidades semelhantes? Seria essa uma forma de descobrir o que acontecia no Deutsche? Era apenas o começo da noite e Val estava sozinho na casa em Strawberry Manor. Ele escreveu uma mensagem para um dos e-mails dos Guardians of Peace: "Estou interessado em participar do GOP, mas acredito que minhas habilidades com computadores são, na melhor das hipóteses, medianas. Se eu puder ajudar com alguma outra coisa, por favor entrem em contato."

Val duvidou que receberia uma resposta dos hackers, mas um ou dois dias depois um e-mail chegou com uma cartilha, que os hackers planejavam lançar no futuro, sobre como acessar os documentos roubados da Sony. Val foi adicionado à lista de e-mails dos hackers — um fato que iludiu muitos jornalistas que estavam cobrindo o ataque eletrônico. No dia 11 de dezembro, Val recebeu outro e-mail dos Guardians of Peace, dessa vez com endereços para vários sites anônimos. Lá estavam os arquivos internos da Sony, disponíveis para serem baixados. Val iniciou o download dos enormes arquivos. Enquanto esperava pelo fim do processo, escreveu um e-mail para os hackers: "Ei, vocês já pensaram em ir atrás do Deutsche Bank? Existem toneladas de evidência nos servidores deles sobre fraudes mundiais, algumas até mesmo contribuíram para o triste e trágico suicídio de dois funcionários." Val sabia que o FBI estava atrás dos Guardians of Peace e agora ele os estava encorajando, por escrito, a ir atrás de uma empresa global. Sentiu-se aliviado com o fato de que nunca obteve uma resposta deles.

Val percorreu os arquivos da Sony. Em e-mail após e-mail, executivos falavam mal de estrelas de cinema e discutiam os orçamentos e os próximos filmes do estúdio. Val foi até o Twitter, onde sua conta da Bikini Robot Army tinha alguns milhares de seguidores, e postou uma captura de tela de e-mails e documentos internos da Sony: deliberações sobre quem — Martin Scorsese ou Francis Ford Coppola — deveria dirigir uma regravação de *Cleópatra*; Brad Pitt enlouquecendo com a edição do filme da Segunda Guerra Mundial, *Corações de Ferro*; um calendário confidencial dos lançamentos de filmes planejados pela Sony para os próximos três anos. Os seus tweets alcançaram audiências cada vez maiores conforme as pessoas os compartilhavam pela rede social.

Val dificilmente era o único disseminando o conteúdo da Sony, mas suas mensagens prolíficas o fizeram ganhar algum destaque. Uma semana depois, um advogado terceirizado da Sony, o super agressivo David Boies, enviou ao conselho geral do Twitter uma carta de aviso de ação legal caso não removesse a conta @bikinirobotarmy da rede social. O Twitter repassou a carta para Val, que recebeu uma missiva similar do vice-presidente da Sony para proteção de conteúdo. A Sony avisou que ela "o responsabilizaria por qualquer dano ou perda" resultante dos materiais publicados por ele.

Val tinha uma escolha. Ele poderia deletar suas cinquenta publicações que continham o material da empresa ou poderia mantê-las, mas não publicar novos materiais. Ou ele poderia simplesmente enfrentar a Sony e seus advogados extravagantes e continuar publicando o material. Val escolheu a opção 3 — e então compartilhou comigo as cartas que recebera dos advogados. Alguns dias antes do Natal, o *Journal* publicou um artigo sobre a ameaça da Sony e de David Boies lançada em um músico qualquer.

O artigo aumentou um pouco a fama de Val (as ameaças legais fracassaram). "E o direito de expressão? E os direitos da Primeira Emenda?" perguntou uma âncora do Fox Business Network durante uma entrevista "exclusiva" pelo telefone com Val.[2] Ela o convidou a descrever a carta de Boies, e Val ofereceu uma visão criativa enquanto caminhava nos fundos da casa de Strawberry Manor. "Ele disse: 'Pare com seus tweets ou vamos chegar aí e acabar com seu disco rígido, enterrá-lo e acertá-lo com tacos de baseball.'" Enquanto A Fox exibia imagens da linha do tempo do Twitter de Val, outro câmera questionou: "Parece que alguém está tentando fazer de você um bode expiatório, não é, Val?"

"Um pouco, sim!" concordou ele.

Aqui tinha uma poderosa lição para Val: o público tinha um apetite voraz por documentos que expunham o funcionamento interno de corporações gigantes. Espalhar esse tipo de material parecia virtuoso. E Val tinha muita coisa para espalhar.

Semanas antes, Val recebeu um e-mail repentino de um repórter da *Reuters*, a agência de notícias de negócios, chamado Charles Levinson. "Escrevo este e-mail porque uma fonte me contou que você procura um repórter para conversar", explicou Levinson enigmaticamente. "Acredito ser possível que, se os funcionários seniores do Deutsche acreditaram que seu pai pudesse contar aos investigadores algo que poderia ser usado contra eles ou contra o banco, eles podem ter encontrado uma forma de exercer pressão e impedir que isso acontecesse", escreveu Levinson. "Eu acho que é possível que eles tenham encontrado meios de exercer pressão ou alguma ameaça capaz de levar alguém ao desespero."

Isso foi uma isca para a mente de Val propensa à conspiração e ele prontamente disse que estaria disposto a se encontrar com Levinson, que sem demora reservou um voo para Califórnia. Eles se encontraram no Mountain Home Inn, um hotel rústico na subida do Monte Tamalpais. Era uma fria tarde de novembro e eles se sentaram no pátio do hotel. Levinson tomou algumas cervejas, enquanto Val fumava um Marlboro Red seguido de outro. Ele contou para Levinson a história de seu pai. Levinson, por sua vez, disse que gostaria de escrever sobre Bill e seu papel no Deutsche. Para isso, explicou ele, precisaria explorar um pouco os e-mails de Bill.

Val aceitou. Cerca de um mês depois, Levinson retornou para São Francisco. Não demorou até ele encontrar algo interessante nas contas de Bill. Havia muitas correntes de e-mails de cerca de um ano atrás nos quais Broeksmit repreendia seus colegas da DBTCA por sua abordagem perigosa dos testes de estresse da Reserva Federal. Era um claro exemplo de como o Deutsche tentava enganar os reguladores e fizeram isso de tal forma que um proeminente e bem-visto (e futuramente morto) executivo expressou suas graves preocupações.

A história de Levinson foi publicada em março de 2015 com a seguinte manchete: "Ex-Diretor de Risco Avisou Deutsche Bank Sobre Testes de Estresse, Mostram E-mails."[3] O artigo citava o e-mail de Bill para seus colegas no qual eles falavam que precisavam "se estressar mais", que suas previsões financeiras eram "muito otimistas" e que as perdas que eles esperavam em uma crise econômica eram "muito pequenas comparadas com os registros históricos". Com *The Wall Street Journal*, com o hack da Sony e agora com Levinson, Val possuía algo de valor. Finalmente, ele não era apenas visto como um adulto — agora ele fazia parte do jogo.

CAPÍTULO 27

SEM CONFIANÇA

Em maio de 2015, Christian Sewing subiu em um palco iluminado com o resto dos principais executivos e membros do conselho do Deutsche. Alto e com cara de menino, usando estilosos óculos de armação grossa, ele ficou de frente para a fileira de homens, em sua maioria mais velhos, reunidos na frente do vasto Festhalle, em Frankfurt.

Sewing ingressara no Deutsche logo após o colegial. Cresceu na região alemã de Vestfália e foi um proeminente jogador de tênis. O seu pai insistiu para que ele conseguisse alguma experiência profissional antes de ir para a faculdade[1] e, em 1989, Sewing conseguiu um estágio de dois anos em uma filial local do Deutsche. Ainda que Sewing passasse a maior parte do seu tempo abrindo correspondências, havia algo de revigorante em trabalhar para essa orgulhosa instituição alemã. Quando o estágio acabou, Sewing continuou trabalhando, deixando de lado a educação superior tradicional.

Após seis anos na Alemanha, o banco enviou Sewing para Singapura e Toronto. Foi quando ele começou a aprender sobre derivativos e os negócios de banco de investimentos que estavam se tornando parte crucial da construção genética da empresa. Após passagens por Londres e Tóquio, ele retornou para Frankfurt após a aquisição do Bankers Trust. Ele ficou alarmado com o que viu: um banco cujos negócios estavam se desequilibrando, uma instituição que perdia sua herança cultural em nome da busca por Wall Street. Ele expressou suas preocupações para Hugo Bänziger. "Não vamos cometer o erro de abandonar nossas raízes", alertou ele. Bänziger não se importava com o que Sewing pensava e, no final de 2004, o homem de 34 anos demitiu-se, como resultado de sua frustração.

Sewing passou os próximos anos em um pequeno banco alemão. No começo, ele ficou aliviado por se afastar do Deutsche, mas logo o alívio se transformou em tédio. Todas as vezes que ele abria o jornal, passava os olhos pela manchete buscando notícias sobre o Deutsche. "Você é um traidor, porque o seu coração não está no banco em que você trabalha", disse a esposa de Sewing para ele. Ele sabia que ela tinha razão e, em abril de 2007, meses antes do começo da crise financeira, ele retornou ao banco.

Agora, oito anos depois, Sewing era um executivo sênior na possivelmente mais importante empresa da Europa, pela primeira vez com a honra de estar no palco da reunião anual. Era um dia quente e ensolarado e algumas dezenas de bandeiras azuis do Deutsche tremulavam na brisa do lado de fora de Festhalle. Os investidores lotaram os assentos, as elevações nos fundos da sala e, por fim, aglomeraram-se nas sacadas. Com o início da reunião, Anshu Jain, vestindo um terno preto e uma gravata azul texturizada, colocou-se de pé em um púlpito estampado com a logo do banco. Sua imagem era projetada em uma grande tela, junto de slides que mostravam as recentes métricas financeiras do banco.

Essa era a terceira reunião anual de Jain como co-CEO. Em 2013 e 2014, ele passou semanas memorizando seus discursos em alemão, gaguejando em palavras que não entendia, tentando impressionar os reguladores, clientes, investidores e colegas alemães. Dessa vez, ele começou da mesma forma: "Bem-vindos em nome do conselho", iniciou ele em alemão. "Esse é um dia muito importante. Hoje nós discutiremos, de maneira crítica e construtiva, a posição do seu banco. Cada palavra é igualmente importante no dia de hoje, e é por isso", continuou ele, "que eu me permito continuar na minha língua nativa". Os jornalistas na audiência se entreolharam. Anshu começou uma vez mais, agora falando em inglês, para o desprazer do público. O banco cortou o som do microfone de Jain e colocou uma dublagem em alemão. No tablado, Sewing olhava para o público e percebia que o inglês de Anshu estava indo tão bem quanto o pesado preço das ações do banco. Ocorreu exatamente o que Sewing alertou ao departamento de relações públicas alguns dias antes, quando falaram sobre o plano de Jain: o público não veria isso como falta de domínio da língua por parte de Jain; o público entenderia que ele não se importa com a Alemanha.

Os acionistas ficaram irritados — e com razão. Nos três anos sob comando de Jain e Fitschen, as ações da empresa caíram levemente; nesse mesmo período, as ações das empresas rivais do Deutsche Bank subiram muito, em alguns casos dobrando ou até triplicando de valor. Na liderança da dupla, o retorno sobre o patrimônio líquido do banco — aquele valor que Ackermann exigiu que subisse até 25% — não havia passado de 3%. Isso aconteceu em grande parte porque o Deutsche Bank recentemente estava gastando bilhões para resolver sua longa lista de investigações governamentais e outros assuntos legais. Além disso, o problema não mostrava nenhum sinal de melhora; segundo o registro do banco, ainda havia cerca de 7 mil ações judiciais e regulatórias contra o banco ao redor do mundo.[2]

O Deutsche recusou cortar as perdas e alterar fundamentalmente seu modelo de negócios. Sem exceção, seus rivais europeus que sustentavam ambições de alcançar Wall Street arquivaram esses planos, uma concessão da nova era de regulações rígidas e menos tolerância por aventuras dos bancos de investimentos. O Deutsche estava sozinho — uma reflexão, em parte, da realidade que, apesar de todos seus problemas, o banco de investimento permanecia como o maior produtor de lucros da empresa. Essa situação também refletia o viés de Anshu. Não tinha como essa criatura de Wall Street repensar a primazia do banco de investimentos dentro da organização. Também não estava claro se abandonar o banco de investimentos resolveria a crise de confiança subjacente; afinal, a maioria dos outros negócios do Deutsche continuavam a se arrastar.

Os problemas do Deutsche estavam em vívida exibição nos últimos meses, bem como a incapacidade de Jain em lidar com eles. As coisas começaram com o pé esquerdo em janeiro, quando ele voltou aos Alpes Suíços para o Fórum Econômico Mundial.[3] Em uma reunião fechada com oficiais do governo, incluindo o secretário do Tesouro dos Estados Unidos e o governador do Bank of England, Jain atacou, culpando os regeladores autoritários pela recente turbulência no mercado. Sua insolência — ou ele ignorava ou havia se esquecido das razões para a nova abordagem dos regeladores na supervisão dos grandes bancos — atraiu repreensões, especialmente porque o banco estava com sérios problemas nas mãos dos regeladores em todo o mundo. Naquela primavera, o Deutsche foi penalizado em US$55 milhões pela SEC por esconder até US$3,3 bilhões em perdas dos derivativos durante a crise financeira — julgamento feito com base, em parte, pelas reclamações de Ben-Artzi e outros funcionários da instituição alguns anos atrás. O Deutsche também divulgou pela primeira vez que estava sob investigação pela lavagem de dinheiro russo por meio das mirror trades.

Então, no final de abril, o Deutsche pagou o valor astronômico de US$2,5 bilhões para as autoridades britânicas e inglesas visando encerrar a investigação do Libor (além do US$1 bilhão que o banco pagou anteriormente para autoridades antitruste europeias por conspirar para a manipulação de outra importante taxa de juros de referência). Essa foi até então a maior penalidade que um banco já precisou pagar para resolver um caso do tipo. Uma razão para isso foi a enorme escala da má conduta do banco, que ia muito além do esquema de Christian Bittar; parecia que quase todo o banco esteve envolvido ou atuou como cúmplice. A outra razão é que o banco demorou até fornecer as evidências para o governo — e, mesmo depois de receber uma ordem para preservar materiais relevantes, o banco destruiu 482 fitas contendo gravações telefônicas. Um regulador britânico normalmente contido criticou o banco para os repórteres, dizendo que ele "nos enganou repetidamente".[4] Milagrosamente, Alan Cloete, executivo responsável pela divisão onde a má conduta ocorreu, permaneceu em um cargo de liderança sênior dentro do banco.*

Pouco após o anúncio da penalidade de US$2,5 bilhões, Jain realizou uma chamada de conferência com centenas de gerentes seniores do banco. A chamada foi feita para discutir os últimos resultados financeiros do Deutsche, mas, considerando o tom áspero dos julgamentos do Libor, os participantes esperavam que ele ao menos reconhecesse o quanto o banco tinha estragado tudo. Alguns membros do conselho supervisor fizeram parte da conferência para ouvir como Jain lidaria com a delicada situação. A solução de Anshu foi ignorá-la: ele comentou sobre as poucas áreas fortes do banco e não mencionou o caso Libor nem o padrão inevitável de má conduta do Deutsche. Os membros do conselho ficaram horrorizados.[5] Isso não parecia um homem preparado para o desafio da liderança.

Mais ou menos nessa época, um irritado membro do conselho confrontou Anshu e o ainda empregado Colin Fan e os repreendeu por não se responsabilizarem pelos enormes lapsos que ocorreram durante sua gestão. Jain ficou indignado. Ele insistiu que o membro do conselho não entendia como as coisas funcionavam no banco; diferentes membros do conselho administrativo — o antigo vorstand — tinham responsabilidades distintas para as áreas de conformidade, contabilidade e jurídica. Portanto, a falha não havia sido culpa dele ou de Fan. "É assim que a governança alemã funciona", disse ele.

"Isso é besteira!", respondeu o membro do conselho. "Você é o CEO de toda a empresa."

---

* Cloete me disse que foi "absolvido em todas as investigações sobre o caso Libor".

No mês seguinte — algumas semanas antes da reunião atual do Deutsche — um dos principais reguladores da BaFin, com a desagradável responsabilidade de supervisionar o Deutsche Bank, perdeu sua paciência. Frauke Menke, na época com 55 anos, era uma mulher pequena com cabelos loiros e curtos e olhos azuis.[6] Ela havia se juntado ao regulador financeiro da Alemanha após se formar em direito no ano de 1995, inicialmente se especializando em casos de lavagem de dinheiro. Ela ascendeu lentamente na hierarquia da agência que mais tarde se tornou a BaFin. Em 2012, ela era responsável por supervisionar as maiores instituições financeiras da Alemanha. Os homens pretensiosos na liderança desses bancos diversas vezes cometeram o erro de subestimar essa quieta mulher. Foi Menke que, três anos antes, acabara com a promoção de Broeksmit para diretor de risco. Previsivelmente, a mídia alemã ficou obcecada com a noção de uma mulher ter colocado um fim nas carreiras de homens poderosos. Uma revista, *Cicero*, a chamou de "Das Phantom", citando sua influência misteriosa, raras aparições públicas e o corte de cabelo "pageboy".

Nos últimos dois anos, Menke monitorou a investigação da agência sobre o papel do Deutsche no escândalo Libor e tentou avaliar a capacidade da equipe administrativa de agir responsavelmente. Ela assistiu cada vez mais alarmada o banco repetidamente afastar reguladores enquanto Jain se cercava com o que pareciam puxa-sacos. Tornou-se cada vez mais claro que essa má conduta desenfreada não era um acidente, mas uma consequência inevitável da cultura, dos incentivos e da negligência que emanava dos superiores do Deutsche.

No dia 11 de maio, Menke enviou uma carta para o banco. O objetivo ostensivo era transmitir os resultados de uma revisão externa sobre o caso Libor, mas o verdadeiro objetivo de Menke parecia ser incomodar. A carta de 37 páginas — escrita em alemão e traduzida para o inglês para uma ampla distribuição entre os atordoados executivos e conselheiros legais do banco — criticava Anshu e sua equipe por criar uma cultura tóxica, permitindo comportamentos horríveis, encorajando conflitos de interesse e enganando reguladores. "Se as medidas necessárias para a devida administração fossem tomadas no momento adequado ou se posteriormente o assunto fosse tratado de maneira diferente", escreveu ela, "isso não teria apenas economizado custos enormes para o banco, como também teria prevenido o golpe na confiabilidade da instituição."

Um por um, Menke falou sobre os executivos seniores do banco e explicou como cada um deles, na melhor das hipóteses, fracassou no cargo. Em um golpe especialmente afiado, ela descreveu como parecia que o conselheiro geral, Dick Walker, tinha assumido uma abordagem minimalista para lidar com as requisições regulatórias. "Para mim, parece que essa é uma manifestação de parte da cultura que é possivelmente característica do seu banco como, por exemplo, preferir esconder, acobertar ou negar os problemas em vez de abordá-los de maneira aberta e ativa para prevenir que situações semelhantes ocorram no futuro."

Quanto a Jain, Menke recitou uma longa lista de lapsos, incluindo como ele lutou para garantir os grandes pagamentos para Christian Bittar. "Considero sérias as falhas sobre as quais o Sr. Jain é acusado", resumiu ela. "Elas exibem uma administração e organização imprópria da empresa." Considerando o tom da carta — fez a missiva de 2013 escrita por Daniel Muccia em Nova York parecer leve —, a conclusão era clara: o regulador mais importante da empresa precisava de uma transfusão de sangue.

Em todo lugar que se olhava, novas crises pareciam surgir, ameaçando o poder de Anshu. Na Alemanha, poderosos sindicatos estavam em um estado de revolta aberta contra os planos do banco de acabar com milhares de empregos. Uma carta circulava entre os funcionários exigindo a saída de Jain e alguns executivos seniores compartilharam o documento entre si, concordando com a remediação proposta. Em Berlim, protestantes — incluindo alguns extremistas de direita furiosos com um indiano administrando uma instituição alemã — marcharam com placas denunciando Anshu como um rato. Alguém jogou pedras com o nome dele nas janelas de uma filial do Deutsche Bank.

Mesmo entre aqueles que deveriam ser seus maiores apoiadores, Jain não estava fazendo muito sucesso. Quando fez uma reunião em Londres para banqueiros de investimentos, disse a eles que entendia suas frustrações com relação à queda no preço das ações do banco e ao mal-estar geral. Com a intenção de melhorar o moral, a conversa irritou os executivos, que sentiam que Jain estava agindo de maneira emotiva sem criar estratégias.[7]

Com o rosto mudo de Anshu aparecendo no jumbotron do Festhalle no dia 21 de maio, os investidores deram seus votos para os membros do conselho do banco. Tais enquetes geralmente servem para validar a liderança atual de uma empresa; executivos e diretores geralmente recebem mais de 90% do apoio. Porém, quando os resultados surgiram ao final da reunião do Deutsche, pouco mais de 60% endossaram a liderança de Jain e Fitschen — um extraordinário voto de desconfiança nos CEOs do banco. Durante a sessão de perguntas e respostas da reunião, dois acionistas foram até o microfone e pediram, literalmente, pela cabeça de Anshu.

Após a reunião, Jain e os executivos seniores se reuniram em particular. Anshu estava visivelmente chateado. Ele pediu aos seus colegas para pesquisar quantas vezes na história corporativa alemã um CEO recebeu apoio tão insignificante. "Eu não quero atrapalhar o desenvolvimento do banco e, se for necessário, eu saio do meu cargo",[8] ofereceu ele. Ninguém concordou com essa oferta, mas o conselho supervisor logo se reuniu para discutir a rebelião. Ficou claro para eles que os investidores não eram os únicos que perderam a confiança. Os funcionários e os próprios membros do conselho também a perderam. Até alguns grandes clientes reclamavam que a incerteza sobre a estabilidade do banco estava fazendo com que eles considerassem levar seu dinheiro para outro lugar.[9] Essa era uma perspectiva assustadora: se os clientes começassem a tirar seus fundos do banco, isso poderia rapidamente escalar até uma corrida aos bancos. O conselho decidiu, portanto, que era hora de Anshu partir.

Jain previra isso. Cerca de uma semana após a reunião anual, ele disse a Fitschen que sua falta de habilidade com o alemão ou de se misturar na sociedade alemã estava prejudicando o banco e seu colega não esforçou-se para convencê-lo do contrário. Jain ligou para Achleitner e disse que preferiria renunciar do que esperar até que o banco pedisse sua saída. Diferente de um ano atrás, dessa vez Achleitner não tentou persuadi-lo. Na verdade, o presidente já estava buscando alguns substitutos fluentes em alemão.[10]

Alguns dias depois, em uma tarde de domingo em Frankfurt, Achleitner convocou o conselho supervisor para uma reunião de emergência. A prática normal do grupo era se reunir em uma sala de reuniões na Torre A da sede do banco, mas Achleitner temia que os repórteres pudessem perceber a procissão de limusines blindadas, então se reuniram no hotel Jumeirah. Em uma sala de conferências cujas janelas, que iam do teto ao chão, tinham vista para um palácio do século XVIII, Achleitner disse aos diretores o motivo da reunião: Jain decidiu sair do banco e Fitschen sairia do cargo na próxima primavera. O conselho votou em aceitar a renúncia de ambos. O diretor explicou que a única substituição disponível era um membro de sua própria equipe: John Cryan, um financista britânico de longa data que serviu durante alguns anos no conselho supervisor do Deutsche Bank. Sem muito debate, os diretores apontaram Cryan como o próximo CEO.

Naquela tarde, as notícias vazaram e o telefone de Jain tocou, com centenas de textos e e-mails comiserativos. "É um alívio. Você não tinha chance", simpatizou Rajeev Misra, observando que Anshu estava condenado desde o começo por sua descendência não alemã. Até o final de semana, Anshu recebera 2 mil mensagens desse tipo de seus colegas e clientes, muitos se lamentando pelo que imaginavam ser o fim da era do banco de investimentos do Deutsche — uma era iniciada exatamente há 20 anos, quando Edson Mitchell saiu do Merrill e chegou na instituição.

Jain enfatizou a quem desejasse ouvir que sua saída era voluntária, que simplesmente era a hora certa de mudar a liderança. Ele tentou se animar ao fazer sua assistente pessoal reunir todas as mensagens de condolências em um livro de lembranças. Na noite em que sua resignação foi anunciada, ele viajou de volta para Londres e teve uma noite tranquila em casa com Geetika. Ela estava aliviada por isso ter finalmente acabado.

John Cryan, ex-diretor financeiro no banco suíço UBS, tinha uma cabeça careca e sardenta, além de uma cara amassada de cachorro que fez com que seus colegas o apelidassem de Sr. Grumpy. Ele era querido entre os investidores, conhecido por uma abordagem metódica e seu comportamento sincero ("Ele é o anti-Anshu",[11] observou um ex-colega). Os investidores celebraram a ascensão de Cryan. As ações do banco subiram 8% no dia seguinte ao anúncio da mudança. Esperando agir durante um período de lua de mel, Cryan anunciou que encerraria as operações do banco de investimentos do Deutsche na Rússia, que havia aparecido na mídia graças aos problemas com lavagem de dinheiro. Logo ele também se movimentou para limpar o banco do que restou do exército de Anshu: Michele Faissola, responsável pelo setor de administração de patrimônio; Henry Ritchotte, diretor de operações; e Colin Fan, responsável pela divisão de banco de investimentos — todos foram demitidos ou rebaixados.[12]

Tal limpeza doméstica, no entanto, estava a meses no futuro. Na manhã do dia 9 de junho, menos de 48 horas após Cryan ser escolhido como o próximo CEO, dez carros da polícia, todos com suas sirenes ligadas, pararam no meio-fio diante da sede do Deutsche. Trinta policiais armados entraram, buscando informações relacionadas a uma das muitas investigações em andamento sobre o banco. Se havia alguma dúvida de que a saída de Anshu poderia resolver facilmente o grande número de problemas do Deutsche, a incursão forneceu uma resposta enfática: não.

CAPÍTULO 28

TRUMP ENDEAVOR 12 LLC

Na semana após a expulsão de Anshu, em junho de 2015, Donald Trump desceu uma escada rolante dourada até o térreo do arranha-céu no qual ele morava e trabalhava. A entrada de mármore da Trump Tower estava enfeitada com bandeiras norte-americanas e parafernálias com o slogan "Make America Great Again". Na frente de câmeras de TV, animando os fãs e sua família ampliada, Trump anunciou sua candidatura para a 45ª presidência dos Estados Unidos. Então, além disso e visando uma grande quantidade de publicidade gratuita, ele denunciou os "estupradores" que alegou estarem inundando a fronteira sul dos Estados Unidos.

Este tipo de bombardeio provocativo definiria a candidatura e a presidência de Trump. Porém, mesmo antes da sua alegação de estupradores mexicanos, ele fez do racismo uma parte importante de sua marca pública. Mais do que qualquer outro importante político norte-americano em décadas, Trump reconheceu que nada o impedia de minar as potentes uniões de raça e etnia para obter vantagem política. Esse é o motivo pelo qual ele passou anos espalhando a mentira de que Barack Obama não nasceu nos Estados Unidos e, por conta disso, era um presidente ilegítimo. Não importava que a afirmação é mentira. O importante era chamar a atenção e incendiar paixões, e Trump — estrela do seu próprio reality show —tinha um inegável talento para esse tipo de coisa.

O histórico comercial de Trump foi uma parte central de sua campanha. Para manter a ilusão do sucesso, ele precisava fazer acordos que chamassem a atenção. Como ele pagaria por isso? Além do seu grande histórico de inadimplência, sua política cada vez mais polarizadora também era um problema. O setor bancário é justamente criticado por priorizar lucros em vez de princípios, mas, nos anos seguintes à crise financeira, muitos dos grandes bancos continuaram a avaliar riscos reputacionais como um importante fator na hora de considerar a aprovação de transações. A perspectiva de manchetes negativas ou críticas políticas fez com que bancos como Citigroup, JPMorgan e até o Goldman Sachs fossem, pelo menos, um pouco menos propensos a financiar oligarquias, empresas de tabaco, empresas de armas, playboys bilionários da Malásia e governos genocidas. A ideia de que o caráter do seu cliente deve ser tratado como um importante reflexo de seus valores como uma instituição (e essa publicidade negativa seria ruim para os lucros). Poucos bancos pareciam ansiosos para refletir valores Trumpianos.

O Deutsche, por meio de Rosemary Vrablic, já financiara a aquisição de Trump do resort de golfe Doral na Flórida e fornecera um empréstimo de US$48 milhões vinculado à sua torre de Chicago. Dois anos depois, no começo de 2014, o time de futebol americano Buffalo Bills estava à venda após a morte de seu dono de longa data. Um leilão para a franquia da NFL estava a caminho e Trump ligou para Vrablic e disse que pensava em fazer um lance. Uma oferta bem-sucedida deveria ser algo próximo de US$1 bilhão e Trump não pretendia pagar com seu próprio dinheiro, então perguntou se o banco não teria interesse em lhe emprestar um pouco. Ou, no mínimo, se o banco poderia atestar para a NFL que Trump (que nos anos 1980 era parte da fracassada United States Football League) possuía os meios para essa transação. O Deutsche respondeu que sim.

Não era segredo dentro do Deutsche que Vrablic estava expandindo o relacionamento do banco com Trump. Todo grande empréstimo concedido pelo banco privado — incluindo as transações de Trump — foi inserido em uma planilha que era apresentada a cada três meses para executivos seniores. E-mails eram enviados aos membros do conselho da DBTCA notificando sempre que um empréstimo era concedido a uma das empresas de Trump. Algumas semanas após Jain ter se tornado CEO, ainda em 2012, ele foi até Nova York e executivos na divisão de administração de patrimônio o atualizaram sobre seus dez maiores clientes: Trump alcançava quase o topo dessa lista. Pouco depois disso, em uma reunião anual em Barcelona entre os 50 principais executivos do banco, a equipe de administração apresentou um vídeo no qual os clientes enchiam a divisão de elogios. Um desses clientes era Ivanka Trump, que agradeceu ao Deutsche pela facilidade de fazer negócios — e destacou a gerente de relacionamentos da família por sua atitude profissional (anos mais tarde, quando esses empréstimos se tornaram radioativos de um ponto de vista político, uma sucessão de executivos seniores fingiram que não faziam ideia de que Trump conseguira todo esse dinheiro com o banco).

No fim, o lance de Trump para os Bills foi rejeitado em favor de uma oferta de US$1,4 bilhão de outro empresário. Já que Trump não compraria o time, então não precisou concluir o empréstimo com o Deutsche. Dentro de alguns meses, entretanto, surgiria outra oportunidade de empréstimo.

Em 1899, um novo e imponente edifício foi inaugurado em Washington, D.C. A alguns quarteirões de distância da Avenida Pensilvânia e da Casa Branca, a estrutura semelhante a um castelo se destacava entre as fileiras de prédios governamentais. A torre do relógio de 96 metros fornecia uma visão panorâmica de toda a capital; depois do Monumento de Washington, esse era o maior edifício da cidade. Durante 15 anos, a orgulhosa construção de granito servia como a sede do Serviço Postal dos Estados Unidos, mas perdeu seu principal inquilino e ao longo das décadas seguintes uma verdadeira sopa de letrinhas de outras agências federais usaram o antigo edifício do serviço postal, gradualmente caindo em desuso.[1] Preservacionistas garantiram ao prédio o status de Marco Histórico Nacional nos anos 1970, salvando-o da demolição, mas o local foi coberto por teias e janelas destruídas nos anos 2000.

Isso parecia uma perda colossal de uma bela propriedade em uma área privilegiada. Em 2011, a Administração de Serviços Gerais dos Estados Unidos, que gerencia os imóveis do governo federal, convidou desenvolvedores privados para enviar lances de como usariam o antigo edifício do Serviço Postal e quanto eles estariam dispostos a pagar pelo privilégio. A agência recebeu dez ofertas detalhadas, incluindo uma da Trump Organization, que propôs transformar o edifício em um projeto de luxo. Na visão de Trump, o edifício teria mais de 260 quartos, um salão de festas, um spa, restaurantes, lojas e acesso público continuado até a torre do prédio. Em fevereiro de 2012, justo quando Trump negociava os empréstimos do Doral e de Chicago com o Deutsche, a GSA o nomeou como vencedor do processo de licitação.[2]

Trump e sua empresa parceira, uma empresa de private equity da Califórnia chamada de Colony Capital, e administrada pelo bilionário Tom Barrack, concordaram em investir US$200 milhões na renovação e limpeza do edifício. Em troca, eles teriam um contrato de 60 anos, o que exigiria um pagamento ao governo de pelo menos US$3 milhões por ano. Licitantes rivais zombaram que as premissas financeiras subjacentes à proposta do Trump International Hotel eram fantásticas — em um cenário sem prejuízo e sem lucros, o hotel teria que cobrar o valor exorbitante de US$700 por noite pelos quartos, um valor que hoteleiros especialistas chamavam de irreal no mercado de Washington.[3] Quem, na Capital, sequer pensaria em ficar em um hotel espalhafatoso da marca Trump, de qualquer forma? Tal ceticismo não desanimou Trump ou o governo. "Encontramos, na Trump Organization, um parceiro que entende os privilégios e as responsabilidades de nossos recursos históricos — e que compreende que a preservação histórica é boa para os negócios", disse um funcionário de alto escalão da GSA em 2013, na divulgação dos planos de Trump.

O plano era a Colony Capital, com seu poço profundo de investidores privados, injetar quase todo o dinheiro necessário para esse grande projeto. A Colony, entretanto, desistiu do acordo. Isso deixou Trump em uma situação ruim pelos US$200 milhões que havia prometido que seriam gastos na reforma do edifício. Encontrar essa quantia de dinheiro rapidamente não era fácil, especialmente para um homem com um padrão bem estabelecido de não pagar empréstimos. "Todo banco quer esse acordo",[4] afirmou Trump. "Nós nem sequer precisamos de financiamento. Podemos pagar em dinheiro."

Essa última parte pode ou não ter sido verdadeira (a primeira parte certamente não era), mas na melhor das hipóteses isso faria do projeto infinitamente mais arriscado para Trump. Então, uma vez mais, no verão de 2014, ele e Ivanka se encontraram com Vrablic. A banqueira e seus superiores estavam dispostos a oferecer mais dinheiro — no exato momento que o seu grande cliente se aprofundava cada vez mais na demagogia. O seu último assunto era Ebola, a doença que estava se espalhando em partes da África Ocidental. Trump exigiu, várias e várias vezes, que o governo federal barrasse imediatamente todos os voos com origem "em países infectados pelo Ebola". A preocupação dele parecia menos baseada na saúde pública e mais baseada em incitar uma animosidade racial. Mas ele era um cliente importante e, pelo menos na superfície, o comportamento de Trump não mudava sua atratividade financeira para os empréstimos. Caso o Deutsche estivesse em cima do muro, Vrablic havia persuadido Trump a adoçar o acordo ao concordar em guardar mais dezenas de milhões de dólares em contas do banco, um acordo que gerou taxas substanciais para a instituição. Vrablic anotou o tácito *quid pro quo* no seu registro do empréstimo conforme buscava aprovação de seus superiores.

O fato de que os superiores de Vrablic viam ela e Anshu como duas pessoas próximas ajudava a selar o acordo. Participando de encontros com os melhores clientes de Vrablic, o CEO parecia gostar de se encontrar com celebridades — "ele parecia fascinado", disse um executivo que estava com eles — e os colegas do Deutsche perceberam como o CEO fazia questão de elogiá-la na frente dos clientes. Ela era a única do private banking que recebia esse tipo de tratamento. Em um dia particularmente nebuloso, Jain acompanhou Vrablic até a Trump Tower para almoçar com seu cliente precioso. A assistente executiva de Trump, Rhona Graff, saudou-a como uma antiga amiga, o que deixou claro para Jain que ela era uma visita frequente. Dentro do confuso escritório de Trump, Vrablic era cordial e casual não apenas com Trump, mas também com Ivanka quando ela aparecia. Antes da reunião, Jain tinha recebido um pequeno dossiê descrevendo o histórico de Trump e o relacionamento do banco com ele. Durante o almoço, eles tiveram uma breve conversa sobre as finanças de Trump. Anshu comentou que estava surpreso com o aparentemente baixo nível de dívidas de Donald. Jain saiu da reunião impressionado com Vrablic, que retornou para o escritório e disse aos colegas que o CEO pareceu otimista em oferecer empréstimos para Trump.

O Deutsche — por meio da DBTCA — logo concordou em emprestar US$170 milhões para a Trump Old Post Office LLC, uma nova empresa incorporada em Delaware. O empréstimo não precisaria ser pago por completo em uma década, mas a maior parte do dinheiro de Trump estava em jogo; se ele ficasse inadimplente uma vez mais, o Deutsche poderia ir atrás de seus recursos.[5]

Alguns anos depois, no rastro da campanha presidencial, Trump citou seu novo hotel em Washington como prova da perspicácia financeira e administrativa que ele levaria até a Casa Branca. E havia uma certa verdade na sua experiência em tirar cada centavo dos seus patrocinadores no Deutsche Bank — embora esse não fosse necessariamente o talento do qual ele gostaria de se gabar. Assim como o empréstimo do Doral, cuja baixa taxa de juros impressionou Rich Byrne, a transação do antigo edifício do Serviço Postal foi surpreendentemente barata para um mutuário cujo histórico de crédito fora manchado por repetidas inadimplências. "Estou conseguindo empréstimos com taxa de cerca de 2%",[6] declarou Trump para o jornalista William Cohan. "Isso é loucura! Eu nunca vi nada como isso antes." Dentro do Deutsche, após o furor inicial sobre a ressuscitação do relacionamento com Trump, o empréstimo do edifício do Serviço Postal não foi sujeito a tanto escrutínio. Assim como os empréstimos anteriores, estava registrado em um relatório enviado para o conselho supervisor da DBTCA. Os diretores tinham autoridade para convocar executivos para explicar por que jogavam tanto dinheiro na direção de Trump, especialmente quando nenhum outro banco ousava fazer o mesmo. Entretanto, ninguém fez perguntas.

O trabalho do Deutsche agora se estendia muito além dos empréstimos para Donald Trump e sua empresa. Em 2009, o filho de Trump, Don Jr, abriu uma empresa chamada Titan Atlas Manufacturing, gabando-se de que ela revolucionaria a indústria de casas pré-fabricadas.[7] Até 2011, o negócio não tinha ido para frente. Don Jr. procurou Vrablic e pediu ajuda, o que resultou em uma hipoteca gerada pelo Deutsche no valor de quase US$4 milhões para pagamento em até três anos. Isso preservou, durante algum tempo, a fantasia de que Don Jr. não era um empresário malsucedido. Dias antes do vencimento do empréstimo, Trump pai usou uma LLC — DB Pace Acquisitions — criada especialmente para comprar o empréstimo do Deutsche Bank (por isso o *DB*). Esse foi outro favor concedido a Trump — clientes normais do banco não podiam simplesmente comprar o empréstimo problemático de outro membro da família. Quando Don Jr. previsivelmente ficou inadimplente, o DB Pace foi encerrado, mantendo a dívida nas mãos da família Trump e não dos outros credores da Titan Atlas.

Os Kushners também começaram a receber empréstimos pessoais do departamento de Vrablic. Durante anos isso não era possível porque Charles Kushner, pai de Jared, foi condenado por evasão fiscal e por falsificação de testemunha. Mesmo o Deutsche sendo um credor desinteressado na reputação de seus clientes, o encarceramento do patriarca da família deixou-a inteira fora dos limites. Vrablic e Ivanka, porém, se aproximaram — elas não eram exatamente amigas, mas viam-se bastante em eventos sociais — e Vrablic conhecia Jared Kushner desde antes de sua chegada no Deutsche. Ela começou a levar executivos do banco para reuniões com ele, impressionando-os com sua simples e familiar relação.

Jared devolveu o favor. Ele era dono do *New York Observer*, um tabloide semanal influente, e logo ele aparentemente estava sendo usado para alavancar o banco. Um dos principais executivos do banco de investimentos que foi contra o empréstimo para Trump tinha certeza de que uma série de artigos negativos sobre ele no *Observer* foram plantados por um rival de longa data no Deutsche que também era próximo das famílias Kushner e Trump.

O *Observer* criou algumas revistas para escrever sobre o setor imobiliário e, no final de 2012, Kushner abordou Carl Gaines, o editor da *Mortgage Observer*, com uma ideia. "Por que vocês não escrevem um perfil sobre essa Rosemary Vrablic no Deutsche Bank?", perguntou ele. Gaines pesquisou um pouco e descobriu que Vrablic era a banqueira pessoal de Kushner. Ele disse para Kushner que não tinha certeza de que essa seria uma história muito atraente. "Apenas se encontre com ela", disse Kushner. "Você vai dar um jeito." Gaines, então, organizou uma entrevista nos escritórios do Deutsche na Park Avenue e os dois passaram algumas horas conversando sobre como ela chegou na indústria bancária. Gaines obedientemente escreveu um leve perfil que foi publicado em fevereiro de 2013.[8] "Você tem alguns trocados sobrando?" começou o artigo. "Com um histórico comercial de US$5,5 bilhões, Rosemary Vrablic, uma diretora administrativa da divisão de ativos e patrimônios no Deutsche Bank, pode ajudar." (Foi uma das únicas entrevistas oficiais para a mídia que a misteriosa Vrablic já concedeu.) Em uma foto que acompanhava o artigo, ela empoleirava-se em uma elevação dos escritórios do Deutsche no centro da cidade, com arranha-céus ao fundo e o sol do inverno iluminando seu rosto e sua jaqueta magenta.

Após a publicação do perfil, às vezes Vrablic comparecia aos eventos do *Observer* organizados por Kushner. Gaines via toda a relação como um esforço excessivo, quase desajeitado, do seu chefe para agradar uma banqueira com potencial para ajudar a empresa de sua família — uma impressão que ganhava credibilidade conforme Kushner continuava acolhendo Vrablic em público. No mês de outubro, eles foram até um jantar de arrecadação de fundos anual na mansão da Coleção Frick, agora um museu de arte. Fotos da noite capturaram Kushner, com uma gravata borboleta e suspensórios, e Vrablic, usando um vestido preto parcialmente translúcido, posando juntos. Em certo momento, Kushner envolveu Vrablic com o braço e ambos sorriram calorosamente.

Um ano depois, em 2015, o grupo de Vrablic no Deutsche concedeu uma linha de crédito pessoal de US$15 milhões para Jared e sua mãe, Seryl Kushner.[9] Era o maior mecanismo de empréstimo que eles tinham e logo pediram US$ 10 milhões emprestados com uma taxa de juros muito favorável.

Na noite do dia 6 de agosto de 2015, dez republicanos se reuniram na Quicken Loans Arena, em Cleveland, para o primeiro debate presidencial do partido. Com dois meses de candidatura, Trump conquistou uma considerável liderança de dois dígitos nas primeiras enquetes. A maioria viu isso como sorte, mas era impossível negar que Trump, ao menos por enquanto, liderava o grupo. Fox News era o patrocinador do debate com duração de duas horas e um dos moderadores era Megyn Kelly. A primeira pergunta feita por ela foi dirigida para Trump: "Você chamou as mulheres de que não gosta de porcas gordas, patetas e animais nojentos", declarou Kelly. "Esse é o temperamento de um homem que deveríamos eleger para presidente?"

Trump mal piscou. "Eu acho que o maior problema desse país é ser politicamente correto", disse ele, dando de ombros.

Na maioria dos relatos, Trump emergiu do debate em grande parte incólume — um feito e tanto considerando sua posição como favorito, sua falta de experiência e o número considerável de esqueletos nos seus armários. Mas, naquela noite, conforme seu Boeing 757 o levava de volta até Nova York, Trump se enfureceu com o que considerou como um tratamento injusto recebido dos moderadores da Fox e, especialmente, de Kelly. "Uau, @megynkelly foi terrível esta noite", publicou ele em um tweet às 5h40m da manhã. Na noite seguinte, ainda irritado, Trump ligou para um programa da CNN apresentado por Don Lemon onde realizaria uma entrevista de 30 minutos. Durante a ligação, continuou a atacar Kelly. "Dava pra ver o sangue saindo dos olhos dela, sangue saindo por toda parte", disse Trump.

Nas horas entre a aterrissagem no Aeroporto LaGuardia e a condução daquela que se tornaria uma entrevista notoriamente misógina para a CNN, Trump participou de alguns negócios pessoais em Nova York. Um dos empréstimos concedidos pelo Deutsche em 2012 para o financiamento do resort Doral — agora rebatizado de Trump National Doral — estava prestes a vencer.[10] Trump estava injetando grandes quantidades de dinheiro próprio na sua campanha presidencial e arrumar dinheiro para pagar o Deutsche pelo empréstimo não era o ideal no momento. Trump perguntou para Vrablic se poderia refinanciar com um novo empréstimo. O Deutsche concordou. No dia 7 de agosto, uma entidade chamada Trump Endeavor 12 LLC conseguiu um novo empréstimo com o banco no valor de US$19 milhões. O banco concordou em diminuir ainda mais a taxa de juros. Naquele dia, no meio da frenética campanha na Casa Branca, Trump teve tempo de assinar os documentos do empréstimo pessoalmente.

CAPÍTULO 29

O DANO QUE CAUSEI

Na sombra de uma palmeira, Val Broeksmit sentou-se nos degraus de concreto que levavam até a entrada dos fundos do Belamar Hotel. Ele estava fumando um Marlboro atrás do outro e seu notebook Mac zumbia tão vigorosamente que era possível sentir o calor ao tocá-lo. O hotel Belamar ficava em uma movimentada avenida de Los Angeles, com um strip mall em um lado e um posto de gasolina do outro, mas ficava a menos de um metro e meio de distância da praia e a brisa do oceano tornava o barulho e a poluição do tráfego das 12h mais tolerável. Diferente dos outros lugares onde Val dormira recentemente, o Belamar tinha Wi-Fi, que foi crucial na sua tarefa enquanto ele olhava para a tela do computador no fim de uma tarde de junho de 2015.

Seis meses antes, ele saiu da casa em Strawberry Manor. Pegi Young o levou até Los Angeles em um SUV Lexus, onde ele se mudou para outra instalação livre de substâncias, Indigo Ranch. Val confidenciou para ela seu papel em vazar documentos ao *Wall Street Journal* e à *Reuters*, e ela o apoiou. "Pegue esses malditos, Val", disse ela. "Vamos pegar o Deutsche Bank!" Indigo Ranch — localizada em uma mansão no estilo Tudor em uma encosta em Malibu — exigiu que Val fosse a um terapeuta e a equipe indicou um especialista em vícios chamado Larry Meltzer. Ele era um ex-hippie de bigode e as sessões de terapia ocorriam em um loft no seu complexo palaciano no topo de uma colina. Meltzer não era um desses terapeutas tradicionais que influenciam você com perguntas socráticas. Ele ficava feliz em injetar-se nas vidas dos clientes, como ele costumava dizer. "Eu sou um terapeuta com foco em soluções", dizia ele.

Na sua primeira sessão, Val admirou as vistas espetaculares do loft, que iam desde as montanhas até o oceano. Ele disse para Meltzer que estava em uma jornada para entender por que seu pai cometeu suicídio, mas essa jornada estava sendo impedida por sua incapacidade de falar com a própria mãe, detentora de informações cruciais para desvendar o mistério — em especial, as cartas de suicídio de Bill.

Acessar essas cartas parecia impossível, considerando a quantidade de raiva e desconfiança entre mãe e filho gerada ao longo dos anos. Recentemente, Val acusou injustamente sua mãe de tirá-lo do testamento de Bill e exigiu que ela lhe desse dinheiro. "Usar seu veneno em mim não vai ajudar sua situação (desemprego), que não tem nada a ver comigo", respondeu Alla de seu iPad. Ela via nele irresponsabilidade e preguiça; Val via nela distanciamento e mentiras. Ela parou de atender às ligações de Val.

"Preciso de alguém que possa interceder por mim", explicou Val para Meltzer.

"É isso o que eu faço", respondeu Meltzer. "Esse é o meu trabalho."

Na primeira vez em que Meltzer falou com Alla pelo telefone, sua maior prioridade era convencê-la a aumentar a mesada de Val para ele ter um lugar decente para ficar (depois de uma briga com um dos funcionários, Val foi expulso do Indigo Ranch. Ele estava em um hotel de beira de estrada sujo, o que fez com que ele retornasse para seu antigo hábito com opioides). Meltzer acabou vencendo pelo cansaço e, já que ela não estava mais pagando pela reabilitação, Alla concordou em aumentar a mesada de US$300 para US$2.500. Isso permitiu que ele se mudasse para o hotel Belamar.

Meltzer disse-me que isso encorajou Val a continuar sua investigação sobre o que acontecia dentro da cabeça de Bill — e do Deutsche — no momento de sua morte. Talvez algumas respostas, ou, pelo menos, a exaustão da possibilidade de descobrir alguma coisa, pudesse trazer um pouco de paz. A chave de tudo isso, imaginou Val, estava na conta de e-mail da sua mãe. Ela mantinha tudo lá — números de telefone, cartões de crédito, senhas online — e ele apostava que as cartas de despedida também poderiam ser encontradas lá. Ela provavelmente precisou compartilhá-las com seus advogados, com os policiais ou membros da família.

Uma das lições que ele aprendeu em sua aventura com a Sony é que a segurança nos computadores costumava ser fraca; provavelmente havia uma forma de invadir o Gmail da sua mãe. Ele tentou adivinhar a senha dela. Não deu certo. Ele digitou no Google "Como invadir uma conta Gmail?" O motor de busca devolveu milhões de resultados — incluindo tutoriais passo a passo. Primeiro, Val baixou um software chamado analisador de pacotes. Os dados que circulam pela internet — e-mails, imagens, transações do cartão de crédito — são criados por vários pacotes de dados; esse software permitia a Val interceptar e decifrar alguns desses pacotes. Para isso funcionar, entretanto, Val precisaria enganar o computador de outra pessoa para permitir que o analisador de pacotes visualizasse os dados transmitidos. A melhor forma de fazer isso era disfarçar o seu computador como uma rede de Wi-Fi confiável. Esse foi o segundo passo. Os tutoriais online instruíram Val a criar um sinal de Wi-Fi falso. Para testar, ele montou um hot spot falso com o mesmo nome da rede Belamar para visitantes do hotel. Fumar era proibido dentro do hotel, então Val abriu uma saída de incêndio com um menu de serviço de quarto e sentou-se nos degraus de concreto assistindo, hipnotizado, enquanto os hóspedes se conectavam sem pensar duas vezes na internet por meio de seu computador. O software permitia que ele visse os e-mails, senhas e as informações do cartão de crédito deles. A simplicidade do processo era um pouco assustadora.

Val agora estava confiante de que, caso se aproximasse do apartamento da sua mãe em Nova York, ele conseguiria repetir o truque e roubar sua senha Gmail para bisbilhotar livremente. Meltzer negociou com Alla para dar US$20 mil para Val, visando a compra de um carro e usando o argumento de que isso aumentaria as chances de autossuficiência do filho. Val cheirou um pouco de heroína, foi até uma concessionária de carros usados e gastou todo o dinheiro em um Audi Q5 prata, totalmente equipado.

Sua expedição rumo ao leste começou no Dia dos Pais. O dia em que Val pegou a estrada estava quente e enevoado, suas janelas estavam abaixadas para que ele pudesse fumar enquanto se arrastava pelo tráfego de L.A. Sua primeira parada foi Las Vegas, onde ele esperava aumentar suas finanças com algumas partidas de pôquer. Em algumas horas, ele perdeu US$1.500. Sua onda de má sorte continuou quando derrubou o restante de sua heroína no quarto do hotel, fazendo o pó desaparecer no carpete felpudo do Hard Rock Hotel.

Antes de ir para Nova York, Val organizou uma reunião na Filadélfia com alguns dos colegas de sua banda da faculdade, incluindo Matt Goldsborough. Val saiu de Nevada e, movido por Ritalina, dirigiu 32 horas seguidas, fantasiando com o que poderia encontrar nos e-mails da sua mãe e como isso poderia ajudar a entender a morte de seu pai. Privado de sono e fazendo uso de estimulantes, Val estava alucinando quando alcançou a fronteira da Pensilvânia. Em um posto de gasolina, ele imaginou que os outros motoristas planejavam matá-lo para impedir que ele decifrasse o enigma do seu pai. Ele precisava ligar para a polícia, mas tinha certeza de que seu celular tinha sido grampeado. A única forma de chamar a atenção das autoridades era jogar o carro nas bombas de gasolina e causar uma explosão. Já era três horas da manhã quando ele ligou para Goldsborough e comentou sobre o plano. Naquela noite, Goldsborough estava viajando de Greyhound até Pittsburgh, onde ele deveria se encontrar com Val. "Você acredita que eu sou seu amigo e amo você?" sussurrou Goldsborough, tentando não acordar seus passageiros. Val respondeu que sim. "Então precisa confiar em mim. Você não pode fazer isso. Volte para a estrada e vá para Pittsburgh." Após alguns minutos de diretivas urgentes e mais que alguns olhares estranhos dos passageiros grogues, Goldsborough se surpreendeu quando Val obedeceu. Em Pittsburgh, eles foram até a casa de um amigo. Alguém fez uma xícara de chá para Val e levou-o para a cama.

Algumas semanas depois, após passar algum tempo com seus antigos colegas de banda e reabastecer sua heroína, Val dirigiu até Nova York. Ele chegou no apartamento da sua mãe, no Upper East Side, no começo da noite. Era a primeira vez que ele estava lá desde o serviço funerário de seu pai, cerca de um ano e meio atrás. Val passou pela entrada em arco de granito e foi até o pátio arborizado do edifício. Um porteiro deixou que ele entrasse no elevador sem ser anunciado e ele subiu até o 15º andar. Ele bateu na porta do apartamento 15D. Alla olhou pelo olho mágico, viu que era seu filho e se recusou a abrir a porta. Val gritou para que ela o deixasse entrar e Alla gritou de volta, respondendo que não era um bom momento. Val ficou no chão do corredor com seu MacBook e montou sua armadilha, criando uma rede de Wi-Fi para enganar o celular e o computador da sua mãe, fazendo-os transmitir os dados por seu notebook. Demorou meia hora para interceptar uma série de pacotes vindos do computador de Alla.

Ele dirigiu até o Lower East Side. A temperatura naquele dia alcançou 35ºC e a noite era pegajosa graças ao calor e umidade, além do fedor de lixo podre. Grupos de jovens caminhavam pelas ruas. Essas costumavam ser as ruas de Val; logo no fim dessa rua havia um estabelecimento no qual a Bikini Robot Army fez um show alguns anos atrás. Val sentou-se no Audi, com o ar-condicionado ligado, e abriu o notebook. O programa analisador de dados conseguiu uma quantidade impressionante de dados e Val rapidamente descobriu o que parecia ser a senha do e-mail de sua mãe. Ele abriu o Gmail, inseriu as credenciais e prendeu a respiração. A página carregou; a invasão foi um sucesso.

Na caixa de entrada, ele encontrou as credenciais da sua mãe para o University Club e reservou uma suíte. Sem um tostão, pelo menos agora tinha onde dormir — e bem perto dos escritórios do Deutsche no centro da cidade, onde Mike Offit e Justin Kennedy já trabalharam. O University Club permitiu que ele colocasse a comida na conta de Alla e, embora ele não vendesse cigarros, oferecia uma grande variedade de charutos cubanos. Val tentou não engasgar ao inalar a fumaça acre. Sua suíte fedia a dinheiro velho e desbotado: uma poltrona estofada, um carpete verde felpudo e paredes cor de salmão com pinturas feitas a óleo e lâmpadas que emitiam um fraco brilho amarelo. Val começou a olhar as mensagens de sua mãe. Ele não se sentia culpado; havia se convencido de que sua mãe merecia essa invasão de privacidade, sem mencionar o seu uso não autorizado da conta do University Club. Essa adrenalina voyeurística de olhar as correspondências pessoais dela, entretanto, logo se tornou um vazio. Ele via sinais de sua mãe e suas irmãs viajando, jantando juntas, fazendo fofocas e criando planos para o futuro. Nada disso incluía ele. Nada disso sequer *mencionava* seu nome. A mente de Val voltou para os seus dias na assistência social. Ele sequer tem uma família de verdade? Algum de seus pais já o amou? E a sua mãe? A mesma dor física que ele sentiu na assistência social quando criança agora percorria seu corpo. Ele desligou o notebook e ficou chapado.

Dentro de algumas horas, Val retornou ao trabalho. Sentado na arranhada mesa de madeira da suíte, ele digitou duas palavras na caixa de pesquisa da conta Gmail de sua mãe: "cartas Bill". Um punhado de itens surgiram. Um deles era um e-mail com um documento escaneado em anexo. Val abriu o arquivo PDF e imediatamente reconheceu a letra cursiva de seu pai. Ele levou o notebook até o banheiro, único lugar da suíte onde ele poderia abrir uma janela. Sentou-se na privada, equilibrando o computador no colo, e acendeu um charuto.

O PDF continha cópias escaneadas de todas as cartas de suicídio. Val começou lendo a carta de Bill para Alla. Escrita em um papel milimetrado, com uma grade de linhas azuis verticais e horizontais, a carta tinha cerca de dez páginas. Era página seguida de página falando sobre os medos, inseguranças, o autodepreciamento e a paranoia de Bill — como o Frontal parou de funcionar, como o álcool não mais amenizava sua dor, como ele se sentia terrível pelo seu trabalho no Deutsche.

Mesmo minha carreira, que já foi fonte de orgulho, acabou com ignomínia. Olho para o passado com vergonha, outro presente com o qual fui descuidado e envenenei.

Meu papel como diretor da DBTCA é oneroso e não é algo para o qual estou preparado. Entretanto, eu preciso fingir gostar disso porque é minha única fonte restante de status.

Não posso olhar para o passado, não posso olhar para o futuro.

Val jogou cinzas pela janela, fazendo ela flutuar na direção do pátio logo abaixo. O charuto estava criando uma quantidade alarmante de fumaça e ele começou a ficar preocupado de que toda essa fumaça fosse parar no corredor. Ele ligou a água quente na banheira, esperando que isso pudesse disfarçar o cheiro. Logo o ar do pequeno banheiro estava cheio de fumaça e vapor. Val sentiu vontade de vomitar.

Ele leu as outras cartas. As cartas de Alessa e Katarina eram cartões elegantes, enquanto a da mãe de Bill fora escrita em um papel de caderno. A carta para Michael Morandi pedia para que ele cuidasse da família de Bill. Havia a curta mensagem de Bill para Val, chamando-o de orgulho para o nome Broeksmit. No verso do PDF tinha ainda uma última carta — para Anshu (a versão original permaneceu guardada em um cofre dentro do Deutsche). Ela foi escrita com uma tinta preta em um papel branco. Um amassado era visível no local onde a carta foi inserida no envelope. A caligrafia era um pouco mais bagunçada do que nas outras e quase violenta, como se Bill estivesse comprimindo a caneta contra a folha conforme escrevia as palavras amargas.

Anshu,

Você foi muito bom para mim e eu retribuí com descuido. Traí sua confiança e escondi minha natureza terrível de você. Não consigo nem imaginar o dano que causei.

Lamentarei e me condenarei eternamente.

Bill

Val leu a carta três vezes. Isso não fazia sentido. O que fez de seu pai tão descuidado? Quais danos ele causou ao banco? Qual era sua "natureza terrível"? De que forma ele traiu a confiança de Anshu? Há muito tempo Val concluiu, sem muita evidência, que o suicídio de Bill deveria estar relacionado ao Deutsche Bank. Sentado no banheiro, ele finalmente tinha algo que se parecia com uma prova — mesmo se não fosse o tipo de prova que ele esperava. Não havia dúvidas de que Bill sentia remorso pelo seu trabalho no banco e que isso estava na sua cabeça quando pensou no suicídio, mas o que poderia ser *tão* ruim para levá-lo a amarrar a coleira de Daisy no pescoço? No banheiro de azulejos brancos do University Club, a fumaça em espiral do charuto misturava-se com o vapor da água quente da banheira. Val caiu no banheiro e começou a chorar.

CAPÍTULO 30

SUSPEITO

No Reino Unido, todas as mortes consideradas "violentas e não naturais" são sujeitas a uma rígida análise. O suicídio de Broeksmit foi encaixado nessa descrição e, no começo de 2014, Fiona Wilcox, médica legista sênior do Conselho Londrino de Westminster, recebeu a tarefa de determinar a causa e as circunstâncias de sua morte. Havia muito material para ela apurar, inclusive as cartas de suicídio. Wilcox também descobriu que, em 2013, Broeksmit procurou seu médico, Simon Moore, e queixou-se de insônia. Moore deu a ele um medicamento soporífico, prescreveu Frontal e indicou um psicólogo, William Mitchell. Em fevereiro de 2014, um assessor no escritório de Wilcox escreveu para Moore e Mitchell, buscando quaisquer informações que pudessem fornecer sobre o estado de espírito do seu paciente nos meses que antecederam sua morte.

Moore respondeu com um resumo de suas interações com Bill no verão anterior — incluindo uma referência misteriosa do seu medo do escrutínio governamental. "Ele explicou que estava sendo investigado por tribunais nos Estados Unidos e na Europa e estava extremamente ansioso",[1] escreveu Moore.

A natureza dessa ansiedade tornou-se mais clara quando Mitchell respondeu à mensagem da médica. "Foi com grande tristeza que fiquei sabendo sobre a morte do Sr. Broeksmit", ele escreveu. Ele recontou o que aconteceu durante uma sessão: Bill havia contado sobre sua carreira, sua família, seus problemas e suas ansiedades. O que o preocupava, principalmente, era relacionado ao trabalho: "Ele estava sofrendo de grandes níveis de ansiedade relacionados às alegações do caso Libor feitas pelas autoridades norte-americanas e europeias. Ele estava catastrofizando, imaginando os piores resultados possíveis incluindo sua acusação, a perda de sua riqueza e de sua reputação. Estava tendo dificuldades para dormir e estava constantemente preocupado com essas coisas. Sua autoestima e resiliência foram gravemente prejudicadas ao ser considerado um suspeito no caso Libor e na investigação da UE."

Na época do inquérito, a revelação de que Broeksmit temia ser acusado no caso Libor teria prejudicado a narrativa do Deutsche de que seu suicídio não teve nenhuma relação com o trabalho (e que a investigação do Libor não tinha tanta importância para o banco). Wilcox organizou uma audiência pública para o dia 25 de março, visando discutir as descobertas de seu inquérito. Alguns dias antes, ela informou aos advogados contratados pelo Deutsche para a família Broeksmit que planejava ler em voz alta as cartas dos médicos sobre a ansiedade de Bill quanto às investigações governamentais. Na manhã do inquérito, os advogados encontraram Wilcox no Palácio Real da Justiça, um tribunal ornamentado em mármore no centro de Londres, e insistiram para que ela não mencionasse especificidades contidas nas cartas, citando o anseio de privacidade da família. Inicialmente, Wilcox não cedeu. "Ela me lembrou que, pela lei, ela tem a obrigação de investigar todas as mortes sem temer e sem fazer favores", escreveu um advogado em um memorando. Conforme as reclamações continuaram, entretanto, Wilcox aceitou uma condição: ela leria as cartas no tribunal, mas elas poderiam ser editadas anteriormente.

Quase tudo sobre as especificidades da ansiedade de Broeksmit foi retirado. O fato de que ele contou ao seu psicólogo que foi nomeado um suspeito na investigação do Libor foi eliminado. A parte onde Mitchell escreveu que Bill temia ser acusado e ter sua reputação destruída foi riscada e substituída com a afirmação de que "ele imaginava diversas questões". O mesmo truque ocorreu com a carta de Moore. Ela descrevia como Bill, no último mês de julho, estava "preocupado com a possibilidade de ir para a cadeia ou falir mesmo que soubesse de sua inocência. Ele continuou pensando em todos os milhares de e-mails enviados ao longo dos anos e sabia como advogados podem distorcer as coisas. Ele temia que eles extrairiam trechos de seus e-mails". Tudo isso foi apagado e substituído por duas frases sem importância: "Ele me contou que estava extremamente ansioso. Ele me explicou que se aposentaria em setembro" (parecia que ninguém se importava em fabricar as palavras do médico).

Apenas uma vaga linha parecia se aproximar da verdade, observando que Bill expressou sua preocupação com uma investigação não identificada. Os jornalistas no inquérito não faziam ideia que a explicação dos médicos fora editada.

Documentos abrangentes — relatórios de advogados detalhando o quanto eles censuraram a médica legista; as cartas originais dos médicos, com muitas de suas descobertas riscadas com marcador rosa e novas frases escritas por cima; uma batelada de e-mails sobre o que a médica legista deveria falar — foram enviados para o e-mail de Alla e, agora, Val os havia encontrado. Mais uma vez, o Deutsche parecia tentar reescrever a história, limpando um evento que ameaçava prejudicar a instituição e seus líderes.

De volta aos arquivos de seu pai, Val encontrou alguns e-mails de um homem chamado Mark Stein, um advogado de Nova York de um caro escritório de advocacia, Simpson Thatcher. O Deutsche o contratou para ajudar Bill a lidar com a variedade de investigações nos Estados Unidos nas quais ele estava, pelo menos, tangencialmente envolvido. Ao ler os e-mails, Val pôde perceber que seu pai estava incomodado. Mesmo após a aposentadoria, ele regularmente entrava em contato com Stein para buscar atualizações com o Departamento de Justiça ou com o Deutsche para saber se estava com problemas e para saber quais seriam seus próximos passos. "Silêncio total na investigação", garantiu Stein no final de setembro. "Então está tudo bem." Bill, porém, não parecia ter se convencido.

A investigação à qual Stein se referia era sobre o caso Libor. Stein sabia o motivo da preocupação de seu cliente. Cinco anos antes do suicídio de Broeksmit, Christian Bittar estava preparado para embolsar seu enorme bônus de nove dígitos. Na mesma época em que o "Grupo de Revisão de Integridade Comercial" do Deutsche atribuiu um funcionário com a tarefa de examinar as comunicações do grupo de Bittar, Jain pediu para que Broeksmit também desse uma olhada. O mandato de Bill era descobrir se estava tudo conforme a lei e se os lucros gerados pela equipe de Bittar eram legítimos.

Broeksmit passou algumas semanas estudando dados financeiros e "tickets" de transações. Ele também falou com alguns dos responsáveis pelos swaps de taxa de juros da equipe de Bittar. A conclusão de Broeksmit é que os negociadores tinham uma estratégia plausível para fazer dinheiro com o movimento das transações em direções bem específicas. Ele disse para Anshu que não encontrou evidências de que Bittar fez alguma coisa imprópria; os lucros pareciam reais. Isso foi o suficiente para que a estrela das negociações fosse paga — e também para que Bittar e seus colegas continuassem com o esquema e para que o banco continuasse fazendo dinheiro.

Esse foi um grande erro. Se Broeksmit tivesse investigado mais a fundo, o Deutsche não pararia no centro de uma investigação criminal internacional. Conforme a temperatura investigativa começou a subir, Broeksmit foi arrastado para entrevistas com contadores e advogados do banco e então questionado por reguladores alemães sobre sua falha em perceber ou impedir a manipulação do Libor. Em seguida, seu nome — e a oportunidade perdida que sua revisão representava — foi mencionado em um relatório confidencial produzido por reguladores antitrustes europeus, que já haviam pegado uma grande lista de bancos, incluindo o Deutsche, por tentar manipular taxas de juros.[2] Em seguida veio o Departamento de Justiça, que estava considerando formalizar acusações criminais contra os negociadores e gerentes do Deutsche e outros bancos. Bill tinha a impressão de ser um suspeito na investigação norte-americana, uma suspeita que acabaria por ser bem fundada.

Em abril de 2015, oito dias antes de o banco chegar no acordo de US$2,5 bilhões com os governos norte-americano e britânico, o Departamento de Justiça divulgou um esboço resumindo suas principais descobertas. Ele observava que "os gerentes seniores falharam em detectar a fraude e o conluio no banco" — e então na frase seguinte citou o infeliz relatório de Broeksmit.[3] Os promotores escreveram que era "quase inexplicável" que Brocksmit, identificado como "Gerente Sênior-5", falhara em descobrir esse desvio de conduta (na época em que os documentos se tornaram públicos, no dia 23 de abril, a maioria das referências envolvendo os executivos seniores — inclusive Broeksmit — misteriosamente desapareceram).*

Bill, é claro, não sabia que isso aconteceria. Tudo o que ele sabia era que o governo possuía evidência de seus lapsos e que suas ações estavam sob escrutínio de uma longa investigação criminal (o Departamento de Justiça também mostrou uma gravação telefônica de 2011, na qual um colega disse a Broeksmit que o banco tinha ignorado solicitações do governo para entregar materiais relacionados à grande remuneração de Bittar[4]). Ele certamente sabia que, no final de 2013 e começo de 2014, os agentes do FBI estavam convocando outros executivos do Deutsche para entrevistas que determinariam se eles enfrentariam acusações criminais.[5] Provavelmente foi por isso que, meses antes do suicídio, Broeksmit repetidamente entrava em contato com Stein para verificar a situação. Alguns outros negociadores do Deutsche e de outros bancos já haviam sido presos e acusados criminalmente por seus supostos papéis na manipulação do Libor. Estaria ele entre os próximos? Improvável — afinal, ele não havia participado de nenhuma atividade manipuladora. Mas poderia sua reputação ser manchada e sua conta bancária esvaziada por taxas legais e penalidades cíveis sem fim? Essa era uma possibilidade mais fácil de imaginar.

Em pouco tempo, Val descobriu nos arquivos de sua mãe um relatório escrito por outro advogado, Victor Rocco. Corpulento e com bigode, Rocco já foi um promotor federal, gerenciando a divisão criminal do escritório de advocacia dos Estados Unidos no Brooklyn. Nas últimas décadas, ele abrira seu próprio escritório, geralmente defendendo empresas e indivíduos que enfrentavam problemas com o governo. Agora, recomendado por um membro da família Broeksmit, ele representava Alla.

---

* O esboço foi divulgado em 2018, em um processo judicial não relacionado.

Na hora do almoço em um dia quente fora de época em janeiro de 2015, Rocco chegou no arranha-céu do Deutsche em 60 Wall Street. Duas bandeiras — uma norte-americana, outra do Deutsche — tremulavam acima da entrada do edifício. Quase um ano atrás, Anshu comissionara uma revisão interna para aprender mais sobre o suicídio de Bill; ele sentia que não tinha escolha após a carta que Bill havia deixado para ele. Estaria Broeksmit guardando alguns segredos financeiros que o levaram ao desespero? O Deutsche contratou um escritório de advocacia britânico, Freshfields, para ajudar a examinar seus arquivos e entrevistar funcionários e outros com os quais Broeksmit interagia no trabalho. Agora, a pedido de sua família, o banco havia concordado em compartilhar algumas de suas descobertas.

Rocco nunca se encontrou com Broeksmit, mas sentiu que o conhecia um pouco após aceitar Alla como sua cliente. Bill parecia um tipo raro de gente honesta em uma indústria dominada pela avareza. Quando Rocco chegou na reunião, ele estava pensando não só na morte de Broeksmit, como também na morte de Charlie Gambino. Alguns anos atrás, Rocco trabalhara com Gambino em um caso e se impressionou com esse advogado promissor. Rocco se questionava por que dois funcionários bem-sucedidos e proeminentes do Deutsche — ambos trabalhando em funções análogas ao corpo de bombeiros na empresa — se enforcaram dentro de alguns meses.

Dois executivos aguardavam por Rocco em uma pequena sala de conferências com arte moderna alemã pendurada nas paredes feitas de painéis de mogno. Um deles era Simon Dodds, o vice-conselheiro geral para o qual Jain entregou a carta de despedida de Broeksmit. O outro era Christian Sewing, o executivo do Deutsche com rosto de bebê e em rápida ascensão, responsável por supervisionar a revisão de Broeksmit. Sewing começou a reunião observando que ele compareceu ao almoço de despedida organizado por Jain em homenagem a Broeksmit em novembro de 2013. Bill parecia alegre, disse Sewing; ele não parecia uma pessoa que cometeria suicídio dois meses depois. Então, lendo anotações destacadas, Sewing e Dodds deixaram Rocco a par das principais descobertas do relatório. Eles admitiram que a investigação do caso Libor pode ter causado alguma preocupação para Broeksmit. Eles mencionaram sem muitos detalhes os outros problemas que se tornaram responsabilidade de Bill, negando que pudessem ser uma possível fonte de estresse. Por exemplo, quando se tratava da DBTCA, o banco admitia que a entidade era uma completa bagunça, mas não era a bagunça de Bill — o relatório garantia que ele "não era responsável pela DBTCA". Essa declaração ignorava a realidade de que, como membro do conselho, Broeksmit inegavelmente tinha responsabilidade sobre os assuntos e passou meses agonizando e discutindo sobre a saúde da entidade — e os executivos seniores do banco, inclusive quase que certamente o próprio Sewing, sabiam disso. A revisão também mencionou como Bill foi afetado pelas rejeições de suas promoções pela BaFin. O Deutsche concluiu que ele lidou calmamente com a decepção, apoiado constantemente por seus leais colegas. Essa era outra afirmação que os executivos seniores do banco, incluindo Anshu, sabiam que era mentira — Bill ficou devastado (Sewing e Dodds também falsamente insistiram que o banco nunca enviou alguém para o apartamento de Broeksmit, em Londres, para copiar o disco rígido de Bill). No final, o relatório concluiu que "nada mostra um vínculo direto entre a morte de Broeksmit e o seu trabalho no Deutsche Bank".

Como validação para essa premissa questionável, Sewing observou que, nos meses seguintes ao encerramento da revisão interna do banco, o nome de Broeksmit não veio a público em nenhuma das investigações relacionadas ao banco. Rocco sabia que isso também era falso; Bill fora mencionado em inúmeras ocasiões no relatório de Bob Roach no Senado sobre evasão fiscal em julho de 2014. Esse era um sinal, conforme Rocco mais tarde escreveu para Alla, que a investigação do Deutsche "não foi tão exaustiva e 'dinâmica' como descrito por Dodds e Sewing".

A reunião durou cerca de 90 minutos. "Ela parecia cuidadosamente roteirizada e, certamente, tanto Simon quanto Christian foram muito cuidadosos com o que me disseram", observou Rocco, acrescentando que a revisão subestimava sistematicamente a extensão do envolvimento de Bill nos problemas do banco. Sewing e Dodds "não puderam explicar as descobertas da médica nem os registros médicos que estabeleceram que Bill tinha medo de responsabilidade civil ou até mesmo de acusação graças ao seu trabalho no banco".

Rocco não percebeu, mas havia outro sinal de que o Deutsche poderia não ter contado toda a verdade e, no mínimo, foi hipersensível ao conteúdo do relatório. Alguns membros do conselho supervisor do banco pediram para ver o relatório ou, pelo menos, um resumo detalhado de suas descobertas. O acesso foi negado. Por quê? O que o banco estava escondendo? "Eu achei muito suspeito", disse-me um membro do conselho.

Val logo descobriu outro problema tóxico relacionado ao seu pai: Monte dei Paschi. Quando a divisão de Michele Faissola começou as transações controversas com o banco italiano, Broeksmit era um membro do comitê de gerenciamento de risco responsável por revisá-las. Em e-mails encontrados por Val na conta Yahoo de seu pai, Broeksmit alertou seus colegas que a transação poderia trazer "riscos reputacionais" significativos para o banco. Ele avisou que não dava para saber o que um governo enfurecido poderia fazer caso descobrisse essas estruturas criativas, cujo principal objetivo parecia ser esconder perdas, e insistiu aos seus colegas para que as transações passassem por Anshu (não há nenhuma evidência de que isso foi feito). O grupo de risco aprovou a transação e o acordo foi feito.[6] Logo, o Deutsche estava replicando a estrutura do Paschi para utilizar com outros bancos. As transações continuaram a deixar Bill nauseado (elas "podem ser um erro de arredondamento a essa altura, mas estão crescendo rapidamente", disse ele em um e-mail enviado para seus colegas em 2009). Ainda assim, em uma reencenação do desastre com o Condado de Orange no começo dos anos 1990 — quando Broeksmit avisou com antecedência que os californianos estavam festejando em uma quantidade absurda de derivativos — seus avisos foram ignorados. O Deutsche continuou vendendo os derivativos.

Em 2012, conforme as investigações cíveis e criminais sobre a destruição do banco mais antigo do mundo esquentavam, os advogados do Deutsche chamaram Broeksmit para comparecer a uma entrevista sobre sua função. Ele teve que explicar como as transações ocorriam e por que estava desconfortável com elas. Não demorou até que autoridades do governo passassem a citar seus antigos avisos por escrito como indicação de que o Deutsche deveria ter feito algo a respeito. Bill deveria ter guardado seus pensamentos para si mesmo em vez de expressá-los por escrito e colocar seus colegas em alguma confusão no futuro? Ou ele deveria ter falado mais alto e sido mais insistente? Caso ele tivesse insistido mais, talvez Faissola não enfrentasse a probabilidade de ser acusado criminalmente, talvez a reputação do Deutsche na Itália — e em todo o sul da Europa — não teria sido arruinada. Talvez o Monte dei Paschi continuasse intacto.

Val enviou um e-mail para Faissola e perguntou por que ele pensava que Bill cometera suicídio. Faissola esquivou-se da questão, insistindo para que Val não visse coisa demais nos relatórios de várias investigações nas quais Broeksmit fez parte: "Infelizmente, vivemos em um mundo onde os bancos são vistos como maus e, portanto, os funcionários seniores são atacados injustamente pela mídia, pelos políticos regulatores." Val continuou pressionando e Faissola acabou oferecendo uma teoria mais completa do que ele acreditava que acontecia na cabeça de Bill. "Não acho que a depressão foi causada por uma situação profissional específica, mas o trabalho definitivamente contribuiu para isso e, nos últimos anos, toda a indústria entrou em um período difícil e sombrio. Todos nós fomos atacados e nos tornamos vilões", escreveu Faissola. "Eu acho que ele percebeu que o fim de sua geração de gerentes estava chegando e não conseguiu lidar com isso. O fato de que, graças à oposição da BaFin, ele não teve um cargo claro pelos últimos dois anos certamente não o ajudou."

Mesmo essa teoria, porém, parecia evitar o que estava claro: por trás dessa fachada, Bill internalizou todos os problemas do Deutsche. Sua angústia mental não era apenas sobre o banco, é claro — sua vida tinha sido marcada pelo que seus amigos e colegas descreveram como crises periódicas de escuridão. Não do tipo que faria com que eles imaginassem suicídio, mas o suficiente para que fossem dignas de nota, mesmo antes de seu suicídio. No entanto, as amplas, embora mal definidas, responsabilidades do seu trabalho o sobrecarregaram com uma enorme culpa quando as coisas começaram a dar errado, e as coisas pareciam dar errado no Deutsche com a regularidade rítmica de um metrônomo. Conforme a pressão aumentava, Bill se manteve calado sobre a tortura que suportava, sobre o medo que tinha de arruinar sua reputação e sua vida. As pessoas contavam com ele; Bill não podia demonstrar fraqueza. Uma hora isso se tornou mais do que ele pôde suportar.

CAPÍTULO 31

SIENA

Olhando para a sede do Deutsche Bank em Frankfurt, os edifícios paralelos pareciam se inclinar na direção uns dos outros enquanto subiam para o céu — uma ilusão que criava a impressão de duas torres que quase se fundiam no topo. Val Broeksmit ficou na calçada, olhando carrancudo para os enormes arranha-céus. Do chão, as estruturas — Crédito e Débito — pareciam sinistras e quase negras, com seus painéis de vidro angulares refletindo o céu noturno.

Era agosto de 2016 e o banco mais uma vez fora engolido por uma perigosa crise. Os investidores perderam a confiança nas garantias fornecidas pelo desfile de executivos-chefes, mais recentemente John Cryan, de que a instituição tinha capital o suficiente. Eles estavam cansados de ver o Deutsche fazendo menos dinheiro que seus rivais, parcialmente graças aos bilhões de dólares perdidos recentemente. O banco tornou-se um gigante cassino para negociadores de derivativos e ninguém confiava que seus executivos falavam a verdade sobre a extensão das perdas à espreita dos trilhões de dólares em instrumentos que continuavam parados no balanço patrimonial da empresa. Reguladores já haviam penalizado o Deutsche por ter escondido mais de US$3 bilhões de dólares em perdas durante a crise. Quantos bilhões mais eles ainda não admitiram perder? Tão assustador quanto era o fato de que as investigações governamentais sobre os anos de má conduta no Deutsche pareciam não ter um fim próximo. Mesmo após perder bilhões de dólares para desativar uma grande quantidade de sondas governamentais, o banco ainda estava sob suspeita por manipular mercados de moedas, violar sanções, lavar dinheiro, enganar os clientes e vender títulos hipotecários sem valor — e isso apenas nos Estados Unidos. A penalidade por toda essa má conduta certamente excederia US$10 bilhões. O valor de mercado do Deutsche, na época, era menos de US$20 bilhões.

De fato, para um número crescente de investidores e reguladores, o banco parecia não apenas estar com pouco capital como também parecia estar no caminho rápido para a insolvência. O preço de suas ações estava descendo pelo ralo, refletindo, segundo o CNBC, "preocupações crescentes com relação à sobrevivência do Deutsche".[1] O banco era tão grande e sua posse de derivativos era tão vasta que, se não suportasse a pressão, o dano colateral certamente se espalharia, tal como um vírus, para centenas de outras instituições em todo o mundo: clientes do Deutsche, parceiros de transações e outros bancos. Dois meses antes, o Fundo Monetário Internacional expressou esse mesmo medo em um relatório que avisava sobre o possível papel do banco como "o mais importante contribuinte líquido para os riscos sistêmicos no sistema bancário global".[2] As coisas chegaram a tal ponto que Cryan, o governo alemão e Christine Lagarde, chefe do FMI, precisaram negar publicamente rumores de que o banco estava em negociações secretas para uma possível recuperação fiscal (a regra dita que, quando o banco sente a necessidade de negar uma recuperação, ele quase certamente precisa de uma).

Val estava vagamente consciente dos perigos existenciais enfrentados pelo antigo empregador de seu pai. Do seu lado estava uma bela alemã estudante de artes chamada Julie, namorada de Val e sua companheira europeia de viagens. Ela era 15 anos mais nova que Val e era apaixonada por seu aparente mundanismo (e perdoava seu persistente uso de drogas). Lá naquelas torres negras, disse ele para Julie, sentavam as pessoas responsáveis pela morte de seu pai — e pela espiral descendente do Deutsche Bank. Irresoluta e sentindo o ódio de seu namorado, Julie logo se viu cheia de uma sensação de pavor.

Val voou até Paris em março de 2016. Ele queria respostas, queria uma aventura e tinha todos os detalhes do cartão de crédito American Express da sua mãe que conseguiu ao invadir o e-mail dela. Além disso, ele também fantasiava sobre a notoriedade que alcançaria caso conseguisse derrubar o Deutsche Bank.

Antes sequer de sair do Aeroporto Charles de Gaulle, as coisas começaram a dar errado. Ele usou o Amex de Alla para comprar alguns novos equipamentos Apple e baixou os arquivos de seu pai no notebook. Após cheirar um pouco de heroína no banheiro do aeroporto, deixou suas malas sem vigilância durante um momento e boa parte do seu novo equipamento para o computador desapareceu. Ele ligou para Larry Meltzer e o terapeuta não fez nada para acalmar seu nervoso cliente. Era possível, alertou ele, que Val estivesse sendo seguido, talvez por alguém do Deutsche que planejava impedi-lo de disseminar mais informações e, assim, roubou o equipamento de seu computador. Meltzer insistiu para Val tomar cuidado.

Ele alugou um Nissan e dirigiu até Amsterdã. Certa noite, alguém quebrou a janela do carro e roubou seu notebook — que continha todas as contas de e-mail de seu pai. Para Val, isso deixou claro que o Deutsche descobrira seu plano e estava determinado a impedi-lo. Meltzer também pensou na possibilidade de uma conspiração.

Val começou a pagar grandes contas de hotéis com o cartão de crédito da sua mãe. Ele não sentia culpa. "Essa é a única forma de atingi-la", disse-me ele. "Pegar o cartão de crédito dela é o único golpe que posso dar." O contador de Alla acabou descobrindo o que estava acontecendo e cancelou o cartão. Sem o seu subsídio ilícito, Val começou seu negócio em um acampamento ao norte de Amsterdã. Ele tocava em alguns shows aqui e ali para se sustentar. Foi durante esse período que conheceu Julie, uma estudante de artes de 24 anos cujo pai morreu em 2015 de um ataque cardíaco. "Nós compartilhávamos a loucura da morte", disse ela. Eles também compartilhavam muitos cogumelos.

Quando Val descobriu outro cartão de crédito no e-mail da sua mãe, eles fugiram do acampamento e passearam por toda a Europa, fazendo uma parada em Frankfurt antes de ir até a terra natal de Julie, em Nuremberg. Ela ficou impressionada com a capacidade aparentemente mágica de Val de fazer com que estranhos lhe dessem dinheiro, guitarras e quartos de hotéis em troca dos dígitos do cartão de crédito que estavam em sua memória (em outra vida, Val poderia ter sido um bom vendedor de derivativos).

Naquele verão, Val entrou em contato com o advogado da viúva de David Rossi, o executivo do Monte dei Paschi que caiu da janela em um caso que foi visto como suicídio. Ao descobrir os avisos proféticos de Bill sobre as transações do Paschi, Val se questionava se mais pistas sobre a mentalidade de seu pai quando ele decidiu morrer poderiam ser encontradas na Itália. (Um editor do *New York Post*, Michael Gray, disse a Val que a família Rossi tinha imagens de vigilância mostrando ele caindo da janela de costas[3] — uma maneira incomum de cometer suicídio —, o que desencadeou em Val um frenesi de teorias da conspiração com relação às circunstâncias da morte de seu pai.*) Val explicou ao advogado da viúva que seu pai também era um banqueiro morto e que ele gostaria de comparar as anotações. "Talvez eu possa ajudar, talvez possamos ajudar um ao outro e, talvez, possamos ajudar outras famílias que também sofreram com tudo isso", escreveu Val.

O advogado, Luca Goracci, disse que Val era bem-vindo a Siena para conversar. Val, com seu carro amassado da Avis substituído por um conversível, foi até a cidade da Toscana em agosto.[4] Ele ficou em um hotel com vista para a sede palaciana do Paschi, com seus 544 anos. Naquela noite, ele foi até o pequeno escritório residencial de Goracci. Uma lâmpada exposta pendia do teto, fazendo Goracci lembrar uma figura em uma pintura de Caravaggio. A viúva de Rossi, Antonella Tognazzi, estava no canto, vestida de preto, e quando ela emergiu das sombras Val ficou tão surpreso que soltou um pequeno grito.

"O que quer?" perguntou Tognazzi.

"Estou buscando conexões", respondeu Val. Ele queria entender como o Deutsche, seu pai e as pessoas próximas, como Michele Faissola, se envolveram nessa bagunça do Monte dei Paschi. Havia algo que relacionasse as mortes de Broeksmit e Rossi?

---

* Val compartilhou com Gray uma foto de iPhone que ele tirou do corpo de seu pai e o *Post* a publicou. A família de Val imaginou que ele havia vendido a foto para o tabloide, mas esse não foi o caso.

Agora, após duas recuperações governamentais, o banco italiano fazia parte do estado. Alguns executivos do Paschi foram condenados por fraude e sentenciados à prisão, enquanto o Deutsche e alguns funcionários — incluindo Faissola — enfrentaram acusações criminais por supostamente ajudar o banco italiano a obstruir a justiça e falsificar sua contabilidade (Faissola negou qualquer tipo de transgressão)**. Val, Tognazzi e Goracci conversaram por cerca de uma hora. Tognazzi tinha certeza de que seu marido fora assassinado e possuía, inclusive, evidências para apoiar a afirmação. Uma dessas evidências era a gravação de Rossi caindo de costas da janela do palácio. Enquanto tinha espasmos caído no chão, dois homens suspeitos caminharam até ele, observaram o corpo e voltaram para o carro. Tognazzi suspeitava que o assassinato de seu marido estava relacionado aos profundos problemas financeiros do banco — consequência, em parte, dos acordos com derivativos do Deutsche.

Val voltou para a casa no dia seguinte. Dessa vez ele foi conduzido aos aposentos da família, organizados ao redor de um pequeno pátio. Uma elaborada variedade de carnes e queijos estava distribuída na mesa. Enquanto comiam, Goracci descreveu o sórdido relacionamento corrupto entre o Deutsche e Paschi. As conexões do Paschi com a máfia e com políticos corruptos eram tão profundas e pouco escondidas que quem fizesse a mínima diligência não conseguiria evitar todos os sinais de perigo. Goracci relatou que Rossi estava envolvido com algumas coisas aparentemente bem sinistras: para citar apenas uma, ele alugava um carro uma vez por mês e dirigia até a Suíça para depositar dinheiro em contas bancárias secretas de clientes que Goracci acreditava terem envolvimento com a máfia local. Isso, concluiu o advogado, provavelmente tinha alguma relação com o assassinato de Rossi.

Enquanto Goracci jogava essas bombas, Val fazia anotações. Ele estava intrigado pelo mistério não resolvido que, mais uma vez, mostrava que o ex-empregador de seu pai era tão obcecado com os lucros, tão apático com a reputação

---

** A BaFin concluiria que nenhum funcionário do Deutsche pretendia auxiliar o Paschi a distorcer seu balanço patrimonial. O processo criminal italiano ainda está pendente.

de seus clientes, que acabara se envolvendo com criminosos mortais. Val não admitia, mas sentia uma pontada de inveja. As coisas seriam mais fáceis de engolir se seu pai tivesse sido assassinado por outra pessoa.

Ao sair, Val recebeu de Goracci uma pasta de documentos que ele reuniu durante sua investigação. Do lado de fora, a cidade ancestral brilhava sob a luz solar do fim da tarde. Bandeiras coloridas pendiam de postes de iluminação e varandas, dando vida às cores desbotadas das ruas. As decorações tinham sido colocadas para a famosa corrida de cavalos Palio, em Siena, que ocorreria em dois dias. Hordas de turistas foram até a cidade para testemunhar o ritual de verão e Siena parecia prosperar. Por baixo da superfície, entretanto, a queda do Paschi tirou uma grande fatia da economia da região. Durante séculos, o banco não fora apenas o credor de referência para projetos grandes e pequenos; sua fundação — possuidora de uma maioria acionária do banco — também havia sido um beneficiário generoso para muitas das maiores instituições de Siena. Conforme o valor das ações do banco aumentava, a fundação prosperava, distribuindo mais de 200 milhões de euros anualmente. Então, quando as ações do banco despencaram como os antigos muros da cidade, os cofres da fundação repentinamente se esvaziaram. Quando Val a visitou, a distribuição anual da fundação era de apenas 3 milhões de euros.[5] Aqui estava uma ilustração vívida do dano causado no mundo real, pelo menos em parte, graças à imprudência do Deutsche Bank. O banco mais antigo do mundo foi deixado em ruínas e as digitais do Deutsche eram encontradas em todos os destroços.

CAPÍTULO 32

ROSEMARY É A CHEFE

A campanha presidencial norte-americana estava chegando ao fim e o homem responsável pela candidatura caótica de Donald Trump estava alegremente antecipando o caos que seria desencadeado se o Deutsche começasse a se desvencilhar. Steve Bannon, que fez uma pequena fortuna trabalhando com o Goldman Sachs, era um populista incomum, mas ele assistira furioso enquanto milhões de pessoas perdiam suas casas e suas economias durante a crise financeira. O seu pai foi uma das vítimas e teve seu fundo de aposentadoria zerado. Indignado, Bannon se reformulou como um implacável destruidor da ordem globalista.[1] Grandes instituições — governos, corporações, alianças multinacionais, partidos políticos nacionais e outras — tornaram-se seus grandes inimigos. Ele se chamava de um "nacionalista econômico".

No Deutsche, Bannon via o mal. Ele era, é claro, um dos maiores bancos do mundo e fez mais do que sua parte para mergulhar os Estados Unidos e o mundo em uma recessão selvagem, mesmo com seus negociadores e executivos mergulhando em suas fortunas. Porém, mais do que isso, Bannon era fã da desintegração política em um sentido literal. Sua aposta era de que, se o Deutsche caísse — ou se precisasse de uma recuperação do governo, possibilidade essa cada vez mais provável —, o banco causaria um caos tamanho para acabar com a poderosa chanceler da Alemanha, Angela Merkel. Além disso, com movimentos isolacionistas surgindo em praticamente toda a Europa — os eleitores britânicos haviam acabado de escolher sair da União Europeia, por exemplo —, Merkel parecia ser uma das últimas coisas entre a união financeira e econômica da Europa e a anarquia de cada país por si que Bannon tanto desejava. Enquanto Val buscava vingança e os executivos do banco trabalhavam para consertar o navio afundando, Bannon criou uma fofoca entre os jornalistas norte-americanos de que o Deutsche estava de fato naufragando e que o banco estava levando Merkel e todo o projeto de integração europeia do pós-guerra com ele.

O que faz das diatribes alegres de Bannon especialmente ridículas é que o homem que ele tentava colocar no Salão Oval para aprovar sua agenda antiglobalista dependia, naquele momento, do Deutsche Bank mais do que nunca.

Primeiro, tinha o dinheiro. A pedido de Jack Brand, Christian Sewing e outros, em março de 2016 o Deutsche Bank passou por cima de Rosemary Vrablic e negou o pedido de empréstimo de Trump para financiar o seu resort de golfe escocês, Turnberry. Além das preocupações com a reputação de Trump, as dificuldades financeiras do banco dificultaram que ele continuasse justificando as dezenas de milhões de dólares em empréstimos com juros baixíssimos — com os quais Trump havia se acostumado. Trump, a essa altura, já devia ao banco cerca de US$350 milhões, representando metade de toda sua incrível quantidade de dívidas. O Deutsche era, de longe, seu maior credor e Trump era o maior mutuário da divisão de private banking. Para conseguir o empréstimo desse dinheiro, Trump deu como garantia suas finanças pessoais para o banco. Caso ele não pagasse os empréstimos, o banco poderia ir atrás de seus recursos pessoais, dificultando bastante sua vida — e sua habilidade de forjar uma impressão pública de detentor de grande fortuna.

Havia também o empréstimo para Don Jr. e a linha de crédito de US$15 milhões para Jared Kushner e sua mãe, o maior empréstimo a que Jared ou seus parentes tinham acesso.[2] Essa soma logo diminuiu quando, semanas antes da eleição, o Deutsche concordou em refinanciar um empréstimo de US$370 milhões para a empresa imobiliária da família Kushner, dinheiro usado para comprar um espaço de quase 233 mil metros quadrados na antiga sede do *New York Times*.[3] Jared garantiu o empréstimo pessoalmente.

Além de todo o dinheiro distribuído pelo Deutsche, o banco havia se tornado um suporte ocasional para o candidato presidencial. Uma das muitas críticas dirigidas a Trump era o seu instável histórico como empresário. Uma das principais evidências era o fato de que suas empresas repetidamente declaram falência. O histórico de Trump era tão sujo, observavam os críticos, que ele foi excluído do sistema bancário. "Ele escreveu muitos livros sobre negócios — mas todos parecem acabar no Capítulo 11", zombou Hillary Clinton em um discurso em Columbus, Ohio, em junho de 2016. "Vai entender. E, ao longo dos anos, ele intencionalmente assumiu grandes quantidades de dívidas nas suas empresas e ficou inadimplente. Ele levou suas empresas à falência — não uma ou duas vezes, mas quatro."[4]

Sue Craig, uma repórter do *New York Times*, estava preparando um artigo sobre a excomunhão de Trump de Wall Street. Suas pesquisas e entrevistas já estavam basicamente concluídas em março, quando Trump ligou para discutir a premissa fundamental da história. "Eu posso fazer negócios com os maiores bancos do mundo", insistiu ele. "Eu simplesmente não preciso do dinheiro." Isso não era verdade e Craig — que possuía uma grande rede de fontes em Wall Street — persistiu. Trump citou seu relacionamento com o Deutsche Bank como prova de que não havia sido excluído. "Eles estão totalmente satisfeitos comigo", garantiu ele. "Por que você não liga para a presidente do Deutsche Bank?" Craig sabia que John Cryan era o CEO do banco, então ela ficou surpresa quando ouviu o que saiu da boca de Trump em seguida: "O nome dela é Rosemary Vrablic." Ele continuou: "Eles estão felizes. Eu faço negócios com eles atualmente. Você precisa falar com a presidente do Deutsche Bank. Você tem o número de Rosemary Vrablic? Por que não liga para ela? Ela é a chefe."[5]

Estaria Trump mentindo ou se confundiu quanto a função de Vrablic?* De qualquer forma, ele estava usando seus laços de longa data com o banco alemão para acabar com a noção de que ele era um pária no mundo financeiro.

Depois que Edson Mitchell o expulsou do Deutsche, Mike Offit andou sempre à margem da indústria financeira. Ele fez algumas consultorias, mas estava basicamente fora de Wall Street. Seu dano neurológico fez com que o trabalho em um banco, na melhor das hipóteses, fosse desagradável e ele não sentia falta das políticas resultantes de operar dentro de uma grande instituição. De qualquer maneira, ele tinha dinheiro o suficiente para sobreviver, em parte graças à sua esposa, Dara Mitchell, a vendedora de arte da Sotheby's, que estava arrecadando milhões. Offit decidiu seguir os passos de seu pai e se tornar um escritor. Ele fez alguns trabalhos autônomos para publicações do setor financeiro e teve uma passagem como colunista de uma revista de estilo de vida de luxo. Em 2014, ele publicou um livro, *Nothing Personal: A Novel of Wall Street*, sobre dois assassinatos cometidos por e contra funcionários de um fictício banco de investimentos alemão. Personagens e cenários foram retirados de suas aventuras na indústria bancária; ele dizia às pessoas que certo personagem desprezível foi baseado em Steven Mnuchin, que o afastou do Goldman depois que ele ficou doente. Na contracapa havia algumas descrições. "Michael Offit oferece uma visão colorida de como o dinheiro é ganho — e/ou perdido — em Wall Street", dizia uma delas. "*Nothing Personal* vai chamar sua atenção seja você da indústria ou não. Uma história interessante." A descrição era de Donald Trump.

Dois anos depois, em outubro de 2016, a campanha presidencial estava terminando e era hora de Offit retribuir o favor. Trump estava sendo criticado pelo seu padrão com falências. Offit não era um grande fã da política de Trump, mas ele abominava Hillary e estava disposto a fazer qualquer coisa para que ela não ficasse na Casa Branca (Offit prendeu o nariz e tentou ignorar o fato de que

---

* Depois da entrevista, Ivanka Trump disse a Craig que seu pai tinha descrito Vrablic como CEO do banco apenas uma vez e que ele estava errado. Na verdade, ele a tinha chamado de "chefe do Deutsche Bank" pelo menos três vezes durante a breve entrevista.

Mnuchin era o presidente financeiro da campanha de Trump). Ele ponderou sobre como Trump seria capaz de atenuar os ataques sobre suas finanças pessoais e não demorou até formar uma estratégia. Quais eram os maiores vilões financeiros por aí? Fundos de hedge! E eles eram os vilões que Trump deveria culpar por seu histórico financeiro. Ele precisava declarar falência porque fundos de hedge gananciosos estavam tão obcecados em conseguir cada centavo do pobre Donald Trump que eles se recusaram a renegociar suas dívidas. Isso não era verdade, mas parecia bom o suficiente e a linha de ataque se misturava com a retórica populista de Trump ao longo da campanha, na qual acusou os gerentes desses fundos de "assassinar" o código tributário. "Esses caras mudam os papéis e saem impunes",[6] declarou Trump em uma entrevista para a televisão.

A esposa de Offit proibiu o marido de fazer qualquer coisa para auxiliar Trump, que a enojou desde que Offit trabalhou com ele no Deutsche. Mas a eleição parecia um massacre e Offit convenceu sua esposa a deixá-lo enviar um e-mail para Trump com seu conselho político. Em uma noite de sexta-feira, Offit digitou uma longa mensagem, explicando que o argumento de Trump de que ele estava apenas usando a lei de falência de uma forma vantajosa não estava ganhando a confiança de seus eleitores. "Eu acho que existe uma resposta muito melhor, uma resposta que pode ajudar a desarmar essa questão e eu sou arrogante o suficiente para sugeri-la", escreveu Offit. Ele não recebeu resposta e nem tinha certeza se Trump leu o e-mail.

Tammy McFadden trabalhou nos escritórios do Deutsche em Jacksonville — alguns prédios de distância da filial do FBI — durante 8 anos quando, no verão de 2016, algumas transações suspeitas de Jared Kushner apareceram na sua fila de inspeção. Os sistemas computacionais do banco rastreavam automaticamente milhares de transações diariamente, buscando por atividades potencialmente suspeitas, e então enviavam as transações marcadas para a análise de especialistas. McFadden, uma veterana oficial de compliance contra lavagem de dinheiro na divisão de private banking do Deutsche Bank, era um desses especialistas.

Ao longo dos anos, McFadden recebeu inúmeros prêmios internos do banco por seu bom desempenho. Entretanto, em 2015, ela começou a causar problemas, defendendo o que ela achava moral e eticamente correto. Primeiro, ela protestou que a divisão de private banking criou dezenas de contas para Jeffrey Epstein e estava transferindo dinheiro para ele, um financista com conexões políticas que foi acusado repetidamente de abusar sexualmente de meninas e jovens (durante muitos anos, Epstein administrou suas empresas na antiga mansão de Henry Villard, na Madison Avenue)[7]. Alguns anos após ser condenado por fazer uso de prostituição infantil, Epstein foi abandonado pelo seu antigo banco, JPMorgan, o que o fez fugir para o Deutsche, sempre disposto a ignorar o terrível histórico de seus clientes. Alguns dos colegas de McFadden alertaram seus superiores de transações internacionais suspeitas nas contas de Epstein, temendo que ele pudesse estar transferindo dinheiro como parte de uma operação de tráfico sexual. Os superiores do Deutsche Bank nada fizeram. McFadden também recusou aprovar a atividade de Epstein, mas seus gerentes não queriam saber — ele era um cliente lucrativo (e permaneceu como cliente até junho de 2019 — semanas antes de ser acusado criminalmente por tráfico sexual de garotas de até 14 anos). "Se eles estão dispostos a fazer negócios com Jeff, então que Deus nos ajude", disse-me McFadden.

Em seguida, no começo de 2016, McFadden percebeu que não havia a documentação adequada anexada às contas de muitos clientes do private banking, incluindo alguns dos clientes super-ricos de Vrablic. Isso era especialmente problemático para os clientes classificados como "pessoas politicamente expostas" — uma designação que deveria sujeitá-los a uma avaliação extra graças ao risco de possivelmente estarem envolvidos em subornos ou outras corrupções públicas. Após inicialmente perceber o problema em algumas contas isoladas, McFadden fez uma análise ampla e descobriu que mais de cem clientes politicamente expostos não possuíam documentações necessárias que mostrassem coisas como a origem do dinheiro. Entre esses clientes, percebeu ela, estava Donald Trump e seus familiares. Quando McFadden alertou seus superiores, eles disseram para que ela não se preocupasse. McFadden não ignorou o assunto, apresentando uma queixa ao departamento de RH e, no processo, irritando seus chefes.

Agora, no verão de 2016, com Trump conquistando a nominação republicana e Kushner atuando como seu conselheiro, McFadden recebeu a tarefa de revisar uma série de transações nas contas da Kushner Companies que desencadearam alertas no sistema computacional do Deutsche. Logo de cara ela soube responder por que as transações apareceram no software: a empresa imobiliária da família Kushner estava movendo dinheiro para alguns indivíduos russos. Isso não significava que havia algo impróprio — certamente não servia como prova de lavagem de dinheiro — mas *era* incomum. McFadden fez suas pesquisas, olhou os recipientes do dinheiro e o histórico de transações da Kushner Companies para o exterior, concluindo que a resposta apropriada para o Deutsche seria registrar um "relatório de atividade suspeita" com a FinCEN, o braço do Departamento do Tesouro responsável por policiar crimes financeiros. Bancos registram milhares desses relatórios todos os anos e isso não parecia para McFadden algo tão suspeito assim. Ela escreveu o relatório e enviou para seus superiores.

Normalmente, um relatório de atividade suspeita seria analisado por outro especialista em lavagem de dinheiro de fora da unidade onde as transações em questão foram originadas — nesse caso, a divisão de private banking. Era importante manter as coisas separadas, caso contrário, funcionários com interesses financeiros na aprovação das transações poderiam comprometer a eficácia do esquema de combate à lavagem de dinheiro já bastante duvidoso do Deutsche Bank. Dessa vez, entretanto, chegou até McFadden a notícia de que seu relatório seria apagado — por gerentes no setor de private banking.** McFadden tinha certeza de que esse era um exemplo do private banking tentando preservar seu relacionamento lucrativo com os Kushners (e, em consequência disso, com os Trumps) à custa de não aderir às leis antilavagem de dinheiro.⁸ Ela não sobreviveu em bancos durante décadas sem aprender como levantar a voz — mais de uma década atrás, ela moveu uma ação contra o Bank of America por discriminação racial contra ela e outros funcionários negros — e com isso ela

---

** O Deutsche Bank afirma que agiu apropriadamente e que um relatório de atividade suspeita não era necessário nesse caso. A Kushner Companies nega qualquer envolvimento com lavagem de dinheiro.

começou a fazer mais barulho. Esse não era o caminho para seguir adiante no Deutsche Bank, como pessoas como Eric Ben-Artzi poderiam confirmar. Os chefes ridicularizavam McFadden para os outros colegas como uma mulher louca e difícil. Não demorou até ela ser transferida para outra divisão e, em abril de 2018, finalmente ser demitida.

McFadden encontrou algo importante. Os Kushners — com seus laços de longa data não só com o Deutsche, mas também com o Bank Leumi, que já teve seu próprio histórico problemático em fazer negócios com os russos — estavam enviando dinheiro para os russos ao mesmo tempo que a Rússia interferia na eleição presidencial norte-americana a favor do sogro de Jared Kushner (e a banqueira pessoal de Kushner, Vrablic, aprendeu a base do seu trabalho no... Bank Leumi). Era difícil não desconfiar de nada.

Quais eram exatamente os propósitos das transações que McFadden descobrira? O que elas mostram sobre os interesses de Kushner, Trump ou sua campanha presidencial na Rússia? Com McFadden fora do banco, e seu relatório de atividades suspeitas apagado, as respostas para essas perguntas desapareceram dentro dos sistemas computacionais do Deutsche Bank.

CAPÍTULO 33

NÃO PRONUNCIE A PALAVRA "TRUMP"

No dia 8 de novembro de 2016, Donald Trump foi eleito. Quase ninguém — certamente não ele, seus conselheiros, seus rivais, a mídia, os colegas republicanos — antecipou sua virada histórica. A manhã seguinte estava fria e tempestuosa em Frankfurt. Os executivos do Deutsche acordaram com a percepção nauseante de que eles tinham um grande problema em suas mãos. Durante meses, eles vinham respondendo perguntas de jornalistas sobre como o banco acabou se tornando a única instituição financeira a emprestar dinheiro ao candidato republicano. A resposta oficial do banco é que ele não poderia comentar sobre assuntos de clientes individuais. Extraoficialmente, os executivos seniores tinham uma resposta simples: na verdade, nós não sabemos. A equipe do banco de relações com a mídia aconselhou John Cryan e seus tenentes a aguardar; eles imaginaram, assim como todo mundo, que essas questões desapareceriam depois que Clinton derrotasse Trump e ele saísse dos holofotes de uma vez por todas.

Agora, executivos e membros do conselho em choque precisavam lidar com uma realidade muito diferente: o futuro presidente dos Estados Unidos tinha uma grande dívida com sua instituição. Esse era um pesadelo público. Grande parte do mundo detestava Trump, um homem que o banco ajudou — não uma ou duas vezes, mas em diversas instâncias — a alcançar essas alturas inimagináveis. Com Trump na Casa Branca, presumivelmente haveria uma extensa pesquisa sobre cada acordo já feito por ele, cada parceiro que trabalhou com ele, cada empréstimo recebido por ele — muitos dos quais o Deutsche estava envolvido. E os fatos de que a eleição de Trump foi aceita com desconfiança graças aos esforços da Rússia em influenciar os votos e de que seu principal credor, durante anos, participou de um esquema de lavagem de dinheiro na Rússia — bem, não é preciso ser um gênio para imaginar e ligar os pontos que em breve seriam ligados sobre a conexão do Deutsche com a Rússia e da Rússia com Donald Trump. Isso era especialmente verdade levando em consideração que o banco, uma década atrás, apresentou Trump para russos ricos quando ele se preparava para construir seus resorts no Havaí e no México (colocando mais lenha na fogueira, Eric Trump anteriormente já disse a um jornalista que, quando se tratava de financiar as pistas de golfe da sua família, "nós não confiamos em bancos norte-americanos. Nós temos todo o financiamento de que precisamos na Rússia".[1] O Deutsche ofereceu o dinheiro do Doral; esse empréstimo também foi financiado com dinheiro russo?). Esse era o tipo de história com o potencial de fazer mais do que gerar manchetes capazes de manchar reputações; isso poderia levar os executivos a comitês do Congresso e grandes júris.

Alguns dias após a vitória de Trump, os executivos seniores do Deutsche comissionaram uma revisão do relacionamento do banco com o presidente eleito, sua empresa e os Kushners. Os advogados começaram a questionar funcionários na unidade de Rosemary Vrablic e no banco de investimentos, que havia recentemente preparado alguns dos empréstimos da empresa de Kushner em alguns títulos vendáveis. O tom dessas entrevistas era acusatório; funcionários começaram a se referir a elas como depoimentos e interrogatórios. O resultado, uma semana depois, foi uma apresentação realizada para um pequeno e seleto grupo do banco. O documento confidencial, com mais de 20 páginas, incluía uma árvore genealógica que começava nos avós de Trump e ia até Ivanka, Don Jr, Eric e Jared Kushner. O documento também mencionava cada um dos empréstimos pendentes das famílias Trump e Kushner, além de listar suas contas bancárias no Deutsche. Além disso, ele também traçou um histórico que ia até Offit e o empréstimo realizado para reformar o 40 Wall Street. Executivos na Alemanha folhearam o documento e balançaram a cabeça em reprovação — lá estava outra bagunça em que o banco foi envolvido graças aos norte-americanos.

O conselho supervisor do Deutsche também se apressou para descobrir o que havia acabado de acontecer. O conselho atribuiu essa tarefa ao seu "comitê de integridade", o qual — após revisar os documentos do banco e entrevistar os funcionários — produziu seu próprio relatório. O foco principal era descobrir por que, não muito depois de o banco de investimentos ter introduzido uma política contra Trump após o litígio de Chicago em 2008, a unidade de private banking do Deutsche começou a jogar dinheiro em Donald Trump. Um dos fatores, descobriu o comitê de integridade, é que os superiores de Vrablic ficaram hipnotizados; a tentação de fazer negócios com "O Donald" acabou superando qualquer instinto de autopreservação. Isso era constrangedor para o banco, mas o que era ainda mais alarmante para os membros do conselho é que o banco produziu uma quantidade de documentos ao longo dos anos que marcou o grande volume de negócios que estavam sendo feitos com esse cliente. Esses documentos, chamados de relatórios de exposição, tinham o propósito de garantir que aqueles acima na hierarquia corporativa tivessem conhecimento da extensão de um relacionamento que, caso desse errado, teria potencial para causar sérios danos financeiros ou reputacionais ao banco. No entanto, até onde o conselho supervisor pôde determinar ao falar com executivos, os relatórios nunca chegaram até alguém de nível sênior. A culpa, concluiu o conselho, era em grande parte da tecnologia antiquada do banco e uma configuração de gerenciamento compartimentada em que basicamente qualquer um poderia afirmar, de maneira plausível, que policiar um relacionamento com um grande cliente não é sua responsabilidade — uma relíquia da estreita divisão de trabalho dos tempos do vorstand. O fato de que um braço do Deutsche se recusou a negociar com Trump e outro o considerou um bom cliente era uma ilustração perfeita da disfunção da instituição. "Ficou óbvio", lamentou um dos membros do conselho após revisar o relacionamento com Trump, "que o banco não estava sendo devidamente administrado."

Os dois relatórios observaram que os recentes empréstimos de Trump foram financiados por meio da DBTCA. Bill Broeksmit, é claro, fazia parte do conselho da divisão até o momento de sua morte, reclamando, sem muito resultado, sobre a falta de controles financeiros rigorosos que poderiam prevenir exatamente esse tipo de situação.

Havia alguma verdade nas conclusões dos relatórios de que o relacionamento com o Trump foi produto de uma desordem organizacional. Isso, entretanto, mascarava uma realidade ainda mais sóbria e problemática: apesar de não terem visto os relatórios de exposição oficiais, alguns dos executivos de alto escalão do banco, incluindo Ackermann e Jain, tinham um certo conhecimento do que estava acontecendo — e, na verdade, os dois CEOs pareciam apreciar certos aspectos do relacionamento. Eles sabiam da reputação de Trump como demagogo, inadimplente, racista e imprudente, mas a tentação de obter lucros rápidos falou mais alto do que essas preocupações. Agora o banco colocava a culpa do relacionamento em um desonesto posto avançado norte-americano, visando esconder a culpa de toda a instituição.

Nas semanas após as eleições de 2016, executivos apressaram-se para montar um plano. Um passo imediato era reduzir a exposição do banco diante da Rússia. Há uma década, o Deutsche havia estendido uma linha de crédito de US$1 bilhão para o VTB, o banco do Kremlin com o qual Ackermann havia estabelecido laços muito estreitos. Em 2016, cerca de US$600 milhões estavam em circulação. Não havia nada de errado com dois bancos realizando empréstimos um para o outro; transações entre bancos é a coisa mais comum do mundo para o sistema financeiro. Porém, esse era um grande empréstimo para um banco com um relacionamento com a inteligência russa e os executivos do Deutsche temiam o que poderia acontecer caso isso se tornasse público. Nas semanas após as eleições, os bancários correram para remover o empréstimo dos livros do banco, vendendo uma grande parte dele, com desconto, para outro banco russo.[2]

O maior problema, concluíram executivos no Deutsche Bank, era o fato de que Trump garantira pessoalmente centenas de milhões de dólares em empréstimos pendentes. Na época, esse parecia o curso mais seguro, protegendo parcialmente o banco caso ele se tornasse inadimplente mais uma vez. Agora, entretanto, isso significava que o futuro presidente dos Estados Unidos estava profundamente endividado com uma instituição estrangeira, instituição sobre a qual sua administração teria imenso poder. Uma possibilidade seria simplesmente livrar Trump de suas garantias pessoais — uma emenda pode ser adicionada nos contratos para lidar com isso e então seria a Trump Organization, não Donald Trump, que deveria todo esse dinheiro. Mas, quando as discussões do banco sobre essa ideia vazaram, o clamor foi rápido. O banco estava enfrentando diversas investigações governamentais, que agora estariam nas mãos da administração de Trump, e dar esse espaço financeiro para o presidente eleito soava corrupto. "Isso parece terrível,"[3] comentou um especialista em ética.

O banco decidiu reverter para o seu plano usual em crises como essa: manter o silêncio, subestimar a gravidade do problema e esperar que todos se distraiam e sigam em frente. Em Jacksonville, quando grandes executivos foram até a cidade para sessões de perguntas e respostas no auditório corporativo, os funcionários foram avisados de antemão para não fazer perguntas sobre Trump. Em Wall Street, um decreto foi publicado para os negociadores e vendedores do banco: eles não deveriam pronunciar a palavra "Trump" em comunicações internas ou externas.

Os decretos raramente eram respeitados no Deutsche e não demorou até que diversos negociadores e vendedores incluíssem a palavra proibida em e-mails para os seus clientes enquanto refletiam sobre os efeitos da presidência Trump em diferentes partes do mercado. Um vendedor do Deutsche cometeu o erro de deixar claro seu desprezo por Trump em uma nota que circulou amplamente em Wall Street. Ele foi duramente repreendido por oficiais das equipes de compliance e jurídica do banco. Talvez, disseram, ele não compreendesse a importância de não botar lenha nessa fogueira. Eles explicaram por que se importavam. Os superiores do Deutsche estavam bem temerosos de que o futuro presidente pudesse parar de pagar o empréstimo e o banco teria que escolher entre duas opções igualmente desagradáveis: ir atrás dos ativos pessoais do presidente ou não aplicar os termos do empréstimo e, em efeito, dar um presente muito lucrativo para o presidente norte-americano. A última coisa que o banco precisava eram piadas de seus funcionários atraindo uma atenção indesejada para o relacionamento entre o Deutsche e Trump.

Apesar de toda a agitação nas suítes executivas, o clima nos pregões dos bancos de Wall Street era alegre. Poucos funcionários estavam tão preocupados assim com o dano que o relacionamento com Trump poderia causar no Deutsche. Afinal, nem todos esses negociadores, vendedores e banqueiros de investimentos imaginavam que ficariam com seus empregos pelo resto da vida. Em vez disso, eles insistiam nas coisas positivas: a virada republicana em 2016 provavelmente traria uma nova era de cortes tributários e desregulamentação. Isso eram ótimas notícias para os norte-americanos ricos, que se beneficiariam diretamente dos menores impostos e um pouco menos diretamente de uma corrida nos mercados de ações ocasionada pela libertação de indústrias fortemente reguladas. Enquanto, no dia 9 de novembro, alguns banqueiros do Deutsche estavam chorosos, outros se amontoavam em cozinhas comunitárias e em elevadores, sorrindo e trocando parabéns silenciosos por sua boa sorte. O clima deles só melhorou nas próximas semanas, conforme Trump escolhia diversos membros de Wall Street para cargos importantes em sua administração: Wilbur Ross, Steven Mnuchin, Gary Cohn, Dina Powell — e a lista não para por aí.

Na terça-feira, dia 20 de janeiro, Trump chegou no Capitólio para ser empossado como 45º presidente. Era um dia ameno e triste em Washington, e as hordas de adoradores de Trump demoraram até aparecer no National Mall. No andar térreo, de frente para o palco coberto de bandeirolas de lã, havia uma área reservada para algumas centenas de VIPs. Era aqui onde muitos dos amigos, colegas de negócios e ex-colegas de Trump, bem como uma quantidade considerável de funcionários estrangeiros, puderam testemunhar o espetáculo improvável no qual ele se tornaria o homem mais poderoso do mundo.

Após o juramento, Trump foi até o púlpito para o seu impetuoso discurso inaugural. Ele acenou para uma multidão aplaudindo diante dele. À sua esquerda, na seção VIP, estava uma mulher esguia, de cabelos grisalhos, com um lenço de estrelas e listras e uma jaqueta parka branca. Conforme Trump discursava, começou a chover e a mulher precisou colocar o capuz de pele sintética. Sessenta anos atrás, Hermann Abs — o criminoso de guerra que liderou o banco na era do pós-guerra — compareceu ao segundo discurso inaugural de Eisenhower como convidado do presidente. Agora, outro executivo do Deutsche recebia uma honra semelhante: Rosemary Vrablic.[4]

Val Broeksmit estava em Praga e as coisas não estavam indo bem. Julie o abandonou e ele adquiriu um hábito de usar Oxycontin, esmagando remédios de 80mg e cheirando o pó diversas vezes por dia. Ele compartilhou os documentos de Goracci sobre o Monte dei Paschi com jornalistas, levando a uma pequena enxurrada de perguntas sobre os esquemas do banco da Toscana com o Deutsche. Em dado momento, Val foi até o site do Departamento de Justiça dos Estados Unidos e preencheu um formulário: "Escrevo na esperança de falar com alguém no DDJ sobre a evidência mostrando uma grande fraude entre dois dos maiores bancos do mundo que tenho em mãos." Um mês depois, ele recebeu uma resposta genérica do Departamento de Justiça. Ninguém entrou em contato.

Certo dia, em setembro de 2016, Val parou em uma loja Vodafone para comprar um novo cartão SIM. Ele retornou ao seu conversível, acendeu um cigarro e estava se preparando para sair quando um homem corpulento abriu a porta. O homem, com uma espessa barba escura e jeans apertados gesticulou com raiva para que Val saísse do carro. Eles começaram a chutar um ao outro. "Me deixa em paz, imbecil!" gritou Val. "Seu merda!" Tudo o que ele conseguia pensar é que alguém fora enviado para assassiná-lo e assim impedir a disseminação de informações sobre o Deutsche ou o Paschi. Não demorou até a chegada da polícia e descobriram que, na verdade, o homem corpulento tratava-se de um contratado italiano para reintegração de posse, e não um assassino. Avis o enviou para pegar o carro porque Val devia à empresa alguns milhares de dólares. A polícia liberou os dois e o italiano saiu com o conversível. Val não sabia como sua vida podia piorar.

No dia 8 de novembro, ele ficou acordado a noite inteira para assistir ao resultado das eleições. Conforme o sol nascia sobre Praga, os canais de TV anunciavam Trump como o vencedor. *O mundo enlouqueceu,* pensou Val em silêncio. Não demorou até que ele começasse a receber ligações de repórteres com os quais ele havia falado ao longo dos dois últimos anos. Teriam os arquivos de seu pai, acessíveis ao entrar na conta Gmail e Yahoo de Bill, alguma coisa sobre o relacionamento de Trump com o Deutsche? As pesquisas rápidas de Val não indicavam nada.

O inverno caiu sobre a capital tcheca. A neve se acumulava nos telhados vermelhos da velha cidade. Alla mais uma vez cancelou o seu cartão de crédito e os fundos de Val estavam quase zerados. Ele foi até o sul, para Atenas e, em seguida, Roma. Certo dia, Catherine Belton, que se identificou como repórter do *Financial Times*, enviou um e-mail para Val. Ela disse que ouviu falar dele a partir de um colega de trabalho e expressou interesse em escrever sobre ele e seu pai — certamente não foi a primeira repórter a fazer essa proposta. Val mordeu a isca e Belton viajou para Roma na véspera de Ano Novo. Eles passaram a gélida noite vagando pela cidade. Val contou sua história, enquanto Belton interrompia para comentar sobre essa ruína ou sobre aquela igreja histórica. Val periodicamente pedia licença e ia até o banheiro para cheirar oxicodona. Ele e Belton chegaram no Coliseu pouco antes da meia-noite. Fogos de artifício explodiram, iluminando a antiga arena com luzes amarelas, vermelhas e verdes.

No dia seguinte, Val ofereceu a Belton um vislumbre nos arquivos de seu pai. Ela foi embora de Roma, prometendo entrar em contato.

Val logo partiu para Lisboa — uma cidade mais barata que Roma. Suas reservas de dinheiro e oxicodona estavam quase esgotadas. Ele ligou para Belton. "Estou com um problema", disse ele. "Eu não sei o que fazer." Ele precisava de dinheiro. O único recurso que ele tinha eram as coisas de seu pai sobre o Deutsche Bank. Existiria alguma forma de monetizar isso? Belton disse para Val que ela tinha ideia de alguém que poderia pagar. Naquela tarde, ela enviou um texto: "Está tudo certo." Val deu a ela os detalhes de sua conta bancária e sua conta PayPal e, sem demora, ele recebeu US$1 mil. Belton descreveu isso como um adiantamento, "só para começar".* O dinheiro era de alguém chamado Glenn Simpson, o qual Belton descreveu como um "cara realmente legal" e que estava fazendo oposição a Trump e ao Deutsche Bank.

"Uau, isso é incrível", respondeu Val.

Duas horas depois, um pouco antes das 8h horas da noite em uma tranquila noite portuguesa, o celular de Val tocou. Era dia 26 de janeiro de 2017, o terceiro aniversário da morte de seu pai.

---

* Belton afirma que ela "não fez parte de nenhum acordo financeiro que Val pode ter realizado com quem quer que seja".

CAPÍTULO 34

ESPIONAGEM

Durante duas décadas, Glenn Simpson atuou como um repórter bem-conceituado, em grande maioria no *Wall Street Journal*, conseguindo histórias explosivas sobre corrupção política.[1] Ele era tão renomado nos círculos de jornalismo de Washington que uma equipe de filmagem da C-Span certa vez o seguiu enquanto ele vasculhava documentos em uma sala federal de registros públicos. Além de suas reportagens, Simpson era conhecido no departamento de Washington do *Wall Street Journal* por arrotar, coçar a barriga nua na frente de seus colegas e deixar a mesa cheia de sanduíches parcialmente comidos. Ele era alto, tinha olhos escuros e uma marca no seu pescoço, relíquia de um antigo acidente de carro. Ele estava constantemente franzindo as sobrancelhas.

Em 2009, Simpson e um colega decidiram abandonar o jornalismo e fundar uma empresa de pesquisa, Fusion GPS, que atenderia fundos de hedge, corporações e empresas de advocacia que estivessem buscando desenterrar segredos desagradáveis sobre seus rivais. Usando as habilidades de reportagem de Simpson, Fusion construiu uma longa rede de clientes.

Quando a campanha presidencial de 2016 começou, um site conservador financiado pelo magnata dos fundos de hedge, Paul Singer, contratou a Fusion. A tarefa da empresa era a seguinte: investigar Donald Trump. Quando Trump recebeu a nomeação republicana, democratas contrataram a Fusion para buscar conexões entre ele e a Rússia. Simpson entrou em contato com Christopher Steele, um espião britânico aposentado que, em nome da Fusion, começou a compilar materiais sobre os flertes de Trump com a Rússia ao longo dos anos. Ele escreveu uma série de notas destacando o que havia descoberto — incluindo que a Rússia tinha materiais prejudiciais sobre Trump e que funcionários da campanha de Trump entraram em contato com o Kremlin — e o resultado foi o que viria a ser conhecido como Dossiê Steele. No dia 10 de janeiro de 2017, o BuzzFeed divulgou o documento para o público.

Trump os atacou verbalmente. A Fox News e outros canais conservadores também fizeram parte do coro. O resto da mídia fervilhou. Simpson foi empurrado das sombras até um grande holofote internacional.

Duas semanas depois, ele ligou para Val.

Como inúmeros outros, Val Broeksmit se maravilhou com as sensacionais fofocas do dossiê. Agora Simpson estava ao telefone, tentando convencer o maravilhado Val a divulgar qualquer coisa que ele tivesse sobre o presidente e seu relacionamento com o Deutsche. Sem entrar em detalhes, Val disse que tinha muitas informações sobre todo o tipo de coisa dentro do banco. Simpson concordou em pagar US$10 mil — metade adiantada e metade após receber os materiais. A conversa durou apenas alguns minutos. Ansioso com o fato de que ele poderia estar sendo espionado, Simpson não queria falar durante muito tempo em uma linha insegura. Eles foram até um programa de bate-papo criptografado chamado Signal, onde Simpson disse que eles deveriam se encontrar pessoalmente. "Vamos trazê-lo até aqui o mais rápido possível", disse ele em uma mensagem.

Eles decidiram se encontrar dois dias depois em São Tomás, nas Ilhas Virgens Americanas. Simpson enviou para Val o número de um cartão de crédito American Express para comprar passagens de avião e pediu para que ele começasse a buscar alguns assuntos específicos. "Qualquer coisa relacionada com a

Rússia", pediu Simpson. Ele adicionou, também, que gostaria de e-mails ou documentos relacionados ao Renaissance Technologies — o grande fundo de hedge com que o Deutsche havia trabalhado para ajudar a economizar bilhões de dólares em impostos. Simpson estava especialmente curioso sobre materiais relacionados ao enigmático líder da Renaissance, Robert Mercer, que, junto de sua filha, Rebekah, havia se tornado um dos principais financiadores de Trump, Steve Bannon e Breitbart News. "Fique em segurança e eu vejo você amanhã", despediu-se Simpson.

O clima em São Tomás estava agradável e os dois alternavam entre folhear os arquivos de Bill em uma suíte de hotel e sentar a uma mesa de piquenique na praia, bebendo cerveja e fumando cigarros. Simpson era levemente maníaco, conversando constantemente sobre Trump, as dificuldades financeiras da Fusion e a alta probabilidade de que, naquele exato momento, eles estivessem sob vigilância do governo. Ele disse para Val que esperava que qualquer informação prejudicial sobre Mercer, Trump ou o Deutsche fosse valiosa para clientes atuais ou futuros da Fusion. Mas, para o desânimo dos dois, eles não encontraram nenhuma bomba nas contas de e-mail de Bill. Havia algumas menções de Trump. O nome Mercer raramente surgia. Havia muita coisa sobre a Renaissance, mas essas informações já tinham sido desenterradas pela investigação de Bob Roach no Senado.

Simpson, entretanto, não estava pronto para desistir. Ele convidou Val para voltar com ele até Washington. Chegando lá, Val conseguiu um quarto de visitas na casa branca em estilo colonial de Simpson. Certa manhã, Val estava na varanda da frente, fumando um Marlboro. Simpson decidiu acompanhá-lo e percebeu uma pequena fenda no canto de uma de suas janelas. "Você mexeu na minha janela?" perguntou Simpson. "Você saiu de casa ontem à noite?" Val negou, mas Simpson olhou para ele de maneira suspeita. "Vamos ver o que o vídeo nos mostra", disse ele. Ele levou Val até seu escritório, ligou o monitor de um computador e colocou o vídeo de uma câmera infravermelha na frente de sua casa. A filmagem granulada mostrou o filho de Simpson tentando erguer a janela. Simpson não se desculpou, mas parecia ter se tranquilizado. Val provavelmente não era um espião.

Os dois homens passaram os próximos dias juntos. Eles conversaram sobre Trump, Christopher Steele e seus pais. Val confidenciou para Simpson sua infância difícil, seu pai desaparecido e o vazio que Bill havia preenchido e, em seguida, deixado aberto. E eles analisaram mais alguns arquivos de Bill, arquivos que a essa altura Simpson já havia copiado para seu próprio computador.

Simpson também contratou um auditor aposentado do Deutsche para analisar os materiais. O auditor havia abandonado a instituição há alguns anos, furioso com muitas das transgressões éticas que incomodavam Broeksmit, inclusive sobre os derivativos que ajudaram a acabar com o Monte dei Paschi. Ele botava a culpa de grande parte dos problemas do banco no estilo de administração imprudente do exército de Anshu. Ele, ao longo dos anos, falou sobre esse assunto com jornalistas, denunciantes, advogados e reguladores na Comissão de Títulos e Câmbios dos Estados Unidos e na Reserva Federal de Nova York e foi aparentemente por isso que ele surgiu no radar de Simpson. Agora ele fora contratado pela Fusion.

O auditor trabalhou com Broeksmit algumas vezes no passado, inclusive quando ele tentava controlar Troy Dixon, e agora achava um pouco assustador como ele estava olhando os e-mails de um homem morto. O seu desejo de punir o Deutsche o ajudou a superar seu incômodo, e ele acabou encontrando algo interessante. Anexo a uma das correntes de e-mail que Broeksmit recebia antes de uma reunião do conselho da DBTCA havia uma planilha do Excel. Para um olho destreinado, essa planilha não tinha significado algum além de milhares de fileiras de números sob títulos indecifráveis. Os olhos do auditor, porém, eram bem treinados. O documento era uma imagem, do dia 8 de outubro de 2013, das exposições pendentes da DBTCA com centenas de instituições financeiras — quanto o Deutsche devia a elas e quanto elas deviam ao Deutsche. Não era nenhum segredo que o banco fazia amplos negócios com as maiores instituições financeiras mundiais — e isso era parte da razão pela qual o FMI, em 2016, nomeou a empresa como o banco mais sistematicamente perigoso do mundo —, mas o que chamou a atenção do auditor conforme ele olhava a planilha era a quantidade de negócios, em sua maioria por meio de derivativos, que o Deutsche estava fazendo com bancos russos. Havia dezenas de milhões de dólares pendentes com o VTB. A Alfa-Bank — outra grande prestamista russa oligárquica — também estava na lista do banco (tanto o VTB quanto a Alfa estavam sob sanções norte-americanas). A planilha exibia uma rede de empresas mais obscuras, como Russian International Bank, Russian Joint-Stock Commercial Roads Bank, Russian Mortgage Bank e Russian Commercial Bank (Cyprus) Limited, apenas para citar algumas — que também estavam fazendo negócios de dezenas de milhões de dólares com o Deutsche. E isso era apenas em um dia em particular no outono de 2013 e apenas na unidade DBTCA do Deutsche Bank. Era impossível dizer quantos outros negócios aconteciam em outros dias e em outras partes da instituição.

A planilha por si só não provava nada nefasto — não havia informações suficientes para isso. Ela, porém, era uma prova tentadora de quão profundamente envolvido o Deutsche estava com a Rússia e quão pouco — apesar de tudo que já se tornara público, graças aos repetidos problemas do Deutsche com as leis e agências reguladores ocidentais — todos sabiam sobre as atividades internas do banco.

Essas respostas permaneciam escondidas dentro do Deutsche. A não ser por roubo ou por um golpe de sorte com um funcionário nada satisfeito, a única forma de abrir esses cofres eletrônicos seria por meio da intimação de um órgão governamental. Simpson e a Fusion não possuíam tal autoridade, mas Simpson conhecia algumas pessoas poderosas — e era hora de apresentá-las para Val.

Depois de quase 20 anos trabalhando para o comitê investigativo do Senado, Bob Roach mudou para o Comitê Bancário do Senado, onde se tornou o investigador chefe dos democratas do painel. No outono de 2016, conforme surgiam alegações sobre as tentativas do Kremlin de manipular a eleição a favor de Trump e de Trump supostamente estar nas garras de Putin, uma coisa surgiu na mente de Roach: seu antigo rival, o Deutsche Bank. Não havia dúvidas de que o banco fazia muitos negócios com a Rússia e que esses negócios incluíam agir como uma ligação para que dinheiro sujo saísse do país e entrasse no sistema financeiro ocidental. O Deutsche, é claro, era a única fonte confiável que Trump, sua família e sua empresa tinham com o mundo bancário convencional. Eric Trump já afirmara que os russos financiavam os projetos de golfe da sua família — ainda que o Deutsche tenha feito os empréstimos do Doral.

Talvez isso não seja apenas uma coincidência. Talvez o Deutsche seja responsável por conectar Trump com a Rússia. O rumor que circulava em Washington, Nova York e Londres era que o VTB, em um passado recente, já tinha transferido dinheiro sujo para Trump por meio do Deutsche. O VTB certamente parecia conectado com Trump. Felix Sater, que já chegou a alugar uma cobertura com suíte no prédio 40 Wall Street, de Trump, afirmou que o VTB facilitava viagens e outras negociações para a equipe do futuro presidente quando eles discutiram sobre uma possível Trump Tower em Moscou.* Além disso, também não havia dúvidas de que o VTB possuía laços profundos e de longa data com o Deutsche. A teoria agora era que um dos motivos pelo qual o banco estava disposto a assumir tantos riscos em empréstimos para o Trump era que ele, na verdade, não estava assumindo risco algum: o VTB concordava em garantir os empréstimos; se Trump não os pagasse, o Deutsche poderia receber o valor devido com o banco russo. Isso significa, em essência, que o VTB era o banco realizando empréstimos para Trump — uma conexão financeira direta entre o governo russo e o presidente norte-americano. Os executivos do Deutsche insistiram que isso não era verdade, mas não conseguiram impedir a propagação do rumor.

Simpson e Roach se conheciam há quase duas décadas, desde que Simpson, na época ainda no *Wall Street Journal*, estava investigando empresas fantasmas offshore ao mesmo tempo que Roach investigava evasões fiscais. Os dois estavam acabados, incansáveis e acostumados a serem subestimados e agora viviam a uma pequena caminhada de distância um do outro, o que fez com que passassem a conversar regularmente. Em fevereiro de 2017, Simpson sugeriu que Roach se encontrasse com Val e examinasse os arquivos de seu pai. Roach ficou feliz em fazê-lo; não era sempre que alguém oferecia um olhar sem filtros nos documentos internos de uma empresa como o Deutsche.

---

* Um porta-voz do VTB nega essa afirmação.

Certa tarde, Val — agora em uma suíte que Simpson alugara para ele em um hotel próximo da Casa Branca — apareceu para visitar Roach no Dirksen Senate Office Building, na Colina do Capitólio. Roach ainda possuía o corpo retangular e a mandíbula afiada de um lutador; agora, porém, com um celular dobrável e muitas piadas de velho com qualidade questionável no seu repertório. Ele levou Val até seu apertado escritório, em meio a pilhas imensas de pastas, livros e papeladas. Roach preparou algumas cópias impressas para Val: artigos e outros materiais sobre os anos de trabalho do Deutsche com oligarquias russas e outros amigos de Putin. Eles incluíram recortes de alguns dias atrás, quando o Deutsche foi penalizado por reguladores em Londres e Nova York pelo esquema das mirror trades russas. Após concordar pagar US$629 milhões para encerrar o caso, o banco apontou Tim Wiswell, demitido em 2015, como o "chefe do esquema".[2]

Roach disse a Val que estava buscando uma conexão de Trump com a Rússia por meio do Deutsche. Eles passaram várias horas em uma mesa pequena, amontoados diante do notebook de Val. Para Roach, Val parecia alguém com uma inteligência irremediavelmente escassa, como algum tipo de hippie acabado, mas o investigador era experiente em lidar com testemunhas difíceis. Pessoas assim geralmente não percebem o valor das coisas que possuem e o segredo era não ficar muito desanimado ou impaciente com suas idiossincrasias.

Naquela noite, após um breve passeio pelo Senado, Val concordou em deixar uma amostra digital de alguns arquivos de seu pai com Roach. A curiosidade de Roach foi aguçada após dar uma olhada nos documentos. Ele sabia que o próximo passo natural seria o comitê bancário intimar o Deutsche e exigir todos os registros relacionados a Trump. Mas nenhum dos republicanos que controlavam o comitê aceitariam uma intimação que poderia prejudicar o ocupante do partido da Casa Branca (os democratas, sendo uma minoria, não tinham a autoridade para emitir intimações sozinhos). Também não havia apetite por investigações que poderiam durar meses ou anos e que poderiam levar a lugares imprevisíveis. Roach abordou a questão de tentar publicar uma intimação ao Deutsche, e seus chefes democratas o ignoraram.

Uma semana depois, Val alugou um Nissan Pathfinder vermelho e dirigiu até a Filadélfia, onde ele procurou alguns gramas de heroína. Sua próxima parada foi na cidade de Nova York. Simpson pediu para que Val se encontrasse com um homem chamado John Moscow, um advogado do escritório de advocacia BakerHostetler. Moscow era uma pequena lenda nos círculos legais de Nova York. Ele passou 32 anos atuando como procurador no escritório de advocacia de Manhattan, renomado por suas vitórias sobre casos de fraude e lavagem de dinheiro entre grandes corporações. Ele passou a atuar em um escritório privado em 2005, seu Rolodex repleto de contatos no governo, em bancos centrais, em grandes escritórios de advocacia — e com muitos contatos de jornalistas, incluindo Simpson (mais recentemente, Moscow contratou a Fusion para ajudar um cliente da BakerHostetler — uma empresa russa chamada Prevezon — que foi acusada de participar do roubo de centenas de milhões de dólares de um fundo de hedge de um investidor norte-americano, Bill Browder. O trabalho da Fusion era desenterrar informações desagradáveis sobre Browder. Simpson produziu um dossiê de 600 páginas e o relacionamento entre Simpson e Moscow se encerrou).[3]

Val pegou um elevador até a sede do BakerHostetler em um arranha-céu do Rockefeller Center. Moscow ocupava um escritório na quina do prédio. Uma das paredes possuía fotos emolduradas dele com diversos importantes membros do governo ao longo de décadas. Através das janelas que iam do teto ao chão, Val admirava a vista do centro da cidade de Manhattan, as torres com escritórios brilhando no céu escuro. Com os cabelos desgrenhados e vestindo uma camiseta e um casaco com capuz, Val não era um visitante convencional nesses escritórios. Ele havia cheirado um pouco de cocaína antes de chegar e sentia-se bem — focado, confiante, livre. Ele prosseguiu com seu discurso já bem praticado, explicando quem era seu pai, todas as histórias que Val vazara para a mídia, o que ainda poderia existir nos arquivos do seu pai, entre outros tópicos importantes. Moscow pediu para dar uma olhada e Val abriu seu notebook, realizando uma pequena apresentação multimídia.

Moscow não sabia o que fazer com esse visitante nada usual. O rapaz parecia maníaco — falando em rajadas rápidas — e Moscow se perguntou se ele estava sob efeito de drogas. Val decorou seu discurso com jargões financeiros, mas ele claramente não sabia como Wall Street funcionava. Ainda assim, ele tinha uma coleção de documentos que parecia ser autêntica e poderia ser extremamente valiosa. Moscow perguntou se poderia ter uma cópia dos arquivos. No começo, Val hesitou — começava a temer que, ao não proteger suas posses, elas estivessem perdendo seu valor —, mas concordou em compartilhar os materiais. Um assessor do BakerHostetler entrou na sala e copiou os arquivos para um pen drive.

Quando trabalhou no escritório de Manhattan, Moscow conheceu um contador forense chamado Sean O'Malley. Os dois homens mantiveram contato ao longo dos anos. Agora O'Malley liderava uma equipe de agentes contra lavagem de dinheiro na Reserva Federal de Nova York. Moscow disse para O'Malley que tinha algo interessante para compartilhar e lhe entregou um pen drive contendo todo o material de Val. Agora o círculo estava completo. Muitos dos arquivos eram relacionados à corrida dentro do Deutsche e da DBTCA para pacificar a insatisfeita Fed de Nova York quanto aos testes de estresse, as investigações das mirror trades, e dos relatórios financeiros e de contabilidade do banco — em alguns casos mascarando os problemas. Agora, os materiais estavam nas mãos do mesmo regulador que o banco havia irritado.

O'Malley deve ter ficado animado. A Fed estava sofrendo para colocar as mãos nos documentos internos do Deutsche. A BaFin, a agência reguladora alemã, estava se afastando gradualmente da sua prática de proteger sua área das autoridades estrangeiras. Embora fosse possível aos reguladores norte-americanos intimar documentos do Deutsche, não era tão fácil quanto parece. Isso tornou o trabalho de Val especialmente útil.

Alguns meses depois, em uma tarde de terça-feira no final de maio, os anos de frustração da Fed com o Deutsche culminaram em um acordo legal de 18 páginas com o banco, conhecido como cease and desist order [ordem de cessar e desistir, em tradução livre]. Assim como a ordem que a Fed impôs à DBTCA 12 anos antes com relação ao esquema letão de lavagem de dinheiro, essa ordem exigia que o banco tomasse ações imediatas para impedir que seus clientes usassem o Deutsche para praticar crimes financeiros. Diferente da ordem de 2005, essa veio com uma penalidade de US$41 milhões anexada — uma pequena, mas simbólica, escalada na severidade do golpe da Fed. O banco central explicou que a sua última análise da DBTCA "identificou deficiências significativas" na sua administração de risco e de compliance com relação às medidas contra lavagem de dinheiro. Graças à falta de pessoal e à tecnologia antiquada — os problemas que Bill mencionara repetidamente por e-mail para seus colegas —, bilhões de dólares em transações suspeitas foram lavados por meio da DBTCA entre 2011 e 2015. A ordem da Fed era pública, mas em segredo ela impôs uma punição ainda mais draconiana: ela rebaixou a situação financeira do banco para "problemática"[4] — uma classificação que refletia suas dificuldades administrativas e financeiras, além de colocar a instituição em anos de intenso escrutínio regulatório e limitações operatórias. Depois de muitos anos de descontrole, finalmente colocaram uma coleira na DBTCA.

De volta em Washington, Simpson perdeu sua paciência com Val. Sua irresponsabilidade, seu incômodo interminável de querer fazer parte da investigação da Fusion e os gastos no Amex de Simpson foram longe demais. "Está agindo como um vagabundo", declarou Simpson.**

Val também estava cansado de Simpson, que pagou apenas metade dos US$10 mil que ele havia prometido. "Não fale como se fosse meu pai", Val respondeu.

"Bem", explodiu Simpson, escolhendo palavras capazes de atuar como uma bomba emocional. "Você precisa de alguém que se comporte como se fosse seu pai."

** O advogado de Simpson afirma que essa citação é imprecisa. Val afirma que Simpson autorizou de antemão todas as compras com seu cartão de crédito.

CAPÍTULO 35

UMA NOTA DO PRESIDENTE

O hotel recém-inaugurado por Donald Trump, a alguns quarteirões da Avenida Pensilvânia e da Casa Branca, estava prosperando. O presidente aparecia regularmente por lá para um jantar com carnes ou para alguma arrecadação de fundos política. Uma certa quantidade de funcionários administrativos — incluindo Steven Mnuchin, agora secretário do Tesouro — passaram a residir em suítes que custavam a partir de US$1 mil por noite. Grupos de interesse que tentavam influenciar a política federal realizavam eventos no grandioso salão do hotel. Dignitários estrangeiros e suas comitivas, esperando marcar pontos com a Casa Branca, reservavam quadras de quartos. O Benjamin Bar and Lounge, no hotel — local onde os hóspedes podiam beber cervejas de US$10 em um esplendor digno do Salão Oval — se tornou o ponto de encontro preferido da turma de Trump.[1]

O dinheiro do Deutsche Bank construiu o Trump International Hotel. E, pouco depois de um mês de presidência, Trump estava gastando uma quantidade surpreendente de tempo pensando sobre seu duradouro relacionamento com o leal banco alemão.

Mike Offit estava no Yale Club, em Manhattan, para um almoço realizado pela Business Executives for National Security, uma organização da qual ele era membro. Offit e alguns outros conversavam com um general sobre o arsenal de armas nucleares dos Estados Unidos. O seu iPhone tocou e Offit sabia que deveria ignorar, mas não resistiu, retirando-o do bolso. Ele tinha um novo e-mail de alguma coisa chamada EOP. Offit abriu o e-mail e viu que a sigla significava Executive Office of the President [Gabinete Executivo do Presidente, em tradução livre]. *Que estranho*, pensou ele. A mensagem pedia que ele abrisse o arquivo PDF em anexo. Offit tocou no ícone e um documento surgiu na tela. Era uma cópia escaneada do e-mail que ele enviou para Trump quatro meses atrás, alertando o candidato presidencial para culpar os fundos de hedge pela falência de suas empresas. Com uma caneta Sharpie preta, uma mensagem foi escrita diagonalmente em cima da cópia. Offit imediatamente reconheceu a caligrafia: "Mike — ótima carta. Felicidades, Donald".

Offit conhecia Trump há décadas, mas era a primeira vez que ele se comunicava com um presidente dos Estados Unidos. Ele teve arrepios. O homem mais poderoso do mundo enviou uma resposta por escrito para o seu e-mail mal escrito. O que fez com que ele, meses depois, lesse e respondesse o e-mail? Isso lembrou Offit da observação que ele recebeu quase duas décadas atrás: "Obrigado por toda sua ajuda — você é um grande amigo." Trump escreveu isso com a renderização da planejada Trump World Tower. A diferença é que, naquela vez, ele tinha um propósito claro: recompensar Offit por conseguir o empréstimo e encorajá-lo a fazer isso mais vezes.

"Olha só isso!" exclamou Offit para o general. "Acabei de receber uma mensagem do presidente!"

"O que quer dizer com recebeu uma mensagem do presidente?"

Offit entregou o celular para que ele pudesse ver. Os olhos do general se arregalaram. "Uau", disse ele. "Essa resposta é mais do que nós conseguimos dele." O general perguntou qual era o relacionamento de Offit com o presidente. "Eu lhe emprestei meio bilhão de dólares", afirmou Offit.

UMA NOTA DO PRESIDENTE

Isso foi no dia 21 de fevereiro de 2017. Uma semana depois, em uma noite quente e chuvosa em Washington, a comitiva presidencial parou no Capitólio para o primeiro discurso de Trump em uma sessão conjunta do Congresso. Em contraste com seu intrigante discurso inaugural de "carnificina americana" há um mês, esse discurso foi calmo e de tom conciliatório. Trump seguiu, mais ou menos, o texto do teleprompter e soou, mais ou menos, como um republicano normal (naquela noite, de volta à Casa Branca, assessores aliviados o ovacionaram de pé[2]). Depois de descer do púlpito, Trump cumprimentou os dignitários que estavam entre o público. Na primeira fileira estavam os juízes da Suprema Corte. Trump seguiu a fileira até chegar em Anthony Kennedy. Quando apertou a mão do juiz, Kennedy o parabenizou pelo discurso bem-sucedido. "Muito bom, obrigado", respondeu Trump. "Dê um oi para seu garoto", adicionou ele, dando um tapinha no braço do juiz. "Ele é um cara especial."

O juiz, com seus 80 anos, gostou de ouvir o presidente elogiando seu filho e se recordando da ajuda oferecida por Justin Kennedy anos atrás para financiar projetos de Trump que nenhum outro banco teria tocado e que, até mesmo dentro do Deutsche, foram bastante controversos. Essa ajuda continuou mesmo quando Kennedy saiu do banco; ele tinha sua própria empresa imobiliária e de finanças e já trabalhara com outros membros da família Trump, incluindo Kushner (em 2011, Kennedy ajudou a reestruturar a grande quantidade de dívidas que a Kushner Companies possuía em seu principal arranha-céu na Quinta Avenida, 666, em Manhattan.[3] Nesse mesmo ano, Kennedy apareceu em uma lista das cem pessoas mais poderosas do círculo imobiliário de Nova York — uma classificação publicada pelo *New York Observer*, de Kushner). Além disso, ele também socializava regularmente com Don Jr. e Ivanka Trump.

"Seus filhos têm sido muito legais com ele", disse o Juiz Kennedy para o presidente.

"Bem, eles o amam e amam ele em Nova York", respondeu Trump. "Ele é um bom rapaz." O presidente se virou para o chefe de justiça, John Roberts. "Você tem um bom rapaz aí", disse ele, gesticulando para Kennedy.

Justin Kennedy estava em casa, assistindo ao discurso de Trump na TV. Esse financista veterano, tão acostumado a se misturar com os ricos e famosos, viu Trump apertar a mão do seu pai e a troca de gentilezas. Ele não pôde deixar de se impressionar. Mais tarde, ele ligou para seu pai. "O que ele disse?" perguntou Justin.

"Ele mandou um oi!" exclamou o pai, orgulhoso.

A bajulação de Trump fazia parte de uma ofensiva coordenada da Casa Branca com o objetivo de persuadir os velhos juízes — por anos, o voto decisivo do tribunal — de que era seguro se aposentar, mesmo com um homem imprevisível no Salão Oval. Aproveitar-se da conexão com a família pelo Deutsche Bank — cujos escritórios o Kennedy pai visitou repetidamente ao longo dos anos — era uma parte central dessa estratégia. Para uma Casa Branca claramente disfuncional, esse foi um raro caso de esquema inteligente. A campanha começara algumas semanas atrás, em um almoço inaugural no Capitólio, quando Ivanka estava sentada ao lado do Juiz Kennedy. Ela falou sobre seu bom relacionamento com Justin e descreveu quando eles se conheceram em 2005, quando o Deutsche fez o grande empréstimo para financiar o arranha-céu de Chicago sob responsabilidade de Ivanka e como esse relacionamento só melhorou com o passar dos anos. Em seguida, o Juiz Kennedy a convidou para ir até a Suprema Corte como convidada VIP. Algumas semanas depois (dois dias após a Casa Branca responder o e-mail de Offit), Ivanka apareceu na Suprema Corte com sua filha de 5 anos para ouvir um caso sobre acordos de arbitragem.[4] No mês seguinte, Justin Kennedy e seu irmão foram convidados na celebração do Dia de São Patrício da Casa Branca.[5]

Em junho de 2018, Anthony Kennedy anunciou sua aposentadoria. Agora Trump tinha a oportunidade de nomear seu segundo juiz da Suprema Corte[*] e alterar fundamentalmente a composição da alta corte. A perspectiva de alterar o equilíbrio em uma decisiva direção conservadora garantia o sucesso da administração de Trump. Em uma quarta-feira de outubro de 2018, quando Brett Kavanaugh foi empossado, Kennedy estava lá para testemunhar a ocasião.

---

[*] No ano anterior, ele havia nomeado Neil Gorsuch para ocupar o assento de Antonin Scalia.

Nas décadas passadas, o Deutsche Bank ajudou a estabilizar os hesitantes negócios de Trump. Agora — de maneira indireta, por meio de antigos relacionamentos e empréstimos — o banco ajudava a estabilizar sua hesitante presidência.

Após abandonar, envergonhado, a Zurich Insurance e ser culpado pelo suicídio de seu colega, todos esperavam que Joe Ackermann se aposentasse e caísse no esquecimento. Porém, em 2014, ele recebeu uma ligação sobre uma oportunidade de emprego no Chipre. Os bancos da ilha mediterrânea foram dizimados por seus empréstimos imprudentes, bem como pela crise econômica do país. Alguns financistas proeminentes agora procuravam barganhar algumas aquisições. O maior emprestador do país, o Banco do Chipre, logo ganhou novos donos. Wilbur Rosse, investidor norte-americano e futuro secretário do Comércio de Trump, e Viktor Vekselberg, um oligarca russo com laços no Kremlin.[6] Ross e Vekselberg montaram uma pequena lista de candidatos para administrar o lugar e Ackermann acabou sendo a escolha como presidente. Ackermann — russófilo a ponto de considerar a oferta de Putin para administrar o fundo de investimentos do Kremlin — ficou impressionado pelas credenciais de Vekselberg e se convenceu de que o russo era um homem bom e honesto (os Estados Unidos impuseram sanções em Vekselberg e sua empresa em 2018). Ackermann aceitou o cargo.

Mesmo depois do colapso de sua economia e do sistema financeiro, o Chipre ainda servia como um portal para russos que desejavam lavar dinheiro e injetá-lo na União Europeia e na Zona do Euro. Isso fez com que muitos bancos grandes hesitassem em continuar os negócios por lá. O Deutsche não era um deles. O banco continuou a ajudar o Banco do Chipre, agora com Ackermann na liderança, a converter moedas estrangeiras em dólares e euros — uma engrenagem fundamental em qualquer esquema internacional de lavagem de dinheiro. O relacionamento com o Banco do Chipre durou até, pelo menos, 2015 — e o trabalho do Deutsche com cipriotas em geral durou muito mais. Já durante a presidência de Trump, funcionários dos escritórios do Deutsche de combate à lavagem de dinheiro na Flórida registravam várias transações suspeitas que o banco realizava para uma série de prestamistas do Chipre. Ackermann há muito não estava no Deutsche, mas este era mais um sinal de seu persistente legado.

O Deutsche estava começando a parecer um morto-vivo. O banco estava perdendo dinheiro havia anos. Dezenas de bilhões de derivativos — provavelmente representando bilhões de dólares em perdas recentes — continuavam a poluir o balanço patrimonial. As ações do banco estavam no menor nível desde que foram inauguradas na Bolsa de Valores de Nova York, pouco depois do 11 de setembro, e caiu 92% com relação ao ápice de 2007. Investidores, reguladores e mesmo alguns dos executivos seniores do banco tinham sérias dúvidas sobre a viabilidade da instituição.

Alguns meses atrás, dias antes da posse de Trump, o Departamento de Justiça da administração Obama penalizou o Deutsche Bank em US$7 bilhões — uma das maiores penalidades já impostas a um banco — por enganar investidores e clientes por meio de venda fraudulenta de títulos hipotecários. Um desfile de promotores e políticos federais criticaram o banco, seus negociadores e executivos pela ganância e imprudência. A aquisição do MortgageIT, incluindo a maneira destrutiva com a qual sua produção foi acelerada enquanto o mercado de hipotecas despencava foi um elemento importante no caso. O acordo citava uma grande quantidade de e-mails e mensagens de bate-papo internas nas quais os negociadores, supervisores e vendedores do Deutsche admitiam que estavam enganando investidores e iludindo clientes.[7] A maior parte dessa má conduta ocorrera havia uma década e diversos outros bancos tiveram um comportamento similar, mas a enorme penalidade financeira acabou secando ainda mais o poço de capital já seco do Deutsche.

Mais problemas surgiram. No começo de 2017, pouco depois da posse de Trump, jornalistas britânicos e alemães enviaram e-mails para o departamento de relações públicas do banco e informaram que estavam escrevendo artigos sobre um esquema russo de lavagem de dinheiro anteriormente não revelado que envolvia o banco — a operação Lavanderia. Essa foi a primeira vez que os executivos do Deutsche ouviram sobre esse futuro escândalo. Funcionários cansados começaram a investigar e logo descobriram que o Deutsche transferia dinheiro — até mesmo US$80 bilhões — para milhares de "entidades de alto risco" em diversos países. Uma apresentação interna do conselho supervisor concluiu que o esquema poderia expor os executivos seniores da instituição a penalidades governamentais potencialmente severas.

Para os funcionários, as eras de Ackermann e Jain tornaram-se parábolas dos perigos de crescer rápido demais, buscar lucros acima de tudo, não se importar com a integridade dos clientes e não se preocupar em integrar os serviços. O Deutsche ainda possuía um emaranhado de mais de cem diferentes sistemas tecnológicos internos que não interagiam de maneira apropriada — e isso depois de o banco ter cortado o número original em mais da metade. Havia cerca de 50 petabytes — cada petabyte consiste em 1 milhão de gigabytes — de dados incompatíveis inseridos em vários servidores de computador da empresa. "Você não sabe onde estão os problemas, nem por onde começar", confessou um funcionário que recebeu a tarefa de limpar essa bagunça. "Os reguladores nos dizem que 'Vocês têm o esqueleto de uma criança no corpo de um adulto.'"

O humor negro acabou se tornando o pedido do dia. Alguns funcionários observaram que a logo azul com a barra parecia um dominó caindo. Teorias da conspiração sobre o suicídio de Bill começaram a surgir. Uma teoria popular diz que ele queria abordar com honestidade a má conduta de alto nível, mas foi alertado de que seria ele o prejudicado, pagando pessoalmente o preço pelos pecados do banco. Memórias de Edson Mitchell haviam quase desaparecido. "Ele foi esquecido", disse um funcionário de nível médio que ouviu sobre rumores do seu "estilo de vida apressado", mas que tinha certeza de que seu nome era "Edsall".

De volta em Jacksonville, os vigilantes no combate à lavagem de dinheiro do Deutsche estavam chegando no limite. Durante anos eles estavam se irritando sob uma sucessão de executivos regionais que muitos funcionários viam como imperiosos e incompetentes. Diversos funcionários de compliance — treinados em outras instituições financeiras para serem vistos como um importante escudo contra crimes financeiros — demitiram-se frustrados quando viram a configuração do Deutsche, nas quais os funcionários eram incentivados a analisar tudo o mais rápido possível, sem se preocupar com potenciais problemas escondidos (uma funcionária contou que fora instruída a parar de destacar transações envolvendo empresas expostas no maciço vazamento conhecido como Panama Papers. Outro funcionário ouviu que deveria calar a boca ao protestar sobre uma transação na qual o dinheiro tinha sido transferido para um russo proeminente e sancionado). Agora, enquanto o Deutsche alternava entre tentar cortar custos e aprimorar seus programas de compliance, funcionários de longa data assistiam consternados ao banco trazendo centenas de consultores externos — muitos deles jovens e inexperientes, todos mais baratos que funcionários em horário integral — para suplementar a força de trabalho de combate à lavagem de dinheiro. Com o influxo de novatos inexperientes, os gerentes veteranos não podiam ignorar a sensação de que tudo isso foi armado para que fracassassem.

Havia um braço de elite do esquadrão contra lavagem de dinheiro que parecia estar indo bem. O nome era Unidade de Investigações Especiais e consistia, em parte, de antigos funcionários policiais e militares que eram considerados os melhores em suas respectivas áreas de atuação. O trabalho deles era revisar as transações mais complicadas e delicadas. A partir de 2017, essa tarefa incluía qualquer coisa associada ao novo presidente e suas dezenas de entidades legais. Quando algumas dessas contas — incluindo uma da Donald J. Trump Foundation, que logo seria fechada quando promotores de Nova York acusaram a fundação de operar como um fundo político ilegal — começaram a mover dinheiro para dentro dos Estados Unidos, o grupo de investigação deu uma olhada.[8] Os funcionários concluíram que as transações eram suficientemente suspeitas para serem reportadas ao governo. Assim como aconteceu com Tammy McFadden no ano anterior, relatórios de atividade suspeita foram preenchidos e enviados para aprovação — e então rejeitados. Funcionários do Deutsche negavam, mas era difícil evitar a impressão de que os superiores da empresa estavam ajudando seu cliente mais poderoso.

No dia 4 de dezembro de 2017, um jornal alemão relatou que Robert Mueller, o conselheiro especial que investigava a interferência da Rússia nas eleições presidenciais, intimou o Deutsche, exigindo registros relacionados ao relacionamento do banco com Trump.[9] Dentro de algumas horas, diversas organizações de notícias norte-americanas publicaram suas histórias, com fontes anônimas, confirmando que o escritório de Mueller havia publicado as intimações. Naquela manhã, Trump acordou, olhou as manchetes pelo seu celular, viu as notícias sobre a intimação e explodiu.[10] "Eu sei o meu relacionamento com o Deutsche Bank", exclamou Trump para seu advogado, John Dowd, em uma ligação às 7h da manhã. "Estou dizendo, isso é uma besteira!" Dowd organizou uma ligação com a equipe de Mueller. Um dos promotores garantiu a Dowd que os jornais estavam errados; a equipe de Mueller não havia intimado o Deutsche pelos registros de Trump (no fim das contas, o conselho especial enviou uma intimação ao Deutsche pelos registros de Paul Manafort, o único gerente de campanha de Trump). Notícias sobre a fúria de Trump circularam por Washington. Para qualquer funcionário do governo que estivesse prestando atenção, esse era um poderoso sinal: investigue o Deutsche Bank e deixe o presidente irado.

Para o banco, essa era uma grande vantagem em meio à nuvem sinistra de Trump. Havia outra vantagem, também: a administração de Trump estava rapidamente reduzindo as regulamentações governamentais para restringir Wall Street. A Agência de Proteção Financeira ao Consumidor foi castrada. Joseph Otting, que anteriormente trabalhou para Steven Mnuchin, foi instalado no Gabinete do Controlador da Moeda, um poderoso regulador federal, e prontamente relaxou as rédeas sobre os maiores bancos do país. Os defensores de uma rígida regulamentação da indústria saíram da Reserva Federal. A administração reduziu o impacto da Regra Volcker, que restringia as negociações de proprietary trading — durante muito tempo foi a principal operação do Deutsche Bank. No final de 2017, o Departamento de Trabalho divulgou no Federal Register que estava facilitando a situação do Deutsche e de outros quatro bancos que admitiram a má conduta criminosa na manipulação de taxas de juros. Sob a lei federal, as empresas culpadas de violar leis de segurança não podem administrar os planos de aposentadoria dos funcionários a menos que consigam uma permissão do Departamento de Trabalho. Agora, buscando minimizar a atenção pública, a administração Trump concedeu permissões plurianuais.[11]

Essas eram boas notícias em Frankfurt, mas ainda existia a investigação do Departamento de Justiça sobre a lavagem de dinheiro dos associados de Putin por meio das mirror trades (os acordos cíveis anteriores do Deutsche com os reguladores norte-americanos e britânicos não afetavam as investigações criminais). Nos últimos meses da administração Obama, todos os sinais apontavam para acusações contra funcionários do banco e contra o banco em si. No mínimo, uma penalidade financeira multibilionária era quase uma certeza.

Algo curioso aconteceu, entretanto, assim que Trump assumiu a presidência. A investigação ficou em silêncio. Semana após semana, os advogados e executivos do Deutsche se perguntavam quando seriam atualizados. No começo, eles temiam que a demora significasse problema. Talvez, após sua campanha como populista, após jurar que "não deixaria Wall Street se safar de assassinatos", Trump planejava uma ofensiva agressiva contra a má conduta na indústria bancária. Talvez, após sua vitória nas eleições ser manchada por interferência russa, Trump tentaria dispersar essas suspeitas com um ataque em um esquema russo de lavagem de dinheiro.

Porém, conforme os meses passavam e nada acontecia, os medos dos executivos se dissiparam. Uma fonte de alívio foi a percepção de que dois dos promotores mais poderosos do Departamento de Justiça, Geoffrey Berman e Robert Khuzami, já tinham representado o Deutsche. Berman, apontado por Trump como advogado dos Estados Unidos para o Distrito Sul de Nova York, defendeu o banco e seus funcionários em casos de evasão fiscal. Khuzami fora uma das primeiras contratações de Dick Walker no Deutsche em 2002 e mais tarde se tornou seu principal advogado interno. Em seguida, ele voltou a representar o banco quando trabalhava em um escritório de advocacia externo — e agora era o braço direito de Berman. Foi a boa e velha porta giratória que permitiu que o Deutsche (e muitos de seus pares) cooptassem seus perseguidores ao contratá-los. A diferença, agora, é que acontecia o contrário. Esses dois homens estavam entre os responsáveis pelo futuro do banco.**

Os executivos do banco logo concluíram que a Rússia estava além dos limites da administração de Trump. O Deutsche, por sua vez, também parecia estar.

** Khuzami saiu do gabinete de advocacia dos Estados Unidos em março de 2019.

UMA NOTA DO PRESIDENTE

Paul Achleitner, o presidente do banco, estava em férias de duas semanas nos Andes peruanos quando soube que o fato de ele estar, secretamente, buscando uma substituição para John Cryan como CEO havia virado notícia. Cryan sabia que Achleitner estava inquieto — o ritmo de conquistas sob sua liderança tinha sido, na melhor das hipóteses, lento e os avisos recentes de que as finanças do banco continuavam fracas acabou ainda mais com o preço de suas ações —, mas ele não sabia que seu cargo corria perigo. Achleitner havia pesquisado alguns dos principais executivos em bancos como Goldman Sachs para medir o interesse deles no cargo, uma tática que é garantida de alcançar a mídia. Dentro de algumas horas da publicação dos artigos sobre a busca de Achleitner por um novo CEO, o banco foi consumido por uma crise de liderança.

Achleitner encurtou suas férias — Machu Picchu teria que esperar — e acelerou sua caçada por um novo CEO. Essa era a segunda vez em três anos que ele estava substituindo os líderes do banco. Candidato após candidato rejeitaram a proposta; o principal cargo no Deutsche parecia algum tipo de cálice envenenado. Enquanto isso, o conselho de diretores do banco tinha preferência por alguém que pudesse guiar o banco alemão de volta para as coisas simples na qual ele havia sido bem-sucedido antes de alguns CEOs tentarem buscar riquezas em Wall Street.

Havia alguns executivos seniores que se encaixavam nos critérios e um dos principais candidatos logo surgiu. Ele era alemão, trabalhou durante muito tempo no banco e era alguém que estava lá praticamente desde o ensino médio. Ele trabalhou em diferentes partes da empresa, incluindo banco de varejo e no departamento jurídico, além de ter trabalho em três continentes. Ele tinha 48 anos, com um rosto jovial e um cabelo pontudo.

No dia 8 de abril, Achleitner revelou o novo CEO do banco. Seu nome era Christian Sewing — mesmo homem que avisou, décadas atrás, que o banco estava esquecendo sua herança cultural, o mesmo homem que cancelou o último empréstimo de Trump, o mesmo homem que parecia ter jogado uma pá de cal em cima da investigação do suicídio de Bill Broeksmit. Agora ele administraria toda a empresa.

Sewing ficou surpreso com o que seu novo cargo implicava. Essa era uma empresa com mais de 90 mil funcionários — mesmo quando as finanças do banco estavam destruídas, a instituição conseguiu expandir a sua força de trabalho em cerca de 12 mil funcionários na última década —, porém os investidores e jornalistas ainda viam o banco por um prisma que colocava o CEO no centro de tudo. Qualquer coisa que acontecesse com o Deutsche seria vista como um sucesso ou fracasso de Sewing. Tudo que ele fizer ou disser será analisado e pode ser desenterrado alguns meses depois para minar uma decisão dele ou uma ação do banco. O menor deslize tinha o potencial de enfurecer um constituinte ou outro: investidores, colegas, membros de sindicatos, um jornalista, um regulador norte-americano ou alemão em particular ou até mesmo o presidente dos Estados Unidos. Era uma tarefa enervante.

Um ano no cargo e Sewing permaneceu saudável e em forma — chegando nos 50 anos, ele ainda tinha o corpo de um bom jogador de tênis, mas com profundas rugas na testa. Seu cabelo, outrora pontudo, caiu, afinou e acinzentou. Seu rosto parecia desgastado, agora sem o brilho jovial. O trabalho era árduo. Não havia respostas atraentes sobre como limpar toda a sujeira do banco ou como a empresa podia fazer dinheiro no futuro. Os maiores acionistas do banco dos últimos anos — anteriores a ele — incluíam a família real do Qatar,*** um obscuro conglomerado chinês e a empresa norte-americana de private equity, Cerberus. Esses investidores não eram pacientes.

O governo alemão também não foi paciente. Funcionários seniores em Berlim duvidaram da viabilidade do banco. Ele não possuía uma identidade ou direção clara. A ameaça de precisar recuperar uma instituição monstruosa como essa era onipresente. Políticos relevantes pressionaram Sewing e Achleitner para considerar mudanças radicais — incluindo, na véspera do aniversário de 150 anos do banco, uma fusão com outro prestamista alemão que passava por dificuldades, Commerzbank. Sewing não queria ser responsável por acabar com

---

*** Quando o Qatar realizou o investimento, o conselheiro financeiro deles era Michele Faissola. Um advogado que anteriormente representou Faissola acabou no conselho supervisor do Deutsche por ordem da família real do Qatar.

aquilo que outrora já fora um orgulhoso ícone nacional, mas não via muitas alternativas. As empresas sob a fusão ainda receberiam o nome Deutsche Bank, mas esta seria, fundamentalmente, uma instituição diferente — como se os relógios voltassem até um momento anterior ao da entrada do banco em Wall Street. Negociações entre o Deutsche, o Commerzbank e o governo alemão se estenderam por meses, até que todas as partes concluíram que a fusão de dois bancos ruins não criaria um banco saudável, mas sim um banco com muitos problemas. O Deutsche Bank teria que permanecer sozinho.

Conforme as semanas passavam, ficou claro o quão traiçoeiro seria esse caminho solitário. As ações do banco caíram para o nível mais baixo de sua história — descendo 95% do ápice de 2007. Funcionários abandonaram a empresa. Clientes fizeram o mesmo, incluindo clientes leais como a Renaissance Technologies, que permaneceu como um dos maiores clientes do banco mesmo depois da divulgação do esquema de evasão fiscal. Agora a Renaissance começava a tirar o dinheiro da sua conta — um sinal de como todos estavam nervosos sobre a solvência do Deutsche.[12] Sewing e Achleitner apressaram-se para criar um plano que provaria para investidores, clientes, funcionários e reguladores que esse banco tinha capacidade de se recuperar, ainda que muito menor do que antes.

Após inúmeras especulações na mídia e no mercado, o plano foi divulgado em uma tarde de domingo, em julho de 2019. O plano pedia que o Deutsche saísse da maioria dos seus negócios restantes de venda e negociação — a essência do gigante de Wall Street construído por Edson Mitchell, Anshu Jain e Bill Broeksmit. Dezenas de bilhões de dólares em ativos indesejados — muitos deles derivativos que, durante anos, desencorajaram investidores e reguladores — seriam descartados. Cerca de 18 mil empregos desapareceriam, representando mais ou menos 20% da força de trabalho do Deutsche. Vários dos principais executivos — incluindo o chefe da unidade de banco de investimentos e dos assuntos regulatórios — foram demitidos. O objetivo era eliminar qualquer coisa que não fosse relacionada a ajudar indivíduos alemães e empresas europeias a fazer negócios em casa e no exterior. A esperança era que isso se tornasse pelo menos modestamente lucrativo.

Foi a terceira e presumivelmente última tentativa de Sewing em elaborar um plano de recuperação para o banco no qual havia ingressado quando era um adolescente, 30 anos atrás. Em 2004, em meio à debandada anárquica do Deutsche por lucros em longo prazo, ele reclamou para Hugo Bänziger que o banco estava esquecendo sua herança — e então renunciou quando suas preocupações foram ignoradas. Agora, Sewing moldava sua visão para o futuro da empresa com termos nostálgicos.

"Nós passamos do limite nas últimas duas décadas"[13], confessou ele. "É meu propósito pessoal conectar esse banco com o que ele costumava ser." Considerando o terrível passado do Deutsche, isso não inspirou muita confiança no futuro do banco.

EPÍLOGO

Val alugou um quarto em um rancho no topo de uma colina em Culver City, Califórnia, não muito longe do estúdio da Sony Pictures. Ele tinha três colegas de quarto, nenhum carro e nenhum emprego. Ele sobrevivia com os US$2.800 que o banqueiro de Alla transferia para ele uma vez por mês. Apesar de todos os traumas, ela não conseguiu parar de sustentar financeiramente seu primeiro filho. Val vasculhava as redes sociais em busca de pistas sobre o que sua mãe e irmãs estavam fazendo. Na primavera de 2018, ele percebeu que Alla havia pagado alguém chamado Marie usando o app de transferência de dinheiro, Venmo. O nome soou familiar e Val percebeu que a seguia no Instagram. Ela era uma artista de L.A. Ele começou a curtir uma série de suas publicações antigas, achando sua arte tão bela quanto ela. Talvez essa fosse uma forma de se infiltrar na vida de sua mãe.

Marie cresceu na França e Austrália. Ela conhecera Alla em uma turma de artes em Nova York há alguns anos, quando ela ainda estava de luto. Elas se tornaram amigas e Alla confidenciou para Marie a história de Bill, as circunstâncias de sua morte, suas tentativas de se recuperar e da briga com seu filho. Então, quando Marie percebeu que Val estava atrás dela no Instagram, ela ficou intrigada. Alla, entretanto, exigiu que ela o bloqueasse e, quando Marie hesitou, Alla pegou o celular das mãos de Marie e fez isso por ela. A curiosidade de Marie foi aguçada pela reação intensa e ela acabou desbloqueando Val mais tarde, naquele mesmo dia.

Quando Marie falou a primeira vez com Val, ela estava na Austrália para exibir uma série de suas pinturas a óleo surrealistas. "Oi, você é a Marie que também é amiga da minha mãe?" perguntou Val em uma mensagem. Ele havia criado um plano bizarro: se tornaria seu amigo, ganharia a confiança dela e faria com que ela revelasse alguns segredos da sua mãe. De maneira inconsciente, Marie flertava com a ideia de entrar em contato com Val. Agora ela respondia a mensagem rapidamente. "Sua mãe é contra isso", enviou ela.

"Ela é contra tudo", respondeu Val.

"Você parece uma pessoa interessante", respondeu Marie. Dezenas de mensagens foram trocadas entre eles até que Val ligou para ela. Ele achou seu sotaque francês sexy e ela achou sua voz cativante. Ela também se perguntou se ele poderia ser um lunático. Ela não precisava disso na sua vida; havia se separado do seu marido e era a principal cuidadora de uma criança de 6 anos. Quando seu avião aterrissou em Los Angeles alguns dias depois, Val ligou para ela no aeroporto. "Preciso vê-la agora", insistiu ele.

"Não, eu preciso ver meu filho", disse ela, rindo. Uma semana depois, entretanto, ela conseguiu uma babá e os dois se encontraram em um bar famoso e com temática de farmácia, chamado Apotheke. Marie sentou-se no lugar, fumando cigarros e esperando pelo seu encontro. Quando ele chegou, um único pensamento cruzou a cabeça de Marie: problema. Val era alto, magro, com uma barba desgrenhada e um rabo de cavalo. Marie pensou em como ele parecia descolado e bonito, além de exalar carisma. A conversa seguiu muito bem. O nervosismo de Marie sumiu. Val foi capaz de tranquilizá-la, assim como a vodca e a cocaína que usaram. Eles foram juntos para casa.

Marie percebeu que ele estava tentando extrair informações sobre a sua mãe. Ele não fazia questão de esconder. Val estava furioso com Alla e queria machucá-la. "Transar com sua amiga parecia uma boa estratégia", disse Marie quando eu conversei com ela. O relacionamento entre os dois floresceu. Em setembro de 2018, Val levou Marie até São Francisco e a apresentou para Pegi Young. Os três passaram horas no rancho dela naquela tarde. Val parecia vulnerável — e feliz. De volta em L.A., Val mudou-se para o apartamento de Marie, em uma comuna de artistas perto de Chinatown, o qual ela ocupava com seu filho. Marie não contou para Alla que estava morando com Val. Em vez disso, ela trocava longas mensagens de texto com Alla, tentando conseguir informações sobre Bill, o Deutsche, Michele Faissola e o relacionamento dela com o filho.

No dia 6 de novembro de 2018, aproveitando uma onda de fúria contra Trump, os democratas conseguiram a maioria na Câmara dos Representantes. Os republicanos ainda controlavam a Casa Branca e o Senado, mas pela primeira vez Trump enfrentou um partido de oposição com algum poder tangível. Nancy Pelosi tornou-se a Presidente da Câmara e dois dos maiores críticos congressionais de Trump, Maxine Waters e Adam Schiff, assumiram poderosos comitês. Waters tornou-se presidente do Comitê de Serviços Financeiros da Câmara, responsável por supervisionar a indústria bancária, e Schiff encarregou-se do Comitê de Inteligência da Câmara. Administrando esses painéis, os dois democratas californianos tinham a habilidade não só de levar adiante suas legislações como também de emitir intimações. Uma das primeiras coisas que fizeram foi declarar que os comitês investigariam em conjunto o relacionamento de Trump com o Deutsche.

A investigação do painel de Schiff — que buscava saber se Trump estava aliado ao Kremlin e se o Deutsche de alguma forma atuou como intermediário financeiro entre a Rússia e Trump — seria liderada por uma dupla de ex-promotores financeiros federais de Nova York, Daniel Goldman e Dan Noble. O foco do comitê de Waters seriam as finanças pessoais de Trump, incluindo se ele ou o banco receberam algum tratamento especial das mãos um do outro. O painel já possuía uma grande lista de especialistas financeiros, mas não tinha ninguém especializado no Deutsche. Bob Roach estava cansado de definhar no partido minoritário. No começo de 2019, após décadas no Senado, ele concordou em se mudar para o outro lado da Colina do Capitólio, onde faria parte do Comitê de Serviços Financeiros. Vinte anos atrás, ele começou sua perseguição ao Deutsche com a investigação entre os laços de um banqueiro privado e Raúl Salinas, do México. Agora ele retomaria a busca por sua baleia branca, investigando os laços entre um banqueiro privado e Donald Trump.

Rosemary Vrablic imaginou se tratar de uma questão de tempo até que fosse convocada para dar seu testemunho diante de um comitê congressional sobre como ela gerenciou o relacionamento de Trump com o banco. Em conversas privadas com jornalistas e funcionários do governo, os executivos do Deutsche subestimaram o envolvimento dos executivos seniores, e até mesmo o conhecimento deles, nos empréstimos de Trump, insistindo que Vrablic e seu antigo chefe, Tom Bowers, arquitetaram todo o acordo de maneira unilateral. Vrablic ainda era empregada do Deutsche (Bowers já não era há muito tempo), mas temia que acabasse servindo como um bode expiatório publicamente. Ela encontrou um pouco de conforto no fato de que tinha amplos e-mails e documentos internos que mostravam como os empréstimos para Trump e sua família foram aprovados tanto entre a parte superior quanto inferior da hierarquia. Para garantir, ela imprimiu alguns dos materiais e os guardou na sua cobertura, na Park Avenue.

No dia primeiro de janeiro de 2019, Pegi Young morreu de câncer. Val não sabia que ela estava doente e ele sentiu que, mais uma vez, perdera um membro de sua família sem nenhum aviso. "O mundo é mais sombrio e frio sem Pegi", publicou ele em um tweet, junto de uma foto com os dois abraçados. "Estou devastado, chocado e não sei o que dizer." Ele começou a dormir o dia inteiro e a ficar tão chapado que "parecia um morto-vivo", disse-me Marie.

Além de buscar a verdade sobre o Deutsche Bank, Val buscara conseguir algum interesse de Hollywood na sua história de vida — um projeto que foi interrompido com a morte de Pegi. Certa noite, porém, uma produtora cinematográfica convidou Val para um pequeno jantar em uma casa alugada por ela em Hollywood Hills. Entre os convidados estava Moby, a lenda da música eletrônica. "O jantar tinha um tema acidental de sobrevivência, então precisávamos fazer a comida com o que o antigo inquilino deixou para trás", relembra Moby. "Então nós comemos um espaguete vegano, pão levemente mofado e uma salada surpreendentemente boa." Moby e Adam Schiff eram amigos; este, vegano, era um convidado costumeiro no restaurante de Moby à base de plantas, Little Pine, em L.A. Quando Moby ouviu a perturbadora história de Val e o fato de que ele possuía uma coleção de materiais internos do Deutsche, ele o apresentou para algumas pessoas. No começo de 2019, Val e Daniel Goldman, o ex-promotor que trabalhava para Schiff, tiveram uma ligação preliminar. Val destacou o que tinha e ofereceu ajuda. Goldman, que havia acabado de começar sua investigação, não sabia que um dos membros do conselho da DBTCA cometera suicídio e que o filho do banqueiro tinha os arquivos eletrônicos.

Goldman queria esses arquivos — queria tanto que fez Val se encontrar com Schiff no seu escritório em L.A. Val apareceu usando um tênis com cadarços laranjas e uma blusa da banda Grateful Dead. O congressista, de terno e gravata, conduziu-o para fora depois de 15 minutos. Era difícil acreditar que esse cara era mesmo legítimo. O comitê de inteligência, porém, precisava de informações e Val certamente tinha algumas. Logo, o comitê escreveu uma carta formal para Val, assinada por Schiff, pedindo que carregasse os materiais de seu pai em um "pen drive criptografado" e enviasse para Washington pelo correio.

Val, entretanto, queria algo em troca, de preferência dinheiro. Ele pressionou Goldman para levá-lo até D.C. e para contratá-lo como um consultor pago enquanto o comitê analisava os arquivos de Broeksmit. Goldman resistiu — não havia chance de ele deixar Val perambular livre pela câmara altamente protegida do comitê. Em vez disso, ele apelou para a sensação de patriotismo de Val. "Imagine um cenário onde alguns desses materiais podem fornecer a semente que usaremos para revelar tudo que Trump está escondendo", insistiu

Goldman. "Em alguns aspectos, você e seu pai, através de você, entrarão para a história norte-americana como heróis e como as pessoas que realmente desmascararam um presidente incrivelmente corrupto e toda sua administração." Val, entretanto, não cedeu, insistindo que precisava supervisionar o trabalho do comitê. Goldman finalmente estourou. "Posso lhe garantir que passei um tempo exponencialmente maior falando com você sobre esses arquivos do que com o Deutsche", retorquiu ele. "Você está demonstrando ser uma pessoa muito, muito difícil de lidar."

Val não era sua única fonte de frustração. Em abril, os dois comitês emitiram intimações para que o Deutsche entregasse seus históricos relacionados às contas de Trump e Kushner — tudo desde informações financeiras pessoais até quaisquer históricos relacionados com algum relatório de atividade suspeita. Nas mãos dos democratas do congresso, o material se tornaria uma Pedra de Roseta para desencadear os maiores segredos financeiros de Trump. Por essa razão, quando o presidente soube das intimações, seus advogados moveram uma ação para bloquear a entrega dos documentos por parte do banco. A disputa durou meses no sistema judiciário federal. No meio desse processo, o comitê de inteligência emitiu outra intimação em junho — dessa vez para Val. A intimação exigia que Val entregasse tudo em sua posse relacionado ao Deutsche. Relutantemente, Val concordou.

"Sinto muito", escreveu o agente especial do FBI, "mas acabo de receber a informação que você enviou por e-mail há algum tempo para o Departamento de Justiça dos Estados Unidos." Mais de dois anos se passaram desde que Val enviou aquele formulário convidando para que ligassem e discutissem sobre suas descobertas nos arquivos do Deutsche. Agora a ligação foi organizada e o agente do FBI, em Manhattan, disse a Val que estava interessado — muito interessado — em olhar os arquivos recuperados das contas de Bill. O agente disse que ele e um parceiro viajariam até L.A. em um futuro próximo para conversarem pessoalmente. Ele não disse o que estavam investigando e Val se perguntou se estava caindo em uma armadilha. Estaria ele prestes a ser preso por ajudar hackers norte-coreanos, por roubar o dinheiro da sua mãe ou por cruzar fronteiras internacionais com drogas?

Em fevereiro de 2019, os dois agentes — ambos com histórico na contrainteligência e atualmente em um esquadrão focado em improbidade bancária — viajaram até a Califórnia. O encontro deles ocorreu no mesmo dia em que Michael Cohen, ex-advogado de Trump, testemunhou na Colina do Capitólio que o presidente rotineiramente exagerava sua fortuna para conseguir empréstimos com o Deutsche Bank. Val, usando uma blusa de caxemira parcialmente desabotoada, chegou no escritório de um prédio federal no centro comercial da cidade. Os agentes se encontraram com ele no saguão do décimo andar, onde retratos do presidente Trump observavam os visitantes, e o escoltaram até os andares superiores.

A reunião durou três horas. Val comia Kit Kats, barras de figo com sabor de framboesa, bebia café, coca-cola e fumava seu cigarro eletrônico enquanto contava sua história uma última vez. Os agentes disseram para ele que começaram a investigar a lavagem de dinheiro do banco na Rússia — as conhecidas mirror trades —, mas estreitaram seu escopo para focar uma ordem de possível criminalidade no banco. Eles estavam interessados na DBTCA. Estavam interessados no Monte dei Paschi. Estavam interessados no teste de estresse da Fed (logo, esses mesmos agentes também entrariam em contato com alguns denunciantes do Deutsche. Um dos funcionários que reclamou para a SEC sobre como o banco escondia bilhões de dólares em perdas de derivativos recebeu uma ligação. Tammy McFadden, a ex-funcionária de compliance que expressou suas preocupações sobre a transação entre a empresa da família Kushner e os russos, também. Esses antigos funcionários ficaram mais do que felizes em levar a justiça até o banco).

Se os executivos do Deutsche escutassem a entrevista de Val, eles ficariam bem desconfortáveis. A confiança do banco de que as investigações federais sobre seus crimes na Rússia e em outros lugares foram finalizadas foi mal calculada. Esses dois agentes especiais, além de uma equipe de colegas e promotores federais, ainda estavam no rastro do Deutsche Bank — ainda que não estivesse claro para onde essa investigação criminal levaria e quem ela mencionaria. Os agentes não pensavam que os crimes que ocorreram no banco fossem obras de funcionários de baixo escalão — eles suspeitavam tratar-se de um produto de uma cultura de criminalidade que dominava o banco. Tim Wiswell — Wiz, o suposto líder do esquema das mirror trades — parecia ser apenas um bode expiatório, conforme eles explicaram. Agora alguém com uma coleção de documentos potencialmente valiosa estava sentado na sala de conferências do escritório do FBI, seduzido pelos lanches açucarados — e pela possibilidade de poder.

"Você está de posse de documentos que apenas pessoas dentro do círculo interno do Deutsche deveriam ver" disse o primeiro agente para Val.

"Nós estamos enfrentando uma obstrução", disse o outro agente. "Claramente aconteceram coisas inapropriadas no Deutsche Bank. O que está acontecendo é que toda a responsabilidade por esses atos está sendo jogada nas pessoas pequenas, no fundo da hierarquia."

"Os alvos fáceis", acrescentou o primeiro agente.

"A maior parte do banco está declarando ignorância, mas nós sabemos o que vimos. É uma cultura de—"

"Fraude e sujeira", Val interveio, animado por ser parte disso. Em seguida, ele me ligou de um carro do aplicativo Lyft, ainda com uma descarga de adrenalina. "Estou mais emocionalmente envolvido nisso do que qualquer outra pessoa no mundo", disse ele. "Adoraria ser o informante especial."

Alguns meses depois, um envelope acolchoado chegou no apartamento de Marie, endereçado para Val. O remetente era a sede de Manhattan do FBI. Dentro estava um pen drive. Val concluiu que os materiais que ele guardava pelos últimos cinco anos deveriam ir para as mãos do FBI — uma decisão mais fácil de tomar quando os agentes concordaram em ajudar Marie e seu filho a conseguir vistos para que pudessem ficar legalmente nos Estados Unidos. Os agentes disseram para Val que, quando ele colocasse os arquivos no pen drive, um agente iria recolhê-lo. Val me enviou uma foto do envelope. Ele possuía três selos postais, cada um representando um animal doméstico: um rato, um porquinho-da-índia e um papagaio.

"Acho que sou o rato", escreveu ele. Eu perguntei a razão e ele respondeu dentro de segundos, evocando uma fábula. "Porque eu posso derrubar um elefante."

Na morte, Bill Broeksmit tornou-se um símbolo: de tudo aquilo que aflige o Deutsche Bank, do poder destrutivo da ganância institucional, de como Wall Street seduz até mesmo pessoas bem-intencionadas para longe de seus princípios éticos e morais, da pressão implacável que é colocada sobre aqueles que lutam pelo que acreditam estar certo.

Broeksmit não era um santo, mas era um homem com moral — um feito e tanto dentro de uma indústria amoral, uma na qual geralmente o lucro superava qualquer outra coisa. A sobrevivência, assim como o sucesso, dependia de comprometimentos constantes. Broeksmit tinha ética, disse um de seus antigos colegas, mas eram "éticas de negociador". Ele não queria puxar o tapete de ninguém, mas ele queria fazer dinheiro — para ele, para seu empregador, para os clientes, para os acionistas — e isso muitas vezes exige uma postura agressiva. Broeksmit não cancelaria uma transação antiética; ele a alteraria. Pequenos truques — com o MortgageIT, por exemplo — eram aceitos se estivessem dentro da lei.

Isso é parte do que tornava seu código ético agradável para seus pares. Ser parte do sistema deles dava a ele credibilidade para criticar tal sistema, para argumentar que, às vezes, as pessoas devem recuar das normas do sistema e assumir uma postura conservadora. O fato que Broeksmit fracassou no final — e o histórico criminal do Deutsche é prova disso — reflete menos sobre ele do que sobre a instituição e, na verdade, sobre todo o sistema bancário.

Broeksmit pode ter encontrado consolo e disciplina em sua tentativa de agir com honestidade no trabalho, uma forma de afastar seus demônios internos e suas angústias mentais. Mas essa proteção parece ter sofrido uma ruptura conforme seus medos de que ele, também, fosse cúmplice em algo vergonhoso que pudesse ser exposto por investigações governamentais aumentavam. Ele absorveu seus fracassos profissionais, os levou para o lado pessoal, como se fosse culpa dele e não do banco fora de controle que estaria em um curso ainda mais desastroso se não fosse sua freada periódica. Em retrospectiva, é difícil imaginar um lugar pior para alguém como Broeksmit trabalhar do que o Deutsche, com suas trapaças intermináveis e desrespeito pelas leis. É claro, o Deutsche pode ter sido o principal transgressor da indústria, mas dificilmente era a única entidade criminosa. Todo escândalo que consumia a empresa nas últimas duas décadas incluía pelo menos um ou dois bancos rivais. Talvez Broeksmit tenha se condenado a partir do momento que ele entrou na indústria, muito antes de conhecer Edson Mitchell e segui-lo até o Deutsche.

Por fim, embora seu empregador de longa data tenha participado na sua decisão de morrer, o Deutsche Bank não assassinou Bill Broeksmit. Em vez disso, o banco — por meio de anos de imprudência, ganância, imoralidade e criminalidade que emanavam de suas torres negras — cometeu suicídio.

POSFÁCIO

O CASO FOI APRESENTADO

No dia 21 de novembro de 2019, uma colega me ligou. Eu estava na sala da redação do *New York Times* me preparando para uma entrevista importante que conduziria com um advogado prestigiado. Minha colega disse que havia acabado de conseguir uma dica com uma de suas fontes: houve outro suicídio no Deutsche Bank, e esse envolvia uma pessoa de grande interesse, alguém que estava implicado de maneira íntima no relacionamento entre o banco e Donald Trump.

Quem foi? Perguntei.

Ela respondeu: Tom Bowers.

Fiquei sem palavras — e levemente enjoado. Bowers havia sido uma fonte importante para mim conforme tentava compreender a história recente dos negócios do banco com Trump. Após algum tempo de conversas ao telefone e troca de mensagens no WhatsApp, Bowers me convidou até sua bela casa geminada em West Village, bairro de Manhattan. Estava caindo uma chuva torrencial e eu tive certa dificuldade em encontrar o lugar. Cheguei lá completamente encharcado. Ele riu. Barbudo e gordo, Bowers estava usando chinelos e um suéter de aparência aconchegante. Reclinados em sofás, nós conversamos sobre o setor bancário. Ele era dotado de opiniões fortes, fossem elas positivas ou negativas, sobre quase todo mundo com quem se encontrou ao longo dos 7 anos no Deutsche. Ele contou histórias sobre o banco e sobre Trump; Bowers me disse que havia examinado pessoalmente as declarações fiscais de Trump, bem como outros documentos financeiros. E ele se abriu um pouco sobre sua vida pessoal, me contando que sua esposa havia morrido alguns anos atrás e que, agora, estava se encontrando com uma pessoa. Disse-me, também, que sua filha estava pronta para conseguir uma boa grana em uma startup de bebidas carbonatadas. Ele era um pai orgulhoso e eu gostava dele.

Contei a ele a forma que o livro estava tomando, incluindo o papel central de Bill Broeksmit e seu suicídio. Bowers disse que ouviu falar sobre Broeksmit, mas não chegou a conhecê-lo.

Meu relacionamento com Bowers era no "plano de fundo". Eu poderia usar o que ele me dizia e atribuir suas declarações a um ex-executivo sênior do Deutsche Bank, mas não poderia citar o seu nome como uma das minhas fontes. No entanto, no outono de 2019, conforme eu colocava os detalhes finais neste livro, ele me disse que estava pronto para entrar no registro. Elogiou Rosemary Vrablic — a qual ele próprio havia contratado e que no momento se encontrava nos holofotes por ter financiado um presidente extremamente polarizador — como uma banqueira estelar e uma boa pessoa. Além disso, ele também se voluntariou para falar algumas coisas negativas sobre seus antigos rivais.

A última vez que entramos em contato foi no dia 8 de novembro de 2019. Michele Faissola tinha sido condenado à prisão na Itália por seu trabalho com o Monte dei Paschi (seus advogados declararam que ele recorreria). Bowers (e outros) passaram meses falando mal de Faissola, em segredo, para mim. Agora, Bowers insistia para que eu publicasse alguns de seus pensamentos na minha conta do Twitter. Eu estava em uma reunião e não pude responder imediatamente. Seis minutos depois, ele enviou outra mensagem: "Deixe para lá." Ele pediu para que eu verificasse o Twitter.

Bowers publicou na rede social que não estava surpreso em ouvir sobre os problemas legais de Faissola. "A fome de risco dele não conhecia limites", escreveu ele em uma crítica que, para mim, soava apropriada para todo o banco. Essa foi apenas a terceira vez que Bowers publicou algo no Twitter. Mesmo no disfuncional Deutsche, era incomum um executivo sênior falar mal publicamente de um antigo colega. Isso era especialmente incomum para alguém como Bowers, que sempre foi cuidadoso para proteger o seu anonimato. O que despertou essa mudança? Para criar um mistério ainda maior, Bowers aparentemente deletou o tweet mais tarde naquele mesmo dia.

Treze dias depois, recebi a ligação da minha colega. No começo, não acreditei. "Tom???" Enviei a mensagem para o WhatsApp dele. Eu pude ver que a última vez que ele entrou no aplicativo havia sido alguns dias antes. Não obtive resposta.

Logo encontrei um registro no site do escritório do legista do Condado de Los Angeles. Era verdade: Bowers estava morto. O legista registrou a causa da morte como enforcamento. Ele morreu na sua casa de Los Angeles no dia 19 de novembro — uma semana e meia após entrarmos em contato. Eu nunca conheci ninguém que tivesse tirado a própria vida. Continuei a pensar se houve pistas que deixei escapar. Então percebi que essa foi a exata questão que os amigos e parentes de Bill Broeksmit levantaram após seu suicídio.

Enviei um e-mail para a filha de Bowers para expressar minhas condolências e perguntar se havia algo que ela poderia me contar sobre o ocorrido. Ela disse que sua morte não tinha relação alguma com o Deutsche Bank. Nesse momento, eu me recordei que Val Broeksmit inicialmente disse a mesma coisa sobre o suicídio do seu próprio pai.

Seria possível que o medo em relação a uma potencial exposição das várias investigações governamentais sobre o Deutsche Bank e Trump levou Bowers até o limite? Eu fiz algumas ligações. Descobri que, nos seus últimos dias, Bowers estava travando uma batalha com algumas dolorosas questões pessoais — nada relacionado ao seu trabalho no banco. Também descobri que os democratas no Congresso que estavam investigando o relacionamento do Deutsche com Trump desejavam interrogar Bowers.

Agora isso não aconteceria. Outro ex-executivo acabou tirando a própria vida. Quantos segredos teriam morrido com ele?

"Sr. Chefe de Justiça, e caso isso agrade o tribunal", entoou Patrick Strawbridge, um advogado do então presidente Trump. "Não há precedentes jurisprudenciais quanto às intimações aqui questionadas. Antes desses casos, nenhuma corte endossou o uso do poder de intimação do Congresso para exigir os registros pessoais de um presidente em exercício."

Era a manhã do dia 12 de maio de 2020. Normalmente, casos diante da Suprema Corte eram litigados no interior das câmaras sagradas do órgão, com os advogados de cada uma das partes ficando de pé diante dos nove juízes com suas togas e uma pequena audiência de jornalistas e espectadores curiosos. Entretanto, esses não eram tempos normais. A pandemia do coronavírus fechou grande parte do mundo — incluindo a Suprema Corte. Sustentações orais eram realizadas por videoconferência e o público poderia acompanhar ao vivo. Esse foi um ato inesperado de transparência vindo de uma instituição conservadora que durante décadas recusou a entrada de câmeras no tribunal.

Naquela agradável terça-feira de primavera, a corte ouvia argumentos sobre três ações que, juntas, representavam o teste mais importante em décadas sobre a separação constitucional dos poderes executivo e legislativo. Um dos processos, de número 19-760, era Donald J. Trump, et al. v. Deutsche Bank AG, et al.

O processo começou quase 1 ano antes, quando a família Trump processou o Deutsche para impedi-lo de colaborar com as intimações emitidas pelas comissões de serviços financeiros e inteligência da Câmara. Essas mesmas comissões que estiveram em contato com Val e Tammy McFadden também estavam investigando as conexões de Trump com o Kremlin e seu potencial envolvimento com lavagem de dinheiro.

Um juiz distrital federal decidiu contra a família Trump, considerando válidas as intimações do Congresso. Um tribunal de recursos confirmou a decisão, mas a família Trump recorreu à Suprema Corte, que no fim de 2019 concordou em escutar o caso. Esse caso acompanhava também uma ação judicial semelhante de Trump contra sua empresa de contabilidade, Mazars USA, para impedi-la de colaborar com uma intimação do Congresso para as declarações fiscais do presidente.

O principal argumento da família Trump é que os democratas do Congresso estavam em uma pescaria sem data para acabar. O Congresso não tinha o direito, segundo os Trump, de buscar extensas informações pessoais sobre o presidente na ausência de um propósito legítimo — e, neste caso, não havia tal propósito. Em vez disso, como continua o argumento, o propósito da intimação dos democratas era nada mais do que assediar um presidente republicano.

A verdade é que Adam Schiff, Maxine Waters e seus investigadores desejavam os registros de Trump contidos no Deutsche Bank — não só suas declarações fiscais, mas também uma variedade de informações que o banco coletou ao longo de décadas — porque eles suspeitavam que esses arquivos revelariam um padrão de má conduta do então presidente, sua família e suas empresas. No entanto, os advogados das comissões não podiam simplesmente falar isso caso desejassem convencer uma maioria dos juízes de que as intimações eram garantidas pela lei.

Então Douglas Letter, representando o Congresso diante do tribunal, declarou que a intenção das intimações era coletar informações que educariam os legisladores conforme estes estudavam caminhos para uma melhor regulamentação da indústria financeira. "Investigamos, por exemplo, lavagem de dinheiro, entre outras coisas", explicou Letter. "A lavagem de dinheiro requer toda uma gama de atividades financeiras. O que estamos fazendo é exatamente o tipo de coisa que a equipe do Senado e da Câmara faz quando olha para um setor financeiro e pensa a respeito de quais reformas devem ocorrer na indústria bancária." (Vários dos juízes — inclusive Brett Kavanaugh, que preencheu o espaço deixado pela aposentadoria de Anthony Kennedy — expressaram ceticismo, apontando que, de acordo com esses padrões, qualquer intimação do Congresso poderia ser considerada como detentora de propósito legislativo.)

Havia um importante subtexto na briga pelas intimações — e ele não tinha nenhuma relação com a questão do Congresso ter ou não poder constitucional para exigir informações do banco e da empresa de contabilidade do presidente. Os advogados de Trump queriam acabar com as intimações, é claro, mas esse era um objetivo secundário. O objetivo primário era mais simples: atrasar o cumprimento dessas intimações.

Caso a Suprema Corte se aliasse ao Congresso e forçasse o Deutsche Bank a entregar os arquivos, eles poderiam parar nas mãos dos democratas alguns meses antes da eleição presidencial de 2020. Isso seria um possível cenário de pesadelo para Trump, que passou anos tentando manter seus segredos financeiros em... segredo. Ninguém, além de um punhado de funcionários do Deutsche e talvez o próprio Trump, tinha ideia do tipo de sujeira que os democratas poderiam descobrir caso tivessem um acesso ilimitado a esses registros, mas a vitalidade com a qual Trump brigava para manter o sigilo sugeria com firmeza que ele possuía algo que desejava muito manter escondido.

Por outro lado, se os advogados de Trump conseguissem manter as intimações paradas no tribunal por alguns meses, a ameaça de alguma coisa vir a público antes da eleição de novembro desapareceria. Melhor ainda, se as intimações pudessem ser adiadas até janeiro de 2021, um novo Congresso assumiria e todo esse cabo de guerra supostamente recomeçaria do zero — ou talvez nem recomeçaria. Essa era uma estratégia clássica de Trump — semelhante àquela que ele utilizou em seu último processo contra o Deutsche Bank, em 2008, quando ele parou de pagar seu empréstimo pelo arranha-céu em Chicago e arrumou tempo para adquirir uma nova fonte de fundos. Trump não precisava ganhar — ele só precisava não perder.

POSFÁCIO

As sustentações orais finalizaram após algumas horas. "O caso foi apresentado", declarou o Chefe de Justiça John Roberts. Agora o mundo precisaria aguardar semanas para que o tribunal anunciasse sua decisão.

Jeffrey Epstein estava morto há 11 meses quando o Deutsche Bank finalmente pagou o preço por sua decisão de realizar extensos negócios com o condenado criminoso sexual. O relacionamento de 6 anos foi multifacetado: o banco emprestava dinheiro a ele, além de administrar alguns de seus milhões e, ainda mais importante, ajudá-lo a transferir seu dinheiro entre dezenas de contas que o Deutsche Bank criou para suas empresas de fachada no exterior. O *New York Times* forneceu alguns detalhes básicos sobre os serviços prestados pelo banco, mas muito não se sabia sobre a natureza desse relacionamento.

Então, em julho de 2020, regulamentadores estaduais do setor bancário em Nova York anunciaram uma punição histórica contra o Deutsche. O Departamento de Serviços Financeiros impôs uma multa de US$150 milhões sobre o banco por violações de lavagem de dinheiro, principalmente pelo trabalho com Epstein, mas também por seu trabalho com bancos suspeitos no Chipre e na Estônia. Isso, é claro, estava longe de ser o primeiro rodeio de lavagem de dinheiro do Deutsche. O banco foi pego várias e várias vezes por ajudar clientes suspeitos a mover fundos ilícitos de maneiras igualmente suspeitas. Dessa vez, porém, o regulamentador de Nova York publicou uma narrativa que descrevia com alguns detalhes o que aconteceu dentro do banco.[*]

---

[*] O regulamentador não citou o nome dos funcionários do banco que estavam envolvidos e optou por, em vez disso, usar referências anônimas como "EXECUTIVO-1" e "GERENTE DE RELACIONAMENTOS-2". O *New York Times* descobriu os nomes e publicou suas identidades.

O que aconteceu foi o seguinte: em 2012, 4 anos após Epstein ser condenado na Flórida por ter contratado os serviços de prostituição de uma menor de idade, o seu banco de longa data, JPMorgan, decidiu que não poderia continuar a negociar com ele. Jes Staley, executivo sênior que defendia o relacionamento com Epstein, abandonou o JPMorgan** e o banqueiro privado que atendia Epstein, Paul Morris, migrou para um novo empregador: Deutsche Bank.

Pouco após chegar na unidade de private banking da empresa alemã, Morris pediu aos seus superiores permissão para trazer Epstein como cliente. Tom Bowers havia abandonado o cargo há pouco tempo e o seu sucessor na divisão do Deutsche Bank era um executivo chamado Charles "Chip" Packard. Morris observou em uma nota para Packard que Epstein tinha um passado polêmico, mas também escreveu que ele provavelmente geraria milhões de dólares ao ano em receita para o banco. Packard assinou embaixo, dizendo a Morris que ele havia resolvido tudo com os advogados e a equipe de compliance do banco (mais tarde, o Deutsche afirmou que não havia nenhum registro dessa informação nas equipes jurídica e de compliance). E, então, na primavera de 2013 — aproximadamente no mesmo período que essa mesma divisão do Deutsche estava expandido seu relacionamento com Donald Trump — a unidade de private banking começou a abrir uma grande variedade de contas para a frota de LLCs anônimas de Epstein.

Epstein ainda gerava terríveis manchetes graças aos rumores sobre tráfico sexual e por se associar com nobres, políticos e bilionários. Dentro dos escritórios de combate à lavagem de dinheiro do Deutsche Bank, localizados em Nova York e em Jacksonville, na Flórida, os funcionários de compliance, incluindo Tammy McFadden, tomaram nota. No começo de 2015, eles alertaram aos seus superiores sobre o fato de que várias mulheres acusaram Epstein de má conduta sexual e se questionaram se esse era o tipo de homem com qual o banco gostaria de se envolver.

** Staley acabou se tornando CEO do banco britânico Barclays.

Caso isso não fosse suficiente, Epstein e seu advogado particular estavam envolvidos exatamente no tipo de transação suspeita que, em bancos normais, serviriam como grandes sinais vermelhos. Mais de US$800 mil foram sacados das contas — um dinheiro que o advogado de Epstein, de maneira nada plausível, afirmou ser para gorjetas e outros gastos menores. Em diversos momentos, o advogado (que não foi nomeado pelos regulamentadores de Nova York) pediu aos funcionários do banco auxílio sobre como estruturar as transações para evitar o escrutínio das equipes de combate à lavagem de dinheiro. Enquanto isso, muito mais de US$2,5 milhões foram transferidos das contas para modelos russas e supostos conspiradores do tráfico sexual de Epstein, entre outras pessoas.

Em janeiro de 2015, o banco enviou Morris e Packard para a casa geminada de Epstein no Upper East Side, em Manhattan, para perguntar o que estava acontecendo. Mais tarde, o Deutsche Bank declararia que não existia nenhum registro guardado do que aconteceu dentro da mansão de 7 andares e quase 2 mil metros quadrados, mas Packard, de acordo com regulamentadores, parecia satisfeito com seja lá o que ele tivesse escutado. Oito dias depois, com base ao menos em parte nas garantias de Packard, um painel de executivos do Deutsche concluiu que "estavam confortáveis em continuar os negócios" com Epstein.

E os negócios continuaram — por mais de 3 anos. O banco só desacelerou quando o Miami Herald, no fim de 2018, publicou uma série condenatória sobre Epstein. Esse processo de desaceleração se arrastou até o verão seguinte. Mesmo então, um funcionário do Deutsche concordou em basicamente recomendar Epstein conforme ele buscava transferir seu dinheiro para outros bancos (parece que os bancos não colocaram muita fé no endosso do Deutsche Bank. Epstein foi preso e condenado criminalmente pouco tempo depois).

Ao punir o banco em 2020, o regulamentador de Nova York observou que o banco pode ter ajudado Epstein a cobrir seus crimes e pôs em perigo jovens mulheres e garotas. "Nós aprendemos com nossos erros e nos arrependemos profundamente da nossa associação com Epstein", disse à mídia um porta-voz do banco. Esse foi um dos raros casos em que o Deutsche Bank se desculpou pelo seu comportamento destrutivo.

A Suprema Corte geralmente anuncia suas decisões para o período de primavera nas manhãs de segunda e quinta-feira de junho. Teve início o ritual que ocorre duas vezes por semana. Às 10 horas da manhã desses dias, jornalistas, advogados, banqueiros e pessoas normais iam até o site do tribunal e constantemente apertavam o botão "atualizar", esperando uma decisão do caso Trump v. Deutsche Bank e Trump v. Mazars USA (além do terceiro processo, Trump v. Vance, no qual o advogado distrital de Manhattan, Cy Vance, buscou as declarações fiscais do presidente como parte de uma investigação criminal). Os executivos do Deutsche estavam entre essas pessoas a aguardar a decisão. Os advogados do banco passaram meses compilando os materiais buscados pelas intimações para que estivessem prontos para enviá-los ao Congresso caso o tribunal rejeitasse a ação de Trump e apoiasse as intimações.

Dia após dia, semana após semana, uma ou mais decisões eram publicadas, algumas delas lidando com questões pesadas, como aborto e imigração, mas não havia nem menção à decisão que todos estavam aguardando. O tribunal finalmente anunciou que o último dia para a publicação de decisões seria em uma quinta-feira, dia 9 de julho.

Às 10h20m da manhã do dia marcado, a decisão apareceu no site do tribunal. Foi uma decisão de 7 a 2, redigida pelo Chefe de Justiça, John Roberts. Inicialmente, ela parecia confusa, ao menos para as legiões de olhos destreinados que passeavam pelas 49 páginas de um denso linguajar legalês. O tribunal endossou o direito do Congresso de investigar o presidente e emitir intimações, mas ele também concluiu que essas intimações eram excessivamente amplas. Roberts escreveu que, de acordo com a lógica da Câmara, "o Congresso poderia declarar uma temporada de caça às informações do presidente mantidas em escolas, arquivos, provedores de internet, clientes de e-mail e instituições financeiras".

POSFÁCIO

A Suprema Corte enviou o caso de volta para o tribunal distrital federal onde ele havia sido originado e instruiu o juiz encarregado a verificar se o amplo escopo das intimações era realmente necessário para alcançar os objetivos legislativos descritos por Doug Letter no tribunal (no caso Vance, o tribunal endossou o direito de promotores locais investigarem criminalmente o presidente). A família Trump teria a oportunidade de outra rodada de sustentações desafiando as intimações — e, caso o tribunal inferior mantivesse a decisão em favor do Congresso, a família teria outra chance de recorrer.

Estudantes da área do direito saudaram a decisão da Suprema Corte como uma vitória importante para o Estado de Direito, apoiando a prerrogativa do poder legislativo para exercer uma supervisão agressiva sobre o poder executivo. Mas, na prática, a decisão foi uma vitória importante para um presidente cujos interesses pessoais e comerciais permaneceram, no melhor dos casos, opacos. Meses de disputas jurídicas aguardam pela frente, e a possibilidade de o Congresso — e o público — ter acesso às finanças de Trump antes de decidir por sua reeleição desapareceu.

Estaria Trump evadindo impostos? Teria ele sido usado ou estaria ele envolvido com os russos que o ajudaram a ganhar a Casa Branca? Teria ele enganado o Deutsche Bank sobre o valor de seus ativos? Estaria ele, sua empresa ou sua família usando as contas do Deutsche Bank para lavar dinheiro ou para outros propósitos ilícitos? As respostas para essas perguntas — e inúmeras outras, muitas delas difíceis demais de sequer articular, considerando a escassez de informações detalhadas sobre as finanças de Trump — permanecerão presas dentro dos cofres eletrônicos do Deutsche Bank no futuro próximo.

A menos, é claro, que alguém com acesso aos registros decida que chegou a hora de compartilhá-los. Entre em contato comigo. É fácil encontrar minhas informações de contato online.

REFERÊNCIAS

Este livro se baseia principalmente em entrevistas com uma grande variedade de fontes, a maioria das quais concordou em falar na condição de não ser identificada. Nesta seção, eu identifiquei informações de fontes públicas, como artigos, livros ou processos judiciais. Além disso, em cada capítulo, incluí em itálico uma breve descrição das outras fontes utilizadas. Muitas informações que não foram atribuídas especificamente nesta seção foram obtidas por essas outras fontes.

PRÓLOGO

Entrevistas com familiares e amigos de Broeksmit. Entrevistas com Executivos do Deutsche.

1. David Enrich, Jesse Drucker e Ben Protess, "Trump Sought a Loan During the 2016 Campaign. Deutsche Bank Said No", *The New York Times*, 2 de fevereiro, 2019.

1. UM EMPREENDIMENTO CRIMINOSO

1. Alexandra Villard de Borchgrave e John Cullen, *Villard: The Life and Times of an American Titan*, 2001, 64–67.
2. Lothar Gall, "The Deutsche Bank from Its Founding to the Great War", em Lothar Gall et al., *The Deutsche Bank: 1870–1995*, 1995, 62.
3. Gall, "The Deutsche Bank", 2, 12, 107.
4. Christopher Kobrak, *Banking on Global Markets: Deutsche Bank and the United States, 1870 to the Present*, 2008, 4–24.
5. Gall, "The Deutsche Bank", 48–49.
6. Villard de Borchgrave e Cullen, *Villard*, 350.
7. Kobrak, *Banking on Global Markets*, 38.
8. Villard de Borchgrave and Cullen, *Villard*, 349–53.
9. Kobrak, *Banking on Global Markets*, 65, 94.
10. Gall, "The Deutsche Bank", 62.
11. Kobrak, *Banking on Global Markets*, 23.
12. Ibid., 229.
13. Ibid., 261.
14. Harold James, "The Deutsche Bank and the Dictatorship, 1933–1945", em *The Deutsche Bank: 1870–1995*, 294–96.
15. Ibid., 294–321.
16. Historical Association of Deutsche Bank, http://www.bankgeschichte.de/en/docs/Chronik_D_Bank.pdf.
17. Alan Cowell, "Biggest German Bank Admits and Regrets Dealing in Nazi Gold", *The New York Times*, 1 de agosto, 1998.
18. John Schmid, "Deutsche Bank Linked to Auschwitz Funding", *The New York Times*, 5 de fevereiro 5, 1999; e Ian Traynor, "Deutsche Bank Auschwitz Link", *The Guardian*, 4 de fevereiro, 1999.
19. James, "The Deutsche Bank and the Dictatorship", 351.
20. Carl-Ludwig Holtfrerich, "The Deutsche Bank 1945–1957: War, Military Rule and Reconstruction", em *The Deutsche Bank: 1870–1995*, 371.
21. Ibid., 371–485.
22. Kobrak, *Banking on Global Markets*, 263, 303.

23. Stefan Baron, *Late Remorse: Joe Ackermann, Deutsche Bank, and the Financial Crisis*, 2014, 25.
24. Associated Press, "Herrhausen a Giant Among Bankers", 30 de novembro, 1989, e Steven Greenhouse, "Deutsche Bank's Bigger Reach", *The New York Times*, 30 de julho, 1989.
25. Reuters, "Deutsche Bank Plans to Follow Acquisition Path", 12 de março, 1989.
26. Greenhouse, "Deutsche Bank's Bigger Reach", *The New York Times*.
27. Dan Morgan, "Slain Banker Personified Germany's Hopes", *Washington Post*, 19 de fevereiro, 1990.
28. Richard Rustin e E. S. Browning, "Deutsche Bank Seeks Grenfell for $1.41 Billion", *Wall Street Journal*, 28 de novembro, 1989.
29. *Wall Street Journal*, "Terrorist Murder Stuns a Germany Euphoric Over Rapprochement", 1 de dezembro, 1989; e Ferdinand Protzman, "Head of Top West German Bank Is Killed in Bombing by Terrorists", *The New York Times*, 1 de dezembro, 1989.
30. *Dialog International*, "Alfred Herrhausen Assassinated 20 Years Ago", 29 de novembro, 2009.

2. EDSON E BILL

Entrevistas com familiares, amigos e antigos colegas de Edson Mitchell e Bill Broeksmit.

1. Colin Woodard, "Notorious Egg Seller 'Jack' DeCoster Gets Jail Time for Salmonella Outbreak", *Portland Press Herald*, 13 de abril, 2015.
2. Jen Fish, "Edson Mitchell Jr., Deeply Religious Man and Avid Maine Outdoorsman", *Portland Press Herald*, 9 de março, 2004.
3. Arthur Andersen Hall of Fame Roundtable, DerivativesStrategy.com, Março de 1998.
4. *Chicago Tribune*, "Death Notice: Rev. John S. Broeksmit Jr.", 25 de agosto, 2011.
5. "Austin Kilgore, "New MBA CEO Robert Broeksmit Is Ready to Be the Lender's Advocate", *National Mortgage News*, 14 de outubro, 2018.
6. Janet M. Tavakoli, *Decisions: Life and Death on Wall Street*, 2015.

7. Pat Widder, "Trillions at Stake in the Swaps Market", *Chicago Tribune*, 22 de junho, 1992.
8. Tavakoli, *Decisions*.
9. Lawrence Malkin, "Procter & Gamble's Tale of Derivatives Woe", *The New York Times*, 14 de abril, 1994.
10. Davan Maharaj e Shelby Grad, "Seducing Citron: How Merrill Influenced Fund and Won Profits", *Los Angeles Times*, 26 de julho, 1998.
11. Laura Jerseki, "Merrill Lynch Officials Fought Over Curbing Orange County Fund", *Wall Street Journal*, 5 de abril, 1995, A1.
12. Leslie Wayne, "The Master of Orange County", *The New York Times*, 22 de julho, 1998.
13. Michael G. Wagner, "Merrill Executives Saw O.C.'s Disaster Coming", *Los Angeles Times*, 19 de maio, 1995, A1.
14. Jerseki, "Merrill Lynch Officials Fought Over Curbing Orange County Fund."
15. Wagner, "Merrill Executives Saw O.C.'s Disaster Coming."

3. A GRANDE MIGRAÇÃO DE WALL STREET

Entrevistas com executivos e amigos do Deutsche e Merrill, bem como familiares e associados de Mitchell e Broeksmit.

1. Dan Morgan, "Slain Banker Personified Germany's Hopes", *Washington Post*, 19 de fevereiro, 1990.
2. Ullrich Fichtner, Hauke Goos e Martin Hesse, "The Deutsche Bank Downfall", *Der Spiegel*, 28 de outubro, 2016.
3. Historical Association of Deutsche Bank, "Deutsche Bank, 1870–2010", www.bankgeschichte.de/en/docs/Chro nik_D_Bank.pdf, 142.
4. Christopher Kobrak, *Banking on Global Markets: Deutsche Bank and the United States, 1870 to the Present*, 2008, 323–28.
5. John Eisenhammer, "All Fall Down", *The Independent*, 17 de junho, 1995.
6. Patrick Jenkins e Laura Noonan, "How Deutsche Bank's High-Stakes Gamble Went Wrong", *Financial Times*, 9 de novembro, 2017.
7. Fichtner, Goos e Hesse, "The Deutsche Bank Downfall."
8. Anne Schwimmer e Ron Cooper, "The Raid on Merrill Lynch", *Investment Dealers' Digest*, 19 de junho, 1995.

9. Arthur Andersen Hall of Fame Roundtable, DerivativesStrategy.com, março de 1998.
10. Schwimmer e Cooper, "The Raid on Merrill Lynch."
11. Ibid.
12. Relatório anual do Deutsche em 1995.
13. Michael Siconolfi e Laura Jereski, "Merrill Lynch's Stock-Derivatives Chief to Take Leave", *Wall Street Journal*, 12 de janeiro, 1996.
14. Anne Schwimmer, "Merrill's Broeksmit Will Go on Paid Leave of Absence in March", *Investment Dealers' Digest*, 15 de janeiro, 1996.

4. FORÇAS SOMBRIAS

Entrevistas com executivos do Deutsche, bem como seus amigos e familiares.

1. Ed Caesar, "Deutsche Bank's $10-Billion Scandal", *The New Yorker*, 29 de agosto, 2016.
2. Clive Horwood e John Orchard, "The Bankers That Define the Decades: Hilmar Kopper, Deutsche Bank", *Euromoney*, 14 de junho, 2019.
3. Ullrich Fichtner, Hauke Goos e Martin Hesse, "The Deutsche Bank Downfall", *Der Spiegel*, 28 de outubro, 2016.
4. Daniel Schäfer e Michael Brächer, "Deutsche Bank Chief Economist Lashes Out at Former CEO Ackermann", *Handelsblatt*, 23 de maio, 2018.
5. Matthew Connolly, *Teethmarks on My Chopsticks: A Knucklehead Goes to Wall Street*, 2018, 153–54.
6. Tom Buerkle, "The Outsiders", *Institutional Investor*, 4 de maio, 2006.
7. Christoph Pauly e Padma Rao, "Anshu Jain Mixes Success and Controversy", *Der Spiegel*, 14 de setembro, 2011.
8. Marcus Walker, "Making Its Mark: Deutsche Bank Finds That It Has to Cut German Roots to Grow", *Wall Street Journal*, 14 de fevereiro, 2002.

5. PROJETO ÁGUIA-PESCADORA

Entrevistas com executivos do Deutsche e funcionários do governo.

1. Christopher Kobrak, *Banking on Global Markets: Deutsche Bank and the United States, 1870 to the Present*, 2008, 334–35.
2. Carol Loomis, "A Whole New Way to Run a Bank", *Fortune*, 7 de setembro, 1992.
3. Laurie P. Cohen e Matt Murray, "Exit Interview at Bankers Trust Triggered Federal Investigation", *Wall Street Journal*, 15 de março, 1999.
4. Loomis, "A Whole New Way to Run a Bank."
5. Relatório anual de 1999 do Deutsche Bank.
6. Paul Thacker, "Inside the SEC's Abandoned Deutsche Bank Investigation", *Forbes*, 20 de setembro, 2011.
7. Matt Taibbi, "Is the SEC Covering Up Wall Street Crimes?" *Rolling Stone*, 17 de agosto, 2011.
8. Paul Thacker, "Inside the SEC's Abandoned Deutsche Bank Investigation", *Forbes*, 20 de setembro, 2011.
9. Relatório anual de 1999 do Deutsche Bank.
10. 10 Relatório anual de 2000 do Deutsche Bank.

6. BANQUEIROS DE TRUMP

Entrevistas com Mike Offit, seus colegas e outros executivos do Deutsche e de Wall Street, além de fotos e outros documentos fornecidos por Offit e outras fontes.

1. Sidney Offit, *Memoir of the Bookie's Son*, 1995.
2. Mike Offit, *Nothing Personal: A Novel of Wall Street*, 2014, 7.
3. Robert D. McFadden, "New York Shut by Worst Storm in 48 Years", *The New York Times*, 9 de janeiro, 1996.
4. Landon Thomas Jr., "Ex-Goldman Trader Stung in Arms Plot, Shocks Colleagues", *New York Observer*, 2 de julho, 2001.
5. Michael Rothfeld e Alexandra Berzon, "Donald Trump and the Mob", *Wall Street Journal*, 1 de setembro, 2016.
6. Susanne Craig, "Trump Boasts of Rapport with Wall St., but It's Not Mutual", *The New York Times*, 24 de maio, 2016.

7. Transcrições de entrevistas não publicadas fornecidas por Cohan.
8. David Barstow, Susanne Craig e Russ Buettner, "Trump Engaged in Suspect Tax Schemes as He Reaped Riches from His Father", *The New York Times*, 2 de outubro, 2018.
9. *Commercial Mortgage Alert*, "Trump Taps Deutsche to Refinance 40 Wall", 11 de setembro, 2000.
10. David Enrich, "A Mar-a-Lago Weekend and an Act of God: Trump's History with Deutsche Bank", *The New York Times*, 18 de março, 2019.
11. Andrew Rice, "The Original Russia Connection", *New York*, agosto de 2017.

7. CORRENTEZA

Entrevistas com funcionários do governo, executivos do Deutsche e seus amigos e familiares, além de fotos e outros documentos fornecidos por fontes.

1. Christopher Rhoads e Erik Portanger, "How an American Helped Torpedo the Dresdner Deal", *Wall Street Journal*, 18 de abril, 2000.
2. Ibid.
3. Janet Guyon, "The Emperor and the Investment Bankers: How Deutsche Lost Dresdner", *Fortune*, 1 de maio, 2000.
4. Marcus Walker, "Making Its Mark: Deutsche Bank Finds That It Has to Cut German Roots to Grow", *Wall Street Journal*, 14 de fevereiro, 2002.
5. Ibid.

8. O ÚLTIMO DIA

Entrevistas com funcionários do governo, executivos do Deutsche, bem como seus amigos e familiares, além de fotos e outros documentos fornecidos pelas fontes.

1. Michael R. Sesit e Anita Raghavan, "Deutsche Bank Hit Many Costly Snags in Its American Foray", *Wall Street Journal*, 4 de maio, 1998.
2. Lista compilada pelo efinancialcareers.com.
3. BBC News, "Bank in Sex Case Payout", 18 de janeiro, 2000.
4. Momento, localização e altitude do voo de Mitchell: National Transportation Safety Board, "NTSB Identification: NYC01FA058", 9 de janeiro, 2001.

5. Associated Press, "Wreckage of Plane Found in Rangeley Area", 25 de dezembro, 2000.
6. Matt Taibbi, "Is the SEC Cov- ering Up Wall Street Crimes?" *Rolling Stone*, 17 de agosto, 2011.
7. Associated Press, "Deutsche Bank Hires Former S.E.C. Official", 2 de outubro, 2001.
8. Matthew Connolly, *Teethmarks on My Chopsticks: A Knucklehead Goes to Wall Street*, 2018, 237–38.
9. Tom Buerkle, "The Outsiders", *Institutional Investor*, 4 de maio, 2006.
10. Marcus Walker, "Making Its Mark: Deutsche Bank Finds That It Has to Cut German Roots to Grow", *Wall Street Journal*, 14 de fevereiro, 2002.
11. Nicholas Varchaver, "The Tombstone at Ground Zero", *Fortune*, 31 de março, 2008.

9. ACKERMANN

Entrevistas com executivos do Deutsche e funcionários do governo.

1. Tom Buerkle, "The Outsiders", *Institutional Investor*, 4 de maio, 2006.
2. Stefan Baron, *Late Remorse: Joe Ackermann, Deutsche Bank, and the Financial Crisis*, 2014, 81.
3. Peter Koenig, "It's War — Deutsche Bank vs Germany", *The Sunday Times* (Londres), 7 de novembro, 2004.
4. Marcus Walker, "Making Its Mark: Deutsche Bank Finds That It Has to Cut German Roots to Grow", *Wall Street Journal*, 14 de fevereiro, 2002.
5. Baron, *Late Remorse*, 23.
6. Ullrich Fichtner, Hauke Goos e Martin Hesse, "The Deutsche Bank Downfall", *Der Spiegel*, 28 de outubro, 2016.
7. Relatório anual de 2003 do Deutsche Bank.
8. Baron, *Late Remorse*, 32.
9. Daniel Schäfer e Michael Brächer, "Deutsche Bank Chief Economist Lashes Out at Former CEO Ackermann", *Handelsblatt*, 25 de maio, 2018.
10. Baron, *Late Remorse*, 60.
11. Acordos regulatórios federais e estaduais com o banco.

12. Contas dos soldados mortos no Iraque: *Neiberger et al v. Deutsche Bank*, 1:18-cv-00254-MW-GRJ, preenchido dia 28 de dezembro, 2018.
13. New York Department of Financial Services, anúncio de penalidades contra o Deutsche Bank, 4 de novembro, 2015.
14. Perfil do Linkedin de Bänziger: www.linkedin.com/in/hugo-banziger-3086538/.
15. Baron, *Late Remorse*, 25.
16. Liam Vaughan, Jake Rudnitsky e Ambereen Choudhury, "A Russian Tragedy: How Deutsche Bank's 'Wiz' Kid Fell to Earth", *Bloomberg News*, 5 de outubro, 2016.
17. Buerkle, "The Outsiders."
18. Luke Harding, "Is Donald Trump's Dark Russian Secret Hiding in Deutsche Bank's Vaults?" *Newsweek*, 21 de dezembro, 2017.
19. Jenny Strasburg e Rebecca Ballhaus, "Deutsche Bank in Late 2016 Raced to Shed Loan It Made to Russian Bank VTB", *Wall Street Journal*, 2 de fevereiro, 2019.
20. Nailya Asker-Zade, "'The Global Economy Is in an Unstable Situation,'" *Vedomosti*, 30 de junho, 2011. Republicado em: www.db.com/russia/en/content/1597.htm.

10. O PRÊMIO MAR-A-LAGO

Entrevistas com executivos do Deutsche e outros com conhecimento direto dos eventos descritos.

1. Gwenda Blair, *The Trumps: Three Generations That Built an Empire*, 2000, 110.
2. Historical Association of Deutsche Bank, http://www.bankgeschichte.de/en/docs/Chronik_D_Bank.pdf, 221.
3. *Commercial Mortgage Alert*, "Deutsche to Fund Trump Buyout of GM Building", 28 de maio, 2001.
4. *Casino City Times*, "Trump Approved for $70 Million Bank Loan", 21 de junho, 2002.
5. Riva D. Atlas, "After His Gloom Went Over Like a Lead Balloon, Trump Tries to Sell Happiness, in Junk Bonds", *The New York Times*, 7 de maio, 2002.

6. David Enrich, "A Mar-a-Lago Weekend and an Act of God: Trump's History with Deutsche Bank", *The New York Times*, 18 de março, 2019.
7. Associated Press, "Trump Casinos File for Bankruptcy", 22 de novembro, 2004; Emily Stewart, "The Backstory on Donald Trump's Four Bankruptcies", *TheStreet.com*, 15 de setembro, 2015.
8. *Donald J. Trump et al. v. Deutsche Bank et al.*, filed 3 de novembro, 2008.
9. Anupreeta Das, "When Donald Trump Needs a Loan, He Chooses Deutsche Bank", *Wall Street Journal*, 20 de março, 2016.
10. Testemunho de Donald Trump em ação contra Timothy O'Brien, 37.
11. *Trump v. Deutsche Bank*.
12. *BondWeek*, "Seen 'N Heard", 15 de outubro, 2004.
13. Enrich, "A Mar-a-Lago Weekend and an Act of God: Trump's History with Deutsche Bank."
14. Relatório anual de 2005 do Deutsche Bank.
15. Karina Robinson, "Steering Deutsche", *The Banker*, 1 de maio, 2004.
16. Mark Landler, "A Chip in the Global Game of Bank Reshuffling", *The New York Times*, 25 de março, 2004.
17. O relatório anual de 2004 de cada um dos bancos.
18. Armin Mahler, "The World According to Josef Ackermann", *Der Spiegel*, 29 de outubro, 2008.
19. Peter Koenig, "It's War — Deutsche Bank vs Germany", *The Sunday Times* (Londres), 7 de novembro, 2004.
20. Mark Landler, "Big at Home, But Not Much Heft Globally", *The New York Times*, 26 de agosto, 2005.
21. Mahler, "The World According to Josef Ackermann."

11. DER INDER

Entrevistas com executivos do Deutsche e documentos fornecidos por fontes.

1. *The Economist*, "A Giant Hedge Fund", 26 de agosto, 2004.
2. Nicholas Dunbar, *The Devil's Derivatives: The Untold Story of the Slick Traders and Hapless Regulators Who Almost Blew Up Wall Street... and Are Ready to Do It Again*, 2011, 100.

3. Tom Braithwaite, "SoftBank's $100bn Vision Fund Needs Wall St Trader to Come Good", *Financial Times*, 25 de agosto, 2017.
4. Suzi Ring, Gavin Finch e Franz Wild, "From a $126 Million Bonus to Jail", *Bloomberg News*, 19 de março, 2018.
5. Adam Tooze, *Crashed: How a Decade of Financial Crises Changed the World*, 2018, 88.
6. Apresentação interna do Deutsche Bank sobre transações e os seus riscos.
7. Patrick Jenkins e Laura Noonan, "How Deutsche Bank's High-Stakes Gamble Went Wrong", *Financial Times*, 9 de novembro, 2017.

12. BOMBEIRO

Entrevistas com executivos do Deutsche e outros com conhecimento direto dos eventos, além de documentos fornecidos pelas fontes.

1. Jennifer O'Brien, "Skip Soggy Gigs", *The Sun*, 11 de julho, 2008.
2. Daniel Schäfer e Michael Brächer, "Deutsche Bank Chief Economist Lashes Out at Former CEO Ackermann", *Handelsblatt*, 23 de maio, 2018.
3. Scott Patterson e Serena Ng, "Deutsche Bank Fallen Trader Left Behind $1.8 Billion Hole", *Wall Street Journal*, 6 de fevereiro, 2009.
4. Nicholas Dunbar, *The Devil's Deriva- tives: The Untold Story of the Slick Traders and Hapless Regulators Who Almost Blew Up Wall Street... and Are Ready to Do It Again*, 2011, 149–64; e depoimento de Lippmann na Comissão de Inquérito sobre Crises Financeiras.
5. Gretchen Morgenson e Louise Story, "Banks Bundled Bad Debt, Bet Against It and Won", *The New York Times*, 25 de dezembro, 2009.
6. *The Devil's Derivatives*, 216.
7. Historical Association of Deutsche Bank, http://www.bankgeschichte.de/en/docs/Chronik_D_Bank.pdf, 237.
8. A. Blundell-Wignall, G. Wehinger, and P. Slovik, "The Elephant in the Room: The Need to Deal with What Banks Do", *OECD Journal: Financial Market Trends*, vol. 2009/2.
9. Armin Mahler, "The World According to Josef Ackermann", *Der Spiegel*, 29 de outubro, 2008.

10. Jack Ewing e Liz Alderman, "Deutsche Bank's Chief Casts Long Shadow in Europe", *The New York Times*, 11 de junho, 2011.
11. Mahler, "The World According to Josef Ackermann."
12. Blundell-Wignall, Wehinger e Slovik, "The Elephant in the Room."

13. "ESSE CARA É PERIGOSO"

Entrevistas com executivos e advogados do Deutsche, advogados do Trump e jornalistas que entrevistaram os participantes.

1. Transcrição da entrevista de Trump com William Cohan.
2. Anupreeta Das, "When Donald Trump Needs a Loan, He Chooses Deutsche Bank", *Wall Street Journal*, 20 de março, 2016.
3. *Deutsche Bank Trust Company Americas v. Donald J. Trump*, registrado no dia 26 de novembro, 2008.

14. O OSCILAR DO PÊNDULO

Entrevistas com executivos do Deutsche, Rod Stone e funcionários dos governos norte-americano e europeu

1. A. Blundell-Wignall, G. Wehinger e P. Slovik, "The Elephant in the Room: The Need to Deal with What Banks Do", *OECD Journal: Financial Market Trends*, vol. 2009/2.
2. Richard T. Ainsworth, "VAT Fraud Mutation, Part 3", *Tax Notes International*, 28 de março, 2016.
3. Decisão no tribunal britânico do caso EWHC 135 (Ch), High Court of Justice, Chancery Division, by Mr. Justice Newey, 30 de janeiro, 2017.
4. Laura de la Motte e Volker Votsmeier, "Deutsche Bank's Emissions Fraud", *Handelsblatt*, 15 de fevereiro, 2016.
5. Ainsworth, "VAT Fraud Mutation, Part 3." 151
6. de la Motte e Votsmeier, "Deutsche Bank's Emissions Fraud."
7. Yasmin Osman, "Deutsche Bankers Sentenced in CO2 Scam", *Handelsblatt*, 14 de junho, 2016.
8. U.S. Justice Department, "Statement of Facts in Deferred Prosecution Agreement with Deutsche Bank AG", 23 de abril, 2015.

REFERÊNCIAS

9. Frauke Menke, BaFin Letter to Deutsche Bank Management Board, 11 de maio 11, 2015, acessível em graphics.wsj.com/documents/doc-cloud-embedder/?sidebar=0#2167237-deutsche.
10. Menke, carta da BaFin.
11. U.S. Senate Permanent Subcommittee on Investigations, "Abuse of Structured Financial Products: Misusing Basket Options to Avoid Taxes and Leverage Limits", 22 de julho, 2014, 6.
12. David Enrich e Deborah Ball, "European Drama Engulfs the World's Oldest Bank", *Wall Street Journal*, 26 de outubro, 2011.
13. Vernon Silver e Elisa Martinuzzi, "How Deutsche Bank Made a $462 Million Loss Disappear", *Bloomberg Business Week*, 19 de janeiro, 2017.
14. Ibid.

15. VELHO SEM NOÇÃO

Entrevistas com executivos e negociadores do Deutsche, entrevistas com Eric Ben-Artzi e documentos fornecidos pelas fontes.

1. Matt Scully, "A $541 Million Loss Haunts Deutsche Bank and Former Trader Dixon", *Bloomberg News*, 22 de junho, 2016.
2. Ibid.
3. Chris McGreal, "I Realized the Stupidity of It", *The Guardian*, 10 de março, 2003.
4. Nicholas Kulish, "Letter Bomb Sent to German Bank Chief", *The New York Times*, 8 de dezembro, 2011.
5. *Der Spiegel*, "Deutsche Bank Package Carried 'Functional Bomb'", 8 de dezembro, 2011.
6. Stefan Baron, *Late Remorse: Joe Ackermann, Deutsche Bank, and the Financial Crisis*, 2014, 25–26.
7. Christoph Pauly e Padma Rao, "Anshu Jain Mixes Success and Controversy", *Der Spiegel*, 14 de setembro, 2011.
8. Marcus Walker, "Greek Crisis Exacts the Cruelest Toll", *Wall Street Journal*, 20 de setembro, 2011.

9. "Deutsche Bank CEO Ackermann Slammed", *Der Spiegel*, 14 de abril, 2011.
10. Justin Elliott, "Occupy HQ: A Bailed-Out Bank", *Salon.com*, 3 de novembro, 2011.

16. ROSEMARY VRABLIC

Entrevistas com executivos do Deutsche, além dos amigos e familiares de Vrablic.

1. Post no Twitter feito pela Ursuline School, 26 de abril, 2017, twitter.com/ursulinenr/status/857331407038935040.
2. Transcrição da entrevista de Vrablic com o *Mortgage Observer*, 14 de dezembro, 2012.
3. Bank of Israel, "Sanctions Committee Decisions on Infringements by Bank Leumi of the Prohibition on Money Laundering Law", 28 de junho, 2015.
4. Entrevista de Vrablic com o *Mortgage Observer*.
5. Evelyn Juan, "Deutsche Gets Bank of America Private-Bank Duo", Dow Jones Newswires, 14 de setembro, 2006.
6. Jacqueline S. Gold, "Duo Make Private Bank Jewel in B of A's Crown", *American Banker*, 24 de março, 1999.
7. The Ursuline School, "Bernice & Joseph Vrablic Memorial Scholarship", www.ursulinenewrochelle.org/page.cfm?p=907.
8. *The New York Times*, 11 de outubro, 2006, C2.
9. Patrick McMullan Company, "Jared Kushner and Peter Kaplan Present the Relaunch of the New York Observer Website", 18 de abril, 2007, www.patrickmcmullan.com/events/5b3ef4fb9f92906676448199/.
10. David Enrich, Matthew Goldstein e Jesse Drucker, "Trump Exaggerated His Wealth in Bid for Loan, Michael Cohen Tells Congress", *The New York Times*, 27 de fevereiro, 2019.
11. David Enrich, "A Mar-a-Lago Weekend and an Act of God: Trump's History with Deutsche Bank", *The New York Times*, 18 de março, 2019.
12. William D. Cohan, "What's the Deal with Don- ald Trump?" *The Atlantic*, 20 de março, 2013.

17. ASCENDENTE DE ANSHU

Entrevistas com executivos do Deutsche, seus amigos e familiares, bem como entrevistas com funcionários do governo e documentos fornecidos pelas fontes.

1. Stefan Baron, *Late Remorse: Joe Ackermann, Deutsche Bank, and the Financial Crisis*, 2014, 248.
2. Jack Ewing, "Ackermann Hands Over Reins of Deutsche Bank", *The New York Times*, 31 de maio, 2012.
3. Baron, *Late Remorse*, 248.
4. Edward Taylor, "Deutsche's Ackermann Bows Out with Euro Warning", Reuters, 31 de maio, 2012.
5. Ewing, "Ackermann Hands Over Reins of Deutsche Bank."
6. Baron, *Late Remorse*, 201.
7. Taylor, "Deutsche's Ackermann Bows Out with Euro Warning."
8. Jack Ewing, "Regulators Said to Have Pressed for Exit of Deutsche Chiefs", *The New York Times*, 9 de junho, 2015.
9. Mark Schieritz e Arne Storn, "Frau Menke Stoppt Mr. Jain", *Zeit Online*, 22 de março, 2012.

18. LIXÃO

Entrevistas com executivos do Deutsche bem como seus familiares e amigos, além de documentos fornecidos por fontes.

19. 5.777 PEDIDOS DE INFORMAÇÃO

Entrevistas com executivos do Deutsche, seus amigos e familiares, além de documentos fornecidos por fontes.

1. Laura de la Motte e Volker Votsmeier, "Deutsche Bank's Emissions Fraud", *Handelsblatt*, 15 de fevereiro, 2016.
2. Deutsche Bank, "US Regulatory Management Report", agosto de 2013.
3. "Bundesbank Questions Ex-Deutsche Bank Employees in U.S." Reuters, 27 de junho, 2013.

4. Suzi Ring, Gavin Finch e Franz Wild, "From a $126 Million Bonus to Jail", *Bloomberg News*, 19 de março, 2018.
5. New York State Department of Financial Services, ordem de consentimento enviada contra o Deutsche Bank, janeiro de 2017.
6. Securities and Exchange Commission emite ordem de cease-and-desist contra o Deutsche Bank, 22 de agosto, 2019.
7. Luke Harding, "Is Donald Trump's Dark Russian Secret Hiding in Deutsche Bank's Vaults?" *Newsweek*, 21 de dezembro, 2017.
8. Luke Harding, "Deutsche Bank Faces Action over $20bn Russian Money-Laundering Scheme", *The Guardian*, 17 de abril, 2019.
9. Liam Vaughan, Jake Rudnitsky e Ambereen Choudhury, "A Russian Tragedy: How Deutsche Bank's 'Wiz' Kid Fell to Earth", *Bloomberg News*, 3 de outubro, 2016.
10. Ed Caesar, "Deutsche Bank's $10-Billion Scandal", *The New Yorker*, 29 de agosto, 2016.
11. NYDFS, 2017.
12. Caesar, "Deutsche Bank's $10-Billion Scandal"; NYDFS, 2017; e Vaughan, Rudnitsky e Choudhury, "A Russian Tragedy."
13. Financial Conduct Authority, Final Notice vs. Deutsche Bank, 30 de janeiro, 2017.
14. Irina Reznik, Keri Geiger, Jake Rudnitsky e Gregory White, "Putin Allies Said to Be Behind Scrutinized Deutsche Bank Trades", *Bloomberg News*, 16 de outubro, 2015.
15. Vaughan, Rudnitsky e Choudhury, "A Russian Tragedy."
16. NYDFS, 2017.
17. Caesar, "Deutsche Bank's $10-Billion Scandal."
18. 18 Financial Conduct Authority, "Final Notice", 30 de janeiro, 2017, https://www.fca.org.uk/publication/final-notices/deutsche-bank-2017.pdf.
19. Andrew E. Kramer, "Russian Fund Under Scrutiny for Loan to Company Linked to Kremlin", *The New York Times*, 22 de janeiro, 2016.
20. FCA Final Notice, 2017.

20. ESTRESSE

Entrevistas com executivos do Deutsche e da Zurich Financial, funcionários do governo e familiares, amigos e advogados de Broeksmit.

1. David Enrich e Andrew Morse, "Friction at Zurich Built in Months Before Suicide", *The Wall Street Journal*, 4 de setembro, 2013.
2. Jenny Strasburg, "Deutsche Bank's Anti-Financial-Crime Chief to Quit Post", *The Wall Street Journal*, 4 de janeiro, 2017.
3. Vernon Silver e Elisa Martinuzzi, "How Deutsche Bank Made a $462 Million Loss Disappear", *Bloomberg Business Week*, 19 de janeiro, 2017.
4. Harry Wilson, "Carney Switches Bank of England Focus to Conduct Risks", *Daily Telegraph*, 26 de janeiro, 2014.

21. VALENTIN

Entrevista com Val e seus amigos, familiares, terapeuta e irmão adotivo, além de fotos de família.

1. Alla Broeksmit, "Compasses" (dissertação de mestrado).
2. "Russian Families Start Life All Over in U.S.", *Daily Dispatch* (Moline, Illinois), 8 de dezembro, 1978.
3. Circuit Court of Cook County, Illinois, Juvenile Division, "Petition for Adjudication of Wardship in the Case of Cherednichenko, Valentin", Case 82-8001, 6 de maio, 1982.
4. Cook County sheriff's notice, filed with Circuit Court of Cook County, Case 82-8001, 21 de setembro, 1982.
5. *Chicago Sun-Times*, 18 de outubro, 1982.
6. New Jersey Department of Human Services, Resumo de entrevista, 24 de março, 1986.
7. Kevin Keating, "Suit Says School for Troubled Teens Set Stage for Abuse", *The Spokesman-Review*, 1 de abril, 1998.
8. Kevin Keating, "Boy Hangs Himself in Dormitory", *The Spokesman-Review*, 19 de julho, 1994.

22. VIDA EXTINTA

Entrevistas com familiares e amigos de Broeksmit. Fotos de família. Relatos policiais e da ambulância.

23. TUDO DE CABEÇA PARA BAIXO

Entrevistas com familiares e amigos de Broeksmit, além de funcionários do Deutsche. Fotos de família. Descrições por escrito do memorial. Cartas de suicídio de Broeksmit. E-mails e mensagens de texto fornecidas por Val.

1. Jenny Strasburg, Giles Turner, Eyk Henning e David Enrich, "Executive Who Committed Suicide Anxious Amid Deutsche Bank Probes", *Wall Street Journal*, 25 de março, 2014.

24. SEM MOTIVOS PARA SE PREOCUPAR

Entrevistas com executivos do Deutsche.

1. Liam Vaughan, Jake Rudnitsky e Ambereen Choudhury, "A Russian Tragedy: How Deutsche Bank's 'Wiz' Kid Fell to Earth", *Bloomberg News*, 3 de outubro, 2016.
2. FCA Final Notice, 2017.
3. New York State Department of Financial Services, ordem de consentimento contra o Deutsche Bank, janeiro de 2017.
4. Ibid.
5. James Shotter, Kathrin Hille e Caroline Binham, "Deutsche Bank Probes Possible Money Laundering by Russian Clients", *Financial Times*, 5 de junho, 2015.
6. FCA Final Notice, 2017.
7. NYDFS, 2017; Vaughan, Rudnitsky e Choudhury, "A Russian Tragedy."
8. Ed Caesar, "Deutsche Bank's $10-Billion Scandal", *The New Yorker*, 29 de agosto, 2016.
9. New York Department of Financial Services, anúncio de penalidades contra o Deutsche Bank, 4 de novembro, 2015.

10. Barry Bausano e Satish Ramakrishna, depoimento por escrito no Subcomitê Permanente de Investigações do Senado, 22 de julho, 2014.
11. Transcrição da audiência do Subcomitê Permanente de Investigações do Senado, 22 de julho, 2014.

25. POBRE E BRILHANTE BILL

Entrevistas com Val e outros familiares, amigos e conhecidos de Broeksmit. Fotos, e-mails e documentos fornecidos por Val. Entrevistas com executivos e membros do conselho do Deutsche, bem como pessoas com conhecimento direto dos eventos.

1. Maarten van Tartwijk, "Former ABN Amro Executive Committed Suicide After Killing Wife, Daughters, Police Say", *Wall Street Journal*, 8 de abril, 2014.

26. OS NORTE-COREANOS

Entrevistas com Val e outros familiares e amigos de Broeksmit. E-mails de Val. Entrevistas com pessoas com conhecimento direto dos eventos.

1. David Enrich, Jenny Strasburg e Pervaiz Shallwani, "Deutsche Bank Lawyer Found Dead in New York Suicide", *Wall Street Journal*, 24 de outubro, 2014.
2. Fox Business, "Sony Threatens to Sue Musician over Hacking Tweets", 25 de dezembro, 2014, vídeo disponível em https://video.foxbusiness.com/v/3958928360001/.
3. Charles Levinson, "Former Risk Chief Warned Deutsche Bank on Stress Test, Emails Show", *Reuters*, 12 de março, 2015.

27. SEM CONFIANÇA

Entrevistas com executivos e membros do conselho do Deutsche.

1. Dirk Laabs, *Bad Bank: Aufstieg und Fall der Deutschen Bank*, 2018, 498.
2. James Shotter, Laura Noonan e Martin Arnold, "Deutsche Bank: Problems of Scale", *Financial Times*, 28 de julho, 2016.
3. Martin Arnold e Tom Braithwaite, "Anshu Jain in Davos Regulation Clash with Jack Lew and Mark Carney", *Financial Times*, 25 de janeiro, 2015.

4. Eyk Henning e David Enrich, "Deutsche Bank to Pay $2.5 Billion to Settle Libor Investigation", *Wall Street Journal*, 25 de abril, 2015.
5. Daniel Schäfer e Michael Maisch, "Riding with the King", *Handelsblatt*, de maio, 2016.
6. Heinz-Roger Dohms, "Allein gegen das Kapital", *Cicero*, 26 de junho, 2014.
7. Eyk Henning, David Enrich e Jenny Strasburg, "Deutsche Bank Co-CEOs Jain and Fitschen Resign", *Wall Street Journal*, 7 de junho, 2015.
8. Thomas Atkins, "Jain Puts Deutsche Bank on World Stage, but Leaves It in Limbo", *Reuters*, 7 de junho, 2015.
9. Henning, Enrich e Strasburg, "Deutsche Bank Co-CEOs Jain and Fitschen Resign."
10. Ibid.
11. Schäfer e Maisch, "Riding with the King."
12. Arno Schuetze, "Deutsche Bank Restructures Business, Removes Top Executives", *Reuters*, 18 de outubro, 2015.

28. TRUMP ENDEAVOR 12 LLC

Entrevistas com executivos do Deutsche e outros com conhecimento direto dos eventos.

1. U.S. General Services Administration, "Old Post Office, Washington, DC", https://www.gsa.gov/historic-buildings/old-post-office-washington-dc.
2. U.S. General Services Administration, "GSA Selects the Trump Organization as Preferred Developer for DC's Old Post Office", 7 de fevereiro, 2012.
3. Jonathan O'Connell, "You May Not Take Donald Trump's Candidacy Seriously, but Take Another Look at His Real Estate Business", *Washington Post*, 21 de junho, 2015.
4. Ibid.
5. Comitê de Infraestrutura e Transportes da Câmara, equipe democrata, "Breach of a Lease: The Tale of the Old Post Office in the Swamp", 12 de julho, 2017.
6. Transcrição de uma entrevista não publicada de Cohan com Trump.

7. Shawn Boburg e Robert O'Harrow Jr., "Donald Trump Jr. Stumbled While Trying to Make a Mark in the Business World", *Washington Post*, 4 de fevereiro, 2017.
8. Carl Gaines, "Deutsche Bank's Rosemary Vrablic and Private Banking's Link to CRE Finance", *Commercial Observer*, 6 de fevereiro, 2013.
9. Documentos financeiros de Jared Kushner, revisados pelo *New York Times*.
10. Brian Bandell, "Trump Boosts Loan on Doral Golf Resort", *South Florida Business Journal*, 13 de agosto, 2015.

29. O DANO QUE CAUSEI

Entrevistas com Val e seus amigos, terapeuta e colegas residentes da reabilitação, bem como entrevistas com familiares e amigos de Broeksmit. E-mails, fotos e documentos fornecidos por Val.

30. PESSOA DE INTERESSE

Entrevista com Val e seus amigos, bem como com familiares e amigos de Broeksmit. E-mails e documentos fornecidos por Val.

1. Cartas de Mitchell e Moore para a médica.
2. Dirk Laabs, *Bad Bank: Aufstieg und Fall der Deutschen Bank*, 2018, 490.
3. Declaração de Fatos do Departamento da Justiça (esboço), 15 de abril, 2015, divulgado em *USA v. Connolly*, Exhibit 399-12.
4. Declaração de Fatos do Departamento da Justiça (esboço).
5. Matthew Connoly, *Teethmarks on My Chopsticks: A Knucklehead Goes to Wall Street*, 2018, 331–34.
6. Vernon Silver e Elisa Martinuzzi, "How Deutsche Bank Made a $462 Million Loss Disappear", *Bloomberg BusinessWeek*, 19 de janeiro, 2017.

31. SIENA

Entrevistas com Val, sua namorada e outros amigos, seu terapeuta, Luca Goracci, executivos e membros do conselho do Deutsche.

1. Evelyn Cheng, "Deutsche Bank Crisis: How We Got Here, and Where We Are", CNBC.com, 28 de setembro, 2016.
2. Fundo Monetário Mundial, "Germany Financial Sector Assessment Program", junho de 2016.
3. Michael Gray, "Why Are So Many Bankers Committing Suicide?" *New York Post*, 12 de junho, 2016.
4. Ibid.
5. Rachel Sanderson, "Siena Faces Life after 500 Years of Monte dei Paschi Largesse", *Financial Times*, 2 de agosto, 2016.

32. ROSEMARY É A CHEFE

Entrevistas com Mike Offit, Tammy McFadden, outros funcionários e executivos do Deutsche, além de jornalistas que entrevistaram diversos personagens (e transcrições e e-mails relatados).

1. Michael C. Bender, "Steve Bannon and the Making of an Economic Nationalist", *Wall Street Journal*, 14 de março, 2017.
2. Documentos financeiros de Kushner, revisados pelo *New York Times*.
3. Will Parker, "Jared Kushner Looks to Be Still Tied Up in 229 West 43rd Street Retail Condo", *The Real Deal*, 6 de março, 2017.
4. Glenn Kessler e Michelle Ye Hee Lee, "Fact-Checking Clinton's Speech on Trump's Business Practices", *Washington Post*, 22 de junho, 2016.
5. Susanne Craig, "Trump Boasts of Rapport with Wall St., but It's Not Mutual", *The New York Times*, 24 de maio, 2016; transcrição da entrevista de Susanne Craig com Donald Trump.
6. James B. Stewart, "A Tax Loophole for the Rich That Just Won't Die", *The New York Times*, 9 de novembro, 2017.

7. David Enrich e Jo Becker, "Jeffrey Epstein Moved Money Overseas in Transactions His Bank Flagged to U.S.", *The New York Times*, 25 de julho, 2019.
8. David Enrich, "Deutsche Bank Staff Saw Suspicious Activity in Trump and Kushner Accounts", *The New York Times*, 19 de maio, 2019.

33. NÃO PRONUNCIE A PALAVRA "TRUMP"

Entrevistas com executivos, membros do conselho e consultores do Deutsche. Entrevistas com Val e seus conhecidos, bem como fotos e vídeos.

1. Bill Littlefield, "A Day (and a Cheeseburger) With President Trump", WBUR, 5 de maio, 2017.
2. Jenny Strasburg e Rebecca Ballhaus, "Deutsche Bank in Late 2016 Raced to Shed Loan It Made to Russian Bank VTB", *Wall Street Journal*, 2 de fevereiro, 2019.
3. Keri Geiger, Greg Farrell e Sarah Mulholland, "Trump May Have a $300 Million Conflict of Interest with Deutsche Bank", *Bloomberg News*, 22 de dezembro, 2016.
4. David Enrich, "A Mar-a-Lago Weekend and an Act of God: Trump's History with Deutsche Bank", *The New York Times*, 18 de março, 2019.

34. ESPIONAGEM

Entrevistas com Val e pessoas com as quais ele interagiu. Mensagens de texto, e-mails, fotos e recibos de Val. Entrevistas com executivos do Deutsche.

1. Matt Flegenheimer, "Fusion GPS Founder Hauled from the Shadows for the Russia Election Investigation", *The New York Times*, 8 de janeiro, 2018.
2. Ed Caesar, "Deutsche Bank's $10-Billion Scandal", *The New Yorker*, 29 de agosto, 2016.
3. Marie Brenner, "The Mogul Who Came in from the Cold", *Vanity Fair*, Férias 2018/19.
4. Jenny Strasburg e Ryan Tracy, "Deutsche Bank's U.S. Operations Deemed Troubled by Fed", *Wall Street Journal*, 1º de junho, 2018.

35. UMA NOTA DO PRESIDENTE

Entrevistas com e fotos de Mike Offit. Entrevistas com executivos e funcionários do Deutsche.

1. Katie Rogers, "Trump Hotel at Night: Lobbyists, Cabinet Members, $60 Steaks", *The New York Times,* 25 de agosto, 2017.
2. 2 Glenn Thrush, publicação no Twitter, 29 de outubro, 2018, https://twitter.com/GlennThrush/status/1056983892928970752.
3. Eliot Brown, "Rescue for a Developer", *Wall Street Journal,* 7 de julho, 2011.
4. Betsy Klein e Ariane de Vogue, "Ivanka Trump and Daughter Go to the Supreme Court", CNN, 25 de fevereiro, 2017.
5. Shane Goldmacher, "Trump's Hidden Backchannel to Justice Kennedy: Their Kids", *Politico,* 6 de abril 6, 2017.
6. Andrew Higgins, Oleg Matsnev e Ivan Nechepurenko, "Meet the 7 Russian Oligarchs Hit by the New U.S. Sanctions", *The New York Times,* 6 de abril, 2018.
7. Luke Harding, "Deutsche Bank Faces Action over $20bn Russian Money-Laundering Scheme", *The Guardian,* 17 de abril, 2019.
8. David Enrich, "Deutsche Bank Staff Saw Suspicious Activity in Trump and Kushner Accounts", *The New York Times,* 19 de maio, 2019.
9. Christopher Cermak, "Mueller's Trump-Russia Investigation Engulfs Deutsche", *Handelsblatt,* 5 de dezembro, 2017.
10. Bob Woodward, *Fear: Trump in the White House,* 2018, 326-27.
11. David Sirota e Josh Keefe, "Trump Administration Waives Punishment for Convicted Banks, Including Deutsche—Which Trump Owes Millions", *International Business Times,* 9 de janeiro, 2018.
12. Sonali Basak, Donal Griffin e Katherine Burton, "RenTech Has Been Pulling Money from Deutsche Bank for Months", *Bloomberg News,* 5 de julho, 2019.
13. "Passamos do limte": Jack Ewing, "Deutsche Bank Layoffs Begin as Workers Feel Turnaround Plan's Impact First", *The New York Times,* 8 de julho, 2019.

EPÍLOGO

Entrevistas com Val, Marie, Moby, Executivos do Deutsche e funcionários do governo. Fotos, mensagens de texto e documentos fornecidos por Val e Marie.

ÍNDICE

A

Achleitner, 266

Alan Cloete, 263

Alan Greenspan, 144

Alex Crossman, 142

Alfa-Bank, 325

Alfred Herrhausen, 23, 43, 68, 102

Alla Brokesmith, 215

Allianz, 23–26

Alta Mira, 244

Andrey Kostin, 111

Angela Merkel, 164, 304

Anshu Jain, 48, 66, 104, 181, 211, 263, 285

Anthony Kennedy, 333–334

Antonella Tognazzi, 300

Arianização, 20

Axel Weber, 181

B

BaFin, 166, 210, 264, 329

Banco do Chipre, 335

Banco Monte dei Paschi, 195, 210, 294, 317

Bankers Trust, 66, 95, 105, 155

Bank Leumi, 168, 310

Bank of America, 28, 169

Bank of England, 262

Barack Obama, 269

Bear Stearns, 134

Beatrice Foods, 28–32

Benjamin Netanyahu, 161

Bill Broeksmit, xiv, 8, 54, 121, 233, 235, 249, 314

Boaz Weinstein, 129, 137

Bob Flohr, 45, 57, 88

Bob Roach, 154, 196, 293, 348

C

Calogero Gambino, 253

Carl Gaines, 276

Caso Libor, 152, 238, 253, 288

Catherine Belton, 318–320

CDO, 138

Charles Kushner, 275

Charles Levinson, 257

Charles Sanford, 66

Charlie Gambino, 292

Christian Bittar, 129, 197, 265, 290

Christian Sewing, 7, 259, 304, 341

Christopher Steele, 322

Citigroup, 5, 148

Colin Fan, 135, 240, 263, 268

Collateralized Debt Obligations, 128

Colony Capital, 272

Comissão de Títulos e Câmbios, 164

Commerzbank, 84, 342

Comoditização da indústria bancária, 30–34

Condado de Orange, 40, 50, 294

Credit Suisse, 99, 108

D

Daniel Goldman, 349

Daniel Muccia, 243, 250, 265

Dara Mitchell, 80

David Boies, 256

David Rossi, 195, 245, 300

DB Pace Acquisitions, 275

Der Inder, 125

Derivativos, 30, 46, 156, 196, 298, 336

   de difícil valorização, 161

   swap, 34

Deutsche Bank Trust Company Americas (DBTCA), 208, 234, 258, 314, 329–330

Deutsche Telekom, 45

Dick Walker, 95, 145, 265

Donald Trump, 5, 66, 114, 143, 172, 269, 303, 331

Don Jr., 275, 304, 333

Dossiê Steele, 322

Dresdner Bank, 84

Dwight D. Einsenhower, 22–26

E

Edson Mitchell, 8, 27, 53, 89, 306
Empréstimo imobiliário, 131
    hipoteca Alt-A, 131
Eric Ben-Artzi, 161, 262, 310
Eric Trump, 326
Especulação financeira, 33
Estelle, 62, 91, 123

F

Fábrica de CDOs virtuais, 138
Família Cherednichenko, 216
Fannie Mae, 34
Fazenda DeCoster, 27, 34
Financial Crimes Enforcement
    Network (FinCEN), 202, 309
Fiona Wilcox, 287
First Boston, 73
Forças Sombrias, 55, 75, 241
Fórum Econômico Mundial, 211
Fração do Exército Vermelho, 26
Frauke Menke, 264–268
Friedrich Trump, 113
Fundo Monetário Internacional, 298
Fusion GPS, 321

G

Georg von Siemens, 15
Glenn Simpson, 319–320
Gold Creek, 13, 15, 17
Goldman Sachs, 28, 72, 198, 303
Goracci, 317
Grant Kvalheim, 48, 94
Greg Lippmann, 138
Guardians of Peace, 254
Guerra do Golfo, 73

H

Hellenic Bank, 233
Henry Ritchotte, 135, 184, 268
Henry Villard, 14–18, 114
Hermann Abs, 19
Hermann Wallich, 16
Hilmar Kopper, 43, 55
Hitler, 19
Holocausto, 19, 69
Howard Ross, 168
Hugo Bänziger, 108, 163, 260, 344

I

I. G. Farben, 20
Institute of International
    Finance, 194

Intesa Sanpaolo, 156

Ivanka Trump, 172, 271, 333

J

Jack Brand, 6, 188, 207, 304

Jack Broeksmit, 30

Jack DeCoster, 27

Jacques Brand, 4

Jared Kushner, 170, 172, 275

Jeffrey Epstein, 308

Jenny Strasburg, 250

Joe Ackermann, 67, 91, 125, 164, 179, 205, 335

John Cryan, 268, 297, 311

John Dowd, 339

John Moscow, 328

Jonathan Avila, 219

Jon Vaccaro, 80

JPMorgan, 148

Jürgen Fitschen, 181, 193, 212

Jürgen Schneider, 44, 75

Justin Kennedy, 73, 93, 139, 283, 334

K

Kassy Kebede, 48, 61, 92

Kevin Ingram, 75

Kushner Companies, 309–310

Kushners, 312

L

Larry Meltzer, 280, 299

Lehman Brothers, 66, 68

Leveraged buyouts, 66

Luca Goracci, 300

Lufthansa, 23–26

M

Mark Ferron, 129, 152

Mark Ritter, 118

Mark Stein, 289

Martin Loat, 59, 103, 208

Merrill Lynch, 29, 35, 66

Michael Cohrs, 94, 104

Michael Dobson, 45

Michael Morandi, 209, 228, 285

Michael Philipp, 47, 66, 91, 103

Michele Faissola, 156, 184, 226, 268, 294

Mike Offit, 71, 83, 170, 283, 332

Mirror trades, 200, 234, 262, 327, 351

Misra, 127

Morgan Grenfell, 24, 44, 68

Morgan Stanley, 28
MortgageIT, 136, 138, 139, 197, 336

N
Nazistas, 69
Negociações espelhadas, 200
Northern Pacific, 15
    Northern Pacific Railway, 15
    Northern Pacific Special, 13

O
Occupy Wall Street, 165
Operação Lavanderia, 336

P
Paul Achleitner, 236
Paul Manafort, 339
Pegi Young, 246, 279, 347
Pierre de Weck, 170
Pierre Wauthier, 205, 229, 245
Postbank, 149
Primeira Guerra Mundial, 21–25
Private banking, 5, 155, 169, 274, 304
Procter & Gamble, 38, 66
Projeto Águia-Pescadora, 66
Proprietary trading, 339

Q
Queda do Muro de Berlim, 26

R
Rajeev Misra, 127, 134, 159
Raúl Salinas, 155
Renaissance Technologies, 153, 187, 238, 323, 343
Reserva Federal de Nova York, 243, 251
Richard Byrne, 115, 175
Risco Donald, 77
Robert Citron, 40
Robert Mercer, 153, 239, 323
Robert Mueller, 338
Robert Rubin, 72
Rod Stone, 150, 193
Rolf Breuer, 95
Rolf-Ernst Breuer, 66
Rosemary Vrablic, 6, 167, 270, 278, 312, 348

S
Saddam Hussein, 106
Salomon Brothers, 30–34, 47
Saman Majd, 206
Satish Ramakrishna, 238

Sean O'Malley, 329–330

Segunda Guerra Mundial, 19–23, 30–34, 69

Seth Waugh, 114, 188

Sewing, 260, 261

Simon Dodds, 231, 292

Simpson Thatcher, 289

Société Générale, 129

Stan Kroenke, 171

Stein, 289, 291

Steve Bannon, 303

Steven Mnuchin, 73

Stone, 151

Swap de inadimplência, 138

T

Tammy McFadden, 307, 338

Tim Geithner, 166

Tim Wiswell, 199, 234, 352

Titan Atlas Manufacturing, 275

Tom Bowers, 170, 173, 348

Troy Dixon, 159

Trump
    Endeavor 12 LLC, 278
    International Hotel, 331
    National Doral, 278
    World Tower, 81

U

Unidade de Investigações Especiais, 338

V

Val Broeksmit, 1, 124, 206, 241, 289, 345

Victor Rocco, 291

Viktor Vekselberg, 335

Vladimir Putin, 111, 164, 200

Vorstand, 54, 100, 130, 313

VTB Bank, 111, 198, 314, 326

W

Waulthier, 206

Wilbur Rosse, 335

Wilcox, 288

William Lloyd Garrison, 14

World Trade Center, 96

Z

Zurich Insurance Group, 205, 335

CONHEÇA OUTROS LIVROS DA ALTA CULT

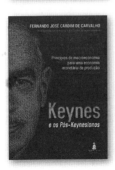

Todas as imagens são meramente ilustrativas.

CATEGORIAS

Negócios - Nacionais - Comunicação - Guias de Viagem - Interesse Geral - Informática - Idiomas

SEJA AUTOR DA ALTA BOOKS!

Envie a sua proposta para: autoria@altabooks.com.br

Visite também nosso site e nossas redes sociais para conhecer lançamentos e futuras publicações!

www.altabooks.com.br

ALTA BOOKS
EDITORA

/altabooks • f/altabooks • /alta_books

Este livro foi impresso nas oficinas gráficas da Editora Vozes Ltda.,
Rua Frei Luís, 100 – Petrópolis, RJ.